DEUTSCHLAND IM STAU

Günter Ederer
Gottfried Ilgmann

DEUTSCHLAND IM STAU

Was uns das Verkehrschaos wirklich kostet

BERLIN VERLAG

MIX
Papier aus verantwor-
tungsvollen Quellen
FSC® C014889

© Berlin Verlag in der Piper Verlag GmbH, Berlin 2014
Alle Rechte vorbehalten
Umschlaggestaltung: ZERO Werbeagentur, München
Karten und Grafik: Jennifer Martin
Typografie: Birgit Thiel, Berlin
Gesetzt aus der Minion von Greiner & Reichel, Köln
Druck und Bindung: Druckerei Pustet, Regensburg
Printed in Germany
ISBN 978-3-8270-1232-6

www.berlinverlag.de

INHALT

»Wir brauchen den effizientesten Verkehr, um uns den umweltschonendsten leisten zu können.«

Prof. Hans-Jürgen Ewers, ehemaliger Präsident der TU Berlin, Prof. für Infrastrukturpolitik

VORBEMERKUNG

Wir sind zwei Autoren mit sehr unterschiedlichem Hintergrund, was zu unterschiedlichen Schwerpunkten führt. So wurden alle Berechnungen in diesem Buch von Gottfried Ilgmann überprüft oder selbst vorgenommen. Wenn von »wir« die Rede ist, dann handelt es sich um Bewertungen und Recherchen, die wir gemeinsam vorgenommen haben. Bei »ich« geht es um persönliche Erlebnisse von Günter Ederer bei seinen Fernsehproduktionen.

Gottfried Ilgmann hat sich für dieses Buch hauptsächlich um die Themen öffentlicher Nahverkehr, Schienenverkehr und Binnenschifffahrt gekümmert. Für diese Verkehrsbereiche war er jahrelang als Gutachter und wissenschaftlicher Autor tätig.

Günter Ederer hat sich mit dem Straßenverkehr und der Luftfahrt beschäftigt. Bedingt durch seine Arbeit als Wirtschaftspublizist und TV-Produzent, hat er vier Jahrzehnte lang pro Jahr etwa 70 000 Kilometer im Auto zurückgelegt und über 1500 Flüge absolviert.

Günter Ederer, Gottfried Ilgmann,
im Juli 2014

VORWORT

*Deutschland im Stau – auf der Straße,
der Schiene, zu Wasser und in der Luft*

1990 zurück in Deutschland, nach sechs Jahren in Japan, hatte ich völlig verlernt, wie ich mich im Straßenverkehr zu verhalten habe. Ganz einfach, werden Sie sagen: Halte dich an die Regeln, beachte die Schilder und konzentriere dich auf den Verkehr. Wenn es so einfach wäre! In Japan hatte ich mich an die dortigen strengen Vorschriften gewöhnt: auf der Autobahn 80 Stundenkilometer mit wenigen Ausnahmen. Auf gut ausgebauten Nationalstraßen 60 Stundenkilometer und kilometerlanges Überholverbot. Sonst 40 Stundenkilometer. Dazu überall Polizisten oder Radarfallen mit horrenden Gebühren.

Dagegen in Deutschland: mit 100 Stundenkilometern auf der Autobahn ein Verkehrshindernis, auf der Überholspur mit 120 Stundenkilometern Hassobjekt für angehende Formel-1-Fahrer, auf Bundesstraßen ständig wechselnde Gebots- und Verbotsschilder. Bei dem Versuch, mich der deutschen Autofahrkultur wieder anzupassen, hatte ich schnell 14 Punkte in Flensburg, und mein Führerschein war ernsthaft in Gefahr. Alle Punkte stammten von zu schnellem Fahren auf Autobahnen. Ich hatte am Anfang einfach den Bogen nicht raus, wann, wo und warum mal freie Fahrt herrscht und mal nicht. So bei etwa zehn Punkten auf dem Verkehrssünderkonto machte ich dann eine entscheidende Entdeckung: Es ist wichtig zu wissen, welche Parteien in welchen Bundesländern regieren. Bei Rotgrün gibt es mehr Geschwindigkeitsbegrenzungen als bei Schwarzgelb.

Mit 14 Punkten musste ich dann mit zwanzig anderen Sündern an einer Verkehrserziehung von fünfmal vier Stunden teilnehmen, ansonsten hätte ich den Führerschein für eine Zeit lang abgeben müssen. Als Erstes bekamen wir einen schriftlichen Test vorgelegt, der zeigen sollte, auf welchem Stand sich unser theoretisches Wissen befand. Eine Frage lautete:»Worauf muss ich bei den Geschwindigkeitsanzeigen auf der Autobahn achten?« Meine Antwort:»Auf die jeweilige politische Zusammensetzung der Landesregierung.« –»Falsch«, sagte der Fahrlehrer.»Richtig«, sagte ich,»aber vielleicht wollen Sie etwas anderes hören.«

Es entspann sich ein Disput, der die erste vierstündige Sitzung andauerte. Am Ende gab mir der Fahrlehrer recht. Fast mit jedem Regierungswechsel ändern sich die Geschwindigkeitsschilder, so als änderte sich das Gefahrenpotenzial auf einer Straße, nur weil eine andere Partei regiert, was sich in den Unfallstatistiken jedoch noch nicht bemerkbar gemacht hat. Eigentlich eine irrwitzige Vorstellung. Dazu nur ein Beispiel: Unter Rotgrün war die A 66 zwischen Wiesbaden und Frankfurt auf 100 Stundenkilometer beschränkt, als die CDU allein regierte, wurde sie freigegeben. Übrigens: Ich habe mich wieder an die deutschen Verhältnisse gewöhnt und bleibe jetzt weitgehend punktefrei.

Das könnte eine launige Geschichte sein, wenn sich dahinter nicht das ganze Dilemma der deutschen Verkehrspolitik verbergen würde. Sie wird von ideologischen und machtpolitischen Entscheidungen geprägt und nicht von sachlichen, volks- und betriebswirtschaftlichen Gegebenheiten. Der subtil ausgetragene Streit um die Geschwindigkeitsbegrenzungen ist fast noch harmlos. Da geht es einerseits um die Vorstellung, mit der der ehemalige hessische Verkehrsminister Florian Rentsch kurz vor seiner Ablösung im Januar 2014 die Freigabe einiger Autobahnabschnitte begründete – er wolle den Autofahrer nicht erziehen, sondern mit Geschwindigkeitsbegrenzungen auf Gefahrenschwerpunkte aufmerksam machen –, und anderseits um die Fürsorge des Staates für die Umwelt und ein bisschen auch um die Gesundheit des Verkehrsteilnehmers. Diese Sicht setzen meistens die Grünen in

Koalitionen durch, an denen sie beteiligt sind. CDU und SPD sind da nicht so festgelegt, eine eigenständige Verkehrspolitik haben sie schon lange nicht mehr.

Viel grundsätzlicher aber ist die Auseinandersetzung »Schiene« gegen »Straße«. Die wird mit harten Bandagen geführt, so wie dies bei Glaubenskriegen immer der Fall ist. Für die Schienenfreunde steht der Umweltschutz im Mittelpunkt – so wie sie ihn definieren: Schiene steht für sie für weniger Energieverbrauch und dadurch mehr Klimaschutz, weniger Landverbrauch und dadurch mehr Artenschutz, mehr öffentlicher Personennahverkehr und dadurch bessere Luft. Vor allem der Slogan »Mehr Güterverkehr auf die Schiene« wird als Alternative zu Lkw-Schlangen, Straßenverschleiß und Staus propagiert.

Vordergründig hört sich das alles sehr gut an, deshalb werden diese Thesen weitgehend von den Massenmedien übernommen. Aber warum funktionieren diese Konzepte nicht, werden sie nicht umgesetzt? Mehr Güterverkehr auf der Schiene bedeutet noch mehr Lärm, der ganze Landstriche Deutschlands fast unbewohnbar macht. Die Kapazität des Schienennetzes ist weitgehend ausgeschöpft. Es gibt da die Berechnung: Zehn Prozent mehr Güterverkehr von der Straße auf die Schiene müsste eine Verdopplung des Schienennetzes auf den Hauptverkehrsstrecken nach sich ziehen. Was das bedeutet, ist augenblicklich zwischen Basel und Karlsruhe zu besichtigen, wo sich die Bevölkerung gegen die Ausbaupläne der Deutschen Bahn AG in Dutzenden Bürgerinitiativen wehrt. Das Thema Lärm haben die Schienenfreunde weitgehend ausgeblendet. Und damit die Kosten der Trassen transparent werden, die den Umweltanforderungen entsprechen, haben wir in mehreren Kapiteln nachgerechnet, was die Schienenmobilität wirklich kostet und wer sie zurzeit bezahlt.

Doch auch die Verteidiger des Individualverkehrs haben kein Interesse an transparenten Nutzen-Kosten-Rechnungen. Der ADAC, Jahrzehnte der Repräsentant – andere sagen Lobbyist – der Autofahrer, lehnt vehement eine Mautgebühr ab. Zwar ist der ADAC infolge seiner eigenen intransparenten Machenschaften vorerst keine gute

Adresse mehr, wenn es um die Interessenvertretung der Autofans geht, doch reflektiert seine Ablehnung von Straßenbenutzungsgebühren dennoch die Mehrheit der deutschen Autofahrer. Mit der schon an Peinlichkeit kaum zu überbietenden Selbstüberschätzung »Wir Deutsche haben das beste Straßennetz der Welt« übertünchen die jeweiligen Verkehrsminister eine zunehmend marode Infrastruktur und eine bürokratische Misswirtschaft, die Milliarden Euro verschwendet. Wir nennen es Straßenbau nach Gutsherrenart, wobei die feudalen Gutsherren durch sich überschätzende Länderfürsten ersetzt wurden.

Dieser parteipolitisch motivierte Zank auf Kosten der Steuerzahler könnte durch ein transparentes kostendeckendes Verkehrskonzept beendet werden. Ob »Schiene« oder »Straße«, beide Mobilitätsalternativen werden direkt aus Haushalten finanziert, für die zwar theoretisch die strengen Regeln der deutschen Etatvorschriften gelten, die aber im Sumpf aus Bürokratie, Parteiinteressen und Inkompetenz verwischt werden. Mahnungen des Bundes- und der Länderrechnungshöfe und Verschwendungslisten des Bundes der Steuerzahler zeigen regelmäßig, wie mit unseren Steuern umgegangen wird. In diesem Buch rechnen wir vor, wie die Milliarden mal mehr und mal weniger offensichtlich versenkt werden – und das liest sich oft wie eine Satire.

Eines aber wird für die Benutzer von Schiene und Straße deutlich: Mobilität kostet Geld, mehr jedenfalls, als wir bisher bereit sind zu zahlen. Eine zeitgemäße und funktionierende Infrastruktur gibt es nicht zum Nulltarif, auch wenn die Politik diesen Eindruck gern vermittelt. Die generelle Entscheidung, ob die Infrastruktur aus den Haushalten, also durch Steuern bezahlt oder ob sie transparent von den Betreibern durch Gebühren finanziert werden soll, trifft der Wähler, also Sie, die Leser dieses Buches.

Auf einem CDU-Parteitag hörte ich einem Gespräch zu, in dem der Berlin-Korrespondent einer Zeitung einem prominenten Landespolitiker versicherte, dass er gern Steuern zahle, weil er dafür ja auch die S- und U-Bahn preiswert nutzen könne. Das, fand der Politiker, sei eine lobenswerte Einstellung. Mein Einwurf: Wäre es nicht preiswerter, wenn er den kostendeckenden Preis des Tickets zahlte und dafür weniger Steuern? Damit könnte die Durchschleusung seiner Abgaben durch den Apparat eingespart werden. Da antworteten beide wie aus einem Mund: Aber das wäre sozial ungerecht. Schließlich würden ja die Besserverdienenden mehr Steuern zahlen und so die Fahrkarte auch mit subventionieren. Ich versuchte es noch einmal mit dem Status des Hauptstadtkorrespondenten. Er gehöre ja wohl zu den Besserverdienenden und würde so von dem verbilligten Nahverkehr profitieren. Für verbilligte Tickets sei das Sozialamt zuständig, aber nicht die S- und U-Bahn. Doch da die ja auch dem Staat und der Stadt gehörten, sei dies ja egal, stellte der Politiker fest. Ende der Unterhaltung.

Ja, es ist egal, ob die Brücken bröseln, wir im Stau stehen, die Bahnen verspätet sind, die Klimaanlage in den ICE-Zügen im Sommer nicht kühlt, im Winter die Heizung nicht funktioniert, es vierzig Jahre dauert, bis eine Autobahnlücke geschlossen wird, der Güterzuglärm ganze Täler entvölkert. In Deutschland ist immer der Staat der verantwortliche Unternehmer, und deshalb lassen sich die chaotischen Verhältnisse in der Verkehrspolitik auch auf einen kurzen Nenner bringen: Sie dokumentieren das große Staatsversagen.

Zurzeit regen sich die Deutschen über zwei Projekte besonders auf, die das große Staatsversagen, den eigentlichen Systemfehler der deutschen Verkehrspolitik, auch für den ansonsten nicht so informierten Bürger deutlich machen. Das ist das Bahnhofsprojekt Stuttgart 21 und der neue Flughafen Berlin Brandenburg. So unterschiedlich sie auch sein mögen, eines haben sie gemeinsam: Sie werden ohne eine transparente Nutzen-Kosten-Bewertung geplant und dann mit unwahren politischen Versprechungen durchgezogen, und sie werden von Staatsbediensteten gemanagt, die für die Milliardenverluste nicht aufkommen müssen.

Während wir dieses Kapitel schreiben, überschlägt sich die Posse um den Berliner Flughafen gerade wieder in einer weiteren Volte, die keinem noch so verwirrten Drehbuchautor einfallen würde. Der neue brandenburgische Ministerpräsident Dietmar Woidke wünscht, dass der Aufsichtsrat über seinen Vorstoß entscheidet, dass der Flughafen freiwillig auf den Flugbetrieb zwischen 5 und 6 Uhr morgens verzichtet. Der stellvertretende Aufsichtsratsvorsitzende ist der Vertreter des Landes Brandenburg, Staatssekretär Rainer Bretschneider, der am 13. August 2004 in Potsdam den Planfeststellungsbeschluss verkündete – der unter seiner Verantwortung erstellt worden war. Darin ist alles detailliert geregelt, vom Lärmschutz über die Zahl der Flugbewegungen, das Passagieraufkommen und die Ausbaubegrenzung. Und daraus geht auch hervor, dass eine weitere Verkürzung der Nutzungsmöglichkeit des Flughafens seine Rentabilität gefährdet.

Also: Das Land Brandenburg erlaubt einen Flughafenbau, der den Bürgern aus Lärmgründen nicht zumutbar ist, und will das korrigieren, wodurch dauerhafte Zuschusskosten produziert werden. Die Verantwortlichen sind mal für und mal gegen dasselbe Projekt. Bei der Bekanntgabe des Planfeststellungsbeschlusses reagierte der damalige Ministerpräsident Matthias Platzeck auf die Frage eines Journalisten nach den Kosten noch patzig: Über Geld rede er bei dem Projekt nicht – sagte es und verließ die Pressekonferenz. Heute redet die ganze Republik über die Kosten des peinlichsten Flughafens der Welt in Berlin-Schönefeld. Auch wir werden darüber schreiben. Dabei ist es unvermeidlich, das Hickhack der Länder im deutschen Luftverkehr mit zu beleuchten. Diese Wachstumsbranche droht bei uns zwischen Prestigeprojekten von Kassel bis Zweibrücken im provinziellen Sumpf zu versacken.

Die zweite deprimierende Meldung während des Schreibens dieses Buches im April 2014 kam aus dem Norden. Dort leidet die meistbefahrene Wasserstraße der Welt, der Nord-Ostsee-Kanal, darunter, dass er in Deutschland liegt und deshalb, wie alle unsere Verkehrsadern, vor sich hin vergammelt. Als er 1895 nach nur achtjähriger Bauzeit eingeweiht wurde, zeugte er von der Fähigkeit deutscher Ingenieursleistung. 156 Millionen Goldmark hat er gekostet und blieb damit genau im vorkalkulierten Rahmen. Heute ist ein Besuch der Schleusen in Brunsbüttelkoog ein Erlebnis, vor allem für die Liebhaber von Industriemuseen. Die Schleusenkammern aus der Kaiserzeit sind noch immer im Dienst, wenn auch zunehmend mit Auszeiten für Reparaturen, die dann Vollsperrungen nach sich ziehen, wenn beide Kammern gesperrt werden müssen. Dann fahren die Schiffe wieder um Dänemark herum.

Um die bestehenden Museumsstücke erneuern zu können, muss eine weitere Schleuse gebaut werden. 2007 wurden die Kosten dafür auf 220 Millionen Euro beziffert, aber nicht mit dem Bau begonnen. 2012 dann die Meldung: Es gibt grünes Licht für den Bau der fünften Schleusenkammer. Dies verkündete der CDU-Abgeordnete im Haushaltsausschuss, Norbert Brackmann, der dem Fraktionschef Volker Kauder dankte, weil er seine Hilfe zugesichert hatte. Also: Nicht die wirtschaftliche Notwendigkeit war der Anlass, den Kanal zu sanieren, sondern das Beziehungsgeflecht der CDU. 300 Millionen Euro sollte die Schleuse kosten, aber nichts geschah.

April 2014: Der Bundesrechnungshof stoppt die Genehmigung für den Bau der fünften Schleuse. Zu teuer, zu unwirtschaftlich, sagen die Prüfer, denn mittlerweile haben die 540 Millionen Euro errechnet. Darüber hinaus fühlen sie sich hintergangen: Das Verkehrsressort habe den Nutzen des Bauvorhabens überschätzt, weil das Ministerium davon ausgeht, der Kanal sei bis Kiel schon ausgebaut und würde deshalb mehr Schiffe anziehen. Doch damit wurde noch nicht einmal begonnen, und er würde frühestens 2024 fertig sein. Wir reiben uns ungläubig die Augen: Ist es denn nicht mehr möglich, in Deutschland ein Verkehrsprojekt von überragender internationaler Bedeutung so zu planen und zu kalkulieren, dass es in einem überschaubaren Zeitraum zu realistischen Kosten auch umgesetzt werden kann?

Und was ist die Alternative zu einer Reparatur der Schleusen: die Aufgabe des Nord-Ostsee-Kanals? Wenn die Politik es nicht kann, dann sollte der Kanal vielleicht an ein internationales Konsortium verkauft werden, der die meistbefahrene Wasserstraße der Welt unterhält, betreibt und die Gebühren einkassiert. Da ist nämlich noch Luft. Die knapp 100 Kilometer lange Durchfahrt von Kiel nach Brunsbüttel kostete 2009 im Durchschnitt nur 5437 Euro, die etwa gleich lange Durchfahrt durch den Panamakanal 80 550 Euro.

Ähnlich wie der Berliner Flughafen der Anlass war, sich mit dem Luftverkehr in Deutschland zu beschäftigen, ist die peinliche Teilsperrung des Nord-Ostsee-Kanals Aufhänger, sich mit den Bundeswasserstraßen zu beschäftigen. Und Sie werden sicher nicht überrascht sein, wenn wir dabei feststellen, dass es auf dem Wasser nicht viel anders zugeht als auf der Straße, der Schiene und in der Luft.

»Deutschland im Stau« – damit sind nicht nur die 830 000 Kilometer gemeint, die die Autofahrer jährlich im Stau stehen, sondern auch der Zeitverlust an Arbeits- und Kapitalproduktivität, der uns alle belastet. Deutschland befindet sich in einem mentalen Stau, lähmt sich durch seine eigenen gesetzlichen Vorgaben, seine eigenen ideologischen Vorstellungen. Und eine Überzeugung ist dabei besonders gefährlich und schädlich: Wir halten uns auch noch für die Größten, machen uns gern zum Maßstab für die Welt. Doch wie lange können wir uns noch eine Verkehrspolitik leisten, die Jahr für Jahr Milliarden verschluckt? Dieses Buch will zeigen, dass es auch anders geht.

I. STRASSE

Straßen: Adern des Wohlstands

Wenn es um die Verkehrspolitik geht, werden die hitzigsten Debatten in Deutschland zwar seit einigen Jahren über den Bahnhof Stuttgart 21 und den neuen Berliner Flughafen geführt – also um ein Schienen- und ein Luftfahrtprojekt. Wir beginnen trotzdem mit dem Verkehr auf der Straße. Denn, wie sehr sich die offizielle Politik auch bemüht, mehr Verkehr von der Straße auf die Schiene und mehr Autofahrer in den öffentlichen Nahverkehr umzuleiten, es hat alles nichts gebracht: Deutschlands Straßenverkehrsinfrastruktur bestimmt die Leistungsfähigkeit unserer Wirtschaft und erfüllt die Mobilitätsbedürfnisse der Menschen, und das ist sicher eine ärgerliche Botschaft für alle Straßen- und Autogegner. Daran wird sich auch noch in einigen Generationen nichts ändern.

Wer nicht durch ideologische Scheuklappen behindert ist, kann dies an wenigen Zahlen ablesen: In Deutschland haben wir 413 000 Kilometer Gemeindestraßen, 91 000 Kilometer Kreisstraßen, 86 600 Kilometer Landstraßen, 39 700 Kilometer Bundesstraßen und 12 800 Kilometer Autobahnen. Denen steht ein Schienennetz von 37 700 Kilometern entgegen. Das Straßennetz ermöglicht es vielen Bürgern unseres Staates, direkt von ihrem Standort abzufahren und bis zu ihrem Ziel ohne Umsteigen die Straße zu nutzen. Natürlich kann der Bürger kleine Entfernungen zu Fuß und mittlere Distanzen mit dem Fahrrad erledigen. Aber die Unabhängigkeit vom Wetter, die Zeitersparnis durch die

Verkehrsleistungen im Landverkehr 2012
Summe: 1078 Milliarden Personenkilometer

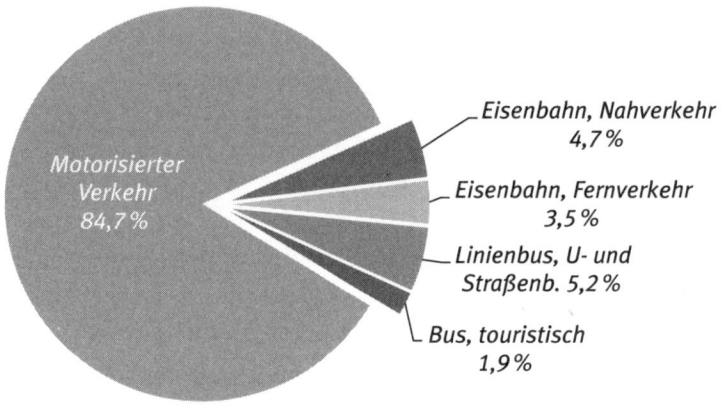

Motorisierter Verkehr 84,7 %

Eisenbahn, Nahverkehr 4,7 %

Eisenbahn, Fernverkehr 3,5 %

Linienbus, U- und Straßenb. 5,2 %

Bus, touristisch 1,9 %

Verkehrsleistungen im Landverkehr 1994
Summe: 964 Milliarden Personenkilometer

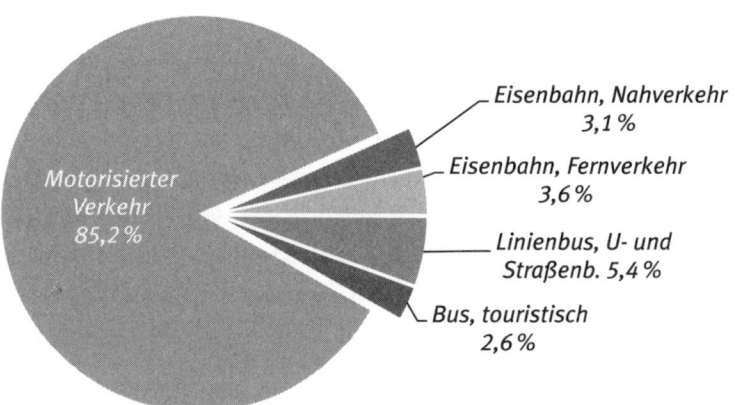

Motorisierter Verkehr 85,2 %

Eisenbahn, Nahverkehr 3,1 %

Eisenbahn, Fernverkehr 3,6 %

Linienbus, U- und Straßenb. 5,4 %

Bus, touristisch 2,6 %

Geschwindigkeit haben Vorteile, die dazu führen, dass sich die Zahl der Pkw vom Jahr 2000 bis 2012 um 12 Prozent erhöht und sich der Anteil des motorisierten Verkehrs mit 85 Prozent an der gesamten Verkehrsleistung seit 1994 nicht verändert hat.

Bei den vielen beruflich bedingten Reisen in allen Kontinenten ist uns nirgendwo so eine Anti-Straßen-Haltung aufgefallen wie in Deutschland. Überall, sowohl in armen Entwicklungsländern wie Indonesien als auch in hochindustrialisierten Staaten wie Japan, wird der Ausbau von Straßen gefördert, um Regionen für den Handel zu erschließen oder die unproduktiven Stauzeiten zu verringern. Beide Aspekte spielen bei uns nur eine untergeordnete Rolle. Dafür haben wir Projekte kennengelernt, die den Verkehr behindern und den Lästigkeitswert der Straße erhöhen. Es geht nicht etwa darum, den Lärm zu vermindern, den Verkehr flüssiger zu organisieren, um die Abgaswerte zu senken, nein, der Straßenbenutzer soll vergrault werden. Irgendetwas stimmt bei uns nicht.

Sicher kennen Sie auch die Schlagzeilen von der Betonierung und Versiegelung des Landes durch die Straßen, wobei dieses Argument vor allem beim Bau von Autobahnen strapaziert wird. Um gleich noch mit ein paar Zahlen die Irrationalität des Anti-Straßen-Kampfes zu unterstreichen, hier die offiziellen Statistiken der Bundesrepublik Deutschland (Zahlen von 2010): 0,08 Prozent der Fläche werden für Autobahnen genutzt, 0,10 Prozent für Bundes- und Landesstraßen, und wenn alle Straßen, also auch die Gemeinde- und Stadtstraßen, dazuaddiert werden, kommen wir auf 1,23 Prozent. Alle Autobahnergänzungen und zusätzlichen Umgehungsstraßen zusammen benötigen noch einmal 0,01 bis 0,02 Prozent der 357 167,94 Quadratkilometer. Deshalb noch einmal: Die angebliche Versiegelung Deutschlands durch den Autobahnbau betrifft 0,08 Prozent der Fläche. Verblüffend ist höchstens, wie sich Propagandasprüche im öffentlichen Bewusstsein festsetzen.

Wir können Straßen als die Adern betrachten, die den Organismus von Staaten und Kontinenten mit Energie versorgen und damit Wohlstand und Wachstum fördern, oder wir können in ihnen Schneisen durch die Natur sehen, auf denen Armeen marschierten, um die Welt zu unterjochen. Die Autobahngegner in unserer Zeit gehören eher zu einer Abart der zweiten Betrachtungsweise. Eine kleine Exkursion in die Geschichte zeigt, dass das Verhältnis der Deutschen zu ihren Straßen nie unproblematisch war.

Noch heute gibt es im Süden und Westen Deutschlands Reste der alten Römerstraßen. Die Macht Roms dokumentierte sich in den Straßen, deren Namen und Konstruktionen Ehrfurcht einflößen. Der Streckenverlauf der Via Appia von Rom nach Brindisi zum Beispiel oder die Via Aurelia von Rom nach Gallien (entlang der Riviera) werden noch heute genutzt. In Rom galt die Erkenntnis: Das römische Imperium reicht so weit wie seine Straßen. Innerhalb einer Woche wurde aus dem letzten Winkel, zum Beispiel aus Trier, ein Brief durch Stafettenläufer nach Rom gebracht. Heutzutage ist diese Geschwindigkeit nicht mehr garantiert. Reiche Römer zahlten voller Stolz »Legate« als Zuschüsse, um dem Straßenbau zu helfen. Caesar soll dieser Freiwilligkeit dann mit moralischem Druck auf die Sprünge geholfen haben. Das erinnert schon eher an heute, wobei der Druck in Form von Steuern ausgeübt wird.

Mit der Eroberung Roms durch die Germanen verfielen die Straßen. Kaiser und Könige des Heiligen Römischen Reiches Deutscher Nation nutzten Boote oder schlugen sich durch die Büsche. Nur Karl der Große versuchte vorübergehend, die römischen Heerstraßen wieder benutzbar zu machen. Viele Jahrhunderte lang ließ politische Zersplitterung keine nationale Straßenbaupolitik zu. Einzelne Fürsten bauten eine befestigte Allee in ihre Residenz oder in einen Landschaftsgarten, wie der Dessauer Fürst Leopold III. in seinen Landschaftspark in Wörlitz. Der Mangel an Verbindungswegen wiederum reduzierte die Handelschancen und förderte provinzielle Engstirnigkeit. Friedrich der Große konzentrierte sich auf den Kanalbau als Transportweg.

Das blieb so, bis der Franzose Napoleon Europa eroberte und mit einem Netz von Heerstraßen sein gewaltiges Imperium schaffen konnte und dies in erstaunlich kurzer Zeit. Der preußische Reformer Freiherr vom Stein erkannte die Straße als Wohlstandsförderung und unterstützte provinzübergreifende Projekte. Doch dann kam die Eisenbahn, und Straßen schienen als Fernverbindung wieder überflüssig. Dafür war die Eisenbahn bequemer. Die Kutschen holperten über staubige, von Schlaglöchern übersäte Wege. Reisen war unbequem und anstrengend.

Aber dann änderte sich alles mit drei Erfindungen: Der Schotte John Loudon MacAdam entwickelte 1815 befestigte Straßen, der Deutsche Carl Benz baute 1885 das erste Auto, und der Schotte John Boyd Dunlop ließ 1888 in Irland den luftgefüllten Reifen patentieren. Der Siegeszug des Automobils und des Straßenbaus begann – Ende noch nicht absehbar. 1928 eröffnete der Italiener Dr. Piero Puricelli die erste »Autostrada«, eine nur für das Automobil reservierte Straße zwischen Mailand und Como. Bevor wir jedoch zu einem eigenen Kapitel über das gestörte Verhältnis der Deutschen zur Autostrada, die wir »Autobahn« nennen, kommen, liefern wir hier noch einige nüchterne Betrachtungen zu dieser Verkehrsachse, die in zwei getrennten Fahrbahnen mit mindestens je zwei Fahrspuren von je sieben Meter Breite gebaut wird.

Weltweit hat es sich gezeigt, dass Straßen mit Gegenverkehr gefährlich sind, weil jeder kleine Fehler eines anderen Verkehrsteilnehmers zu schlimmen Unfällen führt. Diese Gefahr nimmt zu, je dichter der Verkehr ist. Die folgenden Zahlen sind schon sehr großzügig veranschlagt, und es gibt sicher Grenzwerte, die schon viel früher eine Überlastung einer Straße festlegen. Ab 12 000 Fahrzeuge in 24 Stunden sind zweispurige Straßen schon am Rande der Kapazität angekommen, ab 20 000 Kraftfahrzeuge per 24 Stunden sind sie sehr gefährlich. Als die ersten vierspurigen Straßen mit getrennten Fahrbahnen gebaut wurden, waren solche Verkehrsmassen noch Utopie. Trotzdem erkannten die reinen Autostraßen-Unternehmer das Potenzial für die Zukunft, nicht zuletzt, weil diese Straßen Sicherheit und Schnelligkeit vereinen.

Aus diesen ersten Autostraßen sind nach mittlerweile bald neunzig Jahren Hochleistungstrassen geworden, deren wirtschaftliche Bedeutung nur noch in Milliarden Euro gemessen werden kann. Das erklärt, warum jeder Staat, der aus der Armut herauswill, erst einmal Straßen baut. Und da das Geld für Autobahnen fehlt, werden sie in der ganzen Welt zu fast 90 Prozent gegen Gebühren als Investition für die Zukunft über den Kapitalmarkt finanziert, von privaten Unternehmern oder vom Staat. Wir versuchen in diesem Buch, die deutschen Autostraßen, die ja bei uns Autobahnen heißen, unter diesen nüchternen wirtschaftlichen Gesichtspunkten zu betrachten – jenseits aller Mythen und ideologischer Verklärung.

In Deutschland haben wir mittlerweile Autobahnen, auf denen pro Tag sogar mehr als 150 000 Autos fahren, davon bis zu 20 000 Lkw. Ab 60 000 Fahrzeuge pro Tag gilt eine vierspurige Autobahn mit Standstreifen als überlastet – und das heißt: mehr Staus und erhöhte Unfallgefahren. Dieser unhaltbare Zustand ist amtlich festgestellt. Ein Programm für den Ausbau der am stärksten belasteten Autobahnen wurde erarbeitet und weitgehend im Bundesverkehrswegeplan veröffentlicht – und da steht es jetzt. Umgesetzt wird es noch lange nicht, weil es am Geld fehlt.

Wie im Einzelnen geplant wird und was der Bundesverkehrswegeplan bedeutet, erklären wir noch ausführlich. Vorher aber wollen wir die Kapitalströme beschreiben, die der Straßenverkehr auslöst. Das sind leider wieder viele Zahlen. Aber sie sind nüchtern und entideologisieren die Diskussion.

Aus der Mineralölsteuer und der Mehrwertsteuer auf Sprit kommen rund 40,5 Milliarden Euro, aus der Kfz-Steuer 8,5 Milliarden, aus der Lkw-Maut 4,4 Milliarden, macht zusammen 53,4 Milliarden Euro. Dazu müssen noch die Versicherungssteuer auf die gesetzlich vorgeschriebene Haftpflicht und die freiwilligen Kaskoversicherungen gerechnet werden, die rund 7 Milliarden Euro einbringen. Alles in allem addieren sich die Einnahmen aus dem Straßenverkehr also auf 60 Milliarden Euro. Diese Summe ist Segen und Fluch zugleich. Eigentlich wäre das genug, um ein tolles Straßennetz vorzuhalten und weiter auszubauen.

Doch Steuern dürfen in Deutschland nicht für einen bestimmten Zweck erhoben und ausgegeben werden. Trotzdem wurde die Ökosteuer – also die zirka 15 Cent pro Liter höhere Mineralölsteuer – in mehreren Schritten zwischen 1999 und 2003 erhöht und dies ausdrücklich mit einer Rentenreform begründet, und die Politiker scheuten sich nicht, höhere Spritsteuern als Begründung für höhere Renten zu missbrauchen.

Einerseits könnten die Straßenbenutzer darauf pochen, dass das viele Geld aus der Mineralölsteuer in die Straße reinvestiert wird, andererseits sind die Kosten für den Individualverkehr auch nicht alle sauber erfasst. Wahr ist allerdings, dass zu wenig in den Straßenverkehr investiert wird, um seinen wirtschaftlichen Nutzen zu sichern. Die Unterfinanzierung erfasst jeden Bereich des Straßenverkehrs. Die folgenden Zahlen beziehen sich auf das Jahr 2010.

Für die Autobahnen wurden nur 3,777 Milliarden Euro ausgegeben, für die Bundes- und Landesstraßen 1,15 Milliarden, für die Kreisstraßen 1,101 Milliarden und für die Gemeindestraßen 8,444 Milliarden Euro. Für Verwaltung und Sonstiges gab es noch einmal 1,514 Milliarden Euro. Mit Recht wird von den Kritikern des Individualverkehrs darauf hingewiesen, dass Kosten für die Straßenbeleuchtung, Parkraumvorhaltung in Städten, Straßenreinigung etc. auch zu bezahlen sind und deshalb die Mittel für die Städte und Gemeinden deutlich erhöht werden müssten. Die Kommissionen, die sich damit beschäftigt haben, kommen auf mindestens 2 Milliarden Euro, die vor allem von den Städten und Gemeinden zu tragen sind. Wenn wir also eine faire Nutzen-Kosten-Bilanz für den Individualverkehr erstellen wollen, dann ist es nur fair, die Kommunen entsprechend zu entlasten.

Gerade wer die Nutzen-Kosten-Bilanz als Entscheidungsgrundlage für Investitionen in die Infrastruktur verlangt, muss sich für den Ausbau der Autobahnen und der vierspurigen Fernstraßen einsetzen. Sie machen nur 5,5 Prozent unseres Straßennetzes aus, bewältigen aber

Baden-Württemberg und seine Autobahnen

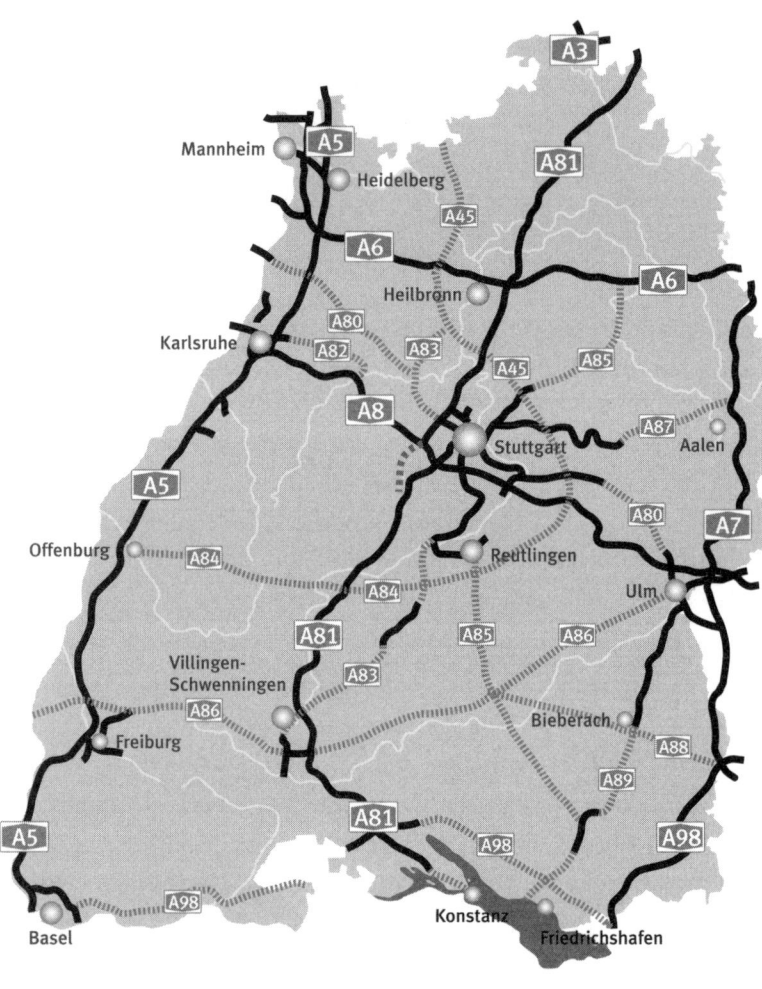

▬▬▬	fertige Autobahn und vierspurige Bundesstraße
‖‖‖‖‖‖‖‖	von Baden-Württemberg nicht gebaute Autobahnen

33 Prozent der Verkehrsleistung. Auf ihnen bündeln sich die Warenströme und entlasten dadurch Bundes- und Landstraßen in der Fläche. Baden-Württemberg ist ein Beispiel dafür, was passiert, wenn auf Autobahnachsen verzichtet wird. Von den zehn Autobahnen, die mit den Nummern 80 bis 89 vorgesehen waren, hat das Land nur die A 81 von Stuttgart nach Singen gebaut, alle anderen aufgegeben. Es waren Naturschützer und Eigenheimbesitzer, die erfolgreich protestierten. Jetzt fehlen nicht nur die Entlastungsstrecken in den Ballungsräumen wie Stuttgart und Karlsruhe, die in keiner Staumeldung fehlen, sondern viele Orte leiden unter dem Fernverkehr.

Der Schwarzwald ist ein typisches Beispiel dafür. Zwischen Basel und Karlsruhe auf über 170 Kilometern gibt es keine West-Ost-Autobahn. Die Folge: Die Lastwagen, die aus Frankreich und Spanien kommen, suchen sich auf ihrem Weg ins wirtschaftsstarke Süddeutschland die für sie kürzeste Strecke. Das sieht dann so aus: Vorne ein Lkw, der sich auf den Steigungen und zweispurigen Straßen durch die Schwarzwaldtäler quält, hinter ihm ein Dutzend oder mehr Pkw, die auf viele Kilometer nicht überholen können. Wir haben das »Muttersau-Verkehr« getauft. Vorn die Bache und dahinter die Frischlinge. Unter dieser Dauerbelastung leidet die örtliche Wirtschaft. Eine leistungsfähige, der Natur angepasste Autobahn würde das Problem lösen. Aber keine Partei traute sich, die angeblich unberührte Natur des Schwarzwalds mit einer Autobahn zu zerstören. So wurden die Bundesstraßen ausgebaut, ohne dass sich grundlegend etwas änderte. Statt Natur erleben die Täler jetzt Lärm und miserable Verkehrsverhältnisse.

Die Grünen in Freiburg fordern jetzt eine vierspurige Untertunnelung ihrer Stadt. Die Belastung durch Dreck und Lärm ist mittlerweile unerträglich. Das Beispiel zeigt, dass der Verkehr einfach da ist, dass er nicht durch zu viele Straßen erst entsteht, wie einige Wissenschaftler entgegen allen empirischen Belegen behaupten. Beim Ausbau des Autobahnnetzes geht es nicht darum, Verkehr anzulocken, sondern zu bündeln und den vorhandenen Verkehr möglichst effizient und umweltfreundlich zu bewältigen.

Es gehört nicht viel Mut dazu, um vorauszusagen, dass die Freiburger mit ihrem Stadttunnel nicht sehr glücklich werden. Im »vordringlichen Bedarf« ist auch der vierspurige Ausbau der B 31 von Freiburg durch das Höllental nach Donaueschingen, von wo aus der Bodensee-Raum erschlossen wird. Das bedeutet, dass dann der ganze West-Ost-Verkehr zusammen mit dem Stadtverkehr durch den Stadttunnel geführt wird. Das wird spannend. In allen anderen Staaten Westeuropas würde wohl eine Stadtumgehung gebaut.

Von Todesstreifen und sicheren Fahrbahnen

Es gibt noch ein Argument für einen bedarfsgerechten Ausbau unseres Autobahnnetzes. Wie schon gesagt: Über die 12 813 Kilometer Autobahn werden 33 Prozent des gesamten Straßenverkehrs abgewickelt. Von den im Jahr 2012 3600 tödlich Verunglückten im Straßenverkehr starben 358 auf der Autobahn. Wir schreiben hier nicht »nur« 358, weil jeder Tote einer zu viel ist. Aber es bleibt festzuhalten, dass keine Straße sicherer ist als die Autobahn. 406 Fahrradfahrer verunglückten im selben Zeitraum tödlich. Kein vernünftiger Mensch käme deshalb auf die Idee, vor dem Fahrradfahren zu warnen; und obwohl sogar 520 Fußgänger im Verkehr starben, ist das auch kein Grund, nicht mehr spazieren zu gehen. Es geht darum, die Ursachen für die Todesfälle zu beseitigen, so gut, wie dies menschenmöglich ist.

Kein Verkehrsmittel ist so gefährlich wie das Motorrad (2012 waren es 586 Tote), und keine Straßen sind so gefährlich wie Bundes- und Landstraßen, hier starben immerhin 2151 Menschen. Das sind rund 60 Prozent aller tödlich Verunglückten. Es ist daher unverständlich, dass hoch belastete Bundes- und Landstraßen nicht durch vierspurige Straßen ersetzt werden. Seit Jahren gibt es bekannte Todesstrecken, wie zum Beispiel die B 73 von Hamburg nach Stade. Aber erst 2008, nach sechsjähriger Bauzeit, konnten die ersten 11 Kilometer der A 26,

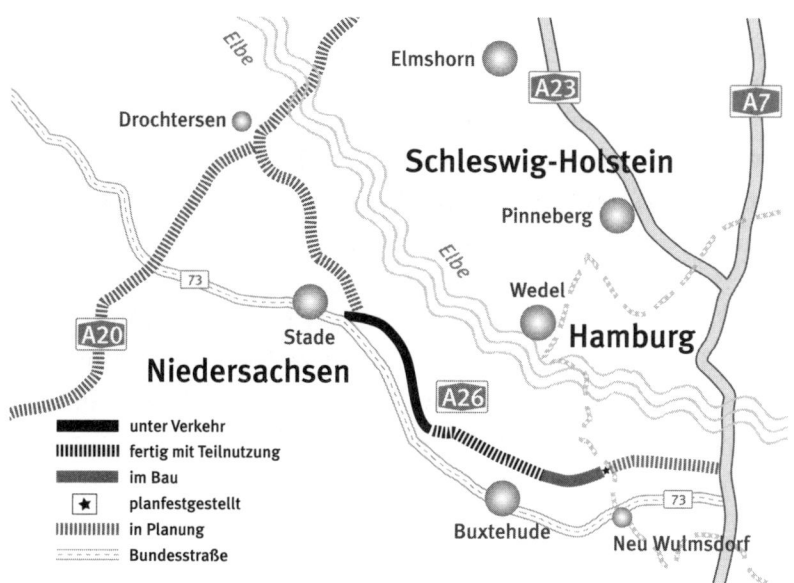

Drochtersen

Elmshorn

A23

A7

Schleswig-Holstein

Pinneberg

73

Wedel

A20

Stade

Hamburg

Niedersachsen

A26

████ unter Verkehr
||||||||| fertig mit Teilnutzung
████ im Bau
[★] planfestgestellt
|||||||| in Planung
········· Bundesstraße

Buxtehude

Neu Wulmsdorf

73

die die Todesstraße ersetzen, von Horneburg nach Stade freigegeben werden. Der zweite Bauabschnitt mit 5 Kilometern folgt 2014 und ist charakteristisch für den Irrsinn beim deutschen Autobahnbau. Es wird nur eine Richtung für Pkw eröffnet. Die Gegenfahrbahn bleibt gesperrt, weil sonst Lkw durch die Ortschaft Dammhausen fahren müssten. Diese Rücksichtnahme galt Jahrzehnte für die Städte entlang der B 73 nicht.

Mit dem neuen Abschnitt wurden 61 Millionen Euro verbaut, die da jetzt als Betonband herumliegen. Die volkswirtschaftlichen Verluste, die eine ungenutzte fertige Autobahn verursacht, sind nur möglich, weil der Staat baut und plant und für die Geldvernichtung keine Rechenschaft ablegen muss. Dieser Abschnitt soll 2020 dem Verkehr zur Verfügung gestellt werden, wenn wieder ein Teilstück fertig wird. Das ist geradezu lächerlich. Doch dieser Irrsinn hat Methode und ist mittlerweile typisch für den Bau von Autostraßen in Deutschland. So wird der Politik die Macht garantiert, und gleichzeitig werden Hunderte von Millionen Euro durch Ineffizienz und Kungelei vernichtet. Und, wie wir am Beispiel der B 73 sehen, man nimmt auch noch in Kauf, gefährliche Straßenabschnitte nicht zügig zu beseitigen. Das hat nicht immer mit übertriebenem Naturschutz zu tun. Das hat auch seine Ursachen in der unzureichenden Allokation der Finanzmittel. Beides zusammen ergibt dann Kompromisse, die eigentlich unverantwortlich sind. Wenn es gar nicht mehr anders geht und der Verkehr einen Neubau regelrecht erzwingt, dann wird aus Kostengründen keine vierspurige Straße mit getrennten Fahrbahnen, sondern eine dreispurige Trasse als preiswertere Alternative geplant und gebaut. In den meisten westeuropäischen Staaten, allen voran Belgien, Frankreich und Großbritannien, war dies die Ausbauvariante der Fernstraßen, bevor sie auf Autobahnen umstellten. Wegen ihrer Gefährlichkeit wurde gespottet: *Right side, left side, suicide* – rechte Fahrspur, linke Fahrspur, Selbstmordfahrspur. Sie sind fast alle beseitigt; entweder indem sie zu einer mehrspurigen Autobahn aufgewertet wurden, oder aber es wurde ohne weiteren Aufwand einfach eine vierte Spur hinzugefügt und die Fahrbahn in der Mitte durch Leitplanken« getrennt. Diese »Autobahnen light« unterliegen je nach Land Geschwindigkeitsbegrenzungen bis höchstens 100 Stundenkilometern.

In Deutschland aber werden dreispurige Straßen zunehmend neu gebaut und von vielen nur deshalb akzeptiert, damit überhaupt ein Engpass beseitigt oder eine Umgehung einer Stadt möglich wird. Die B 49 von Limburg nach Wetzlar wurde in den siebziger Jahren neu gebaut: zu schmal für vier Fahrbahnen, aber breit genug, um Überholspuren als dritte Fahrbahn zu kennzeichnen. Es krachte ständig. Jeder kleine Fehler führt bei Gegenverkehr, bei dem beide Fahrzeuge die erlaubten 100 Stundenkilometer fahren, zur tödlichen Begegnung. Die Fahrstreifen der B 49 wurden immer wieder umgemalt – mal die mittlere Spur zugunsten zweier breiter Fahrbahnen aufgegeben, dann wieder auf drei Spuren umgerüstet. Teilweise trennen reflektierende Gumminoppen die Fahrbahnen, oder es wurde ein Stück zweispurig durch Leitplanken von der dritten Spur abgegrenzt. Zurzeit wird sie nun zu einer vierspurigen Schnellstraße umgebaut – mit der in Deutschland gerade beschriebenen Langsamkeit. Die B 49 haben wir hier als Beispiel angeführt. Es gibt viele solcher dreispuriger Straßen-Experimente, die nach vielen schweren Unfällen, vielen Toten und langen Staus entweder auf vier Spuren verbreitert (wie die B 50 im Hunsrück) oder gleich von einer Autobahn (B 40 bei Fulda) ersetzt wurden. Jetzt finden sich im Bundesverkehrswegeplan viele neue Trassen, die von vier auf drei Spuren abgestuft wurden. Das ist unverantwortlich, denn es sind Neubauten, die schwere Unfälle in Kauf nehmen. Es ist noch nicht einmal möglich, diese Aussage mit Zahlen über Unfälle und Tote zu beweisen. In Deutschland werden die Verkehrsunfälle nicht nach dem Ausbau der Straße gezählt, sondern nach der straßenamtlichen Zuordnung. So wissen wir, wie viel Tote es auf der Autobahn, auf Kreis- und Gemeindestraßen gibt. Und wir wissen auch, wie viele es auf Bundes- und Landstraßen sind, aber nicht, ob es sich um Schnellstraßen, dreispurige Achsen oder nicht ausgebaute Bergstraßen handelt. Trotz intensiver Bemühungen konnten wir keine Statistik finden, die sich mit diesen »Suicide-«, diesen »Selbstmordstreifen« beschäftigt.

1992, als wir uns das erste Mal mit der A 44 (S. 114) beschäftigten, glich die B 7 von Kassel nach Eisenach einem Friedhof. Rechts wie links standen Kreuze für die nach der Wende tödlich Verunglückten. Die B 7 war, von Kassel aus gesehen, erst vierspurig, dann dreispurig und schließlich zweispurig ausgebaut. Die Statistik wies nur die Unfälle für die Gesamtstrecke aus. Weil es sich um einen überschaubaren Zeitraum von zwei Jahren und einen relativ kurzen Streckenabschnitt handelte, konnten wir alle Unfälle innerhalb von zwei Jahren einzeln nachvollziehen und dem genauen Straßenabschnitt zuordnen. Es stellte sich heraus, dass sich auf der dreispurigen Straße die meisten schweren Unfälle ereignet hatten.

Wir unterstellen nicht, dass es absichtlich keine Unfallstatistik für dreispurige Straßen gibt. Doch wer solche Straßen neu baut, sollte darüber nachdenken, warum alle anderen Staaten sie abgeschafft haben. Bevor sie als Alternative für vierspurige Straßen überhaupt in Erwägung gezogen werden, müssten wir die Daten erfassen, die Auskunft darüber geben, wie sich die Unfallhäufigkeit im Verhältnis zu zwei- und vierspurigen Straßen verhält. Und jenseits der Gefahr dieser Kompromisstrassen wäre es auch interessant zu erfahren, wie lange es dauert, bis die dreispurigen Straßen wieder um eine weitere Spur ergänzt werden müssen.

Die meisten dreispurigen Straßen, die jetzt auf vier Spuren erweitert werden, sind nicht blau wie Autobahnen, sondern weiterhin gelb wie Bundesstraßen ausgezeichnet. Vielleicht ergeht es Ihnen wie uns, dass Sie sich fragen, warum kreuzungsfreie vierspurige Straßen keine Autobahnen sind. Für den normalen Autofahrer ist es weniger interessant, zu welcher Kategorie eine Straße zählt, sondern wie sie ausgebaut ist. Selbst unsere Straßenkartenhersteller und Navigationsproduzenten tun sich schwer damit. Eine Bundesstraße ist eingezeichnet, aber Sie fahren auf einer Autobahn – so sieht Ihre Straße jedenfalls aus, zum Beispiel die B 100 bei Halle.

Nun, ähnlich wie bei der Unfallstatistik kommt es bei der Beschilderung mehr auf die Zuordnung der Straße zu einer Behörde und weniger auf ihre Funktion für den Autofahrer an. Für Autobahnen gelten bestimmte Ausbauvorschriften, die darauf Rücksicht nehmen, dass es keine generelle Geschwindigkeitsbegrenzung in Deutschland gibt. Fahrbahnbreite und Standspur, die Art der Fahrbahntrennung etc., alles ist festgelegt. Bei vierspurigen, gelb ausgeschilderten Bundesstraßen dürfen die Kurven etwas enger, der Randstreifen etwas schmaler sein und die Ausfahrten etwas dichter beieinanderliegen, um nur einige Kriterien zu nennen. Diese starren Regeln verhindern leider, dass wir wie in Frankreich einfach eine Straße verbreitern können, ohne die ganze Landschaft umzubauen. Eine Geschwindigkeitsbegrenzung zeigt an: Achtung, das ist keine Hochleistungsautobahn. Das wäre allemal besser als die jetzt geplanten dreistreifigen Schnellstraßen.

Doch selbst solche technischen und sehr praktischen Überlegungen sind bei uns parteipolitisch besetzt. Alles, was vierspurig ist, trifft bei

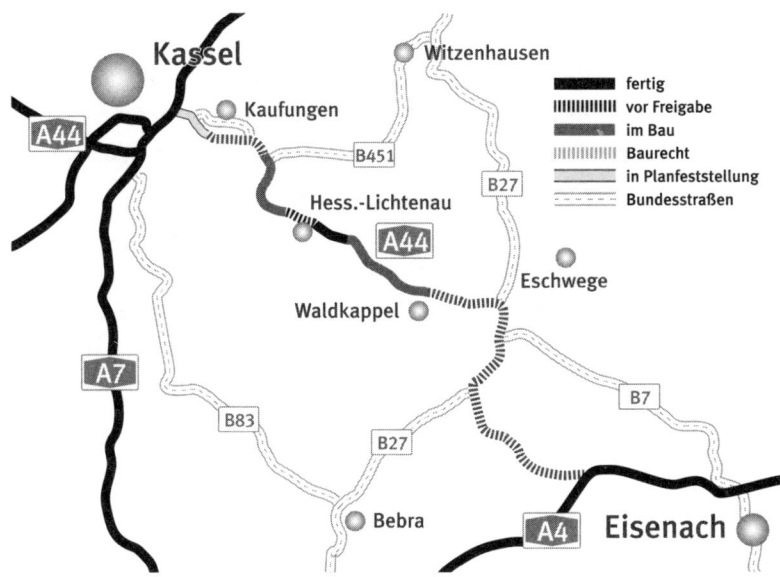

Grünen auf Widerstand, und alles, was keine Hochleistungsautobahn ist, lehnen die meisten Christdemokraten ab – um die beiden Gegenpole zu benennen. Da es in Deutschland gelungen ist, selbst die Mobilität hochgradig parteipolitisch zu durchsetzen, blühen jenseits dieser Grabenkriege absonderliche Ungereimtheiten. Sie haben sicher auch schon einmal eine Radiodurchsage gehört, dass zum Beispiel auf der L 1152 zwischen Rosswälden und Schlierbach die Straße wegen Bauarbeiten gesperrt ist. Die Ortsnamen sagen Ihnen nichts, wer kennt schon alle Dörfer der Republik. Aber dann wurde Ihnen auch noch die Straße genannt: L 1152.

Weiter müssen sie feststellen, dass in keiner der handelsüblichen Landkarten L-Straßen verzeichnet sind. Die gibt es nur in den Karten der Straßenbauämter. Wenn Sie wirklich wissen wollen, auf welcher Straße Sie sich befinden, wenn Sie eine Bundesstraße verlassen haben, dann müssen Sie bei einem der weißen Begrenzungspfähle anhalten und sich tief bücken. Wenn Sie Glück haben, finden Sie eine Zahl, die Ihnen sagt, auf welcher L- oder K-Straße Sie gerade sind. L steht für

Straßen, die dem jeweiligen Bundesland gehören, K für Kreisstraßen. Wir haben noch kein Verkehrshinweisschild gefunden, auf dem außer dem Ortsnamen auch noch steht, auf welcher L- oder K-Straße wir uns gerade befinden. Trotzdem werden sie von den Radiosendern angegeben, in einem Akt blinden Gehorsams. Was für ein Unfug. In Großbritannien und Frankreich ist es fast unmöglich, sich zu verfahren. Landkarten stimmen mit den Straßenbezeichnungen überein. Und wenn Sie sich in Frankreich zum Beispiel auf eine N-Straße, einer Route Nationale, befinden, dann steht deren Nummer auf jedem Hinweisschild, auf jedem Kilometerstein. Biegen Sie dann auf eine Nebenstraße ab und befinden sich auf einer Departmentstraße, dann ist die mit einem D und einer Nummer gekennzeichnet, die auch wieder an jeder Kreuzung steht. Und wenn Sie schließlich zu einem kleinen Weiler wollen, kann es sein, dass Sie auf einer C-Straße landen, ebenfalls mit einer Nummer versehen und durchgehend beschildert. C steht für Cantonal, den Kreis. So ist das in Großbritannien, in den USA und in Japan, wo ich mich deshalb nie verfahren habe, obwohl die Verkehrsschilder nur mit japanischen Schriftzeichen versehen sind. Aber das System ist so einfach und deutlich, dass selbst Analphabeten – und ein solcher war ich dort anfangs – zurechtkommen.

Umgekehrt haben Ausländer, die auf Deutschlands Straßen unterwegs sind, erst eine Chance anzukommen, seit es das Navi gibt. In unseren Teams gab es immer wieder Kollegen, die es mit den Landkarten nicht so hatten. Mit der Beschilderung kamen sie aber erst recht nicht klar. Sie fahren zum Beispiel auf der B 50. Die fängt in Rheinhessen in der Ortschaft Gau Bickelheim an, und irgendwann ist sie nicht mehr ausgeschildert. Einfach weg. Sollten Sie dann 30 Kilometer weiter zufällig von Rheinböllen nach Trier fahren wollen, ist sie wieder vierspurig da, verengt sich auf zwei Spuren, wird ab Longkamp von einer B 50 n begleitet, und beide B-50-Varianten hören dann bei Wittlich in der Eifel auf. Diese Linienführung ist nur etwas für Eingeweihte. Als Hinweis für ein Ziel taugt diese Beschilderung nicht. Vor allem in den Ballungsräumen sind die Nummerierungen der Bundesstraßen völlig sinnlos geworden, so oft verschwinden sie und tauchen dann irgendwo wieder auf.

Für die Straßenbauverwaltungen sind ja auch ganz andere Kriterien wichtig. Dass es sich um eine B-Straße, also eine Bundesstraße handelt, bedeutet, dass diese Straße von der Bundesrepublik Deutschland bezahlt und unterhalten wird. Wenn es zwischendrin kilometerlang keine B 50 mehr gibt, heißt das: Dieser Abschnitt wurde an das Land oder den Kreis oder eine Kommune abgegeben. Pech für den Autofahrer, wenn der neue Besitzer dann eine andere Stadt als Ziel angibt als die Ortschaft, die noch auf der B 50 stand. Diese Unterbrechungen werden immer häufiger, weil der Bund mit dem Hinweis, dass die Bundesstraße jetzt durch eine Autobahn ersetzt wurde, seine Baulast gern abtritt. Das heißt: Die deutsche Beschilderung richtet sich nach dem Aufbau der Bürokratie, nach dem Baulastträger und nicht nach den Bedürfnissen des Autofahrers, für den die Straße eigentlich da ist und der sie bezahlt.

Verkehrsminister sind schon auf viele Ideen gekommen. Der letzte hat längst abgeschaffte Nummernschilder wieder zugelassen und den Punktekatalog in der Flensburger Sünderkartei verschärft, aber eine logische Verkehrsbeschilderung ist noch keinem eingefallen. Dabei würde eine übersichtliche und durchgängige Beschilderung auch der Verkehrssicherheit dienen. Aber vielleicht hängt das auch damit zusammen, dass der Autofahrer in Deutschland per se eher als lästiger Straßenbenutzer gilt, der auch noch Forderungen stellt, wo er sich doch umweltpolitisch völlig inkorrekt verhält.

Vielleicht fällt das aber auch nur mir auf, weil ich sechs Jahre in Japan gelebt habe. Wenn ich dort auf die Autobahn fahren wollte, sah ich erst eine riesengroße Landkarte mit dem Autobahnnetz von Tokio, auf der in Rot die Staus aufleuchteten und in Orange die stark belasteten Strecken. Gleichzeitig war auf der Karte angegeben, wie lange es dauert, wenn ich mich doch für die Autobahn entscheide. Diese Informationen wurden alle 30 Sekunden aktualisiert. Bei Überlandfahrten wurde vor der Auffahrt informiert, wie lange es bis zur nächsten Abfahrt und zur nächsten größeren Stadt dauert. Nie gab es eine Überraschung. Bauarbeiten wurden nur nachts ausgeführt, um tagsüber den Verkehr nicht zu beeinträchtigen.

Bei einem Gespräch mit dem Vorsitzenden der Autobahngesellschaft der Stadt Tokio – in Japan gehören alle Autobahnen privaten Unternehmen, an denen die Städte und Provinzen meistens beteiligt sind – erklärte dieser, warum dieser Informationsaufwand schon seit 1964, der Einweihung der ersten Teilabschnitte, betrieben wird.»Der Autofahrer ist unser Kunde«, sagte er voller Erstaunen, dass dieser Service für uns nicht selbstverständlich sein soll.»Wir können doch unseren Kunden nicht Mautgebühren abverlangen und sie dann im Stau stehen lassen. Das würde sie verärgern, sodass sie uns möglicherweise in Zukunft meiden. Die Bedürfnisse der Kunden zu erfüllen, das ist unsere Aufgabe und die Geschäftsgrundlage unserer Gesellschaft.«

Der Autofahrer als Kunde der Autobahn. Welch ein Gedanke! Davon sind wir noch Schaltjahre entfernt. Vielleicht gelingt es uns ja, in diesem Buch den Unterschied im Verhältnis zwischen Straßenanbieter und Straßennutzer in Japan und in Deutschland zu erklären.

Der deutsche Mythos: Hitler und die Autobahn

»Wir haben das beste Autobahnnetz der Welt« – eine Vorstellung, die sich tief ins deutsche Bewusstsein eingegraben hat. Jedenfalls so tief, dass sie immer noch als Fakt von den jeweils amtierenden Verkehrsministern öffentlich propagiert wird. Auch Peter Ramsauer behauptete dies noch 2013 in Talkshows, während gleichzeitig Brücken gesperrt wurden, weil sie sonst zusammengekracht wären. Die Deutschen und ihre Autobahnen – das ist eine besondere Beziehung, die so von Mythen geprägt wird, dass dabei für die Realität kein Platz mehr ist.

Die Überzeugung lautet etwa folgendermaßen: Hitler hat die Autobahnen erfunden, um damit die Voraussetzungen für seinen Krieg zu schaffen, und: Die Autobahnen wurden auch gebaut, um die Massenarbeitslosigkeit zu beseitigen. Hier sei nur eine Auswahl von Persönlichkeiten genannt, von denen ich dies in letzter Zeit im Fernsehen bestätigt erhalten habe: Guido Knopp, Chefhistoriker des ZDF, äußerte dies in seiner »History«-Sendung, und der ist ja immerhin eine Autorität, wenn es um das Nazireich geht.

Rudolf Dressler, SPD-Arbeitsmarktexperte und Botschafter in Israel, bestätigte es in der ARD bei »Hart aber fair«, als es um die Arbeitslosigkeit ging, und für Gesine Schwan, die als Bundespräsidentin kandidierte und eine Universität leitet, war Hitlers Autobahnbau ein Beweis für die nationale Aufrüstung, wie sie in einer Talkshow äußerte.

Damit sind die Autobahnen mit dem Makel der nationalsozialistischen Begriffswelt behaftet. Irgendwie schwingt das immer durch: Hitler – Nazi – Aufrüstung – Autobahn – Massenarbeitslosigkeit. Gleichzeitig ist damit aber auch ein gewisser Stolz verbunden: »Wir Deutsche haben die Autobahn erfunden.« Und waren die Amerikaner von diesen Betonbändern nicht so beeindruckt, dass sie daraufhin ihr Interstate-System planten? Bis weit in die siebziger Jahre des vorigen Jahrhunderts konnte allenfalls noch Italien mit einem Autobahnnetz mithalten, während Resteuropa weit hinterherhinkte. So entstand dieser Knoten aus Mythos und Legende, der leider den Blick verstellt, dass es sich bei der Autobahn um eine Investition in die Infrastruktur handelt, um Güter und Menschen möglichst schnell, sicher und preiswert transportieren zu können.

So mag es eine Enttäuschung für die einen und eine Erleichterung für die anderen sein, dass Hitler die Autobahnen weder erfunden noch aus militärischen Gründen gebaut hat. Es lohnt sich deshalb, die wahre Geschichte zu erzählen. Vielleicht schaffen wir es damit, eine nüchterne Beziehung zwischen den Deutschen und ihrem Straßennetz in Gang zu setzen.

Noch im Ersten Weltkrieg spielten die Straßen und Kraftfahrzeuge nur eine untergeordnete Rolle. Die Kriegsmaschinerie hing davon ab, ob die Eisenbahnkapazität im Hinterland ausreichte, um die Front mit Menschen und Material zu versorgen. In der Nachkriegszeit war es dann ganz wenigen Privilegierten vorbehalten, ein eigenes Auto zu besitzen. Noch 1926 gab es im ganzen Deutschen Reich nur 200 000 Personenkraftwagen, und die waren fast ausschließlich auf die Metropolen beschränkt, denn wer über Land fuhr, wurde auf den staubigen und holprigen Straßen kräftig durchgeschüttelt. 50 Prozent des gesamten Transports wurde trotz des ausgebauten Schienennetzes noch von Reitern und Pferdekutschen bewältigt. Reisen war ein Horror – es sei denn, man hatte genug Geld, sich in einem Salonwagen der großen privaten Eisenbahngesellschaften verwöhnen zu lassen.

Seit Gottlieb Daimler 1872 das erste für den Serienbau konstruierte Benzin-Auto vorgestellt hatte, wurde sehr schnell deutlich, dass sich diese revolutionäre Entwicklung nur durchsetzen konnte, wenn dafür bessere Straßen angeboten wurden. Spätestens seitdem der Schweizer Arzt Ernest Guglielminetti herausgefunden hatte, dass Teer Staub bindet, erhöhte sich die Qualität des Reisens. Schon 1902 wartete Monaco mit der ersten staubfreien Teerstraße auf. Alles eher zufällige Produkte.

Im Deutschen Reich wollten die mit dem neuen Verkehrsmittel verbundenen Unternehmen und die Behörden systematisch erforschen, wie die Straßen für die Automobile beschaffen sein müssten. 1909 wurde deshalb in Berlin die »Automobil-, Verkehrs- und Übungsstraßen A. G.« gegründet. Sie begann 1913 eine Versuchsstrecke zu bauen, die 1921 endlich fertig wurde. Sie kennt mittlerweile jeder, der sich mit dem Motorsport beschäftigt. Es ist die AVUS in Berlin, die erste voll asphaltierte Strecke mit getrennten Fahrbahnen. Sie diente aber bis in die dreißiger Jahre nur als Versuchsstrecke. Auch sie wird fälschlicherweise als erste Autobahn der Welt gepriesen – nur weil diese Teststrecke getrennte Fahrbahnen hatte und ihr Querschnitt bis heute Vorbild für Autobahnbauer ist. Als A 115 ist sie heute der wichtigste Zubringer für Berlin und, weil sie teilweise immer noch zweispurig ist wie 1921, oft verstaut.

In ganz Europa gründeten sich in den zwanziger Jahren Vereine, Aktiengesellschaften und Unternehmerverbände, die es sich zum Ziel gesetzt hatten, den Kontinent ähnlich dem Schienennetz für die Eisenbahnen mit einem europaweiten Fernstraßennetz zu überziehen. Am engagiertesten und erfolgreichsten war dabei Italien. In Mailand lebte und arbeitete Diplom-Ingenieur Dr. Piero Puricelli. Eines seiner Unternehmen war die Società Anonima Autostrada Milano, die auch die Monatszeitschrift *La Strada* herausgab. Piero Puricelli war ein weitsichtiger, mutiger Unternehmer, ein Visionär. Er sammelte Kapital und baute eine gebührenpflichtige vierspurige Asphaltstraße nur für Automobile von Mailand nach Laghi Richtung Como, heute Teil der italienischen A 9, die gerade auf sechs Spuren erweitert wurde. Dies ist definitiv die erste Autobahn der Welt. Sie wurde schon 1924 dem Verkehr übergeben. Ihre Merkmale: gebührenpflichtig – da von einem Unternehmen gebaut – und staatsfern, da der Staat weder die Vision noch das Geld hatte, ein zukunftsfähiges Straßennetz zu bauen.

Zu dieser Trasse pilgerten Ingenieure und Unternehmer aus ganz Europa, die Piero Puricelli kennenlernen wollten, um von ihm zu lernen, darunter viele Vertreter der deutschen Bauwirtschaft und der Generaldirektor der deutschen Handelsgesellschaft Willy Hof, der später noch eine wichtige Rolle für den Bau der deutschen Autobahnen spielen sollte. Sie waren so begeistert, dass sie beschlossen, auch in Deutschland Autostraßen nach dem italienischen Modell zu bauen. Schließlich versammelten sich in der Geschlechterstube des Frankfurter Rathauses unter der Leitung des Hannoveraner Regierungsrats Prof. Robert Otzen Banker und Bauingenieure und gründeten den Verein HaFraBa e. V., dessen Ziel es war, eine durchgehende, nur für Autos geplante vierspurige Autobahn mit getrennten Fahrbahnen à sieben Meter Breite von Hamburg über Frankfurt nach Basel zu bauen. Damit waren alle Merkmale festgelegt, die bis heute für den deutschen Autobahnbau gelten.

Heute, fast neunzig Jahre später, scheint das ursprüngliche Konzept der HaFraBa-Visionäre immer noch moderner als das, was sich zurzeit im deutschen Straßenbau abspielt. Dem Verein konnten beitreten: Länder, Provinzialverwaltungen und Städte, deren Beiträge sich nach ihrer Größe richtete. Bei Städten zum Beispiel betrug er einen Pfennig pro Einwohner, Industrie- und Handelskammern, Handwerkskammern, Verbände, Vereine, wirtschaftliche Organisationen etc. zahlten mindestens 300 Reichsmark, Industrie- und Handelsfirmen, Gesellschaften und Einzelpersonen waren mit 2000 Reichsmark dabei, und außerordentliche Mitglieder mussten 100 Reichsmark berappen. Für das Projekt interessierten sich unter anderem auch amerikanische Banken, und selbst Piero Puricelli wurde Mitglied.

Die Arbeiten für die Trasse gingen zügig voran. Die technischen Details für Brücken, für die Bauausführung, die Festlegungen der Ausfahrten – bis 1930 waren diese Vorgaben weitgehend erarbeitet. Doch die Reichs- und Provinzregierungen betrachteten das Projekt überwiegend mit Misstrauen. Das Reichsverkehrsministerium lehnte die Pläne rundweg ab, weil man finanzielle Einbußen für die Reichsbahn befürchtete. Auch die Reichswehr erhob Einspruch: Die Betonpisten würden feindlichen Fliegern die Orientierung erleichtern – so viel zum Mythos Autobahn als militärisches Objekt.

Am 10. Juli 1930 sollte im Reichstag über die Finanzierung der HaFraBa abgestimmt werden. Es zeichnete sich ab, dass eine Mehrheit der Abgeordneten dafür stimmen würde, dass die späteren Benutzer wie in Italien die von internationalen Bankkonsortien vorfinanzierten Autobahnen durch Gebühren bezahlen sollten. Die angedachten Tarife: ein Auto mit Fahrer 3 Pfennig pro Kilometer, jede weitere Person 1 Pfennig, Lastwagen 2 Pfennig pro Kilometer und jede Tonne pro Kilometer einen halben Pfennig. Aber genau an diesem Tag wurde der Reichstag aufgelöst.

Die Neuwahlen ergaben einen Stimmenzuwachs von KPD und NSDAP, den beiden schärfsten Gegnern der Autobahn, die bis zur Machtübernahme 1933 den Baubeginn verhinderten. Das war die Koalition des dumpfbackenen Bürgertums mit der Ideologie der Unfreiheit, die auf staatliche Kontrolle der Mobilität setzte. Das Auto als die Chance, sich unabhängig, individuell fortzubewegen, war für die Kommunisten und die Nazis ein Luxus der Reichen, die private Finanzierung eine Erlaubnis, sich zu bereichern. Kurt Kaftan, Pressechef des HaFraBa e. V., bemerkte dazu: Wäre der Reichstag nicht aufgelöst worden, wären die ersten hundert Kilometer Autobahn bei Hitlers Machtantritt schon fertig gewesen.

So aber dümpelte das Projekt HaFraBa so vor sich hin. In der Zwischenzeit hatten sich zwei weitere Vereine gegründet: der MüLeiBerl e. V., die Autobahn München – Leipzig – Berlin, und der HaLe e. V., der Halle mit Leipzig verbinden wollte. Ein bedeutender Termin für den deutschen Straßenbau war noch 1932, als eine breite, nicht durch einen Mittelstreifen getrennte Autostraße von Köln nach Bonn eröffnet wurde. Die hatte der Kölner Oberbürgermeister Dr. Konrad Adenauer in seiner rheinischen Provinz durchgesetzt. Sie galt aber nicht als Autobahn, weil ihr der Mittelstreifen fehlte. Heute ist das die sechsspurige A 555.

Wir reden hier über das Jahr 1932, in dem es in ganz Deutschland gerade Mal 500 000 Autos gab – auf hundert Einwohner kam also weniger als ein Auto. Waren die Autobahnenthusiasten nun Spinner oder Visionäre? Erst die Nachkriegsentwicklung zeigt, dass sie ihrer Zeit weit voraus waren, dass der Siegeszug des Autos vielleicht aber schon früher begonnen hätte, wenn die Welt ihre Ressourcen nicht schon wieder mit Tötungsmaschinen verschwendet hätte.

Noch 1934 stellte Puricelli den Plan für ein Netz europäischer Autobahnen vor und schrieb dazu:»Die Autobahnen sind keine Kriegsstraßen, sondern Tore zum Frieden. Die Völker enger aneinander zu binden, die Annäherung der Staaten zu fördern, das heißt dem Frieden dienen und nicht für den Krieg rüsten.« Und:»Bei der Aufstellung meines Planes für die Schaffung intereuropäischer Autobahnverbindungen ging ich von folgender Überzeugung aus: Die Autobahnen knüpfen die wahrhaft großen Verbindungen unserer Zeit.«

Puricelli war kein Spinner, sondern ein Visionär, auch wenn seine Vorstellungen sich erst später verwirklichten – zum Beispiel in Zentraleuropa mit der Entwicklung freiheitlich-demokratischer Staaten in den sechziger Jahren, als der Autobahnbau in den Kernländern der

Europäischen Wirtschaftsgemeinschaft Fahrt aufnahm. In Spanien und Portugal nach dem Zusammenbruch der faschistischen Diktaturen, in Osteuropa mit dem Fall der Mauer und jetzt mit den Staaten des Balkans. Diktaturen haben nun einmal eine Abneigung gegen den Individualverkehr.

Der Ausbau des Autobahnnetzes während der Nazizeit scheint dem zu widersprechen. Mit der Machtübernahme Hitlers im Januar 1933 wurden sofort die Autobahnbauvereine verboten. Die waren nicht zuletzt deshalb verdächtig, weil sie auch mit ausländischem Kapital arbeiteten und viele jüdische Unternehmen beteiligt waren. Hitler setzte auf die Reichsbahn als Massentransportmittel. Abgesehen davon war er ein Autonarr. Vor allem zwei Männer machten ihm die Autobahnen schmackhaft: jener schon erwähnte Generaldirektor der Deutschen Handelsgesellschaft, Willy Hof, und der leitende Direktor der Münchner Baufirma Sager & Woerner, der auch aktives Mitglied im HaFraBa-Verein war, Fritz Todt. Beide waren glühende Nazis der ersten Stunde. Insbesondere Letzterer soll Hitler beeindruckt haben mit seiner Vision, dass der deutsche Arbeiter in seinem Kraft-durch-Freude-Auto dann auf den Autobahnen seine deutsche Heimat erleben kann.

Todt wurde zum »Generalinspektor für das Deutsche Straßenwesen« ernannt, und er machte sich sofort an die Arbeit. Noch im August 1933 gründeten die Nazis eine »Gesellschaft zur Vorbereitung der Reichsautobahn«, und schon einen Monat später, am 23. September, erfolgte der erste Spatenstich für die Teilstrecke Frankfurt–Darmstadt. Das konnte so schnell gehen, weil die Blaupausen des HaFraBa einfach übernommen wurden. Fritz Todt war ein begnadeter Ingenieur und Organisator, der leider seine Fähigkeiten, wie so viele Akademiker in Deutschland, dem Mordregime der Nazis ohne Skrupel zur Verfügung stellte. Zwar wurde die »Gesellschaft der Reichsautobahn« unter dem Dach der »Deutschen Reichsbahngesellschaft« geführt, aber Todt war nur Adolf Hitler persönlich unterstellt.

Die Reichsbahnkonstruktion wurde gewählt, damit sichergestellt werden konnte, dass die Autobahnen keine Konkurrenz werden konnten. So blieb der Personenbusverkehr verboten (erinnern Sie sich? Dieses Wettbewerbsverhinderungsgesetz wurde erst 2013 aufgehoben), und die Frachtraten der Lkw mussten sich an den Preisen der Reichsbahn orientieren. Auch verdanken wir dieser Konstruktion, dass wir heute noch auf der A 7 über die Gipfel des hessischen Berglands fahren und die A 8 zwischen Karlsruhe und Pforzheim erst 2015 von den engen Kurven einer achterbahnähnlichen Trasse befreit sein wird. Mit diesen Gebirgsstrecken stellte die Reichsbahn sicher, dass die schwachbrüstigen Lastwagen die Strecke nicht benutzen konnten.

Diese Trassen sind auch der beste Beweis dafür, dass militärische Überlegungen überhaupt keine Rolle spielten. Die Bergstrecken stellten Hindernisse für die Militärs dar und keine Aufmarschtrassen. Dazu kommt noch, dass die meisten Autobahnen, die von 1933 bis 1940 fertig wurden oder im Bau waren, in Nord-Süd-Richtung verliefen und erst mit dem Beginn des Krieges der Schwerpunkt auf Ost-West-Trassen verlegt wurde, was aber kaum mehr eine Bedeutung hatte, weil Todt die Arbeiter vom Straßenbau abziehen musste, da er sie am Westwall brauchte.

Todts Autobahnen waren aber nicht nur Straßen. Sie sollten eine Einheit mit der überlegenen deutschen Rasse in diesem zur Größe bestimmten deutschen Staat sein. Bei den Brücken setzte er nicht auf modernes Ingenieurwissen, sondern ließ Rundbogenbrücken oder Pfeiler bauen, die mit Bruchsteinen aus der Region verkleidet wurden. Eng befreundet war er mit Alwin Seifert, dem Reichslandschaftsanwalt. Der schwärmte: »Dem Benutzer der Kraftfahrbahnen sollen die schönsten deutschen Landschaften zugänglich gemacht werden.« Es heißt, Hitler selbst habe die Autobahn Rosenheim – Salzburg direkt an den Chiemsee heranlegen lassen, damit die deutschen Kraftfahrer die Schönheit ihres Landes sehen können.

Alwin Seifert sorgte dafür, dass landschaftsgerechte Autobahnen unter Mitwirkung von Landschaftsanwälten gebaut wurden. So wurden die Trassen von Pflanzensoziologen untersucht, die dann auch für eine naturgemäße »deutsche« Bepflanzung sorgten. Seine sehr braune

Vergangenheit hat Seifert aber nicht geschadet. Nach dem Krieg war er von 1958 bis 1963 »Bundesleiter« des Bundes Naturschutz Bayern und maßgeblich an der Gründung des BUND beteiligt. Er vertrat dabei sehr rechte bis rechtskonservative Wertvorstellungen, die ihm aber von seinen grünen Mitstreitern verziehen wurden, weil er radikal für eine biologisch-dynamische Landwirtschaft kämpfte – auch unter den Nationalsozialisten. Über die Folgen des deutschen Sonderwegs beim Autobahnbau und die damit verbundene Bauästhetik schreiben wir im Kapitel über »Charakterstraßen« ab S. 143.

Bleibt nur noch das Märchen, die Autobahnen seien auch gebaut worden, um die Arbeitslosigkeit zu beseitigen. 1933 gab es 6 Millionen Arbeitslose. Für den Autobahnbau wurden gleichzeitig maximal 130 000 Menschen herangezogen, meist unter miserablen Bedingungen. Noch einmal so viele wurden in den Zulieferbetrieben beschäftigt, sodass gerade einmal 5 Prozent der Arbeitslosen durch den Autobahnbau beschäftigt wurden. Mit Kriegsbeginn mussten viele Baustellen eingestellt werden, weil die Arbeiter entweder für den Krieg eingezogen wurden oder sich bessere Arbeitsplätze besorgen konnten.

All diese Fakten sind eigentlich leicht zugänglich. Warum hält sich trotzdem die Legende, die Autobahnen seien eine Erfindung der Nazis und Teil der Kriegsvorbereitungen Hitlers? Wer immer dies verbreitet, ist immer noch Opfer der teuflischen Propagandafähigkeiten des Dr. Joseph Goebbels. Nach dem ersten Spatenstich bei Darmstadt erkannte er die Chance, den Autobahnbau für die nationalsozialistische Legendenbildung zu nutzen, indem er propagierte, dass der große Führer durch dieses Programm den Arbeitslosen wieder eine Zukunft biete.

Zunächst einmal wurden die Tatsachen verdreht und behauptet: Hitler habe in seiner Weitsicht schon 1924 die Autobahn ersonnen – eine glatte Lüge. Dann jubelte Goebbels: »Dies sind die Straßen des Führers, und diese Straßen führen zum Westwall.« Die Legende von der militärischen Bedeutung war geboren. Als Krönung dann 1935 bei der Einweihung des ersten Teilstücks Frankfurt–Darmstadt: »Hitler ist der Vater der Autobahn.«

Diese Sprüche haben sich tief ins Bewusstsein der Deutschen eingegraben, so tief jedenfalls, dass sie heute noch von Bildungsbürgern und Politikern wiederholt werden. Vielleicht denken Sie einmal darüber nach, wie einfältig diejenigen in Wirklichkeit sind, die heute noch der – zugegebenermaßen hervorragend inszenierten – Goebbels'schen Propaganda aufsitzen. Dabei haben sich die Ursachen für die Probleme beim Autobahnbau und deren Erhaltung im Grundsatz nicht geändert. Eine Analyse für das Scheitern des privaten Autobahnbaus in Deutschland während der Weimarer Republik wurde von Historikern in drei Punkten zusammengefasst:

1. Die geschichtlich bedingte Aufteilung der Zuständigkeiten für Straßenbau auf Länder und Kommunen.
2. Die fehlende Rechtsgrundlage im Finanzausgleichsgesetz als Voraussetzung für eine Mauterhebung.
3. Die politische Unentschlossenheit bei den häufigen Regierungswechseln in der Weimarer Republik.

Und heute:

1. Die Kompetenzzersplitterung zwischen Bund und Ländern. Der Bund zahlt, die Länder machen Vorschläge und bauen, der Bund genehmigt die Trassen.
2. Die fehlende Rechtsgrundlage als Voraussetzung für eine Mauterhebung. In der Nazizeit wurde in diesem Zusammenhang noch der Begriff »Daseinsvorsorge« geprägt, der auch auf die Autobahnen ausgedehnt wurde. Das bedeutet: Die Autobahn muss vom Staat vorgehalten und bezahlt werden.
3. Die häufigen Regierungswechsel finden in den Länderparlamenten statt, die je nach politischer Zusammensetzung mal Autobahnen planen, mal die Planung, die schon Millionen Euro verschlungen hat, wieder einstampfen.

Eine bittere Erkenntnis: Trotz Nazi- und SED-Diktatur krankt Deutschland noch immer an einer Zersplitterung der Kompetenzen und unterwirft selbst ein so rationales Wirtschaftsgut wie die Autobahn ideologischen Grundsatzdiskussionen. Ja, die Nazis haben uns, was die Autobahn betrifft, einiges hinterlassen. Da sind die 3893 Kilometer Autobahn, wovon 1378 die DDR und 2128 die Bundesrepublik erbte. Der Rest fiel an Polen, die UdSSR und Österreich. Im Jahr 2014 sind es 13 000 Kilometer. Nur wenige Strecken befinden sich noch im Ausbauzustand aus Todts Zeiten. Die längste reicht vom Inntaldreieck knapp 70 Kilometer bis zur österreichischen Grenze bei Salzburg. Da noch von einer braunen Vergangenheit zu sprechen, ist einfach Unsinn. In keinem anderen Land der Welt sind die Autobahnen mit derartigem Mythos und Pathos besetzt wie in Deutschland. Und deshalb schwadronieren unsere Verkehrsminister immer noch vom »besten Autobahnnetz der Welt«. Viele Staaten haben in viel kürzerer Zeit in viel schwierigerer Topographie vierspurige kreuzungsfreie Straßen gebaut. Die USA haben 97 355 Kilometer. China hat es seit 1980 auf 75 932 Kilometer gebracht, Spanien auf 16 204, und auch die Netze in Japan und Frankreich sind länger, in Belgien, den Niederlanden, Zypern und der Schweiz enger. Es wird Zeit, dass wir eine rationale Einstellung zur Autobahn entwickeln.

Wenn die Nazis ein bleibendes Erbe hinterlassen haben, dann ist es die Ablehnung von Mautgebühren. Hätten sie 1930 nicht zusammen mit der KPD die privat finanzierten Autobahnen verhindert, hätten wir uns genauso an eine Autobahngebühr gewöhnt, wie wir ohne zu murren Fahrkarten lösen, um mit der Bahn zu fahren. Der unsägliche Begriff der »Daseinsvorsorge«, jene Vorstellung, der Staat müsse dem Bürger die Dienstleistungen zur Verfügung stellen – wobei diese nicht genau definiert sind –, hat sich tief in unser Anspruchsdenken eingegraben.

Der weltweite Siegeszug des Individualverkehrs

»Zuerst einmal muss ich mich für unsere Rückständigkeit und unser Versagen entschuldigen. Leider schaffen wir es nur, 50 Prozent unseres Transportvolumens auf den Straßen abzuwickeln. Das werden wir aber auf 85 Prozent erhöhen.« Der zuständige Minister für Straßenbau Li Xinghua im chinesischen Transportministerium in Beijing verneigt sich demütig. Der elegante junge Mann Ende dreißig im Nadelstreifenanzug mit Weste beginnt in akzentfreiem Englisch mit seinem Vortrag über den Ausbau des chinesischen Autobahnnetzes. Doch seine ersten Sätze bekomme ich nicht mit, denn ich muss unwillkürlich an deutsche Politiker und Umweltaktivisten denken, die bei diesem Statement nach Luft schnappend in Ohnmacht fallen müssten. Was für eine Katastrophe! 1,2 Milliarden Menschen sollen vom Fahrrad auf das Auto umsteigen. Mit einem Schlag wird mir klar: Was der Chinese da erzählt, bedeutet nach deutscher Umweltlehre den Weltuntergang.

Die Präsentation über die Perspektiven des chinesischen Straßenbaus fand im prächtigen Neubau des Ministeriums in der neugestalteten Zhongshanglu-Straße im Herbst 2001 statt, also noch sieben Jahre vor den Olympischen Spielen in Beijing. Das verführte dazu, die jede kleindeutsche Vorstellung sprengenden Pläne ein bisschen als Propaganda einzuschätzen. Li Xinghua zeigte uns einen Chart nach dem anderen. 1991 hatte das Riesenreich gerade mal 574 Kilometer Autobahn. Zehn Jahre später waren es dann schon 19 331. Diese könnten wir ja dann schon filmen, versprach er uns. Bis zur Olympiade würden es 30 000 Kilometer sein. Und dann ginge es immer so weiter. Jedes Jahr 2000 Kilometer mehr, mit dem Zwischenziel für das Jahr 2020 von 55 000 Kilometern, und 2040 wäre das Grundnetz mit 80 000 Kilometern geschafft. Das wären dann ungefähr so viele Autobahnkilometer in China wie im Rest der Welt, die USA ausgenommen, zusammen.

Dass alles, was Li Xinghua uns vortrug, auch ernst gemeint war, konnten wir dann auf den ersten knapp 20 000 Kilometern selbst erleben. Von Nord nach Süd, von Ost nach West zogen sich die perfekt gebauten Autostraßen durchs Land, über Gebirge wie die Alpen, Flusslandschaften wie das niederländische Tiefland, durch Städteregionen wie das Ruhrgebiet. Bei Wuhan waren wir dabei, als die fünf Brücken über den kilometerbreiten Yangtse-Strom eingeweiht wurden. Und in der Hauptstadt Szechuans, in Chengdu, kamen wir an, als gerade eine 151 Kilometer lange sechsspurige Stadtautobahn für den Verkehr freigegeben worden war.

Heute können wir feststellen, dass die Planung, jedes Jahr 2000 Kilometer dazuzubauen, mehr als eingehalten wurde. Denn 2012 betrug das Autobahnnetz schon 96 000 Kilometer. Dazu kommt ein mittlerweile auf 4,24 Millionen Kilometer angewachsenes Landstraßennetz mit 713 000 Brücken und 10 000 Tunneln. Zum Zeitpunkt des Todes Mao Tsedongs 1976 war davon praktisch nichts vorhanden. Suchen Sie jetzt bitte nicht nach Erklärungen, warum das in China möglich und bei unserem demokratischen Planungsrecht unmöglich ist. Nehmen Sie dieses gigantische Straßenbauprogramm einfach so an, wie es ist, und fragen Sie sich höchstens, warum man dies in keinem anderen Land der Welt je geschafft hat.

Vor über zehn Jahren waren wir oft noch ziemlich einsam auf den breiten Straßen, nicht einmal Pferdefuhrwerke und Handkarren hielten den Verkehr auf. Die Straßen waren da, die Autos fehlten noch. Und wieder schlich sich europäischer Hochmut in unser Wahrnehmungsvermögen. Wozu diese Straßen – alles nur eine kostspielige Angeberei, möglich in einem Staat, der noch von der Planwirtschaft inspiriert ist. Im Nachhinein sind mir wieder die Abschlussworte von Li Xinghua in den Sinn gekommen. Nachdem er erklärt hatte, dass China jedes Jahr eine Automobilfabrik für eine Kapazität von 200 000 Fahrzeugen bauen werde, um die Nachfrage zu befriedigen, schloss er: »Und auch ich werde noch mit meinem BMW auf unseren Autobahnen mein Land bereisen.«

Mittlerweile wissen wir, dass auch diese Ankündigung umgesetzt wird. China ist heute der größte Automobilmarkt der Welt, noch vor den USA. Die guten Zahlen der deutschen Edelautos sind nur möglich, weil sie in China massenhaft gekauft werden. Allein in Beijing sind mittlerweile 7 Millionen Fahrzeuge zugelassen, das sind doppelt so viele, wie es noch 1990 in ganz China waren. Ob Li Xinghua einen BMW gekauft hat oder noch mit seinem Dienst-Audi fährt, wissen wir allerdings nicht.

Wir wissen aber, dass sich die Volksrepublik China nicht einbildet, dass das Autobahnnetz eine kostenlose Dienstleistung des Staates ist. Dieses gigantische Bauprogramm könnte nie und nimmer aus dem Haushalt finanziert werden, ohne den Staat in die Pleite zu treiben. Von Anfang an setzte China beim Ausbau seiner Infrastruktur auf die Bezahlung durch den Benutzer, also auf Gebühren. 2001 bezifferte Li Xinghua den jährlichen Kapitalbedarf noch auf 32,3 Milliarden Euro. Diese wurden zu 20 Prozent durch Steuern finanziert, die aus dem zentralen Staatshaushalt oder von den Provinzen und den Städten eingezahlt wurden. Dafür erhielten der Staat, die Provinz oder die Stadt Anteile an dem entsprechenden Autobahnabschnitt. 30 Prozent der Kosten trugen die Unternehmen, die die Autobahn bauen und betreiben, 45 Prozent der Kosten werden über Kredite, die auf dem chinesischen Kapitalmarkt aufgenommen werden, refinanziert, und nur 5 Prozent werden mit Zuschüssen oder billigen Auslandskrediten finanziert. Dabei handelt es sich um Abschnitte, die aus politischen oder strategischen Gründen erbaut werden, die aber sonst keine wirtschaftliche Bedeutung haben. Bei der hohen Sparquote der Chinesen sind die Kapitalmärkte froh, ihre Gelder in die eigene Infrastruktur investieren zu können.

Für die bevölkerungsreichen Gebiete sind Anteile an der Autobahn für die jeweiligen Städte und Provinzen ein gutes Geschäft. Für den Autofahrer allerdings kann das bedeuten, dass er von Mautstation zu Mautstation fährt, jedes Mal dann, wenn er wieder eine Stadtgrenze passiert oder eine Brücke eine weitere Gebühr erhebt. Doch da es die Chinesen gewöhnt sind, Nutzergebühren zu bezahlen, und weil sie froh sind, dass sie auf Autobahnen fahren können, statt über Schlaglochpisten holpern zu müssen, gibt es auch keine Debatten über die Maut.

Es wird noch etwas dauern, bis es in China so viele Autos pro Kopf der Bevölkerung gibt wie in Deutschland. Wir haben bei rund 80 Millionen Einwohnern etwa 43 Millionen Kraftfahrzeuge. Auf China hochgerechnet, bedeutet dies: 600 Millionen Kraftfahrzeuge auf 1,2 Milliarden Menschen.

Jedem Gläubigen der Club-of-Rom-Weltuntergangsthese muss der Atem stocken, bei jedem Gegner des Individualverkehrs Panik ausbrechen – denn das würde den unweigerlichen Klimakollaps, den Zusammenbruch der Zivilisation, ja schlicht das Ende der Welt bedeuten. Die nächsten beiden Generationen werden noch einmal davonkommen, bis es 600 Millionen Fahrzeuge in China gibt, wird es noch etwas dauern. Bisher erwarten die Chinesen bis zum Jahr 2040 »nur« 200 Millionen Autos. Ein Trost? Für die Ängstlichen wohl eher nicht.

Stellen wir einmal die eher unwahrscheinliche These auf, es würde durch Staatseingriffe in Deutschland wirklich gelingen, die Zahl der Autos zu halbieren. Wir würden wirklich nur noch 20 Millionen Fahrzeuge besitzen oder besser noch, es würde uns gelingen, die Fahrleistung des Individualverkehrs um die Hälfte zu reduzieren. Dann würden wir immer noch nicht einmal einen messbaren Einfluss auf den Ressourcenverbrauch in der Welt erreichen – allein schon im Verhältnis zu China. Dazu kommen noch die fast genauso rasanten Entwicklungen in vielen anderen »Schwellenländern« wie Indonesien, Indien, Brasilien, Mexiko und der Türkei, um nur einige zu nennen. In der Türkei zum Beispiel kostete Anfang 2014 der Liter Diesel rund 2 Euro. Im Verhältnis zur Kaufkraft müsste der Liter Diesel bei uns dann 8 Euro kosten. Trotzdem wuchs der Automobilmarkt in der Türkei von 2003 bis 2013 jährlich um 11,48 Prozent.

Erinnern Sie sich noch? Bündnis 90/Die Grünen forderten in ihrem Wahlprogramm zu den Bundestagswahlen 1990 eine dramatische Erhöhung der Mineralölsteuer auf 5 DM. Dies sollte in mehreren Schritten innerhalb von zehn Jahren umgesetzt werden, was eine Verteuerung von 330 Prozent bedeutet hätte. Damals kostete der Liter Benzin noch 1,50 DM. Die Grünen erhofften sich dadurch ein massenhaftes Umsteigen vom Auto auf den öffentlichen Nahverkehr. Abgesehen davon, dass »Spiegel TV« diese Forderung mit dem Satz kommentierte: »Die Grünen haben fertig«, zeugt sie auch von einem völligen Missverständnis über die Bedeutung des Autos. Es ist das Fortbewegungsmittel, dass die Mobilität nach eigenen Zeitplänen ermöglicht.

Der damalige Bundesverkehrsminister Matthias Wissmann gab beim Münchner Ifo Institut für Wirtschaftsforschung ein Gutachten in Auftrag, das untersuchen sollte, wie sich dieser Preisschock auf das Verhalten der Verbraucher auswirken könnte. Würde sich das Verhältnis von öffentlichem Nahverkehr zur Pkw-Nutzung wesentlich verschieben? Und wie würde sich diese drastische Erhöhung des Spritpreises auf das Bruttoinlandsprodukt auswirken? Die Ergebnisse waren aber nicht für die Öffentlichkeit bestimmt.

Das Ergebnis war für alle Seiten eine Überraschung – es wäre nämlich ziemlich wenig passiert. Die Bevölkerung wäre nicht umgestiegen, sondern hätte beim Autokauf nur verstärkt auf den Verbrauch geachtet. Der öffentliche Nahverkehr hätte kaum davon profitiert. Das entspricht dem Verhalten aller Völker in allen Erdteilen. Für die individuelle Möglichkeit sich fortzubewegen sind die Menschen bereit, einen beträchtlichen Teil ihres Einkommens auszugeben. Sie nehmen dafür auch die negativen Begleiterscheinungen wie Staus und Verletzungsgefahren in Kauf.

Der ideologische Kampf gegen das Auto, der in Deutschland in den Genen der Grünen Partei verankert ist, kostet unsere Volkswirtschaft nicht nur Milliarden, er verhindert auch pragmatische Entscheidungen, die nicht immer zum Vorteil der Autofahrerlobby ausgehen würden. Dazu zwei Beispiele aus den noch immer größten Wettbewerbern im Automobilbau, den USA und Japan.

In den USA ist der Autofahrer bei einem Unfall mit Personenschä-

den immer mit haftbar. Das heißt, in allen Wohnstraßen ist Schritt-
fahren angesagt, auch ohne extra Schilder, die eine Spielstraße oder
Fußgängerzone anzeigen. Selbst in kleinen Dörfern in der Prärie stehen an Kreuzungen für alle vier Straßen Haltegebotsschilder, und
zwischendrin sorgen »schlafende Polizisten«, also Betonbodenwellen,
dafür, dass jede Geschwindigkeit, die höher als Schritttempo ist, mindestens eine unliebsame Begegnung mit dem Autodach verursacht.
Beim Betrachten der Unfallstatistiken (S. 30) wird deutlich, dass wir
damit auch in Deutschland mehr Sicherheit auf der Straße erreichen
würden.

In Japan, das etwa genauso groß ist wie die Bundesrepublik, aber
mit 127 Millionen etwa eineinhalb mal so viel Einwohner hat, gibt
es ein generelles Parkverbot auf allen öffentlichen Straßen. Im ersten Moment regen sich darüber die meisten Ausländer, vor allem die
Deutschen, ganz fürchterlich auf. Ich gebe zu: Es ging uns auch nicht
anders. Das bedeutet nämlich, dass jeder, der ein Auto anmelden will,
dafür eine Bescheinigung seiner zuständigen Polizeidienststelle nachweisen muss, dass er auch Besitzer einer Garage oder Abstellfläche ist.
Die wird vorher von der Polizei ausgemessen und bescheinigt. Die Lo-
gik ist nachvollziehbar: Straßen werden von der Allgemeinheit bezahlt
und unterhalten. Sie sind zum Fahren da, nicht als Abstellplatz für Pri-
vatleute, auch wenn sie Anwohner sind.

Wer ein Restaurant unterhält, einen Laden betreibt, Mehrfamilien-
häuser baut, muss immer auch für entsprechenden Parkraum sorgen.
In den Ballungszentren führt dies dazu, dass sich Japaner gut überlegen, ob sie sich ein Auto kaufen, für das sie in Tokio oder Osaka
leicht noch einmal 1000 Euro im Monat für den Parkplatz zahlen müssen. Auf dem Land werden die Häuser so gebaut, dass genügend Platz
für ein Auto vorhanden ist. Auch das erhöht die Verkehrssicherheit:
Zwischen den Trottoirs und den Fahrstraßen stehen keine geparkten
Autos, die die Sicht verstellen. Stellen Sie sich vor, alle Straßen in unseren Städten wären von parkenden Autos befreit. Und ist es wirklich unzumutbar, dass ein Autobesitzer seinen Wagen auf einem von

ihm gemieteten oder gebauten Parkplatz abstellt und dies nicht auf einer Straße darf, die die Allgemeinheit bezahlt hat? An einen solchen marktwirtschaftlichen Vorschlag wagen sich in Deutschland noch nicht einmal die Grünen heran.

In Deutschland haben wir auch einen Ansatz, die privaten Pkw von der Straße fernzuhalten. Wer heute ein Wohn- oder Geschäftshaus baut, muss je nach Größe eine gewisse Zahl von Garagenplätzen mitbauen. Müsste ... Aber die Städte haben einen Trick gefunden, das Gebot zu umgehen. Sie verlangen den Bau von Garagen, genehmigen aber dann den Bebauungsplan nicht, sondern verlangen stattdessen eine Abstandszahlung vom Bauherrn für jeden Parkplatz, den er bauen müsste, aber nicht darf. Geld statt Parkplätze, und die Autos landen wieder auf der öffentlichen Straße. Die Argumentation, die Behörde wolle so dem Trend, dass jeder ein Auto besitzen wolle, entgegenwirken, ist mehr als scheinheilig. Außerdem ist es eine Anmaßung von Politikern und Behörden, das Kaufverhalten der Bürger zu lenken. Wohl aber wäre es ihre Aufgabe, den geldwerten Vorteil steuerfinanzierter Straßen durch Einzelne zu unterbinden. Und das trifft nicht nur auf die Städte zu. In vielen Eigenheimsiedlungen und Dörfern werden die Garagen als Hobbyraum und Abstellkammer genutzt und das Auto auf die Straße und den Bürgersteig gestellt.

Wer sein Auto in Tokio zum Beispiel nicht auf einem Parkplatz abstellt, wird feststellen, dass es in wenigen Minuten abgeschleppt ist. Er kann es dann weit draußen im Hafen für ungefähr 2000 Euro wieder abholen. Das passiert jedem nur einmal. Übrigens, in New York geht das noch schneller. Ein Freund hatte einmal in Manhattan einen Leihwagen bei Avis gemietet, den Vertrag aber im Büro liegen lassen. Er fuhr mit dem Auto aus der Garage, stellte es vor der Verleihstation ab, holte seinen Vertrag, und das Auto war schon weg – abgeschleppt von einem privaten Unternehmen, das eine Lizenz für die Einhaltung der Parkregeln hat. New York ist nicht ganz so teuer wie Tokio. Aber ein paar hundert Dollar sind es auch, plus der Abholung in einem weit abgelegenen Vorort.

Wir beschreiben hier Beispiele aus zwei Megastädten, wie wir sie in Deutschland nicht haben. Aber das Prinzip würde selbst für Kleinstädte taugen: kostendeckende Parkplätze, generelles Parkverbot und damit ein Ende der privaten Nutzung öffentlicher Straßen. So funktioniert Marktwirtschaft.

Don Quichotte und das Auto

In der Bundesrepublik dagegen wird seit Jahrzehnten ein verbissener, ideologisch motivierter Kampf gegen das Auto und den Individualverkehr geführt, der zwar teuer ist, aber im Endeffekt ohne Wirkung bleibt. Theo Romahn, ein Städteplaner, hat in seinem Buch *Politik gegen Autofahrer – Spuren einer verhängnisvollen Entwicklung* beschrieben, wie seit den sechziger Jahren eine seltsame Mischung aus Romantikern und angstgetriebenen Technikgegnern den Individualverkehr mit wechselnden Schwerpunkten bekämpft. Dass sie dabei ins Leere laufen und außer bei wohlgesinnten Medien keinerlei Erfolg haben, bewegt sie nicht dazu, einmal innezuhalten und nachzudenken, sondern sie erfinden immer neue Katastrophenszenarien, an denen das Auto schuld ist.

Die erste Phase von 1960 bis 1964 lief unter der Kampagne: Das Auto zerstört die Stadt. Es vernichtet die kulturell wertvolle Bausubstanz. In der Tat träumte damals so mancher von der autogerechten Stadt und schlug breite Schneisen in die Trümmergrundstücke zerbombter Innenstädte. Heute wissen wir, das war eine Fehlentwicklung. Aber in dieser Zeit verdoppelte sich die Zahl der Pkw von 4 auf 8 Millionen, und das war eine Größenordnung, die auch für Innenstädte beherrschbar schien.

Die zweite Phase von 1965 bis 1969 lief unter dem Motto: Das Auto ist ein Mordwerkzeug. In dieser Zeit stieg die Zahl der zugelassenen Pkw von 8 auf 12 Millionen. Die Straßenbauer und die Planer wurden von dieser Welle überrollt. Die Zahl der Verkehrstoten stieg von 14 406 im Jahr 1960 auf 19 193 im Jahr 1970. Ähnlich die Entwicklung bei Schwer- und Leichtverletzten. Die entsprechenden Zahlen: 141 046 und 367 358. Und seien Sie versichert, ich gehe nicht leichtfertig mit diesen Zahlen um. Mein Sohn starb mit knapp drei Jahren, wurde von einem unachtsamen Fahrer überfahren, auf einer Schnellstraße, die ohne Schutz an einem Wohnviertel vorbei gebaut worden war. Zwei Drittel der Unfälle damals ereigneten sich innerhalb der Ortschaften. Deutschland war in einem Zustand, der heute viele Schwellenländer charakterisiert: Der Verkehr nahm schneller zu als die Sicherheitsstandards der Straßen und das Bewusstsein der Verkehrsteilnehmer.

Die meiste Angst hatte ich in Vietnam, dem Iran und China. Dort mit dem Auto zu fahren ist eine Mutprobe. Am sichersten fühlte ich mich in den USA und Japan. Statt den Individualverkehr pauschal als Mordwaffe zu diffamieren, wäre es sinnvoller gewesen, die Ursachen für die vielen Verkehrsunfälle in den Städten und Dörfern zu untersuchen und zu beseitigen. Das tun wir bis heute nicht konsequent.

Die dritte Phase im Kampf gegen den Individualverkehr wurde mit dem Beginn eines neuen Umweltbewusstseins eingeläutet. Sie dauerte von 1970 bis 1974 und fiel mit der Veröffentlichung des Club-of-Rome-Werkes *Die Grenzen des Wachstums* zusammen, das weit in die bürgerliche Mitte hinein wirkte. Es war von Millionären für Millionäre geschrieben, für Menschen, die alles hatten und denen die Vorstellung Angst machte, alle Bürger dieses Planeten wollten so leben wie sie.

Im Bonner Innenministerium saß damals Hans-Dietrich Genscher, der mit Fug und Recht von sich behaupten kann, der Wegbereiter des politisch motivierten Umweltschutzes zu sein. Das stand durchaus im Einklang mit seiner wohlhabenden Klientel. Sein Staatssekretär Dr. Günter Hartkopf erklärte die systematisch und strategisch geplante Umweltoffensive: »Hohe Beamte in wichtigen Ressorts, die das Buch über die Grenzen des Wachstums nicht nur gelesen, sondern auch verstanden hatten«, organisierten den Paradigmenwechsel. »Der Mensch

hat Vorfahrt«, lautete die freundliche Umschreibung des Richtungs-
wechsels, wobei nicht der einzelne Mensch, sondern insbesondere die
schienengebundenen Massentransportmittel des ÖPNV gemeint waren. Die Investitionen in den Straßenbau wurden massiv heruntergefahren. Den Umweltverbänden verschaffte Hartkopf die rechtliche
Grundlage, sich in alle Belange der Wirtschaft einzumischen. Am
Ende dieser Phase war die Zahl der Pkw von 12 auf 16 Millionen angestiegen.

Die nächste Kampfparole gegen den Individualverkehr lautete: Das
Auto ist ein Energieverschwender. Diese Phase dauerte von 1974 bis
1979. Die zwangsweise autofreien Wochenenden wegen der angeblichen Ölknappheit 1973 waren noch allen in Erinnerung. Im Zusammenhang mit der Theorie von der Endlichkeit der Ressourcen war es
deshalb ein Leichtes, die Vorstellung zu schüren, in absehbarer Zeit
müssten wir alle wieder auf Pferde und Fahrräder umsteigen. Die Antwort: Massentransportmittel. Es waren die Jahre, wo jede Stadt U-Bahnen baute, die Straßenfläche reduzierte. Das sind jene Investitionen,
die den Städten heute mit Milliardennachfolgekosten schwer zu schaffen machen. Damals aber galt: Nicht mehr technisch-wirtschaftliche,
sondern ökologische und soziale Kriterien und Zielsetzungen sollten
die entscheidenden Positionen der Bewertungsskalen und Staatsak-
tivitäten bestimmen.

Seither erleben wir auch, dass politische Absichten als angebliche
wissenschaftliche Wahrheiten verkündet werden. Nur eine davon sei
hier genannt: »Straßenbau erzeugt Verkehr« – was so platt daherge-
sagt einfach Unfug ist. Aber derartige Beispiele gibt es viele. Es wird
ein Konsens suggeriert, der da lautet: Das Auto soll, wenn auch noch
nicht ganz abgeschafft, so doch stark zurückgedrängt werden. Am
Ende dieser Periode war die Zahl der Pkw von 16 auf 20 Millionen
angestiegen.

Dann rückte das Waldsterben in den Mittelpunkt der deutschen
Urängste. Animierte Bilder kahler Landschaften verstärkten die Vision
eines von der Industrie hingerichteten Landes. Neben den Kohlekraft-

werken war auch das Auto wieder als Hauptursache identifiziert. Die Umrüstung der Kraftwerke mit wirksamen Filtern hat nicht nur dem Wald, sondern auch der Luftqualität insgesamt geholfen. Immer strengere Abgasvorschriften für Kraftfahrzeuge, seien es nun neue Katalysatoren oder Dieselrußpartikelfilter, sind je nach technischer Entwicklung gerechtfertigt, aber mit dem Waldsterben hatte das Auto nun wirklich nichts zu tun. Den »Wissenschaftlern«, die dieses Thema besonders gepflegt hatten, war ein schwerwiegender Fehler unterlaufen. Sie hatten genaue Daten angegeben, an denen abzulesen war, welcher Wald wo sterben würde. Der Zeitpunkt ist schon seit über zehn Jahren verstrichen, und der Wald erfreut sich robuster Gesundheit.

Trotzdem gibt es immer noch Waldschadensberichte, die insbesondere ein Ergebnis haben: Die Subventionen für Waldbesitzer bleiben erhalten, und die staatlichen Förster erfreuen sich bester Arbeitsplatzgarantien. Fast ein Schmankerl ist da die Ankündigung der rheinland-pfälzischen grünen Umweltministerin Ulrike Höfken, dass es in Zukunft keine Genehmigung mehr für neue Aufforstungen geben wird, weil das Land zu viel Wald habe. Am Ende der Waldsterben-Periode von 1980 bis 1985 war der Bestand von 20 Millionen auf 25 Millionen Autos angestiegen.

In der sechsten Phase, von 1985 bis 1991, rückten alle Argumente gegen den Individualverkehr in den Mittelpunkt, die mit Umweltschäden begründbar waren. Die Automobilindustrie lieferte dazu ein unrühmliches Kapitel, indem sie sich vehement gegen leistungsfähigere Katalysatoren wehrte, die angeblich technisch noch nicht ausgereift und viel zu teuer wären. Sie drohte mit massiven Folgen für die Automobilwirtschaft und den Arbeitsmarkt. Dabei waren die geforderten Abgaswerte in den USA und Japan schon längst Pflicht und auch von den deutschen Konzernen akzeptiert. Ein solches Fehlverhalten war natürlich Wasser auf die Mühlen der Autogegner. Rechnungen über die wahren Kosten des Straßenverkehrs wurden gehandelt – in denen die Unfallschäden und Umweltschäden auf Milliardenbeträge hochgerechnet wurden. Schon der Gedanke, in ein Auto einzusteigen, sollte heftige Schuldgefühle auslösen, was bis zum heutigen Tage durchaus erfolgreich wirkt – mental, aber nicht in der Realität. Am Ende der sechsten Phase hatte sich der Kfz-Bestand von 25 auf 30 Millionen erhöht.

Nach der Wiedervereinigung Deutschlands 1990 war die Anpassung zwischen Ost und West in keinem Marktsegment so erfolgreich und schnell vollzogen wie beim Auto. Die stinkenden Trabis und hell klingenden Wartburgs verschwanden in kürzester Zeit aus dem Straßenbild und erlangten Kultstatus. Der mitteleuropäische Gebrauchtwagenmarkt entleerte sich in die ehemalige DDR. Zehn Jahre später, zur Jahrtausendwende, war die Pro-Kopf-Dichte von Pkw in den neuen Bundesländern schon so hoch wie im Westen. 42,5 Millionen Pkw fuhren im geeinten Deutschland.

Wenn Sie dieses Buch lesen, liegt die Zahl zwischen 43 und 44 Millionen Pkw, und dies wird sich nur noch unwesentlich ändern. Bei knapp 82 Millionen Einwohnern ist damit mit einem Auto auf zwei Personen der Sättigungsgrad schon übererfüllt. Die demographische Kurve zeigt einen Bevölkerungsrückgang mit zunehmend älteren Menschen. Die Entwicklung zeigt, dass Deutsche ohne Führerschein bald eine Ausnahme sein werden und auch die heute über Siebzigjährigen noch Auto fahren. Wuchs der Automobilmarkt in der Vergangenheit, weil sich immer neue Jahrgänge finanziell und altersbedingt ein Auto leisten konnten, so ist dieser Markt jetzt weitgehend ausgeschöpft – und damit wäre es möglich, für den Individualverkehr ziemlich zielgerecht zu planen und zu bauen.

Wäre möglich – aber wie wir beschrieben haben, ist der Kampf gegen den Individualverkehr nur noch mit Don Quichottes Kampf gegen die Windmühlen zu vergleichen. Die Realität, nämlich das Bedürfnis der Menschen, selbst über ihre Mobilität zu entscheiden, war und ist stärker als alle realen und eingebildeten Argumente gegen das Auto. Die durchaus auch vorhandenen negativen Auswirkungen des Individualverkehrs sind einfacher zu beseitigen als immer neue Argumente aus dem Bereich der Mystik und Weltanschauung. Es ist schon zu bewundern, wie seine Gegner – wir vermeiden hier bewusst eine Parteinennung und die Nennung der mit ihr verbündeten Umweltverbände – trotz der Erfolglosigkeit ihres Kampfes unverdrossen weitermachen. Der Begriff »Erfolglosigkeit« ist hier allerdings doppeldeutig. Erfolglos waren die Bemühungen, die Menschen vom Kauf eines Autos abzuhalten. Erfolgreich waren sie aber, wenn es um die Kosten für die Mobilität für den Einzelnen und den Staat geht: Die haben sie massiv erhöht (S. 160).

Seit einiger Zeit sehr präsent ist die Argumentation, das Auto gefährde das Klima. Es ist sogar gelungen, die Autos nach dem Ausstoß von CO_2 zu besteuern. Das CO_2 muss auch für eine Neuauflage der Geschwindigkeitsbegrenzung herhalten. Es gibt einige Gründe, zu hinterfragen, warum sich Deutschland Autobahnstrecken leistet, die mit 200 Stundenkilometern und mehr befahren werden dürfen. Die CO_2-Verringerung aber ist die lächerlichste Begründung: Eine generelle Geschwindigkeitsbegrenzung auf 100 Stundenkilometer würde etwa so viel CO_2 einsparen, wie die Welt an drei Tagen produziert. Wir hätten den Weltuntergang dann um drei Tage nach hinten verschoben. Und was dann?

Es gibt diskussionswürdigere Argumente für eine Geschwindigkeitsbegrenzung. Die CO_2-Argumentation gegen das Auto aber wird sowieso ins Leere laufen. Ausführlich schreiben wir über die Zukunft des ÖPNV ab S. 210 sowie im nächsten Kapitel, warum die »Verschmutzungsargumente« bald der Vergangenheit angehören. Was aber bleibt, ist das Bedürfnis nach Individualverkehr, sowohl für Personen als auch für Güter. Und das heißt: Die Nachfrage nach einem leistungsfähigen Straßennetz bleibt unvermindert bestehen.

Mobilität mit und ohne Öl

Die Älteren von Ihnen werden sich noch erinnern: Herbst 1973, leere Autobahnen, gesperrte Straßen. Fahrverbot für alle. Im Nahen Osten tobte der Yom-Kippur-Krieg zwischen Israel und den arabischen Nachbarn, und Westeuropa wurde von Panik ergriffen: Das Öl, der Saft, der unseren Wohlstand schmiert, drohte auszugehen. Zum ersten – und wie wir mittlerweile erfahren haben auch zum letzten – Mal war sich die arabische Welt einig und stoppte ihre Öllieferungen, weil sich die Westmächte unter Führung der USA offen auf die Seite Israels gestellt hatten. Mit einem Schlag wurde, nicht zuletzt durch das Fahrverbot, jedem in der westlichen Welt klar, wie sehr wir von den Staaten rund um den Persischen Golf abhängig sind. Die Angst, plötzlich ohne Öl dazustehen, bestimmte fortan unsere Energiepolitik und führte gleichzeitig zu irrationalen Entscheidungen.

Mit dem Fahrverbot begann auch meine Karriere als Journalist, der sich für die Wirtschaftsredaktion des ZDF um die Themen rund um das Öl beschäftigte. Und wie fast immer bei ausführlichen Recherchen, es gibt keine endgültigen Antworten, keine »Wahrheit«, die unerschütterlich ist. Und so sind auch alle Entscheidungen, die seit der Ölkrise 1973 unsere Energiepolitik bestimmten, von Annahmen geprägt, die sich heute, nach vierzig Jahren, als fraglich entpuppen. Aber eine Diskussion ist nicht mehr wegzudenken und hat sich verselbstständigt: die Diskussion um Peak-Öl, womit die Frage gemeint ist: Wann geht uns das Öl aus? Und die Frage: Können wir uns den Individualverkehr noch leisten?

1973 traf ich auf internationale Ölhändler in London und Paris, interviewte in New York die Bosse von Chevron und Exxon. Sie alle erklärten mir, dass die akute Rohölknappheit von den Regierungen zu verantworten sei. Sie hätten schon lange darauf gedrungen, größere Reserven anzulegen und vor allem wegen der drohenden Knappheit den Konzernen höhere Preise zu gestatten, damit sie mehr Geld in die Suche nach neuen Ölfeldern stecken könnten. Zur Erinnerung: Das

Barrel Rohöl (159 Liter) wurde damals für 2,89 US-Dollar gehandelt. Heute sind wir froh, wenn der Preis einmal unter 100 Dollar rutscht. Es gab für mich keinen Grund, an den Aussagen zu zweifeln. Konnten wir doch in New York Schlangen vor Tankstellen sehen, die sich bis zu einem Kilometer um die Straßenblocks schlängelten. Der Preis für eine Gallone (3,785 Liter) stieg unvorstellbar auf einen Dollar. Ja, es wurde der Welt deutlich gezeigt: Öl muss teurer werden.

1973 haben mir auch alle Experten versichert, dass die Ölvorräte nur noch dreißig Jahre reichen würden. Um die Jahrtausendwende wäre dann langsam Schluss gewesen. Also: Hoch mit den Preisen, um den Verbrauch zu bremsen.

Der Zeitpunkt, der damals als das Ende des Ölzeitalters angekündigt war, ist verstrichen. Wir haben jetzt ein neues Datum, das allerdings variiert. Je nach politischer Neigung und Vorliebe für Weltuntergangstheorien wird heute vorausgesagt, die Ölvorräte reichten noch vierzig Jahre, die Weltenergieagentur liegt näher bei fünfzig Jahren. Nach meinen Erfahrungen mit den Ölkrisen seit 1973 bin ich nur von einem überzeugt: Rohöl wird in Jahrzehnten etwa doppelt so teuer sein wie heute, und der Marktpreis wird darüber entscheiden, wie viel gefördert wird. Des Weiteren bin ich davon überzeugt, dass der Individualverkehr, also das Auto, nicht mehr mit Benzin oder Dieselkraftstoffen betrieben werden wird. Alles andere sind Vorgaben für politische Entscheidungen, an denen die einen verdienen und andere ihren politischen Einfluss sichern wollen.

Als die arabischen Staaten wieder Öl lieferten, war der Preis pro Barrel von 2,89 auf 11,65 US-Dollar gestiegen, festgezurrt von der OPEC, dem damals übermächtigen Kartell der Erdöl exportierenden Staaten unter der Führung von Saudi-Arabien und dem Iran. Dieser Preisanstieg brachte viele Volkswirtschaften ins Schleudern, und so beschlossen sie Gegenmaßnahmen. Eine lautete: Wir müssen unabhängiger von den Energieeinfuhren werden. Das war der Startschuss für den massiven Ausbau der Nuklearindustrie, parteiübergreifend, staatsgrenzenübergreifend, ideologieübergreifend, denn sowohl die westlichen Industriestaaten als auch die Länder unter der Fuchtel der Sowjetunion verschrieben sich dieser so verheißungsvollen Technologie.

Kaum hatte sich die Weltwirtschaft einigermaßen erholt, kam aus dem Nahen Osten die nächste Hiobsbotschaft. Eine religiös motivierte Revolution jagte den Liebling des Westens, den gnadenlosen Potentaten Schah Reza Palewi im Iran außer Landes, und der streng blickende Ayatollah Khomeni übernahm die Macht im zweitgrößten Ölexportland der Welt. Wieder stockte der Ölfluss: Khomeni war der Auffassung, dass Irans Öl viel zu billig an den gottlosen Westen verkauft wird. Eine Woche nach der Machtübernahme flog ich damals nach Teheran, und was mehr interessierte als alles andere, war die Frage: Wie teuer wird das Öl, und ab wann wird es wieder fließen? Der Westen musste dieses Mal kein Fahrverbot verhängen, man hatte gelernt und Vorräte für einige Wochen angelegt.

Nach einer abenteuerlichen Fahrt über tausend Kilometer schafften wir es in die Ölstadt Abadan und von dort mit einem Flugzeug sogar auf die Ölverladeinsel Kharg im Persischen Golf. Dort konnte ich erleben, wie der erste Tanker wieder beladen wurde, und in den folgenden Monaten wurde ich Zeuge, wie schnell sich die Welt an den neuen Ölpreis gewöhnte. Danach habe ich jahrelang bei OPEC-Konferenzen stundenlang auf die Ergebnisse des Weltkartells gewartet, die dann wie ein Lauffeuer die Märkte und Währungen veränderten. Es gab kaum ein Ölfeld, das ich nicht besucht habe, und ich berichtete über fast alle Öl produzierenden Staaten, die sich als die zukünftigen Mächte der Welt sahen und längst wieder auf dem Boden der Realität angekommen sind.

Zweierlei habe ich dabei gelernt: Je mehr von Peak-Oil geredet wird, desto dankbarer sind die Konzerne für die damit möglichen Preiserhöhungen. Und ausgerechnet die erbittertsten Gegner der Ölindustrie sind deren erfolgreichste Propagandisten für hohe Preise.

Eines ist gewiss: Im Jahr 2050 wird der Verbrennungsmotor nicht mehr das Hauptantriebsaggregat von Personenwagen, Bussen und

Lkw sein. Und eines ist auch gewiss: Der Übergang wird fließend sein und von der technischen Entwicklung bestimmt. Im Moment setzt die deutsche Regierung auf das E-Auto. Sie glaubt zu wissen, wem und was der Zukunft gehört. Und wie das mit politischen Entscheidungen so ist: Sie sind teuer.

Unter E-Auto verstehen Politik und die von ihr beeinflusste Öffentlichkeit ein Fahrzeug, das den Strom für seinen Elektromotor aus einem aufladbaren Akku bezieht, den das Auto mitschleppen muss. Und der ist noch ziemlich schwer. Nehmen wir den Volkswagen e-up!, ein schon weit entwickeltes Fahrzeug. Doch die Batterie wiegt immer noch 230 Kilo von 1114 Kilo Leergewicht. Das sind 19 Prozent. Die müssen bewegt werden, und die kosten Energie. Ein entsprechendes Stadtauto wie der Toyota iQ Eco kostet laut Liste 12 200 Euro, im Internet etwa 11 000 Euro und verbraucht 4,4 Liter Benzin, Reichweite 640 Kilometer. Er kommt mit 885 Kilo Leergewicht aus, Höchstgeschwindigkeit 150 Stundenkilometer. Für die Umweltbewegten: Der Toyota ist in Euro 5 eingestuft und stößt 99 Gramm CO_2 pro Kilometer aus. Dagegen die Daten des E-Autos: Reichweite 160 Kilometer (aber nur bei idealen Bedingungen), Aufladezeiten 30 Minuten im Schnellvorgang auf 80 Prozent, Höchstgeschwindigkeit: 130 Stundenkilometer, Listenpreis: 26 900 Euro (Stand: April 2014). Viel Geld für wenig Mobilität. Mehr Hobby und politisch korrektes Fahrzeug als wirklich ökonomische Alternative.

Die Bundesregierung will bis zum Jahr 2020 eine Million E-Autos auf den Straßen haben. Die Industrie sagt: Kein Problem, dann brauchen wir Staatsknete. Eine Milliarde wurde sofort bewilligt. Ist das die Zukunft? Eine Antriebsart, die politisch gewollt, physikalisch aber voll daneben ist, weil der Akku ein teures Hightech-Produkt bleibt und zudem das hohe Gewicht des Akkus mitgeschleppt werden muss, was wiederum zusätzliche Energie verbraucht. Das E-Mobil ist die Fortsetzung der Planwirtschaft in der Verkehrspolitik – Daseinsvorsorge der neuen Art. Es gibt sicher sinnvolle Verwendungen für Elektroautos, aber die brauchen dann keine Subventionen. Ob das E-Mobil umweltfreundlich ist oder nicht, hängt auch davon ab, wie der Strom erzeugt worden ist – noch kommt er hauptsächlich aus Kohle-, Gas- und Nuklearkraftwerken.

Wann sich das ändert, ist angesichts der internationalen Diskussionen über und um das Klima mehr als fraglich. Wir sehen uns auch nicht in der Rolle, Voraussagen über das Ende der fossilen Kraftstoffe und den Siegeszug von Wind und Sonne zu bestätigen oder zu verneinen. Im Kapitel über den öffentlichen Nahverkehr beschreiben wir, dass der Energieverbrauch und damit der Preis sowohl über den Individual- als auch den öffentlichen Verkehr entscheiden. Das trifft gleichermaßen für den Fern- und den Güterverkehr zu. Und da werden die Karten mit jeder technischen Entwicklung neu gemischt.

2014 wird zum Beispiel Toyota mit seinem ersten Serienfahrzeug mit Wasserstoffantrieb auf dem Markt antreten. In einem Tank, schwerer als in einem Benzinauto, aber sehr viel leichter als ein Akku im E-Mobil, befindet sich Wasserstoff (H_2) unter einem Druck von 700 Bar. Das ist der siebenhundertfache Druck unserer Atmosphäre, der bisher allerdings keinerlei Gefahren ausgelöst hat. Er ist sicherheitstechnisch unproblematisch. Wasserstoff entsteht durch Elektrolyse, das heißt, durch Strom wird Wasser aufgespalten in Wasserstoffgas und Sauerstoff.

Dieser Wasserstoff wird aus Strom gewonnen, zum Beispiel aus einer Windkraftanlage. Alles, was letztlich gebraucht wird, ist normales Wasser und Energie. Das dabei in einem Aggregat gewonnene Wasserstoffgas lässt sich ohne große Probleme nach Verdichtung in Tankstellen anbieten wie heute Erdgas. Im Fahrzeug wird der Wasserstoff in eine Brennstoffzelle geleitet und dort mit normaler Luft (Luftsauerstoff) zusammengeführt. Aus den beiden Gasen wird wieder Wasser. Dabei entsteht Strom, und der treibt dann den Elektromotor an. Zumindest ist Toyota schon einmal von dieser Technologie überzeugt. Aber auch die deutschen Hersteller betreiben Prototypen und geben unter der Hand zu, dass sie in der Wasserstofftechnik die Zukunft sehen.

Der große Vorteil: Aus dem Auspuff kommt nur noch reines Wasser.

Das wird die Diskussion um die ökologische Mobilität revolutionieren und die Karten neu mischen. Weitere Vorteile: Die Reichweite dieser Fahrzeuge ist ähnlich groß wie die der heutigen Diesel- und Benzinmotoren. Das Problem sind noch die Kosten, weil zur Stromerzeugung in der Brennstoffzelle ein Katalysator benötigt wird, der zurzeit noch aus Platin besteht. Das ist teurer als Gold, weil es so rar ist. Der Toyota-Serienwagen wird deshalb nicht viel weniger als 100 000 Euro kosten. Die Zukunft dieser Technologie hängt davon ab, ob es gelingt, entweder extrem wenig Platin für den Katalysator zu benötigen oder gar einen preiswerteren Ersatz zu finden. Die Wasserstofftechnologie ist besonders rentabel, weil der Strom dann genutzt werden kann, wenn er im Überfluss billig angeboten wird.

Die jetzt noch heftig geführten Diskussionen über die Verbrennung von Mineralöl als Hauptantrieb unserer Fahrzeuge wird in zwanzig bis dreißig Jahren keine Rolle mehr spielen. Die Angstdebatte um Peak-Öl ist deshalb auch heute schon überflüssig, dient mehr der Befriedigung der Weltuntergangsprediger, als dass sie einen realen Hintergrund hat. Die Bevölkerung, nicht nur in Deutschland, sollte sich aber bewusst machen, dass das Ende des Mineralölverbrennungsmotors schon heute die Verkehrspolitik und ihre Finanzierung verändern müsste.

Anders ausgedrückt: Die verantwortlichen Regierungen sollten zu zukunftsfesten Entscheidungen auffordern und aufhören, populistische Parolen zu verbreiten. Wenn es stimmt – wovon wir ausgehen –, dass das Mineralöl keine bedeutende Rolle mehr für die Mobilität spielt, dann kann die Straßenfinanzierung nicht mehr über die Mineralölsteuer gesichert werden. Je weniger Sprit die Autos brauchen, desto weniger Geld kommt in die Kasse. Es muss also dringend über andere Einnahmequellen nachgedacht werden, die die Infrastruktur finanzieren. Für uns heißt das: Früher oder später wird die Straßenmaut kommen, weil sie schon heute in den meisten Staaten als einzige sinnvolle Finanzierung anerkannt ist.

Während in Deutschland noch der Eindruck erweckt wird, dass durch einen größeren Anteil aus der Mineralölsteuer aus dem Bundeshaushalt die vernachlässigte Infrastruktur wenigstens auf einem Status Quo erhalten werden könnte, sind die Schweizer dabei, ihr bisheriges Modell völlig umzustellen. Sie haben genau ausgerechnet, ab wann sie tief in die roten Zahlen geraten würden.

Die zweite wichtige Erkenntnis ist, dass der Individualverkehr, also das Auto, in Zukunft seine überragende Bedeutung für die gesamte Verkehrsleistung behalten wird. Das heißt gleichzeitig: Der Bedarf an leistungsfähigen Straßen wird nicht abnehmen. Staaten, die ihre Straßeninfrastruktur vernachlässigen, müssen dann einen hohen Preis durch Wohlstandsverluste bezahlen. Autos, die von einer Brennstoffzelle angetrieben werden, heben zwei Nachteile des heutigen Individualverkehrs auf: Sie haben kein Abgasproblem mehr, und sie sind leiser im Betrieb. Unabhängig davon, ob man an all die Folgekosten des Automobils glaubt, die vom VCD, dem ökologischen Verkehrsclub Deutschland, aufgelistet werden – viele davon würden sich im wahrsten Sinne des Wortes in Luft auflösen. Das vielleicht bei manchem SUV-Besitzer vorhandene Restgefühl, dass er doch ein Umweltsünder ist, der die Ressourcen der Welt verbrennt und die Luft verschmutzt, würde sich dann in uneingeschränkte Freude an seinem Fahrzeug verwandeln.

Wir dürfen gespannt sein, was dann gegen die individuelle Mobilität angeführt wird. »Autofasten«, wie es selbst von den christlichen Kirchen als skurriler Beitrag zur Scheinheiligenwelt propagiert wird, bringt dann nichts mehr. Keiner kommt mehr in die Hölle, weil er Auto fährt. Wir verbrennen dann auch nicht mehr das Getreide, das in Entwicklungsländern fehlt, um die Menschen dort vor dem Hunger zu bewahren, ein Verbrechen, das erstaunlicherweise ohne große Proteste gebilligt wird. Ein Autoverkehr ohne Ölverbrauch – das ist dann wie ein gläubiges Leben ohne die Belastung durch die Erbsünde. Ein intaktes Straßennetz wird deshalb auch in Zukunft über die Wohlstandsmehrung einer Nation entscheiden.

Deutsche Perfektion: Mehr Pläne als Straßen

Im Jahr 1971 war es ein Wahlkampfschlager der SPD: Der populäre Georg (Schorsch) Leber, von Kanzler Willy Brandt als Verkehrsminister ins Kabinett geholt, legte einen Plan vor. »Start in den Straßenverkehr der Zukunft« nannte er seine Vorstellung von einer Bundesrepublik, in der 98 Prozent der Bevölkerung in höchstens 25 Kilometern die nächste Autobahn erreichen sollten. Bewohner von Städten mit mehr als 50 000 Einwohnern sollten nur 10 Kilometer bis zu einer Autobahn fahren müssen. »Diese Zahlen machen mehr als alles andere deutlich, dass unser Straßenbauprogramm einmalig in Europa ist«, freute sich Leber.

Der Leber-Plan beschrieb auch die Erwartungen, die die Menschen 1971 an einen modernen Staat hatten. Das Autobahnnetz betrug 5000 Kilometer und sollte auf 13 000 wachsen. Das ganze Projekt war auf 14 Jahre geplant und sollte 82 Milliarden DM kosten. Die Prognose des Verkehrsministeriums: Die Zahl der Automobile wird in diesem Zeitraum von 13 Millionen auf etwa 22 Millionen ansteigen, das heißt: Etwa doppelt so viele Autos werden dreimal so viele Autobahnen wie bisher zur Verfügung haben. Damit wären Staus in Deutschland ausgemerzt worden.

Mit der Zunahme des Kfz-Bestands lagen die Planer ziemlich richtig. Nur bei der Länge der Autobahnen haben sie sich gründlich verschätzt. Zusammen mit den Autobahnen in der ehemaligen DDR kommen wir heute erst auf 12 813 Kilometer (Mai 2014), und so konnte Schorsch Leber auch sein Versprechen nicht halten, dass Staus in Deutschland beseitigt würden. Sie sind, wie wir an anderer Stelle schon geschrieben haben, auf 830 000 Kilometer im Jahr 2013 angewachsen.

Der Leber-Plan wird heute gern als Verirrung einer autobesessenen Zeit dargestellt. Der SPD ist es regelrecht peinlich, dass einer aus ihren Reihen diese Vorstellungen entwickelt hat. Dabei hat Leber der Bevölkerung damals »aufs Maul geschaut«. Eine Fahrt von Wiesbaden nach

Bonn dauerte 1970 mindestens drei Stunden – Staus gehörten einfach dazu. Die Zeit hat sich heute halbiert, was dem sechsspurigen Ausbau der A 3 und der besseren Anbindung Bonns ans rechtsrheinische Autobahnnetz zu verdanken ist. Die SPD stand damals für Fortschritt, für die Interessenvertretung der Arbeiter und kleinen Angestellten. Und die wollten in ihrem Käfer zur Arbeit und in den Urlaub fahren. Leber machte auch klar, wer seine Pläne behinderte. Leider sollten von der ersten Idee der Straßenbauer bis zur Verkehrsübergabe rund zehn Jahre vergehen. Denn:»Nur drei Jahre entfallen auf die reine Bauausführung. Das liegt nicht allein an den beschriebenen Schwierigkeiten der Planung oder der Verkehrstechnik und Finanzierung. Wenige Grundstückseigentümer sind in der Lage, durch unzumutbare Preisforderungen und langwierige Prozesse den Autobahnbau erheblich zu verzögern«, so Leber. Zumindest diese Schlussfolgerung ist bis heute uneingeschränkt richtig: Je gehobener das Bürgertum, desto mehr wehrt es sich gegen den Straßenbau.

In einem Punkt ist der Leber-Plan aber bis heute gültig: In ihm wurde die Nummerierung der Autobahnen festgeschrieben. Vielleicht hat sich der eine oder andere schon einmal gewundert, dass es eine A 4 von Aachen über Köln bis Olpe im Sauerland gibt und dann wieder eine A 4 von Bad Hersfeld bis zur polnischen Grenze bei Görlitz. Nun, zwischen Olpe und Bad Hersfeld liefern sich Straßenplaner und Umweltschützer einen verbitterten Kampf, ob diese Lücke überhaupt je geschlossen werden soll oder nicht. Das wird sicher noch Jahrzehnte so weitergehen. Deshalb haben wir zwei nicht zusammenhängende A-4-Autobahnen. Das trifft auf sehr viele Strecken zu. Die A 44 besteht aus lauter nicht zusammenhängenden Teilen, die sich von Aachen über Düsseldorf, Dortmund bis Kassel und irgendwann dann auch nach Eisenach erstrecken.

Es war noch der SPD-Verkehrsminister Volker Hauff, der den Leber-Plan offiziell beerdigte. Statt der vielen Autobahnen sollten qualifizierte Autobahnen gebaut werden, und es blieb sein Geheimnis, was er damit meinte. Ehrlicher wäre gewesen, einfach zu sagen:»Wir haben nicht mehr genug Geld und sparen an den Infrastrukturinvestitionen.« Gleichzeitig regte sich das noch zarte Pflänzchen der »Grünen Partei«. Der Ölschock hatte 1973 das Land getroffen, und da war es relativ einfach, im Verkehrsministerium zu kürzen, wohl gemerkt nicht nur im Straßenbau, damals begann auch das Schienennetz zu verkommen.

Für die SPD hat das bis zum heutigen Tag Folgen. Ihr Ansehen als Partei für ein gutes Straßennetz ging verloren. Statt Arbeitern und Angestellten, die zu ihrem Arbeitsplatz müssen, statt Betriebsräten in den Automobilfabriken und Zulieferunternehmen übernahmen Akademiker die Programmarbeit. Zusammen mit den Grünen wurde der Individualverkehr zunehmend bekämpft. Je linker sich ein SPD-Funktionär einordnete, desto stärker bekämpfte er den Straßenbau. Der nordrhein-westfälische Minister Christoph Zöbel ist ein typisches Beispiel dafür. Auf seine Obstruktion sind bis heute Lücken im Autobahnnetz zurückzuführen, die seine sozialdemokratischen Nachfolger mühsam schließen. Zum Beispiel auf der A 44 und A 33.

Das Muster stimmt immer noch: Während sich der pragmatische SPD-Flügel um einen vernünftigen Ausbau des Straßennetzes bemüht, steht die akademische Linke gemeinsam mit den Grünen auf der Bremse. Das wurde zum Beispiel in Berlin überdeutlich, als der Regierende Bürgermeister Klaus Wowereit auf eine Koalition mit den Grünen verzichtete, weil diese partout den Weiterbau der A 100 von Neukölln nach Treptow verhindern wollten.

Der Stellenwert der Verkehrspolitik wurde seit dem Abgang von Schorsch Leber immer geringer. Von 1971 bis 1990, dem Jahr der Wiedervereinigung, wurden zwar noch viele seit langem geplante Autobahnen eingeweiht, aber die Projekte kamen immer langsamer voran. Waren es früher vor allem die Eigenheimbesitzer, die sich, von einer drohenden Autobahn betroffen, gegen Neubauprojekte wehrten, so übernahmen dies immer häufiger Umweltschützer, die sowohl dem konservativen als auch dem extrem linken Lager zugerechnet werden konnten. Am deutlichsten wird dies in Baden-Württemberg. Die Nummerierung der Autobahnen gliederte sich auch nach regionalen

Gesichtspunkten. Die Autobahnen mit den zwanziger Nummern befinden sich im Norden, die mit den Dreißigern weitgehend in Niedersachsen, die Sechziger in Hessen und Rheinland-Pfalz etc. Von den Autobahnen mit den achtziger Nummern ist nur eine, die A 81 von Singen nach Stuttgart, übrig geblieben. Die sollten in Baden-Württemberg gebaut werden. Aber die Häuslebauer lehnten ab. Dabei regierte damals der Wirtschaftsfachmann Lothar Späth das Land. Doch auch er fand Autobahnen altmodisch. So hat heute kein Bundesland so wenig Autobahnen und Autobahnprojekte wie das Autoland Baden-Württemberg – mit fatalen Folgen: In keinem Land, abgesehen vom dicht besiedelten Nordrhein-Westfalen, gibt es so viele Staus und Bürgerinitiativen für den Ausbau von Straßen wie im Raum Stuttgart und dem von mittelständischen Betrieben geprägten Schwaben und Südbaden. Aber erst gab es kein Geld – das floss nach der Wiedervereinigung nach Ostdeutschland –, und jetzt ist mit Winfried Hermann der profilierteste Straßengegner der Grünen Verkehrsminister.

Die Wiedervereinigung machte mit einem Schlag deutlich, was ein gutes Straßennetz bedeutet. In der DDR hatte die Deutsche Reichsbahn (S. 244) mehr oder weniger ein Transportmonopol sowohl für Güter als auch für den Personenverkehr. Das hat zwar nicht dafür gesorgt, dass sich die Schieneninfrastruktur in einem guten Zustand befand, das hat aber dafür gesorgt, dass die Straßen ein trostloses Bild abgaben und selbst für Ostblockverhältnisse im Vergleich zur Tschechoslowakei oder Ungarn, zum Beispiel, miserabel waren. Im Osten konnten die Nostalgiker sich anschauen, wie stabil die Naziautobahnen waren, denn so, wie sie die DDR 1945 übernommen hatte, präsentierten sie sich immer noch: ohne Leitplanken, mit Blaubasalt gepflasterte enge Ausfahrten, aufgerissene Betonplatten, aus denen auch schon einmal ein Birkenstämmchen ragte.

Spötter erzählten sich von den letzten Abenteuerreisen in Europa, auf der A 2 (Hannover – Berlin), der A 4 (Eisenach – Dresden) und der A 9 (Nürnberg – Berlin). Östlich von Bautzen war eine wohl einmalige

Nutzung einer Autobahn zu besichtigen: Auf einer Länge von 14 Kilometern hatte die DDR-Führung Hallen für eine Getreidereserve aufstellen lassen. Das war eine Umwidmung, die selbst die Phantasie des grünsten Autobahngegners überstieg.

Die Strecke von Leipzig bis zum Dreieck Nossen und die Ergänzung des Berliner Rings auf der Westseite hatte die DDR neu gebaut. Dazu kam die vom Westen finanzierte Autobahn Berlin – Hamburg mit einem von der DDR bezahlten Abzweig nach Rostock. Insgesamt waren das gut 500 Kilometer Neubau in über vierzig Jahren. Es war klar, dass jetzt erst einmal die Straßen der östlichen Bundesländer auf ein befahrbares Niveau gebracht werden mussten. Da blieben die Westpläne liegen – und das traf Baden-Württemberg hart.

Der erste Verkehrsminister nach der Wende wurde der ostdeutsche Günther Krause, dessen zupackende Art bis heute die Infrastrukturpolitik im Osten der Republik prägt. Er stellte eine Liste »Verkehrsprojekte Deutsche Einheit« auf und sorgte dafür, dass deren Finanzierung gesichert war. Es handelte sich dabei um neun Projekte für den Ausbau des Schienenverkehrs für 32 Milliarden DM, für sieben Neu- und Ausbauvorhaben für Autobahnen für 23 Milliarden DM und eine Wasserstraße für 4 Milliarden DM. Unter Krause fand auch die Gründung der Deutsche Bahn AG statt. Er strebte dabei nicht nur eine Trennung von Netz und Betrieb an (ab S. 146), sondern wollte die Deutschen Autobahnen auch zu 49 Prozent in eine privat organisierte Gesellschaft überführen. Das brachte ihm das Missfallen von Kanzler Helmut Kohl ein. Und als dann noch private Probleme mit seiner Frau dazukamen, war das ein guter Vorwand, ihn fallenzulassen.

Günther Krause zeichnet auch verantwortlich für den ersten gesamtdeutschen Bundesverkehrswegeplan 1992. Ein ziemlich dickes Konvolut. Darin wurde von Autobahnausfahrt zu Autobahnausfahrt eine Bewertung festgelegt. Die höchste Einstufung lautet »vordringlicher Bedarf« (VN) – besser war nur noch »vordringlicher Bedarf, Überhang im Bedarfsplan 1986« (VU). Alle Abstufungen aufzuzählen, wäre nicht nur langweilig, sondern auch eine Überforderung. Da gab es Kategorien wie OP (»ohne Planungsbeginn«), VE (»Vorentwurf in Bearbeitung«), P1B (»Planfeststellungsbeschluss ergangen«) und auch die erlösende Einstufung P1U (»Planfeststellungsbeschluss rechtskräftig und unanfechtbar«). Dies wurde Bundesland für Bundesland detailliert aufgeführt, sowohl für Autobahnen und Bundestrassen, aber auch für die Schiene und die Wasserstraßen waren Zeitpläne, Finanzierungskosten und die Bedeutung für die Infrastruktur der Republik festgehalten.

Und doch war die Arbeit weitgehend umsonst. Denn heute, 22 Jahre später, bleibt die nüchterne Erkenntnis: Noch nicht einmal alle Projekte im »vordringlichen Bedarf« sind erledigt. Zwar wurde der Bundesverkehrswegeplan im Kabinett und dann im Parlament verabschiedet, er wurde praktisch Gesetz, aber daran gehalten hat sich die eigene Regierung nicht, weil sie die Finanzierung nicht sicherstellte. 2014 werden die beiden letzten Ausbaustrecken an der A 4 bei Jena und der A 9 südlich des Hermsdorfer Kreuzes übergeben, und dann sind zumindest die Straßenverkehrsprojekte Deutsche Einheit endgültig fertig – außer dem Neubau der A 44 von Kassel nach Eisenach, dem wir ein eigenes Kapitel (ab S. 114) widmen.

Manche Luftschlösser, die sich im Bundesverkehrswegeplan 1992 finden, sind sicher der Euphorie der Wiedervereinigung geschuldet. Sie beziehen sich auch viel mehr auf die Schiene und die Wasserwege als auf die Straße. Da stand im »weiteren Bedarf« ein Stichkanal von Halle nach Leipzig im Programm, um Binnenschiffe auch in die sächsische Wirtschaftsmetropole zu schicken. Solche Vorstellungen geistern heute noch durch die Presse. Langlebiger erweisen sich so manche Hochgeschwindigkeitsphantasien wie die sogenannte Y-Lösung, eine ICE-Trasse von Hannover nach Hamburg und Bremen. Selbst Trassen für den Transrapid wurden aufgezählt.

Im Jahr 2003, nach vier Verkehrsministern in fünf Jahren (Matthias Wissmann, Franz Müntefering, Reinhard Klimmt, Kurt Bodewig), saß mit Manfred Stolpe wieder ein Ostdeutscher auf dem Stuhl des Verkehrsministers, und es gab wieder einen neuen Bundesverkehrswegeplan. Der alte war zwar noch nicht abgearbeitet, aber mittlerweile regierte Rotgrün, und da galt es, neue Akzente zu setzen. Im neuen Verkehrswegeplan wird nach der Einleitung gleich unter »Punkt 2: Aufgabe – Rechtlicher Kontext« klargemacht, dass Phantasien für alternative Überlegungen zur Verkehrsfinanzierung nicht mehr erwünscht sind. Da steht klipp und klar: »Der Bund ist nach dem Grundgesetz (Art. 89.9 GG) Eigentümer der Bundesfernstraßen (Bundesautobahnen und Bundesstraßen) und Bundeswasserstraßen. Eigentümer der Bundesschienenwege sind die Eisenbahnen, an denen der Bund die Mehrheit hat (Eisenbahnen des Bundes); sie sind als Wirtschaftsunternehmen in privatrechtlicher Form zu führen (Art. 87e GG). Seine grundsätzliche Verantwortung … erfüllt der Bund durch Bau und Erhaltung der Bundesverkehrswege. Die hierfür benötigten Finanzmittel müssen verantwortungsvoll und dem Gemeinwohl dienend eingesetzt werden …«

Es stellt sich die Frage, ob die Art und Weise, wie Verkehrsprojekte zustande kommen und finanziert werden, nicht genau gegen diese Bestimmungen verstoßen. Dieser Hinweis auf die Macht des Staates, die im Grundgesetz verankert ist, den Verkehr in Deutschland zu lenken und entsprechend zu kontrollieren, macht deutlich, dass wir es in diesem bedeutenden Wirtschaftsbereich mit einem Staatsmonopol zu tun haben, das von einer Planwirtschaft pur gesteuert wird.

Gut zehn Jahre nach dem Inkrafttreten des Bundesverkehrswegeplans 2003 lesen sich ganze Teile der Präambel wie die Partitur eines Wunschkonzerts. Wenn die Regierung das Gesetz für einen Bundesverkehrswegeplan aber verabschiedet und sich dann nicht daran hält, verstößt sie dann nicht gegen die im Grundgesetz festgelegten Pflichten, die sie in der Einleitung zum BVWP extra noch einmal auflistet? Bei der Unterfinanzierung könnte sie noch ein Jahrzehnt warten, bis sie alles abgearbeitet hat, was sie selbst in den »vordringlichen Bedarf« hineingeschrieben hat. Was geht in den Köpfen der Politiker vor, wenn sie Projekte im Bundesverkehrswegeplan auflisten, die einen Investitionsbedarf von 220 Milliarden Euro ausmachen, aber gleichzeitig nur

145 Milliarden Euro zur Verfügung gestellt werden? Selbst diese Summe war am Ende nicht gesichert.

In einer Analyse des Bundesverkehrswegeplans kommen der Verkehrswissenschaftler Professor Karl-Hans Hartwig und sein Mitarbeiter Tobias Huld zu vernichtenden Ergebnissen. »Ausdruck der Fehllenkungen von knappen Mitteln ist die Einteilung der Investitionsprojekte in den realisierungswürdigen ›vordringlichen Bedarf‹ und den zunächst bis 2015 zurückgestellten ›weiteren Bedarf‹.« Die Autoren stellen fest, dass es für alle 1800 Neu- und Ausbauprojekte von Bundesfernstraßen, Schienennetzen und Wasserwegen dezidierte Nutzen-Kosten-Analysen gibt, die aber von der Politik ignoriert werden. Da bestimmen parteipolitische Beziehungen und ideologische Vorgaben, wohin die Milliarden fließen.

Planwirtschaft pur oder
Wege aus dem Autobahnkommunismus

Bei der Erstellung des Bundesverkehrswegeplans 2003 standen nicht die tatsächlichen Leistungen der einzelnen Verkehrsträger und deren Ertüchtigung im Vordergrund, sondern der politische Kompromiss der Koalitionsverhandlungen von SPD und Grünen. Ziele der Verkehrspolitik waren infolgedessen: »Möglichst hohe Anteile des Zuwachses im Straßen- und Luftverkehr auf Schiene und Wasserstraßen verlagern« und »Investitionen in Schiene und Straße schrittweise angleichen«. Dann folgen viele Seiten »Prosa«, die Selbstverständliches beschreiben wie »Stärkung des Wirtschaftsstandorts Deutschland zur Schaffung bzw. Sicherung von Arbeitsplätzen« sowie schwammige Absichtserklärungen der Kategorie »Gewährleistung dauerhaft umweltgerechter Mobilität«. Ja, was denn sonst!

In einer Grobeinschätzung der Marktpotenziale wird der Plan konkret und verrät dabei, wie Wunschdenken die Investitionen beeinflusst. So gehen die Verfasser davon aus, dass sich der Personenverkehr auf der Schiene von 1997 bis 2015 von einem Anteil von 7,8 auf 8,7 Prozent erhöht hat. In absoluten Zahlen ist das ein Anstieg von 74 auf 98 Milliarden Personenkilometer, also um 32 Prozent. Der Anteil des Individualverkehrs aber würde sich im selben Zeitraum von 79,6 auf 77,3 Prozent verringern. In absoluten Zahlen ist das dennoch eine Zunahme von 750 auf 873 Milliarden Personenkilometer, weil der Verkehr insgesamt stark ansteigt. Noch optimistischer wird die Entwicklung des Güterverkehrs auf der Schiene vorausgesagt. Dessen Anteil soll von 19,7 auf 24,3 Prozent steigen.

In absoluten Zahlen ausgedrückt: Die Transportleistung verdoppelt sich von 73 Milliarden auf 148 Milliarden Tonnenkilometer, also 75 Milliarden mehr, was ein Zuwachs von 103 Prozent wäre. Gleichzeitig würde der Anteil des Straßengüterverkehrs von 63,6 auf 61,5 Prozent sinken. Aber selbst wenn dieser Wunsch in Erfüllung gegangen wäre, zeigen die absoluten Zahlen, dass die Bedeutung der Straße gewachsen wäre. Denn 1997 transportierten die Lkw 236 Milliarden Tonnenkilometer, und trotz anteiligem Rückgang wären es laut Prognose immerhin 374 Milliarden Tonnenkilometer, also 138 Milliarden mehr. Das ist fast so viel wie die Gesamtleistung des üppig prognostizierten Schienenverkehrs (s. Grafik S. 78).

Die politisch gewollte Angleichung der Mittel für die Schiene und die Straße haben, wie Professor Karl-Hans Hartwig und sein Mitstreiter Tobias Huld feststellen, zur Folge, dass Milliarden in Projekte fließen, die nur einen geringen Nutzen für die Volkswirtschaft bringen, Investitionen in viel wirkungsvollere Straßenprojekte aber unterbleiben. Im Durchschnitt lag das Nutzen-Kosten-Verhältnis für realisierungswürdige Schienenprojekte bei 3,1, bei entsprechenden Straßenprojekten bei 5,2. Das bedeutet: Bei einer Investition in die Bundesfernstraßen von 1 Milliarde Euro und einer Lebensdauer des Projektes von dreißig Jahren beträgt der jährliche Nutzengewinn 173 Millionen Euro. Bei einer Investition in das Schienennetz liegt er bei 103 Millionen Euro pro Jahr.

Verkehrsleistungen im Güterverkehr 1994
Summe: 422 Milliarden Tonnenkilometer

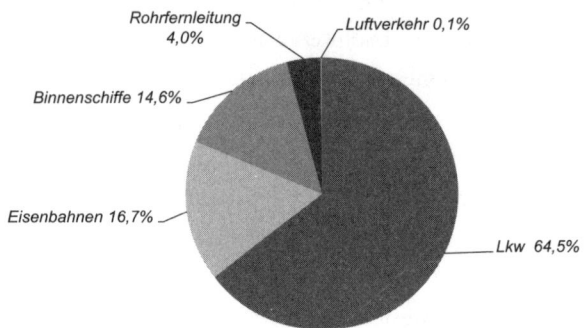

Rohrfernleitung 4,0%

Luftverkehr 0,1%

Binnenschiffe 14,6%

Eisenbahnen 16,7%

Lkw 64,5%

Verkehrsleistung im Güterverkehr 2012
Summe: 633 Milliarden Tonnenkilomenter

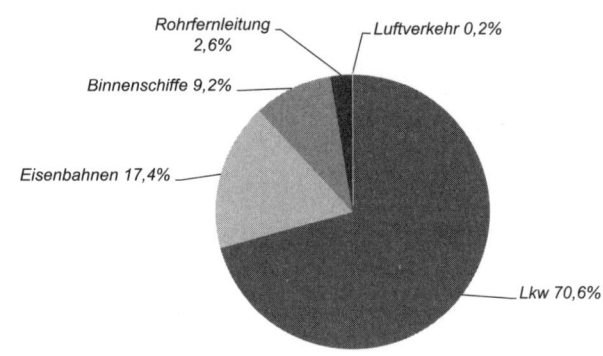

Rohrfernleitung 2,6%

Luftverkehr 0,2%

Binnenschiffe 9,2%

Eisenbahnen 17,4%

Lkw 70,6%

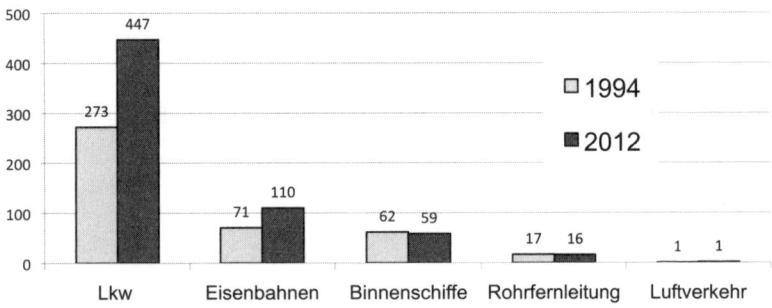

Aber selbst innerhalb der Verkehrsträger werden beim Bundesver-kehrswegeplan nicht die Projekte zuerst umgesetzt, die die höchsten Nutzen-Kosten-Relationen aufweisen. Dazu ein Beispiel: Die Auto-bahn 445 Hamm/Rhynern – Werl/N hat eine Nutzen-Kosten-Relation von 22,4. Sie ist in den »vordringlichen Bedarf« eingestuft und ist 2014, also ein Jahr vor Ablauf des Planungszeitraums, noch nicht begonnen. Der Bau ist mit 40,5 Millionen Euro berechnet. Bei einer Nutzungs-dauer von 32 Jahren entsteht durch einen Verzicht auf die Realisierung des Projektes eine Bruttonutzeneinbuße von 907,2 Millionen Euro, das sind jährliche Einbußen in Höhe von 28,35 Millionen Euro. Würden unsere Straßen nach ihrem volkswirtschaftlichen Nutzen gebaut, das heißt wie Investitionsgüter in einem Unternehmen berechnet, so hät-te sich die A 445 bereits nach knapp 17 Monaten amortisiert. Aber die A 445 wurde nicht gebaut (s. Karte S. 141).

Für den neuen Bundesverkehrswegeplan 2015 wird sie wieder von Nordrhein-Westfalen in der Kategorie »vordringlicher Bedarf« ange-meldet. Mittlerweile werden die Baukosten auf 56 Millionen Euro ge-schätzt. Längst hat auch der übliche Kleinkrieg um diesen Abschnitt zwischen den Anliegern, die sich eine Entlastung vom Durchgangs-verkehr erhoffen, und den Gegnern jeder vierspurigen Straße begon-nen. Die reden schon von 100 Millionen Euro. Wir kommen auch auf diese Posse noch einmal zurück.

Eine weitere Crux der Pläne sind ihre Kleinteiligkeit beim Aus- und Neubau von Autobahnen. Das lässt sich gut an den Hauptachsen durch Süddeutschland demonstrieren (s. Karte S. 82/83). Die drei wichtigsten Verbindungen sind die A 3 von Frankfurt nach Nürnberg, die A 6 vom Rhein-Neckar-Raum nach Nürnberg und die A 8 von Karlsruhe über Stuttgart nach München. Alle drei Strecken sind chronisch überlastet und stauanfällig. Ein sechsspuriger Ausbau wäre dringend geboten. Der ist im Prinzip auch vorgesehen. Aber im Plan von 1992 sind für die A 3 nur die Abschnitte von Seligenstadt bis Aschaffenburg-West und dann wieder von Aschaffenburg-Ost bis Hösbach vorgesehen. Dann beginnt der Ausbau erst wieder am Autobahnkreuz Fürth/Erlangen bis zum Autobahnkreuz Nürnberg. Im Plan von 2003 werden dann die Abschnitte Aschaffenburg-West – Aschaffenburg-Ost und Hösbach – Schlüsselfeld im »vordringlichen Bedarf« aufgeführt. Ende 2013 war davon etwa die Hälfte fertig oder im Bau. Diese gestückelte Ausbaumethode führt zu ärgerlichen Ergebnissen. So wurde bei Hösbach ein mehrere Kilometer langer Tunnel als Lärmschutz errichtet. Weil dann abwechselnd nach Westen und dann nach Osten weitergebaut wurde, konnte der Tunnel erst nach über zwanzig Jahren uneingeschränkt freigegeben werden.

Im »weiteren Bedarf« findet sich dann der Abschnitt von Schlüsselfeld bis zum Autobahnkreuz Fürth/Erlangen. Das heißt: Aus unerklärlichen Gründen – es sei denn, es fehlt das Geld – wird die Autobahn Frankfurt – Nürnberg nicht als durchgehende Achse gesehen, sondern stückweise ausgebaut. Damit verlagern sich die Staus, nehmen aber nicht ab. Bis die ganze Trasse endlich ihre volle wirtschaftliche Wirkung erfüllen kann, dauert es bis zu dreißig Jahren – so lange währt die Bauzeit.

Nicht anders ist es auf der A 8 zwischen Karlsruhe und München. 1992 befinden sich im »vordringlichen Bedarf« Abschnitte von Karlsruhe – Karlsbad, Pforzheim-West – Pforzheim-Nord, Leonberg – Aichelberg. In all diesen Jahren lernten die Autofahrer diese Abschnitte genau kennen – sie gehörten zu den täglichen Staumeldungen. War ein Abschnitt sechsspurig ausgebaut, war spätestens an der nächsten Engstelle wieder Schluss mit der freien Fahrt. 2003 wurden die Strecken Karlsbad – Pforzheim-West, Heimsheim – Leonberg und Gruibingen – Mühlhausen in den »vordringlichen Bedarf« eingestuft. Davon ist seit 2012 der letzte Abschnitt endlich fertig, es waren immerhin sagenhafte 3,9 Kilometer. Heimsheim – Leonberg ist seit 2002 fertig und Karlsbad – Pforzheim-West befindet sich im Bau. Doch noch immer fehlt der Abschnitt Pforzheim-West – Pforzheim-Ost. Der wird in den nächsten Jahren dann als Staumeldung Karriere machen.

Aber schon taucht die A 8 wieder im »weiteren Bedarf« auf. Vom Autobahndreieck Leonberg bis zur Abfahrt Wendlingen soll sie jetzt auf acht Spuren ausgebaut werden, kaum dass sie mit sechs Spuren endlich befahrbar war. Das bedeutet: wieder Baustelle, wieder jahrelanger Stau. Wieder ist eine süddeutsche Verkehrsachse nicht frei verfügbar.

Die A 8 wäre eigentlich ein eigenes Kapitel wert. Wir werden, wenn es um die ÖPP-Projekte (öffentlich-private Partnerschaft) geht, auch wieder über die A 8 in Bayern schreiben. Schon 1992 entschied die Bundesregierung, die rechtlichen Voraussetzungen für eine private Vorfinanzierung von Bundesfernstraßen zu ermöglichen. Zwei Modelle wurden dafür entwickelt: das A-Modell, das den Ausbau bestehender Autobahnen auf sechs Fahrbahnen beschleunigen soll – darauf werden wir besonders eingehen; und das F-Modell, für welches das Private Straßenfinanzierungsgesetz (FStrPrivFinG) verabschiedet wurde.

Damit wurde die Voraussetzung geschaffen, die es fast überall auf der Welt gibt. Danach werden Bau, Erhalt, Betrieb und Finanzierung an Private übertragen. Zur Refinanzierung erhalten diese das Recht zur Erhebung von Mautgebühren. Für Deutschland ein Meilenstein, gelten doch seit 1933 Straßen als »Daseinsvorsorge« des Staates. So wurden F-Modelle auch gleich eingeschränkt auf »Brücken, Tunnel und Gebirgspässe im Zuge von Bundesfernstraßen«. Möglich wären auch mehrstreifige Bundesfernstraßen mit getrennten Fahrbahnen für den Richtungsverkehr. Erstaunlich, dass sich diese vorsichtige Öffnung für zusätzliche Finanzierungen auch im rotgrünen Bundesverkehrswegeplan von 2003 wiederfindet. Fünf Projekte mit einer Gesamtlänge von 33,3 Kilometern wurden ausgesucht.

Nr. 1: A 8. Der Albaufstieg zwischen Mühlhausen und Hohenstadt. Heute gibt es dort je zwei Fahrspuren ohne Standspur und mit weit voneinander getrennten Fahrbahnen. In Deutschland ein schier unüberwindbares geographisch bedingtes Hindernis. In Südeuropa und den Alpenländern eher ein Anstieg der unscheinbaren Art.

Nr. 2: A 52. In Essen eine Stadtautobahn, die die A 40 mit der A 42 verbindet. Die 8,7 Kilometer lange Lücke im Ruhrgebietsnetz führt zu dauernden Überlastungen des Essener Stadtgebietes, sicher nur weit-

Warum wir seit 25 Jahren in Süddeutschland im

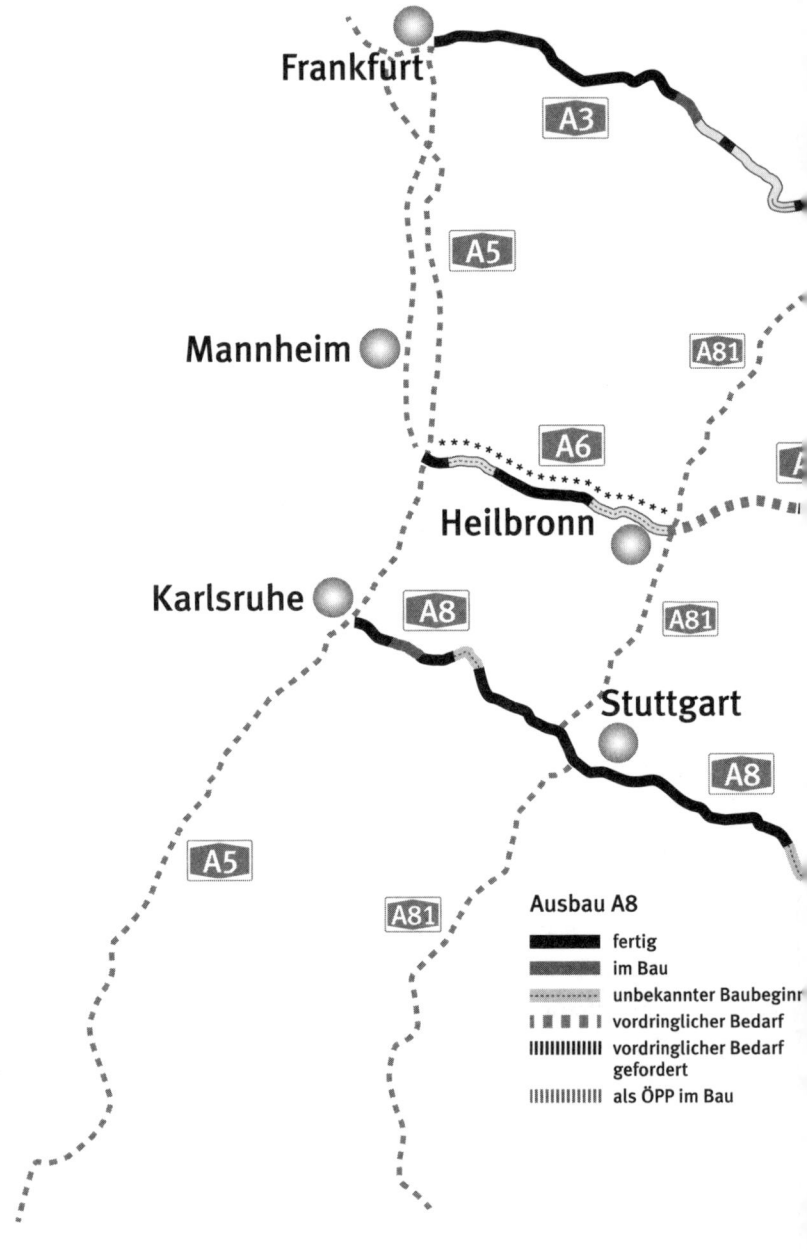

Ausbau A8

▬▬▬	fertig
▬▬▬	im Bau
┄┄┄	unbekannter Baubeginn
▮ ▮ ▮ ▮	vordringlicher Bedarf
‖‖‖‖‖	vordringlicher Bedarf gefordert
‖‖‖‖‖	als ÖPP im Bau

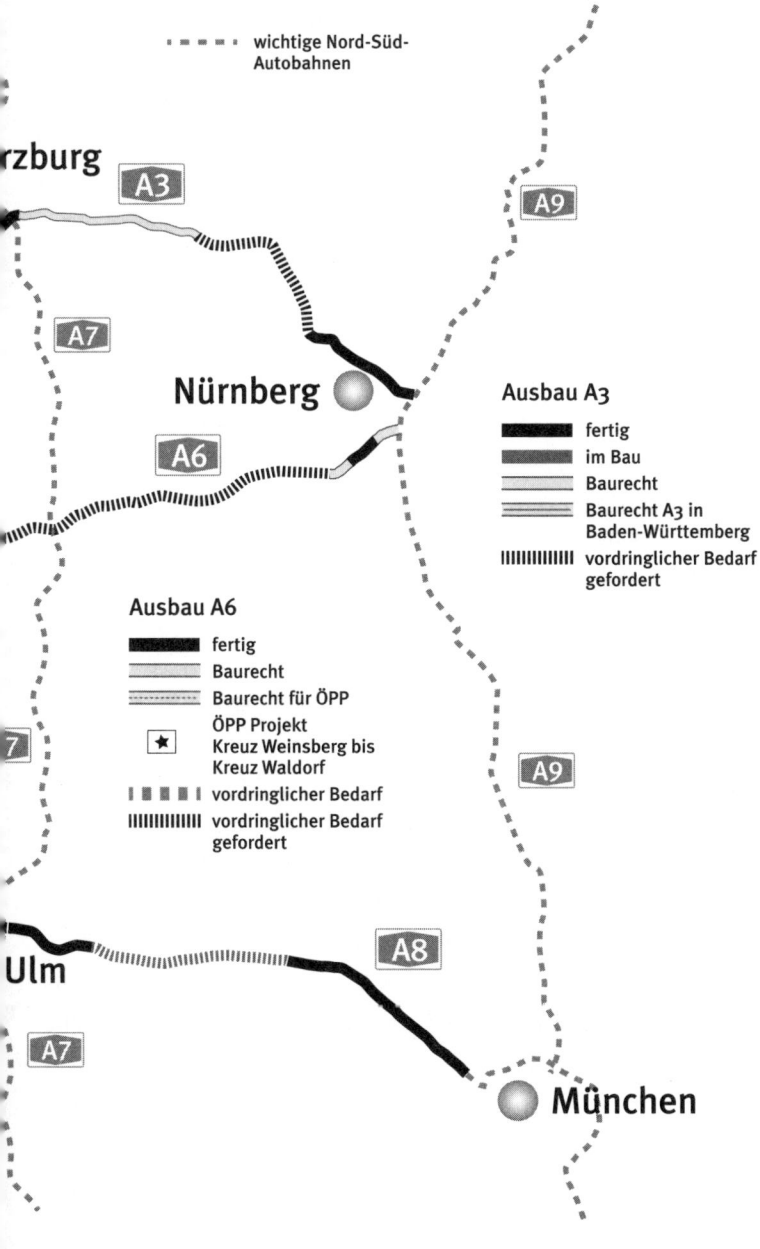

- ∎ − − − ∎ wichtige Nord-Süd-Autobahnen

Ausbau A3

▬▬▬▬	fertig
▬▬▬▬	im Bau
▭▭▭▭	Baurecht
▭▭▭▭	Baurecht A3 in Baden-Württemberg
‖‖‖‖‖‖‖	vordringlicher Bedarf gefordert

Ausbau A6

▬▬▬▬	fertig
▭▭▭▭	Baurecht
┄┄┄┄	Baurecht für ÖPP
★	ÖPP Projekt Kreuz Weinsberg bis Kreuz Waldorf
∎ ∎ ∎ ∎ ∎	vordringlicher Bedarf
‖‖‖‖‖‖‖	vordringlicher Bedarf gefordert

gehend als Stadttunnel zu realisieren. In vielen Städten in Europa eine Normalität.

Nr. 3: A 281. Bremen. Die Weserquerung, um von Bremerhaven direkt ins neue Güterverkehrszentrum im Nordwesten Bremens zu gelangen. Es geht um läppische 4,4 Kilometer.

Nr. 4: B 50 n. In Rheinland-Pfalz wird damit die Möglichkeit geschaffen, dass der Güterverkehr vom Rhein-Main-Gebiet direkt in die belgisch-niederländischen Häfen an die Nordsee fahren kann, ohne die überlasteten Strecken durch die Ballungsgebiete Köln und Aachen zu nutzen. Die Anschlüsse in Belgien sind seit Jahren fertig.

Nr. 5: A 20. Es geht um die Querung der Elbe bei Glückstadt, um die Küstenautobahn von Hafen zu Hafen und dann über Hamburg, Lübeck bis nach Stettin zu vollenden. In Schleswig-Holstein wird schon kräftig gebaut.

Bei all diesen Projekten wäre der Benutzer direkt zur Kasse gebeten worden, hätte dafür aber lange Umwege oder verstopfte Straßen vermeiden können. 22 Jahre nachdem die Idee Gesetz geworden war, sind alle Projekte gestorben. Bevor wir in Deutschland an einer Mautschranke direkt bezahlen, verzichten wir lieber auf Tunnel und Brücken. Wir machen das zwar anstandslos im Rest Europas, aber in Deutschland sind wir dagegen allergisch – ein bedenkliches Krankheitsbild staatsabhängiger Unterwerfung.

Immerhin ist das Projekt Nr. 4, die Hochmoselbrücke, im Bau. In einer dieser Vergaben von Straßenbaumitteln, um die Konjunktur zu stützen, die dann vom Kabinett in Gutsherrenart verteilt werden, war es das Verdienst des rheinland-pfälzischen Ministerpräsidenten Kurt Beck, der die zusätzlichen Mittel aus dem Bundeshaushalt lockermachen konnte. Sein Parteifreund Kanzler Gerhard Schröder wollte ihm einen Gefallen tun. Die leidige Debatte, ob Private an einer Brücke Geld verdienen dürfen, war damit wenigstens in Rheinland-Pfalz vom Tisch.

Nr. 1, der Albaufstieg, war schon fertig geplant, als immer neuer Sand ins Getriebe geworfen wurde. Nicht zuletzt die Region um die angedachte Mautstraße wehrte sich dagegen, dass die bestehende kostenlose Autobahn dann abgerissen werden sollte. Sie wollten ihre Straße behalten, pochten auf die Daseinsvorsorge und brachten die Politiker aller Parteien auf ihre Seite. Danach fand sich kein Betreiber, der eine kostenpflichtige Autobahn in Konkurrenz zu einer kostenlosen Straße bauen wollte, und somit fiel das Projekt in sich zusammen. Da der Bund aber kein Geld hat, werden die Lkw- und Autofahrer noch jahrelang auf dem Weg von Stuttgart nach München am Albaufstieg im Stau die deutsche Hilflosigkeit erleben dürfen. Im Frühsommer 2014 wurden sogar Sanierungsarbeiten am Lämmerbuckel-Tunnel aufgenommen, der bei der neuen Trassenführung unnötig wird. Also Millionen für Provisorien.

Die A 52 in Essen will der nordrhein-westfälische Verkehrsminister nicht mehr für den nächsten Bundesverkehrswegeplan 2015 anmelden, weil er keine Chancen sieht, dass es dafür Geld aus dem Haushalt gibt. Das ist typisch für deutsche Verhältnisse. Aufwendige Planungen seit 1971 werden beerdigt, bevor eine Mautstraße gebaut wird. Hier geht es mal nicht um Fledermäuse und Kammmolche, sondern um Ideologie.

Für die Weser- und Elbquerung werden noch Finanziers gesucht. Dabei ist ziemlich klar: Ohne zusätzliche Mittel, die nicht aus dem Bundeshaushalt kommen, werden in Deutschland Autobahnen weder über Berge noch über breite Flüsse und schon gar nicht mehr durch Städte gebaut. So direkt wagt es die Politik nur noch nicht zu formulieren.

Fazit: Es ist erstaunlich, mit welcher Vehemenz und Ernsthaftigkeit in regelmäßigen Abständen Bundesverkehrswegepläne erstellt werden, die mit der Realität nichts zu tun haben. Erstaunlich auch, dass alle Parteien außer den Linken an der Erstellung dieser Pläne beteiligt waren, sie dann aber teilweise bekämpfen (Bündnis 90/Die Grünen), sie für sich ausnutzen (CSU) oder ihnen die finanziellen Grundlagen verweigern (SPD, CDU und FDP).

Aber wie soll es weitergehen? Über Jahrzehnte ist nachweisbar, dass unser jetziges System nicht funktioniert. Auch die Ursachen sind ausführlich beschrieben und bekannt. Das fatale Ergebnis wird jedoch mit allen möglichen Ausreden von Geldnot bis hin zum Umweltschutz umschrieben. Dabei reicht ein Satz: Im Verkehr herrscht Planwirtschaft pur, und Planwirtschaft produziert immer organisierte Verantwortungslosigkeit. Prof. Karl-Hans Hartwig überschrieb seine Abschiedsvorlesung an der Universität Münster, wo er den Lehrstuhl für Wirtschaftspolitik am Institut für Verkehrswissenschaften innehatte, seine Bilanz und seinen Lösungsvorschlag:»Wege aus dem Autobahnkommunismus«. Seine Analyse ist schonungslos und trifft nicht nur linke und grüne Politiker, sie trifft auch CDU, CSU und FDP, die den jetzigen Zustand mit zu verantworten haben.

Sein Vergleich: Der deutsche Autobahnbau und die kommunistische Wirtschaftsform führen beide zu Ineffizienz, was sich im Mangel auf der einen Seite (Staus) und Verschwendung (nicht genutzte Investitionen) ausdrückt. Realkommunismus bedeutet Staatseigentum, die Bundesfernstraßen sind Bundeseigentum. Im Realkommunismus bestimmt die staatliche Zentralplanung, im Straßenbaukommunismus gibt es den Bundesverkehrswegeplan. Der Realkommunismus regiert mit verbindlichen Direktiven an Behörden, Kombinate und volkseigene Betriebe, im Straßenbaukommunismus bestimmen verbindliche Direktiven an Ministerien, Straßenbauämter und Straßenbaumeistereien, was gemacht wird. Im Realkommunismus gibt es festgesetzte Preise, der Autobahnkommunismus verzichtet auf Knappheitspreise mit der Ausnahme der Lkw-Maut für Fahrzeuge über 12 Tonnen.

Prof. Hartwig beschreibt auch die Mechanismen, die zur Unterfinanzierung und Staatsabhängigkeit führen. Als Anbieter für den Straßenbau stehen in unserem System die Politiker im Mittelpunkt, wie wir das sehr prägnant am Beispiel der A 6 beschrieben haben. Der Erfolg des Politikers misst sich an seiner Stimmenmaximierung. Wenn er auf dem Fernstraßenmarkt auftritt, dann muss er hohe Kosten in der Gegenwart fordern mit unsicherem Nutzen in der Zukunft. Und er trifft auf die NIMBY–Wähler, die *not in my backyard*-, also Nicht-in-meinem-Garten-Bürger. Die sind vielleicht sogar für eine neue Straße, aber weit weg von ihrem Hinterhof. Die Masse seiner Wähler hat eine hohe Präferenz für den Gegenwartskonsum, die honorieren Investitionen in konsumtive Ausgaben des Staates mehr als den Ausbau der Investitionen. Dies reflektiert der Politiker, indem er sich beim Bau von Fernstraßen zurückhält, was zu Unterinvestitionen führt. Hartwig hat damit die Kettenreaktion beschrieben, die typisch ist für staatlich beeinflusste Entscheidungen und die zu unserem Verkehrschaos führt.

Staatlich organisierte Geldvernichtung

Wer in alten Straßenkarten blättert, die schon dreißig Jahre und älter sind, kann das ganze Elend unseres Autobahnbaus studieren. Da sind Strecken eingezeichnet, die in der Planung oder gar schon im Bau sind und die es bis heute nicht gibt. Zum Beispiel die A 66 von Frankfurt nach Fulda. Die letzten 4 Kilometer werden im Herbst 2014 dem Verkehr übergeben. Fünfzig Jahre für 100 Kilometer. Aber das ist noch nicht einmal der Rekord. Mit dem Lückenschluss von 38 Kilometern der A 94 von München zum oberbayerischen Chemierevier bei Burghausen soll endlich 2015 begonnen werden, und bis die Autobahn endlich in Passau angekommen ist, werden dann bald achtzig Jahre vergangen sein. Und über das Drama der A 33 von Osnabrück nach Bielefeld schreiben wir ja noch ausführlich.

Es gibt viele Beamte, die bei ihrem Eintritt in den Staatsdienst mit der Planung eines Straßenabschnitts angefangen haben und mit seiner Fertigstellung in Pension gingen. Zugegeben, das ist kein autobahnspezifisches Kuriosum, das gibt es auch beim Neubau von ICE-Strecken. So hat Dr. Günter Klotz aus Kassel fast sein ganzes Berufsleben damit zugebracht, die ICE-Trasse von Würzburg bis Hannover im Raum Kassel zu betreuen. Darüber hat er dann ein Buch geschrieben.

Noch frustrierender aber endete das Berufsleben für Diplom-Ingenieur Manfred Adam aus Ringgau im Werra-Meißner-Kreis. Er plante seit Anfang der neunziger Jahre an der A 44 und erreichte das Pensionsalter, ohne dass seine A 44 auch nur in absehbarer Zeit dem Verkehr übergeben werden könnte. Seine Erlebnisse hat er in einem Schlüsselroman verarbeitet (ab S. 114). So geht es vielen Beamten und Angestellten in den staatlichen Straßenbauämtern: Sie planen und planen, und dann erfahren sie nach einem Regierungswechsel, dass ihre Autobahn nicht weiterverfolgt werden wird. Das bedeutet manchmal das endgültige Aus und manchmal nur eine Art Winterschlaf, bis wieder ein Regierungswechsel stattfindet. Wie viele Hunderte von Millionen Euro so sinnlos mit Planungsarbeiten verpulvert werden, rechnet niemand nach. Die Zahlen werden auch regelrecht wie Staatsgeheimnisse gehütet. Am Beispiel des Wechsels von Schwarzgelb zu Rotgrün im Jahr 2013 in Niedersachsen werden wir das etwas näher beschreiben (ab S. 201).

Diese Geld verschlingende Methode hat ihre Ursache in der föderalen Struktur der Bundesrepublik Deutschland und dem egoistischen, nicht am Gemeinwohl orientierten Verhalten der Parteien. Wie schon gesagt: Damit eine Autobahn gebaut werden kann, muss sie im Bundesverkehrswegeplan, der ja auch ein Gesetz ist, entsprechend eingestuft sein. Aber bis dahin ist es ein weiter und für die einzelnen Projekte gefährlicher Weg.

Das Vorschlagsrecht für eine Bundesstraße und eine Bundesautobahn haben die Länder. Sie müssen sich innerhalb ihrer Parlamente festlegen, welche Projekte sie beim Bund vorlegen wollen. Dabei werden vielfach regionale Aspekte höher eingestuft als gesamtdeutsche Notwendigkeiten. Deswegen müssen die Länder die Planungskosten erst einmal selber tragen. Sie untersuchen in einem Raumordnungsverfahren, ob sich eine Fernstraße oder Autobahn anbietet. Erst dann können die Länder dem Bund das Projekt vorschlagen. Sollte dieser zustimmen, wird eine erste Machbarkeitsstudie erstellt, aus der auch schon eine Linienbestimmung zu ersehen ist.

Dann erst unterwirft das Bundesverkehrsministerium die Wunschlisten einer Nutzen-Kosten-Analyse, und sollte diese positiv ausfallen, wird eine Detailplanung genehmigt, die vom Bund bezahlt wird. Diese ersten Etappen enden mit dem RE-Vermerk, dem Richtlinien-Entwurfplanungsstatus. Auf Bürokratendeutsch lautet das alles etwas anders. Jetzt darf weiter geplant werden, wobei alle Behörden eingebunden sind. Dieses Baurechtsverfahren wird heute fast immer durch einen Planfeststellungsbeschluss ergänzt. Die vielen verschärften Umweltrichtlinien machen dies nötig. Die Kategorie aber, in die das Gesamtprojekt eingestuft wird, legt nur der Bund fest. Die höchste Stufe ist der »vordringliche Bedarf«. Erst wenn der Planfeststellungsbeschluss vorliegt, kann das Projekt beklagt werden. Und sollten diese Klagen auch überstanden und endgültig abgewiesen sein, dann erst teilt das Verkehrsministerium mit, wie und wann das Bauvorhaben finanziert wird.

Theoretisch kommen nur die Straßen in den »vordringlichen Bedarf«, die den höchsten Nutzwert erzielen. Aber schon hier ist Skepsis angebracht. Die Kriterien, nach denen die angemeldeten Projekte beurteilt werden, sind das Ergebnis regionaler und parteipolitischer Interessen. So haben es die norddeutschen Länder geschafft, dass die »Stärkung des maritimen Standortes durch Ausbau der Hinterlandanbindungen« bewertet wird. Damit werden die überlasteten Straßen der wirtschaftlichen Zentren in West- und Süddeutschland schon benachteiligt. Natürlich werden auch Umweltaspekte eingerechnet. Im Vorwort des Plans 2003 finden sich die Formulierungen »Verringerung der Inanspruchnahme von Natur, Landschaft und nicht erneuerbaren Ressourcen« und »Reduktion der Emissionen von Lärm, Schadstoffen und Klimagasen (vor allem CO_2)«. Aber wie werden diese Vorgaben dann im Einzelnen bewertet? Wenn der Lärm eine wichtige Rolle spielen würde, müssten alle Güterzüge durch das Rheintal gestoppt werden oder das Tal mit Milliarden-Investitionen in den Lärmschutz wieder bewohnbar gemacht werden.

Im Bundesverkehrswegeplan 2003 wurden zusätzliche Bewertungsgrundlagen eingeführt, die sich einer harten Wirtschaftlichkeitsanalyse entziehen. Sie betreffen die Raumwirksamkeit (damit wird beschrieben, wie sich eine Autobahn auf die Entwicklung der gesamten Region auswirkt) und die Umweltrisikoeinschätzung. Fast alle Neubaustrecken müssen jetzt vor ihrer Realisierung einer besonderen naturschutzfachlichen Prüfung unterzogen werden. Dieses Verfahren ist aber mehr aus Rücksicht auf den grünen Koalitionspartner eingeführt worden, denn auch vorher wurden alle nur denkbaren Umwelteinflüsse und -eingriffe untersucht und bewertet. Jenseits aller objektiven Nutzen-Kosten-Relationen wurden die Vorhaben »nach politisch gesetzten Prioritäten« eingestuft, stellt Professor Karl-Hans Hartwig fest und führt in seinen Vorträgen folgende Beispiele an:

– Im »vordringlichen Bedarf« des Bundesverkehrswegeplans 2003 bis 2015 befindet sich der Ausbau der Schienenstrecke Berlin – Görlitz. Nutzen-Kosten-Verhältnis (NKV) = 1,6.

– Der Ausbau der A10 von Werder nach Berlin-Spandau: NKV = 1,2.

– Im »weiteren Bedarf«, also erst nach 2015 zu realisieren, sind aufgeführt: Ausbau der A8 München/Brunnthal nach Holzkirchen: NKV = 20,6.

– Ausbau der A5 Darmstädter Kreuz – Heidelberger Kreuz: NKV = 26,8.

Wie im vorherigen Kapitel beschrieben, wirft auch die Kleinteiligkeit Fragen nach den Bewertungskriterien auf. Selbst für die wichtigsten Achsen kann oder will sich der Bund nicht durchsetzen, sondern überlässt es in vielen Fällen den Ländern, was aus einer die ganze Republik querenden Autobahn nach einigen Jahrzehnten wird. Von den neun längsten und Deutschland erschließenden zentralen Achsen sind vier (A1, A4, A5, A8) nur in unzusammenhängenden Abschnitten vorhanden. Das liegt in allen Fällen hauptsächlich daran, dass bei länderübergreifenden Trassen zum Zeitpunkt des Bauvorhabens jeweils ein Bundesland gerade eine Regierung hatte, die für dieses Teilstück am Rande ihres Landes kein Interesse zeigte. Das wurde dann gern mit dem Naturschutz begründet.

Die Lücke der A 4 zwischen Kreuztal bei Siegen und Bad Hersfeld ist dafür ein Beispiel. Wenn das Hickhack dann lange genug gedauert hat, wird dann auch mal die ganze Autobahn beerdigt. Im Moment ist die A 4 kein Thema mehr. So hat manche Autobahn einen Abstieg vom »vordringlichen Bedarf« in die Bedeutungslosigkeit hinter sich. Hier muss die Frage erlaubt sein: Sind da immer nur Deppen und Asphalt-junkies am Werk gewesen, wenn sie jahrelang an der Planung einer Straße arbeiteten? Haben die Politiker, die diese Projekte angemeldet haben, verantwortungslos einfach nur vor sich hin geträumt?

Sicher, die Zeiten ändern sich. Seit der Wiedervereinigung haben sich die Verkehrsströme anders entwickelt, als die Experten dies vo-rausgesagt hatten. Viele Ost-West-Achsen sind nicht so ausgelastet wie vorausberechnet. Dazu gehört die Ostseeautobahn A 20. Sie ist nur un-ter dem Gesichtspunkt der Erschließung Mecklenburg-Vorpommerns zu rechtfertigen – nicht aber entsprechend dem Verkehrsaufkommen.

Das genaue Gegenteil trifft auf die A 6 von Nürnberg nach Heil-bronn zu. In der alten Bundesrepublik war sie eine sichere Alterna-tive zur oft von Staus geplagten A 3 von Frankfurt nach Nürnberg. Im Bundesverkehrswegeplan landete der von Bayern gewünschte sechs-spurige Ausbau noch in der Kategorie »kein weiterer Bedarf«. Im Plan 2003 wurde sie von Heilbronn bis Kupferzell in den »vordringlichen Bedarf – neue Vorhaben« und im weiteren Verlauf bis Schwabach-West in den »weiteren Bedarf« eingestuft. Mittlerweile fehlt sie in kei-ner Staumeldung. Mit einem Lkw-Anteil von über 30 Prozent und über 60 000 Fahrzeugen in 24 Stunden ist sie eine der Hauptadern der europäischen Wirtschaft. Davon kann nur überrascht sein, wer keine Landkarten in die Hand nimmt oder die Einstufungen nach Kassenlage vornimmt. Typisch bei der A 6 ist auch die Unterteilung der Gesamtstrecke, sodass sichergestellt ist, dass der Ausbau zwanzig Jahre und mehr dauert und so lange auch die Volkswirtschaft belastet wird.

Sollen wir lachen oder weinen, wenn wir die taktischen Verrenkun-gen beschreiben, die bei der A 6 stattfinden? Es ist einfach verblüffend, wie sich Parteipolitiker in verantwortlichen Positionen über vorhandene Missstände hinwegsetzen und einfach eine vollgestopfte Straße aus ihrem Blickfeld streichen. Tanja Gönner, verdiente CDU-Politikerin aus Baden-Württemberg, hat sich schlicht geweigert, ihre Beamten mit der Planung des sechsspurigen Ausbaus der A 6 zu beauftragen. Das war nicht ihre Baustelle. Obwohl von Heilbronn bis Kupferzell in den »vordinglichen Bedarf« eingestuft, passierte unter ihrer Verantwortung nichts. Der Kreis Schwäbisch Hall hat daraufhin 1,5 Millionen Euro aus seinem Etat abgezweigt und private Büros beauftragt, die Straße zu planen.

Seit dem Amtsantritt der grünroten Regierung ist jetzt Winfried Herrmann der zuständige Minister, und der hat es erst recht nicht eilig, die A 6 ausbauen zu lassen. So wird die 64,5 Kilometer lange Strecke von Heilbronn bis zur bayerischen Landesgrenze erst einmal in verdauliche Häppchen aufgeteilt. Für den ersten Abschnitt wird der »vordringliche Bedarf« festgestellt, für den zweiten dann »weiterer Bedarf mit Planungsrecht«, und der Rest findet sich im »weiteren Bedarf« wieder. Das widerspricht den vorhandenen Verkehrsströmen, aber es entspricht so in etwa der Kassenlage.

Der Bundestagsabgeordnete des davon am stärksten betroffenen Wahlkreises Christian von Stetten, CDU, ist gleichzeitig mittelstandspolitischer Sprecher der Fraktion. Er bringt also einiges Gewicht mit. Sein Vorschlag: die gesamte Trasse von Heilbronn bis zur bayerischen Landesgrenze von einer privaten Gesellschaft in einer öffentlich-privaten Partnerschaft bauen zu lassen, die die 64,5 Kilometer ab Bauauftrag in vier Jahren fertigstellen könnte. Geht aber nicht, sagt Verkehrsminister Herrmann. Ob sich das Modell auf dieser Trasse eignet, kann erst festgestellt werden, wenn die Planung abgeschlossen wird. Für die Planung aber ist kein Geld da – jedenfalls nicht für den ganzen Abschnitt. Und so geht die Debatte wieder von vorn los. Kein Geld, kein Gesamtkonzept, keine Planung, keine Entscheidung. Als Kompromiss kommt dann oft ein kurzer Abschnittsaus- oder weiterbau heraus, der dann den Stau lediglich um einige Kilometer verschiebt.

Angenommen, eine Autobahn hat es geschafft, in den »vordringlichen Bedarf« eingestuft zu werden, und das Bundesland beginnt mit dem Segen des Bundesverkehrsministers mit der Planung. Hier aufzuführen, was sich dann an Beteiligungspflichten und Anhörungen innerhalb der Behörden abspielt, würde jeden Rahmen sprengen. Deshalb sei der Ablauf hier nur im Groben skizziert.

Die Bundesländer planen die Straße in der Auftragsverwaltung des Bundes. Jedes Bundesland hat dafür eine andere Organisationsstruktur gewählt, die sich auf ihre Effizienz sehr unterschiedlich auswirkt. Die Planfeststellungbehörde beteiligt die »Träger öffentlicher Belange«. Das sind so ziemlich alle Behörden, die es in Deutschland gibt – und glauben Sie, das sind sehr viele, weit über hundert jedenfalls. Dazu gehören auch die Naturschutzverbände, und wenn eine Planfeststellungsbehörde klug ist, informiert sie auch die Bürger über jedes Detail so früh wie möglich. In dieser Phase der Raumordnung, also der Suche nach der besten Trasse, wird eine Landschaft so gründlich untersucht, dass kein verseuchter Boden, keine Grundwasserader, keine Steinzeitnutzung und keine Ameise verborgen bleibt. Und dies oft in einem Korridor von bis zu 100 Kilometern Breite.

Die dafür erstellten Planunterlagen (Vorhabensbeschreibung, Grunderwerbsplan, technische Untersuchungen etc. werden in den betroffenen Gemeinden einen Monat lang zur Einsicht ausgelegt. Jeder Betroffene, dazu zählen auch die Naturschutzverbände, kann Einspruch erheben. Es gibt Bürgerinitiativen dafür und dagegen und welche, die sagen: »Ja, aber so nicht.« Abgesehen vom BUND und seinen Verbündeten, die jeden Aus- und Neubau ablehnen, liegt das Konfliktpotenzial meistens in den Vorstellungen der betroffenen Anwohner. Das ist dann eine Preisfrage. Die chronische Unterfinanzierung des Straßenbaus verleitet die Behörden oft dazu, Lösungen anzubieten, die die Betroffenen als unannehmbare Eingriffe in ihre Lebensräume empfinden. Die A 281 in Bremen ist so ein Beispiel. Sie soll durch Wohngebiete führen. Die Anwohner wollen stattdessen einen Tunnel unter dem Flughafen. Der kostet 25 Millionen Euro mehr. Diese

Konflikte sind vermeidbar, wenn Deutschland andere Finanzierungsmodelle akzeptieren würde, wie wir sie im Kapitel über die Schweiz und Österreich beschreiben.

Wenn die Straßenbaubehörde alle Planunterlagen fertiggestellt hat, beantragt sie bei der Planfeststellungsbehörde die Einleitung eines förmlichen Planfeststellungsverfahrens. Die danach fälligen offiziellen Anhörungen können zu tagelangen Happenings ausarten. Das muss jemand erlebt haben, um es zu glauben. Meterlang türmen sich Akten auf. Die meist gut organisierten Autobahngegner fragen mit ermüdender Penetranz die immer gleichen Details ab. Persönliche Beleidigungen der Beamten gehören regelmäßig zum Repertoire der Auseinandersetzung (s. »Anleitung zum Straßenkampf«, S. 136). Die Leiter dieser Anhörungen müssen Geduldsmenschen sein, und mein Eindruck war oft, dass sie vorher ein Antiaggressionstraining absolviert haben.

Um die Ausmaße eines solchen Erörterungstermins des Planfeststellungsverfahrens deutlich zu machen, hier ein konkretes Beispiel, das stellvertretend für viele steht. Im Dezember 2004 lud die Bezirksregierung Detmold zur öffentlichen Erörterung des Teilabschnitts der A 33 von der A 2 bis Bielefeld ein (6,5 Kilometer). Vorausgegangen war ein jahrzehntelanges Hickhack über die Trassenführung, das bis in die siebziger Jahre zurückgeht. Gegen den schließlich erarbeiteten Plan waren 1900 Einwendungen, davon 1700 Einzeleinwendungen, eingegangen.

Um allen Betroffenen genügend Zeit für ihre Beschwerden einzuräumen, mietete die Bezirksregierung für sechs Tage die Stadthalle Bielefeld. Um auch Eltern die Chance zu bieten, ungestört vortragen zu können, war sogar ein liebevoll eingerichteter Spielraum für Kinder samt einer Erzieherin vorbereitet worden. Über sechzig Beamte der Straßenbaubehörde NRW, Gutachter aller nur denkbaren Fachgebiete, die Träger öffentlicher Belange und die Repräsentanten der Umweltgruppen saßen sich in einer quadratisch aufgebauten Arena gegenüber. Auf Tischen standen rund 100 Meter Akten.

Aber auch das ist typisch für die Offenlegung der Planungen bei Erörterungsterminen: Das Publikum bleibt aus. 1900 Einwendungen waren eingegangen, aber nur 70 Einwender und interessierte Bürger waren gekommen. Die Erzieherin konnte schon am ersten Tag mittags wieder gehen. Es gab keine Kinder, die sie hätte betreuen können.

Nach dieser Mammutsitzung dauerte es dann zwei Jahre, bis alle Einwände schriftlich beantwortet und gegebenenfalls in der Planung berücksichtigt wurden, und im Dezember 2006 wurde der Planfeststellungsbeschluss verkündet. Bis zum März 2007 bestand dann noch Rechtsschutz, weil einige Verbände und Einwender sich an das Oberverwaltungsgericht in Münster gewandt hatten. Erst als auch hier entschieden war, konnte endlich mit dem Bau begonnen werden. Der dauerte dann auch noch einmal ein Jahr länger als geplant, weil der Bund die Mittel nicht so schnell zur Verfügung stellte, wie sie benötigt worden wären. Im Dezember 2012 kam dann sogar der Bundesverkehrsminister Peter Ramsauer zur Eröffnung.

Doch nicht immer ist der Planfeststellungsbeschluss das Ende der Geschichte. Auch der kann wieder beklagt werden. Ein Planfeststellungsbeschluss wird nach Länderrecht erlassen – natürlich unter Berücksichtigung der Bundes- und Europagesetzgebung. Aber jedes Bundesland ist, wie bereits erwähnt, anders organisiert, auch sind die Ministerien, die für den Straßenbau verantwortlich sind, anders geschnitten. In Bayern ist der Innenminister zuständig, in Rheinland-Pfalz der Infrastrukturminister, in Hessen der Wirtschaftsminister. Das ändert sich, für die kontinuierliche Arbeit erschwerend, bei fast jedem Regierungswechsel. In Baden-Württemberg war zum Beispiel der Umweltminister jahrelang auch für den Straßenbau zuständig. Das hat die grünrote Regierung nicht übernommen.

Es gibt kaum einen Planfeststellungsbeschluss, der nicht beklagt wird. Fast immer ist der BUND die treibende Kraft, nicht so oft der NABU, noch weniger einzelne Personen. Mit der Wiedervereinigung wurde der Klageweg gestrafft. Es gibt nur noch zwei Instanzen: das jeweilige Verwaltungsgericht in dem entsprechenden Bundesland und das Bun-

Die Lücken von Rheinland-Pfalz

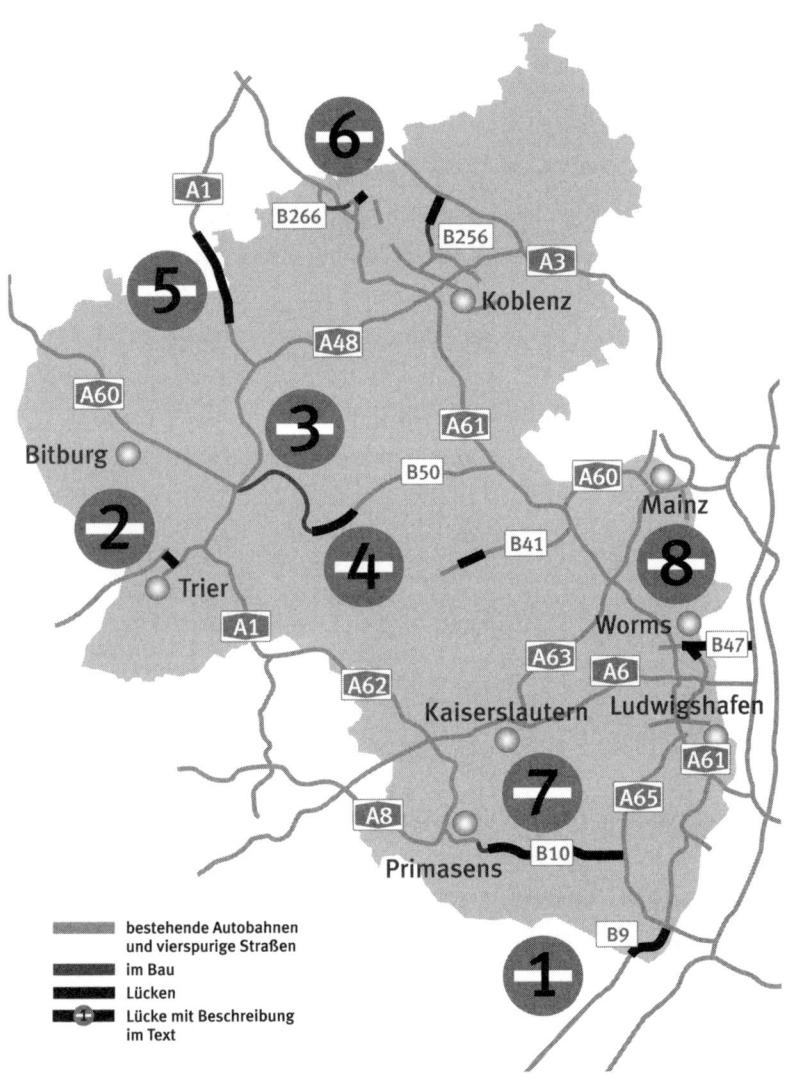

bestehende Autobahnen und vierspurige Straßen

im Bau

Lücken

Lücke mit Beschreibung im Text

desverwaltungsgericht in Leipzig. Wir lesen von den Klagen, wir berichten über die Urteile, aber wir wissen nicht, was diese Klagen kosten.

Vom Bundesverwaltungsgericht sind die Gerichtskosten für das Verfahren bekannt. Bei einem Streitwert von 60 000 Euro, wie er bei dem Verfahren um die A 49 in Hessen von Stadtallendorf bis zur A 5 bei Gemünden angesetzt wurde, betrugen die Gerichtskosten 2780 Euro und die Rechtsanwaltsgebühren 3144,40 Euro. Bei den Verfahren um die Trasse Borgholzhausen – Halle i. W. um die A 33 und den Abschnitt Waldkappel – Hoheneiche um die A 44 wurde der Streitwert jeweils mit 30 000 Euro festgesetzt, was Gerichtskosten von 1700 Euro und Rechtsanwaltsvergütungssätze von 2121,60 Euro ausmachte. Das alles sieht erst einmal nicht nach sehr viel aus, geht es doch um Investitionen von einigen hundert Millionen Euro. Doch die wahren Kosten entstehen durch Gutachter, Anwälte, die wissen, was sie wert sind, Vervielfältigungen für bis zu 500 Akten, Reisekosten etc. Und diese Kosten sind nicht transparent.

Die Gegner der Autobahnumgehung der A 30 in Bad Oeynhausen haben nach 200 000 Euro Prozessgebühren ihren Widerstand aufgegeben. Die Bürgerinitiative gegen den Lärm am neuen Flughafen Berlin Brandenburg hat schon über 2 Millionen Euro bezahlt. Es ist sicher nicht zu viel verlangt, wenn steuerlich begünstigte gemeinnützige Organisationen dazu verpflichtet würden, eine Bilanz über ihre Einnahmen und die Höhe der Prozesskosten vorzulegen.

Rheinland-Pfalz: Das Land der Lücken und Blinddärme

Das Ergebnis des deutschen Sonderwegs beim Autobahnbau wird durch einen Blick auf die Straßenkarte von Rheinland-Pfalz deutlich. Es ist das Land der »Blinddärme«, denn viele vierspurige Straßen enden im ländlichen Nichts. Zwischen den Ausbaustrecken klaffen Lücken, die den volkswirtschaftlichen Nutzen der Investitionen einschränken. Und zu jeder dieser unvollendeten Straßen gibt es eine Geschichte, die symptomatisch für die politisch akzeptierte Fehlkonstruktion des Straßenbaus ist.

In Rheinland-Pfalz wurden nach der Aufgabe des Leber-Plans aus politischen Gründen viele durchgehende Autobahnprojekte gestrichen. Sie sollten durch Bundesstraßen ersetzt werden. Doch die waren dem zunehmenden Verkehr nicht gewachsen, und so wurden die Bundesstraßen ausgebaut. Rheinland-Pfalz grenzt an Frankreich, Luxemburg und Belgien. Alle drei Staaten haben eine Autobahn nach Deutschland gebaut, aber keine geht vierspurig weiter. So viel zum Vorbild Deutschland. Für Ausländer heißt es im Südwesten: Ab jetzt beginnt das Stauland. (Zum besseren Verständnis haben wir die Straßenlücken nummeriert, s. Karte S. 96.)

1. Im Süden endet bei Lauterburg die französische Autobahn, die von Basel über Straßburg bis Ludwigshafen führen soll. Sie ist mautfrei. Die Deutschen haben mehrere Trassen geplant und festgestellt, dass es Probleme mit dem Naturschutz gibt, und einen Ausbau vorerst nicht mehr vorgesehen. Merkwürdig: Das EU-Recht hat die Franzosen nicht gehindert. Dafür aber werden in Deutschland die fehlenden neun Kilometer Ausbaustrecke trotzdem für Lkw bemautet. Dazu kommen sehr lukrative Radarfallen. Verkehrte Welt. Für eine zweispurige Straße muss in Deutschland gezahlt werden, die vierspurige Straße in Frankreich ist frei.

2. Im Westen bei Trier haben die Luxemburger eine Autobahn nach Deutschland gebaut. Die geht auf deutscher Seite noch 14 Kilometer weiter und endet dann zweispurig. Hier können sich Bund und Land nicht einigen. Rheinland-Pfalz will eine bestehende Straße vierspurig ausbauen und an das deutsche Autobahnnetz anschließen. Das wären zirka 5 Kilometer. Der Bund aber will eine zirka 10 Kilometer lange neue Trasse, die direkt zur Autobahn nach Koblenz weiterführt. Allerdings würde sie durch bisher weitgehend unberührte Natur führen. Ein Ende des Streits ist nicht in Sicht.

3. Im Nordwesten reicht die belgische Autobahn von Antwerpen und Lüttich kommend zirka 3 Kilometer nach Deutschland hinein, bevor sie erst einmal 17 Kilometer zweispurig weiterführt. Als A 60 endet sie nach weiteren 50 Kilometern am Autobahnkreuz Wittlich. Hier wird sie zurzeit als B 50 neu bis Longkamp weitergebaut. Zu diesem Abschnitt gehört die Hochmoselbrücke, die nach Fertigstellung 2016 die größte Brücke Deutschlands sein wird. Hier sind 20 Kilometer im Bau.

4. Doch dann folgt wieder eine Lücke von 20 Kilometern, bis die vierspurige B 50 beim Flughafen Hahn wieder beginnt. Bei Fertigstellung wird dies die kürzeste Verbindung vom Rhein-Main-Gebiet zu den Nordseehäfen sein und damit einen hohen volkswirtschaftlichen Nutzen erzielen. Nur, wann es so weit ist, ist noch unbestimmt.

5. Nicht mit dem Ausland, sondern mit Nordrhein-Westfalen soll die A 1 Rheinland-Pfalz verbinden. Diese Ländergrenze zu überwinden, ist bisher nicht gelungen, es fehlen 25 Kilometer. Nordrhein-Westfalen war schon einmal mit der Planfeststellung fertig. Aber dann wurde aus politischen Gründen mit dem Bau nicht angefangen. Jetzt haben sich die Umweltschutzgesetze geändert, und so muss mit der Planfeststellung erneut begonnen werden. Beide Länder aber wollen die Lücke jetzt schließen. Die Düsseldorfer Regierung hat das Planfeststellungsverfahren für den ersten Abschnitt von Blankenheim bis Lommersdorf schon wieder begonnen. Rheinland-Pfalz will für seine 6,5 Kilometer sofort anfangen, wenn der Bund das Projekt weiter im »vordringlichen Bedarf« einstuft. Für den mittleren Abschnitt wurde ein Staatsvertrag zwischen den beiden Ländern geschlossen, der regelt, das Nordrhein-Westfalen den Bau übernimmt. Die Naturschützer haben erbitterten Widerstand angekündigt. Die Bevölkerung der Region aber will die Autobahn unbedingt. Und jetzt urteilen Sie selbst, ob unsere Verfahren, Autobahnen zu bauen, noch wirtschaftlicher Vernunft entsprechen.

6. Nur um zirka 3 Kilometer geht es bei der B 266 bei Sinzig. Ein Autobahndreieck wurde schon vor dreißig Jahren gebaut. Die eine Abfahrt aber, die die stark befahrene B 266 mit Ortsdurchfahrten entlasten sollte, wurde nicht fertig. Heute enden die Betonpfeiler in einem FFH-Gebiet (Fauna-Flora-Habitat), und das heißt: Baustopp. Die Lastwagen quälen sich weiterhin durch die Dörfer, die fehlende Abfahrt verursacht große Umwege, aber niemand kann sagen, wann dieser Zustand geändert wird.

7. Als es noch Mode war, geplante Autobahntrassen abzumelden, verzichtete Rheinland-Pfalz auf die A 8 von Pirmasens nach Karlsruhe. Dafür sollte die parallel verlaufende B 10 vierspurig ausgebaut werden. Das ist bis heute nicht geschehen – und wird auch nicht so schnell der Fall sein. Die Mainzer Regierung wollte bürgernah planen. Alle Beteiligten waren eingeladen, und in vielen Mediationsrunden sollte ein Konsens für die Trasse gefunden werden. Während Pirmasens und die Westpfalz den Ausbau unbedingt befürworteten, weil sie in ihrem strukturschwachen Gebiet unter hoher Arbeitslosigkeit leiden und dringend eine sichere Verbindung ins Rheintal wollen, lehnten die Bewohner des prosperierenden Rheintals den Ausbau ab. Das würde ja noch mehr Verkehr bringen.

Diese jahrelange Mediation ist ein Musterbeispiel für die Konflikte, die die »Bürgerbeteiligung« aufreißen wird. Die Landesregierung machte sich einen schlanken Fuß und entschied, dass dann eben nur ein bisschen gebaut wird. 5 Kilometer von Pirmasens in Richtung Rheintal und 5 Kilometer im Rheintal als Nordumgehung von Landau. Mehr meldete sie auch nicht für den Bundesverkehrswegeplan nach Berlin. Dort erinnerten sich die Planer aber, dass ja eigentlich die A 8 gebaut werden sollte, und erhoben Einspruch. Jetzt verlangt der Bund, dass Rheinland-Pfalz die Unterlagen für einen vierspurigen Ausbau einreicht.

8. Schließlich noch der Lückenschluss für die Stadt Worms. Die 60 000 Einwohner große Stadt ist nur über normale Bundesstraßen zu erreichen. Im Frühjahr 2014 erlangte der vierspurige Anschluss von Worms Baureife. Rheinland-Pfalz könnte sofort loslegen. Nur weiß die Landesregierung nicht, ob der Bund bereit ist, diese Straße jetzt zu bezahlen.

Wenn wir alle Abschnitte addieren, kommen wir auf rund 100 Kilometer. Dann hätte Rheinland-Pfalz ein perfektes vierspuriges Straßensystem mit hohem volkswirtschaftlichem Nutzen. Vor zwanzig Jahren, als diese Wurmfortsätze entstanden, hätte die Vollendung des Netzes etwa 500 Millionen Euro gekostet. Jetzt wird wahrscheinlich eine Milliarde nicht ausreichen. Das wagt niemand mehr seriös zu schätzen. Allein die Gerichtskosten der zu erwartenden Klagen des BUND sind mittlerweile ein beachtlicher Kostenfaktor.

Was aber eine zeitnahe Beseitigung der Lücken vollends unmöglich macht, ist die von der Bundesregierung geplante Finanzierung der Straßeninfrastruktur in Deutschland. 2014 erhielt Rheinland-Pfalz noch 100 Millionen Euro für Erhaltung, Neu- und Ausbau der Autobahnen und Fernstraßen. Ab nächstem Jahr sollen es noch 50 Millionen Euro sein, aber das weiß im Frühsommer 2014 niemand so genau. Unsere Planwirtschaftler schaffen es noch nicht einmal, ihre Pläne zeitig fertigzustellen. Gemäß der neuen Richtlinie Erhaltung geht vor Neubau werden aber weitere Mittel nur für die Erhaltung überwiesen. Bei einem sechsspurigen Ausbau soll das dann so aussehen: Die Kosten für die Erneuerung der bestehenden vier Spuren werden aus einem Topf bezahlt, der Anbau der neuen Spuren aus den 50 Millionen. Das wird ein lustiges innerbehördliches Rechenbohai werden. Der Verwaltungsaufwand wächst, die Bürokratie gewinnt noch mehr Bedeutung, und für die Straße bleibt weniger übrig. Das Ganze läuft dann politisch korrekt und von allen gelobt unter dem Slogan: Erhalt vor Neubau. Doch dadurch wird kein Stau kürzer, und deshalb bleibt die Verkehrspolitik dieser Regierung ein volkswirtschaftliches Debakel.

Wir haben die Beispiele aus Rheinland-Pfalz so ausführlich geschildert, damit Sie nachvollziehen können, wie unterfinanziert die Straßeninfrastruktur ist und warum sie sich in einem so miserablen Zustand befindet – und warum sich nichts ändern wird, solange wir das jetzige System der steuerfinanzierten Auto- und Fernstraßen beibehalten.

II. BIOTOPENTYPENKAMPF

Der Status quo oder Von echter Natur keine Spur

Bevor wir weiter zeigen, wie die von der Politik selbst geschaffenen Fallen wirken und die Investitionen verteuern und gleichzeitig die Volkswirtschaft mit Milliarden Euro an verhindertem Wachstum belasten, müssen wir noch die Hürden vorstellen, mit denen jedes Infrastrukturprojekt konfrontiert wird. Es sind dies die Schutzgesetze für die vielfältigen Biotopentypen, die – von den Brüsseler Behörden erlassen – in ganz Europa gelten. Aber ob es sich nun um das FFH, das Fauna-Flora-Habitat-Gesetz, handelt, um die Natura-2000-Richtlinie, um besondere Schutzzonen für Zugvögel, dauerhaft heimische Vögel, einzelne Tierarten wie den Dunklen Wiesenknopf-Ameisenbläuling-Schmetterling, fast alle wurden von Deutschland angeregt und in Brüssel durchgedrückt. Das macht es einfacher, wenn es zum Konflikt kommt. Dann war und ist es leider eine Vorgabe aus Brüssel.

Bevor wir einige Biotopentypen vorstellen, damit Sie ermessen können, mit was es die Planer von kleinen und großen Infrastrukturprojekten zu tun haben, noch eine Beobachtung aus anderen EU-Staaten. Die Zugvögel, die wir hier schützen, landen in vielen europäischen Ländern noch auf dem Esstisch. Malta, Italien, aber auch Frankreich und Belgien haben zwar auch die EU-Gesetze ratifiziert, nur mit der Kontrolle nehmen es diese Nachbarn nicht so genau, gehört doch Drosselpastete zum Beispiel seit Jahrhunderten zu den unverzichtbaren Delikatessen. Entsprechend großzügig geht es auch bei

Infrastrukturprojekten zu. Alle europäischen Staaten haben streng geschützte Naturparks, beachten Umweltbestimmungen, schützen seltene Tiere, aber irgendwie schaffen sie es, viel schneller als die Deutschen zu bauen. Doch urteilen Sie selbst über einige ausgewählte Biotopentypen, die wir kennenlernen durften.

Der Sandmagertrockenrasen

Schwer und prall gefüllt hängen die bis zu 30 Zentimeter langen Blütentrauben an den Robinienbäumen, ein prächtiger Anblick. Diese Schmetterlingsblüten sind gefüllt mit Nektar und Staubbeuteln, die eine überreiche Vielfalt von Insekten anziehen. Ein Robinienbaum, der bis zu 30 Meter hoch wachsen kann, bietet Bienen so viel Nahrung, dass er bis zu 1,4 Kilo Honig in einer Saison liefert. Kein Wunder, dass er bei den Imkern sehr beliebt ist.

Es war am östlichen Stadtrand von Braunschweig, wo ich zum ersten Mal bewusst einen kleinen Robinienwald sah. Der war aber schon zum Abholzen bestimmt: Er wurde Opfer des Baus der A 39, der südlichen und östlichen Umgehung Braunschweigs, die durch den Fall der Mauer dringend nötig geworden war. Die Robinienbäume mussten weg, obwohl sie weitab von der Trasse standen. Sie hatten einfach nur Pech, weil sie in der Rangfolge des Naturschutzes nicht so richtig beachtet werden. Sie sind nämlich Einwanderer. 1492 kamen sie aus den französisch besiedelte Gebieten vom Atlantik, aus den späteren USA, und wurden vom Hofgärtner Heinrichs III. Jean Robin in einem königlichen Park angepflanzt. Von ihm stammt auch ihr Name. Deutsche Biologen nennen sie etwas despektierlicher »Falsche Akazie«. Einwanderer nach Deutschland haben es offensichtlich noch nach Jahrhunderten schwer.

Der Tod der Robinien wurde einige Kilometer weiter westlich beschlossen. Dort wurde die Trasse der A 39 durch ein ehemaliges Industriegelände festgelegt. Eine unansehnliche, wenn nicht sogar hässliche

Brache. Aber halt: Die Kriterien, was schützenswert ist und was nicht, orientieren sich nicht an augenfälliger Natur und Schönheit, sondern nach – ja, was eigentlich? Das können wir hier auch nicht endgültig klären. Die Industriebrache wurde vom BUND als »Sandmagertrockenrasen« eingestuft, der zu den schützenswerten Biotopen gehört. Der zuständige Fachberater erklärt, was zu so einem unscheinbaren Biotop gehört: Bauernsenf, Sandknöpfchen oder Sandglöckchen, das sehr hübsch blau blüht, und das blaugrüne Silbergras, alles in allem etwa zehn typische Arten. Wie der Name sagt: Pflanzen, die nur dort wachsen, wo es trocken und der Boden sehr mager ist – Voraussetzungen, die ein ehemaliges Industriegebiet selbstverständlich anbietet.

Wir lernen: Die Sandmagertrockenrasen sind kein Biotop, das sich in der Natur schon immer entwickelt hat. Es ist eine Kulturfläche, die durch den Eingriff des Menschen entstanden ist und nur durch ständige weitere Eingriffe erhalten werden kann. Die Sandmagertrockenflächen in Norddeutschland haben sich durch die Abholzung der Wälder und die sich anschließende Beweidung durch Schafherden gebildet. Ihre größte Bedrohung sind jetzt die Kaninchen, die sie abfressen. So haben es die Sandmagertrockenflächen ins Biotopenprogramm geschafft – selbst wenn es sich um eine aufgelassene Industriebrache handelt.

Und jetzt kommen wieder die Robinien und die Fettwiese ins Spiel, auf der sie wuchsen. Um die Autobahn weiterbauen zu können, wurde ausgerechnet dieses Stück ungenutzte Natur als Ausgleichsfläche gewählt. Das bedeutete allerdings: Die Bäume mussten gefällt werden, da sie in ihren Wurzeln Stickstoff bilden, was Feuchtigkeit anzieht und die Wiesen in das erkennbar fette Grün verwandelt. Zusätzlich musste die Wiese trockengelegt werden. Dafür schaffte die zuständige Behörde Lastwagen voller Bauschutt heran, der auf der Wiese verteilt und mit einem Kettenfahrzeug in den Boden gedrückt wurde.

Als aus der Fettwiese endlich ein hässlicher Schuttacker geworden war, konnte mit dem zweiten Akt der Rettung des Sandmagertrockenbiotops begonnen werden. Dort, wo die Autobahn heute verläuft, wurde der Sandmagertrockenrasen in quadratmetergroße Teile abgestochen und auf einen Lastwagen geladen. Damit dieser zum trockengelegten Ruinengrundstück fahren konnte, musste erst noch eine temporäre Brücke errichtet werden. Dann wurde der Rasen wieder verlegt. Wir haben uns auf die Suche nach einer Behörde oder einem Beamten gemacht, der die Verantwortung für diesen Naturumbau übernimmt. Das war aber ein Unterfangen, das an Kafkas *Schloss* erinnerte. Die Untere Naturschutzbehörde der Stadt Braunschweig:»Die Verantwortung für diese Maßnahme haben wir sicher nicht. Die Verantwortung liegt bei der genehmigenden Behörde bei der Bezirksregierung Braunschweig.« Das ist die Obere Naturschutzbehörde. Dort werden wir mit unverständlichem Beamtendeutsch gequält:»Es war aus dem Grund so gelöst, weil es eine rechtliche Vorgabe gibt. Es ist also nicht ein subjektives, spontanes Bemühen gewesen, sondern eine rechtliche Vorgabe und zwar die, dass negative Einwirkungen in Natur und Landschaft, die auf Dauer durch ein Vorhaben entstehen, zu ersetzen sind in ähnlicher Weise wie das, das durch das Vorhaben zerstört wurde.«

Was für ein Gequase, das aber erfolgreich eine andere, vernünftige Lösung verhinderte. Die Stadt Braunschweig hatte nämlich einen begradigten Bachlauf ausgemacht, der wie ein Kanal durch die Felder floss. Sie schlug vor, als Ausgleich für die Industriebrachenbenutzung den Bachlauf wieder zu renaturieren. Die davon betroffenen Landwirte waren bereit, ihre Weiden dafür zur Verfügung zu stellen, also wieder ein Stück mehr Natur zu schaffen. Doch der Satz der Oberen Naturschutzbehörde zu diesem Vorschlag lautete:»Man kann nicht zerstörtes Trockenes durch Nasses ersetzen«, und zu den 1,2 Millionen Euro, die die ganze Aktion kostete, meinte der Beamte:»Zur Frage des Geldes kann ich insofern nichts sagen, weil das zunächst mal überhaupt keine Rolle gespielt hat.«

Aber die Geschichte ist noch nicht zu Ende. Die Fettwiese und die Robinien waren da gewachsen, wo es nun einmal feucht und üppig ist. Der Versuch, daraus mit Trümmern und Schutt eine Sandmager-trockenfläche zu machen, funktioniert nicht. Die Robinien schlagen immer wieder aus, und auf dem unansehnlichen Schuttfeld treibt wieder frisches grünes Gras. Und so muss die Stadt Braunschweig jetzt dieses Biotop trockenpflegen – gegen die Natur. Aber was heißt hier schon Natur: Der Mensch, in diesem Fall eine Behörde, legt fest, welcher Zeitabschnitt bei der Entstehung unserer Kulturlandschaft erhalten oder wiederhergestellt werden soll. Es ist ein absolut subjektives Empfinden. Man könnte auch sagen: Was als erhaltenswert eingestuft wird, unterliegt einer Modeerscheinung.

Ging es dem BUND in Braunschweig wirklich um diese Verpflanzung einer Industriebrache oder um die Behinderung des Baus einer Autobahn? Das werden wir nie erfahren. Aber wir haben einmal die Grashalme, die auf einem Quadratmeter Trockenrasen wachsen, gezählt und dann das Ergebnis auf die Fläche hochgerechnet. Da sind wir auf 10 Cent pro Grashalm gekommen. Leider können wir das genauso wenig beweisen wie die Behörden ihre Entscheidungen für die Erhaltung dieses unscheinbaren Biotops rechtfertigen können.

Totholz

Geht es in Braunschweig um Trockenes, so musste in Frankfurt »Totes« beschafft werden. Zur Natur gehört eben nicht nur das Lebendige, sondern auch das Tote. Schließlich leben viele Raubtiere und Vögel vom Aas. Und viele Tierarten benötigen tote und kranke Bäume für ihr Habitat. Dazu zählen Spechte, Fledermäuse, unzählige Käfer und Insekten. Der Bau der vierten Start- und Landebahn des Frankfurter Flughafens im Kelsterbacher Wald war mit der Rodung von knapp 300 Hektar Wald verbunden, für die selbstverständlich Ausgleichsflächen gefunden werden mussten. Aber so einfach ist das natürlich nicht. Es greifen gleich ein Bündel von Gesetzen: Das Forstgesetz, das Naturschutzrecht, die nationalen und die EU-Normen, die Eingriffsregelungen und die

Artenschutzvorschriften. Sie alle stellen jeweils unterschiedliche Anforderungen. Und siehe da, aus 300 Hektar gerodetem Wald wurden 2300 Hektar Ausgleichsfläche. Nur für die Grundstücke musste die Frankfurter-Flughafenbetreiber-Gesellschaft Fraport 67,8 Millionen Euro ausgeben. Das muss nicht jeder verstehen, aber mit gutem Willen kann der naturliebende Flughafenbenutzer dies noch akzeptieren.

Es ging jedoch nicht nur um mehr Wald, es ging auch um besondere Lebensumstände für einige Tiere, deren Beeinträchtigung auch vorübergehend nicht akzeptabel sind – meinen Politiker, die solche Gesetze machen. In Frankfurt wurde deshalb der Fraport auferlegt, 10 bis 30 Meter Eichenholz pro Hektar als stehendes und liegendes Totholz in einem Radius von 1000 Metern um die Waldrodungsbereiche einzubringen. Dafür aber gab es weltweit noch kein Vorbild. Die Lösung der Aufgabe: Es wurden 2142 Baumstämme als stehendes Totholz errichtet. Die Stämme mussten drei Meter tief eingegraben werden, um die statischen Anforderungen zu erfüllen, und die mit Spezialmaschinen gegrabenen Pflanzlöcher mit speziellem Material verfüllt werden. Dann wurde an den frisch eingegrabenen toten Stämmen gezerrt und gezogen, ob sie auch ja stehen bleiben. Bevor sie errichtet wurden, bohrten Spezialisten noch Löcher in die Stämme, damit Spechte sich gleich heimisch fühlen konnten.

Damit immer noch nicht genug. Zusätzlich mussten 4000 kurze Stammstücke an den Waldrand gelegt werden. Jetzt war die Bedingung erfüllt, dass sich die Käfer, Fledermäuse und Vögel sofort durch »wirksame Maßnahmen« wie zu Hause fühlen konnten. Der Wert des Totholzes: 520 000 Euro. Die Pflanzung und Verlegung: 450 000 Euro.

Längst haben sich die Verwaltungen bei ihren Bauplanungen einem vorauseilenden Gehorsam unterworfen, wenn es um den Naturschutz geht. Die Anforderungen der Gerichte sind gestiegen. Sie verlangen nicht mehr nur die Auswirkungen einzelner Vorhaben auf die Tier- und Pflanzenwelt zu untersuchen, sondern erwarten auch, dass die wissenschaftliche Methodik bei der Erforschung der Lebensräume der Biotope nachgewiesen wird.

Also sagte sich der Frankfurter Flughafen, dass der Schwanheimer Wald, in dem die vierte Start- und Landebahn gebaut wurde, vorher genauestens nach Fledermäusen abgesucht werden sollte. Es wurde vermutet, dass es dort Bechstein-Fledermäuse, eine besonders geschützte Art, geben könnte. Es wurde untersucht, wie viele Tiere es sind, wo sie jagen, brüten und schlafen. Sogar ihr Verwandtschaftsgrad untereinander stand auf der Untersuchungsagenda der Forscher. Je differenzierter die Fragen wurden, desto präziser waren die Ergebnisse. Am Ende stand deshalb auch ein unangreifbares Ergebnis fest: Im Schwanheimer Wald lebt genau eine männliche Bechsteinfledermaus, um deren Geschlechtsleben es ziemlich schlecht bestellt ist. Die Biologen konnten nachweisen, dass der Fledermausmann sexuell inaktiv ist. Dafür wurden zwölf Gutachten erstellt, die zusammen rund 2 Millionen Euro kosteten. Noch nicht untersucht ist die Frage, wie sich die sexuelle Enthaltsamkeit auf die Psyche der Fledermaus auswirkt. Die Wissenschaftler haben dafür noch keine Testmethoden entwickelt.

Lebendiger Wald

In Frankfurt wurde auf Verlangen der Naturschützer ein totes Biotop angelegt, in München mussten lebendige Bäume umgesetzt werden. Vielleicht können sich bayerische Rundfunkhörer noch an die Dauermeldung erinnern:»Am Ende der A 99 in München-Feldmoching 5 Kilometer Stau.« 28 Jahre dauerte es, mitverschuldet von der Stadt München, die das heute nicht mehr wahrhaben will, bis der nördliche Münchner Ring bis zur A 8, der Autobahn Richtung Stuttgart, geschlossen werden konnte. Dafür mussten 6 Hektar Wald gerodet und als Ausgleichsmaßnahme 9 Hektar Wald neu gepflanzt werden. So weit, so gut.

Doch wer aus dem gestandenen Hochwald des Allacher Forstes herauskam, wurde erst einmal auf die Naturverbundenheit der südbayerischen Autobahndirektion aufmerksam gemacht. Sie wies darauf hin, dass hier nicht einfach junge Bäume angepflanzt wurden, sondern gleich ein ganzes Biotop errichtet worden war – viel natürlicher, als die Natur es selbst kann. Statt junger Setzlinge wurden gleich zwanzig Jahre alte Laubbäume an die Ausfahrt München-Ludwigsfeld transportiert und eingesetzt. Da diese aber allein nicht stehen konnten, wurden sie mit Drahtseilen befestigt, sodass das Waldstück auch noch einen Drahtseilwald aufwies – sah nicht so sehr nach Natur aus. Doch für die Autobahndirektion Südbayern hat sich der Aufwand gelohnt. Beim Wettbewerb »Straße und Natur« wurde ihr für diese Aktion eine Belobigung ausgesprochen. 5 Millionen Euro hat der neu gepflanzte Altwald gekostet. Die Autobahndirektion rechtfertigte diese Ausgaben mit den bestehenden Gesetzen auf Landes-, Bundes- und Europaebene, bemerkte aber, dass es schon einfacher wäre, wenn zwischen den Wünschen nach einem optimalen Umweltschutz und den finanziell realisierbaren Vorgaben durch den Deutschen Bundestag etwas mehr Wahrhaftigkeit herrschen würde.

Einige Jahre war Wolfgang Gröbl parlamentarischer Staatssekretär im Bundesverkehrsministerium, ein gelernter Forstwirt. Und der konnte in dieser Altbaumverpflanzung keinen Sinn erkennen. »Mit Naturschutz hat das nichts zu tun«, stellte er fest. Die meisten Bäume hätten den Transport nicht überlebt. In einer Art vorauseilendem Gehorsam hätten die Straßenbau-Ingenieure die Vorgaben von unqualifizierten Naturschützern befolgt. Man habe nicht akzeptiert, dass Natur auch von klein auf schon Natur sei, dass ein junger Wald auch Wald ist und entsprechend wächst. Eine Bepflanzung mit jungen Bäumen hätte nur etwa 10 Prozent der Kosten verursacht. Der gelernte Diplom-Forstwirt zeigte dann, dass die Bäume, die zwar noch klein, aber gesund waren, aus angeflogenem Samen entstanden sind, während die älteren, umgepflanzten Bäume alle krank waren.

Die Münchener Aktion ist ein Beispiel dafür, dass der Verbandsnaturschutz der Versuchung unterliegt, die Natur nach seinen eigenen Gesichtspunkten zu modellieren. Man greift massiv in die Pflanzen- und Tierwelt ein, indem man erklärt, was wann wie und warum schützenswert und was zu vernichten ist. Von natürlicher Entwicklung kann keine Rede sein. Würden wir aufhören, die deutsche Kulturlandschaft zu modellieren, hätten wir in hundert Jahren wieder überall Wälder und Sümpfe. Das war Germaniens Natur, und deshalb konnte Hermann der Cherusker die Römer besiegen.

Großtrappen

Wir können nur jedem einen Besuch im Havelländischen Luch empfehlen. In dieser platten und auf den ersten Blick eher eintönigen Landschaft kann der Vogelfreund mit Glück ein extrem seltenes Tier entdecken: eine Großtrappe. Sie ist nicht nur der schwerste Vogel Mitteleuropas, sondern gewiss auch das teuerste Tier Deutschlands. Hier im öden Flachland östlich von Rathenow sind 5584 Hektar für diesen Vogel reserviert, und so konnte wieder eine Population von zirka 56 Großtrappen (Winter 2013/2014) heranwachsen. Zur Wende 1989 waren es nur noch knapp über 20 Tiere.

Wer beobachtet, wie die über einen Meter großen Hähne bei der Balz um ihre halb so großen Hennen tanzen, muss schon arg abgestumpft sein, um nicht voller Begeisterung zuzuschauen. Die schneeweißen Federn stülpen sich dann über ihr sonst braunes Gefieder. Außer im Havelländischen Luch gibt es noch zwei weitere Kolonien: in den Belziger Landschaftswiesen (43 Tiere) und dem Fiener Bruch im Jerichower Land (46 Tiere), jeweils mit über 3000 Hektar streng geschütztem Naturschutzgebiet. Die einst in ganz Europa beheimateten Vögel wurden vor allem durch die Veränderung ihrer Lebensgrundlagen bedroht. Statt der traditionellen Dreifelderwirtschaft breiteten sich Monokulturen aus, die das Nahrungsangebot drastisch verringerten und die Bedingungen für die Fortpflanzung erschwerten.

Großtrappen brauchen eine Kulturlandschaft. Im Frühjahr, wenn Raps oder Graswiesen wachsen, legen sie ihre Eier auf den Boden. Im Herbst und Winter bevorzugen sie freies Land mit weiter Sicht, um ihre Feinde frühzeitig zu erkennen. Sie fressen dann, was den Winter überdauert – Rapswurzeln, Insekten und auch hin und wieder eine Maus. Liegt zu viel Schnee, fliegen sie auch schon mal in die Normandie, eine gefährliche Reise. Zusammengefasst lässt sich feststellen: Die Großtrappe ist ziemlich anspruchsvoll und nicht gerade ein Tier, das sich einer veränderten Umwelt anpassen kann.

Ausgerechnet am Rande des Havelländischen Luchs führt die ICE-Trasse Hannover – Berlin entlang. Züge, die mit 250 Stundenkilometern durch die weite Landschaft zischen, wären für die 16 Kilogramm schweren Vögel eine große Gefahr, denn die Großtrappe braucht einen ziemlichen Anlauf, bis sie sich in die Höhe schwingen kann. Also wurde entschieden, dass ein 6 Kilometer langer Wall für 15 Millionen Euro die Bahnlinie von den Trappen trennen soll. Die Vögel könnten dann unbehelligt auf die andere Seite wechseln. Während der Brutzeit ruhten die Bauarbeiten, was die Fertigstellung um gut ein Jahr verzögerte.

Nach der Wende wurde auch sehr erfolgreich die Fuchstollwut bekämpft. Das hatte zur Folge, dass sich die schlauen Füchse explosionsartig vermehrten. Füchse mögen Großtrappen. Das führte zu Konflikten mit den Trappenschützern. Jäger bekamen Prämien, wenn sie die Füchse schossen und die Mägen ablieferten, die dann nach halbverdauten Trappenresten untersucht wurden. Zumindest in Brandenburg war das Tragen eines Fuchspelzes durchaus ein Zeichen für den aktiven Trappenschutz.

Aber nichts half: Die Eier der Trappen wurden schließlich eingesammelt und in den Schutzstationen unter Aufsicht ausgebrütet, die Jungtiere dann aufgezogen und langsam wieder ausgewildert. Das Programm ist erfolgreich: Gab es zur Wende noch rund 50 Trappen in Ostdeutschland, so werden jetzt wieder rund 140 gezählt. Aber die Füchse sind nicht die alleinigen Räuber. Auch Waschbären und Steinmarder schnappen sich eine Trappe oder Trappeneier, wenn sie Gelegenheit dazu haben. So sind die Naturschutzgebiete in Brandenburg voller Fallen für Waschbären, Steinmarder und Füchse.

Während diese Räuber wenig Sympathien haben, ist es mit einem weiteren Feind der Großtrappen schon schwieriger. Dank unserer strengen und wirksamen Naturschutzbestimmungen haben sich in der Trappenregion auch wieder Seeadler angesiedelt. Und die sind mindestens so geschützt wie Trappen. Welch ein Dilemma: Seeadler gegen Großtrappe. Also werden die Jungvögel auch durch entsprechende Maßnahmen vor Angriffen von oben geschützt – sie wachsen, unfreundlich ausgedrückt, in einer Art Käfighaltung auf.

Deutschland ist nicht allein, wenn es um den Schutz der Trappen geht. Europäische Kolonien gibt es auch noch in Spanien und Südrussland. Vor allem aber in Ungarn, der Slowakei und Österreich haben sich Populationen gehalten. Um die zu schützen, hat Europa 4,5 Millionen Euro zur Verfügung gestellt. Damit wurden unter anderem in Österreich 47,5 Kilometer Mittelspannungsleitungen in die Erde verlegt. Dagegen sind die 15 Millionen für die ICE-Strecke regelrecht preiswert.

Was folgt daraus: Die Großtrappen überleben nur, weil wir bereit sind, für diese Tiere, die in der sich verändernden Welt keine Überlebenschance mehr hätten, eine Art Freiluftzoo mit intensiver Betreuung zu unterhalten. Damit kein Missverständnis entsteht: Ich habe die Trappen gesehen, und sie haben mich begeistert. Wir sollten auch die Mittel bereitstellen, um diesen gut hundert Vögeln ein Überleben zu sichern. Ob dafür ein Bahndamm für 15 Millionen Euro nötig war, wenn die Tiere anschließend doch weitgehend in Käfighaltung großgezogen werden, wäre sicher eine Überlegung wert. Die Hennen dürfen ihre Eier ja sowieso nicht mehr ausbrüten. Müssen wir nicht akzeptieren, dass viele Tiere nur noch durch die Betreuung und den Schutz durch den Menschen überleben können? Es ist die Abwägung, die der Mensch trifft: Seeadler oder Großtrappe. Beim Fuchs, Steinmarder, Waschbär und Wildschwein, die sich veränderten Umweltbedingungen anpassen können, ziehen wir aber Grenzen, indem wir sie zum Töten freigeben.

Bei all den Biotopentypen in unserem Land geht es nicht um Naturschutz, sondern um die Entscheidung, welchen Status quo wir der Kulturlandschaft, die in zweitausend Jahren entstanden ist, festschreiben wollen. Und was sind die Kriterien? Sandmagertrockenrasen zu schützen und Wälder für Windkraftanlagen abzuholzen? Wenn es um Infrastrukturmaßnahmen geht, haben sich die Gewichte verschoben: Verkehrssicherheit und Lärmschutz für die betroffenen Menschen haben einen geringeren Stellenwert als die Erhaltung eines beliebigen Status quo eines beliebigen Biotopentyps.

Eine Autobahn durchs nordhessische Märchenland – die A 44

Kennen Sie den Unterschied zwischen einer Veilchengraswiese und einer Pfeifengraswiese? Wenn Sie nicht gerade Biologie studiert oder sich als Hobby der Pflanzenkunde verschrieben haben, werden Sie den Unterschied kaum bemerken. Eine kleine Hilfestellung: In Veilchengraswiesen sollen auch Raubwürger vorkommen. Die kennen Sie auch nicht? Das kann ziemlich teuer werden. Die Straßenbaubehörde »Hessen mobil« kann ein Lied davon singen.

Seit Beginn der Autobahnplanung in Deutschland wird an einer Verbindung von Dortmund über Hamm und Kassel nach Eisenach gearbeitet. Sie sollte die wichtige Reichsstraße Nr. 7 ersetzen, die das Ruhrgebiet mit den Industriezentren in Thüringen und Sachsen verbindet. Der Zweite Weltkrieg stoppte das Vorhaben. Östlich von Kassel, im Söhrewald, zeugt eine Brücke mitten im Nichts vom Beginn der Bauarbeiten. Doch die Teilung Deutschlands machte aus einer der Hauptachsen des Deutschen Reiches ab Kassel eine unbedeutende Nebenstraße, die bei Eisenach am Eisernen Vorhang ohne Grenzübergang endete (s. Karte S. 35).

In den Sechzigern und Anfang der siebziger Jahre wurde die mittlerweile in A 44 umbenannte Autobahn von Dortmund bis Kassel gebaut. Die Weiterführung nach Eisenach blieb zwar als Projekt erhalten, aber mehr, um symbolisch an ein vereintes Deutschland zu erinnern. Warum sollte auch eine vierspurige Straße in die Dörfer und Kleinstädte entlang der »Zonengrenze« führen? Die davon betroffenen Landkreise Werra-Meißner und Hersfeld-Rothenburg waren durch starken Bevölkerungsrückgang und ein deutlich niedrigeres Einkommen als im prosperierenden Südhessen geprägt.

Das änderte sich schlagartig ab November 1989, dem Tag, an dem die Mauer fiel. Auf der alten B 7 zog sich eine endlose Schlange von Trabbis Richtung Kassel, und auf der Gegenspur brachten Lastkraftwagen die begehrten Westwaren in den Osten. Diesem Ansturm war die Linienführung der B 7 nicht gewachsen, die sich durch Dörfer schlängelte, Steigungen und Kurven aufwies, wie sie halt vor dem Krieg noch üblich waren.

1992 fuhr ich mit meinem Kamerateam von Kassel nach Eisenach, und es war wie eine Fahrt durch ein Kriegsgebiet. Rechts und links standen als Spalier Kreuze, die mit Kränzen und Blumen geschmückt waren, dazu die Namen der hier tödlich Verunglückten. Über zweihundert waren es schon nach knapp zwei Jahren. Allein in der einen Woche, die wir uns in dem Gebiet aufhielten, wurden wir Zeugen von zwei schweren und mehreren leichten Unfällen. In einigen Dörfern war es so gut wie unmöglich, die Straße zu überqueren, weil sich ein Fahrzeug nach dem anderen durch die Engstellen quälte. Die Verkehrsströme im wiedervereinigten Deutschland flossen wieder in den Korridoren, die sich aus den Handels- und Industrieschwerpunkten ergaben – und dazu gehörte auch die ehemalige Reichsstraße 7, die jetzt B 7 heißt.

Die Bundesregierung beschloss mit ihrem Infrastrukturprogramm die Verkehrsprojekte Deutsche Einheit, um sowohl die Verkehrsachsen wiederherzustellen als auch die völlig marode Infrastruktur im Osten zu erneuern. Darunter auch das Projekt Nummer 15: die Autobahn von Kassel über Eisenach, Dresden bis Görlitz an der polnischen Grenze. Aber während in ganz Deutschland zügig gebaut und ausgebaut wurde, entwickelte sich der einzige Abschnitt, der in Hessen lag, nämlich die A 44 von Kassel nach Eisenach, zu einem Musterbeispiel politischer und bürokratischer Geldvernichtung. Es ist der einzige Straßenbauabschnitt der Verkehrsprojekte Deutsche Einheit, der noch nicht fertig und dessen Ende immer noch nicht absehbar ist.

Anfang der neunziger Jahre regierte in Hessen eine rotgrüne Landesregierung, in der die Grünen einen Stopp für Autobahnen durchgesetzt hatten. Entsprechend wurden die dafür zuständigen Behörden verkleinert, durfte an Planungen nicht mehr weitergearbeitet werden, trotz der tödlichen Unfälle auf der B 7. Wenn sich die Verkehrsteilnehmer an die Regeln halten würden, käme es auch nicht zu Unfällen, erklärte man mir. Maximal war man bereit, über Ortsumgehungen nachzudenken.

Kassel und die östlich davon gelegenen Kreise, Städte und Gemeinden sind sozialdemokratisches Kerngebiet. 60 Prozent und mehr für die SPD sind hier keine Seltenheit. Aber noch nie hat ein Thema das Wahlverhalten der Bevölkerung einer ganzen Region so nachhaltig beeinflusst wie der Neubau der A 44 in Nordhessen. Eine Bürgerinitiative »Pro A 44« erhielt massenhaft Zulauf, und somit wurde schnell deutlich: Die Menschen entlang der B 7 wollen die Autobahn.

Bei den Kommunalwahlen 1993 erlebten die Sozialdemokraten ein Debakel. Verluste von 10 Prozent und mehr in allen Kommunen erschütterten die Partei. Dazu kam eine katastrophale Niederlage in Kassel. Die SPD stürzte von 50,5 Prozent auf 29,9 Prozent ab. Im Rathaus spielten sich erschütternde Szenen ab: Ein weinender Oberbürgermeister Wolfram Bremeier verlor vollkommen die Fassung. Für ihn kam es dann vier Monate später noch schlimmer. Bei der ersten Direktwahl eines Oberbürgermeisters wurde er von dem CDU-Kandidaten Georg Lewandowski, der 60,2 Prozent der Stimmen erzielte, ins Abseits gestellt.

Die eher realpolitisch ausgerichtete nordhessische SPD hatte schnell erkannt, dass sie diese Katastrophe vor allem ihrer Verkehrspolitik verdankte. Die schon vor dem Wahlcrash nach München abgewanderte Verkehrsdezernentin Christine Traugott hatte die Stadt mit rotweißen Blechlollies zugestellt, die sie mit dem Motto »Auch Stau ist Politik« zur Vertreibung der Autofahrer rechtfertigte. In München scheiterte sie dann noch einmal mit einer Verkehrspolitik, die darauf abzielte, die Menschen in den öffentlichen Nahverkehr zu zwingen.

Vor allem der hessische Verkehrsminister Lothar Klemm riss daraufhin das Steuer herum und sagte sinngemäß: So toll können die Grünen gar nicht sein, als dass sich die Sozialdemokraten deswegen ihre Stammwähler vertreiben lassen. SPD, CDU und FDP bekannten sich fortan zur A 44. Aber die Planungen der Trasse unterlagen einer Mischung aus naturrechtlichen wie parteipolitischen Vorgaben. Dabei wurde auf alles Rücksicht genommen, nur nicht auf das Geld der Steuerzahler. Herausgekommen ist ein gekrümmter Regenwurm, der 13 Kilometer länger ist als die ursprünglich vorgesehene Linienführung. Solange die SPD regierte, wurde sie als Eichel-Klemm-Trasse bezeichnet. Danach, als eine schwarzgelbe Regierung in Hessen die Macht übernahm, in Klemm-Posch-Trasse umgetauft, weil vor allem die beiden Minister Dieter Posch, FDP, und Lothar Klemm, SPD, sich für die Linienführung und deren Umsetzung starkgemacht hatten.

Vorgestellt wurde eine »grüne« Autobahn, vorbildlich für die schonenden Eingriffe in die Natur, die gleichzeitig den regionalen Bedürfnissen wie auch der europäischen Achse Rheinmündung – Ruhrgebiet – Sachsen – Polen genügt. Die Baukosten dieser politischen Kompromissroute erhöhten sich von 1,1 Milliarden auf 1,4 Milliarden Euro. Aber wieder wurde über Geld nicht gesprochen. Fast alle Politiker waren froh, dass endlich zügig geplant und gebaut werden konnte. Aber da irrten sie sich gewaltig.

Die A 44 ist die einzige Autobahn, die gleich von zwei Gruppierungen bekämpft wird, die genau das Gegenteil von dem wollen, was die andere Seite will. Und beide klagen gegen den Staat. Die Bürgerinitiative »Pro 44«, mittlerweile 25 Jahre alt, hält den gekrümmten Regenwurm für eine Geldverschwendung, weil er zu nah an den Dörfern und Städten entlangführe und ein fauler Kompromiss sei. Sie schlagen eine Trasse vor, die 13,9 Kilometer kürzer wäre, 330 Millionen Euro weniger kosten und pro Jahr 240 Millionen Fahrkilometer einsparen würde. Und weil das heute eine so überzeugende Messeinheit geworden ist, haben sie auch noch irgendwie ausgerechnet, dass damit 160 000 Tonnen CO2 eingespart würden.

Doch eine Bürgerinitiative *für* eine Autobahn hat es in Deutschland nicht leicht. Das Bundesverwaltungsgericht in Leipzig stellte fest, dass sie gar nicht klageberechtigt sei. Ein Grundstück, das sie auf der vorgesehenen Trasse bei der Stadt Kaufungen erworben hat, sei ja nur zum Zweck der Klageberechtigung gekauft worden und deshalb juristisch irrelevant. Wer im Internet nach »A 44« oder »Bürgerinitiative A 44« sucht, wird viele Eintragungen der Naturschutzverbände finden, aber er muss schon genau hinsehen, um die Pro-Autobahn-Initiative zu finden. Dabei hatte sie Mitglieder aus allen Dörfern und Städten der Region. Als hartnäckigster Gegner der Autobahn entpuppte sich der BUND. Und da sind wir wieder bei den Veilchengraswiesen und den Pfeifengraswiesen. Wie schon gesagt: Die Politik wollte es den Umweltschützern wirklich recht machen und ihnen weit entgegenkommen. Also einigte man sich mit dem NABU, dem Naturschutzbund, über den Streckenverlauf bei der größten Stadt der Region, Hessisch Lichtenau. Der NABU hat südlich der Stadt Grundstücke gekauft und damit den Straßenbauern signalisiert: Wenn ihr hier eine Autobahn bauen wollt, gibt es Ärger.

Konrad Volkardt, ein freundlicher älterer Herr, machte dies deutlich: »Es wäre eine Zerstörung dieser Landschaft, die sich so entwickelt hat – auch mit den berühmten Pfeifengraswiesen, wobei ich bemerken muss, dass nicht nur das Pfeifengras geschützt ist, sondern das gesamte Biotop.« Das ist klar und deutlich. Nördlich von Hessisch Lichtenau sah der NABU kein Problem. Und so wurde im Norden geplant, alle Etappen, Planfeststellungsverfahren, die dazu nötige Bürgeranhörung, die daraufhin notwendigen Änderungen, Ausschreibungen etc. Und schließlich rollten ab dem Jahr 2000 die Bagger. 6,8 Kilometer von Hessisch Lichtenau-West bis Hessisch Lichtenau-Ost mit Tunnel und Brücken wurden begonnen.

Doch die hessische Straßenbauverwaltung war dem Irrtum erlegen, mit ihrem guten Willen und dem Eingehen auf die Vorstellungen des

NABU hätte sie alles richtig gemacht. Leider hatte sie die Bedeutung der Veilchengraswiesen unterschätzt – und die gab es im Norden. Und für die übernahm der BUND die Patenschaft und klagte beim Bundesverwaltungsgericht. Als Retter verkündete der aus altem thüringischem Adel stammende Sprecher des Werra-Meißner-Kreises Wolf von Bültzingslöwen: »Grundlage sind hier die sogenannten Veilchengraswiesengesellschaften mit Raubwürger und verschiedenen Schmetterlingsarten, um nur einmal einiges zu nennen. Das ist vom Gericht anerkannt worden als sogenanntes FFH-Gebiet, also ein Gebiet von europäischem Rang.«

Jetzt schlug das deutsche Recht erbarmungslos zu. Weil die Straßenbauer sich auf den NABU verlassen hatten, versäumten sie, alle nur denkbaren Landschaften detailliert auf ihre Fauna und Flora zu untersuchen. Das Gesetz verlangt, dass die Trasse gewählt wird, die die geringsten Eingriffe in die Natur verursacht. Und weil man nun nicht durch Gutachten nachweisen konnte, dass Veilchengraswiesen nicht so wertvoll sind wie Pfeifengraswiesen, wurde ein sofortiger Baustopp verhängt. Eine halbfertige Brücke, ein angeschabter Tunneleingang und umfangreiche Erdarbeiten nördlich von Hessisch Lichtenau zeigten den verblüfften Bürgern die reale Rechtsstaatlichkeit der Bundesrepublik. Statt 6,6 Kilometer waren jetzt nur noch 4,37 Kilometer im Bau, die 2005 mit großer Feierlichkeit eingeweiht wurden. Und dabei blieb es bis ins Frühjahr 2014.

Der Baustopp war für den BUND und die mit ihm sympathisierende Grüne Partei aber ein Fiasko, denn sie erlebten danach, was Bürgerwille ist. Eine Versammlung der Autobahngegner in Hessisch Lichtenau musste von der Polizei geschützt werden. Die Bewohner der Region rückten mit Mistgabeln an und wollten sie verjagen. Im Mai 2003 bildeten die Nordhessen entlang der stillgelegten Trasse eine kilometerlange Menschenkette. Die Stimmung war aufgeheizt, ja aggressiv: »Schluss mit Gras und Tier – es geht um die Menschen hier!« stand auf den Plakaten. Ausgerechnet die Partei, die mehr Bürgerbeteiligungen und Volksabstimmungen auf allen Ebenen verlangt, spielte sich zu einer Institution auf, die besser weiß als die Betroffenen, was für sie gut ist.

Weil sich der BUND in Nordhessen nicht mehr sicher fühlte, trafen sich die Klagebefürworter in Südhessen. Aber selbst dorthin verfolgten sie die aufgebrachten Lichtenauer und die Bewohner der umliegenden Dörfer. Bezeichnend war aber auch, dass über diese Verjagung von »Naturschützern« kaum berichtet wurde. Die überregionalen Medien nahmen davon überhaupt keine Notiz. Bei der Menschenkette, bei der mehrere tausend Protestierer mitmachten, drehte nur mein Team für die Sendung »Fakt«.

Selbst einigen Mitgliedern der Grünen Partei wurde es zu viel. Iring von Buttlar, Gründungsmitglied der Grünen und damals 16 Jahre Stadtverordneter von Kassel, urteilte: »Die jetzige Klage ist einfach eine Klage um des Klagens willen. Sie dient mehr einer Machtdemonstration und weniger den Interessen der Bevölkerung und der Natur.« Die Klagewut, die danach jeden Bauabschnitt betraf und endlose Verzögerungen und Kosten verursachte, bezeichnete er als eine »einsame Entscheidung des BUND-Südhessen«. Der habe sich in eine ökologisch-fundamentalistische Ecke begeben.

Einer, der den BUND bei seiner Klagewelle unterstützte und auch als Einzelkläger auftrat, ist der Hamburger Verleger Thomas Ganske. Er hat sich im Ringgau ein Gut gekauft und dies in ein Luxushotel verwandelt. Zu Zeiten der Mauer war dies eine Oase der Ruhe, der Abgeschiedenheit. Ganske machte kein Hehl daraus, dass er den BUND finanziell unterstützte und dass es ihm vor allem darum ging, die Autobahn aus seinem Jagdrevier fernzuhalten. So gesehen hatten sich bei der A 44 die beiden klassischen Gegner von Infrastrukturprojekten gefunden: wohlhabendes Bürgertum, das seine Ruhe haben will, und fundamental ausgerichtete Gegner jeglichen Autobahnbaus.

Die Geschichte der A 44 ist so spannend, dass sie sogar als Vorlage für einen Roman diente. Geschrieben hat ihn Manfred Adam, ein Diplom-Ingenieur aus dem Ringgau, der zwanzig Jahre seines Berufslebens mit der Planung der A 44 zwischen Kassel und Eisenach verbracht hat. *Märchenstraße* heißt sein Buch, und es benennt, wie er es formuliert,»die Protagonisten«. Die einen, das sind die, die dem linksökologischen Zeitgeist nachgeben und eine Autobahn planen, die 13 Tunnel mit einer Gesamtlange von 24 Kilometern hat und dadurch irrsinnig teuer wird. So etwas könne man in den Alpen rechtfertigen, aber doch nicht in einem hügeligen Mittelgebirge, erklärt er eines seiner Motive. Den anderen, den Verhinderern, wirft er vor, erst durch die strengen Umweltauflagen und ständigen Verzögerungen durch Klagen die Strecke so teuer gemacht zu haben, dass sie nun einen Baustopp aus Kostengründen verlangen können. Sie schaffen erst die Tatbestände, die sie dann beklagen.

2008 entschied das Bundesverwaltungsgericht in Leipzig, dass die Trasse nördlich von Hessisch Lichtenau gebaut werden kann. Die Kräne begannen sich wieder zu drehen. Mehrkosten für die 2,23 Kilometer: 17 Millionen Euro. Hauptänderung: Aus einem Einschnitt wird ein Tunnel. Und schon war der BUND wieder da. Jetzt haben sie den Dunklen Wiesenknopf-Ameisenbläuling, einen Schmetterling, entdeckt, der durch den Tunnelbau gestört werden würde. Wenn Sie dieses Buch lesen, wird aber die Freigabe des 2,23 Kilometer langen Abschnitts erfolgt sein.

Die radikalen Autobahnverhinderer haben mittlerweile nicht mehr viele Freunde. Die SPD-Rathausfraktion in Kassel konstatierte, dass der BUND jedes Augenmaß verloren habe, und die Kasseler Handwerkskammer fordert eine Reform des Verbandsklagerechts: Es sei nicht hinzunehmen, dass Naturschützer darüber bestimmen, was in Nordhessen noch gebaut werden darf.

Nach bald 25 Jahren, zum Jahreswechsel 2013/2014, sind – bis auf einen – nun alle Abschnitte des letzten Straßenverkehrsprojektes Deutsche Einheit Nummer 15 baureif, also könnte sofort begonnen werden. Gegen den vorletzten umstrittenen Abschnitt, mit der Nummer 60, der am Gutshaus von Verleger Ganske und seinen Jagd- und Forstländereien vorbeiführt, zogen der BUND und Thomas Ganske ihre Klagen zurück. Dies geschah in dem Monat, in dem sich eine schwarzgrüne Regierung in Hessen abzeichnete und der zukünftige Minister für den Weiterbau Tarek Al-Wazir heißen sollte, Vorsitzender der Grünen, die bisher ein mehr als gespaltenes Verhältnis zum Autobahnbau präsentierten. Ein Schelm, wer das für einen Zufall hält.

Ohne alle ärgerlichen Details über diese Autobahn aus dem Tollhaus weiter ausbreiten zu wollen, ist die A 44 aber beispielhaft für viele Planungen und die Milliardenkosten, die sich durch die Gesetzeslage ergeben. Es ist immer ein Totschlagargument, wenn sich Verkehrsminister oder auch deren Parteichefs hinstellen und darüber klagen, dass die Richtlinien, Vorschriften und Gesetze aus Brüssel und Berlin leider die Mehrkosten verursachen. Aber – wer macht die Gesetze? Dabei haben sich zwei Minister besonders »verdient« gemacht, als sie das Umweltressort innehatten: Dr. Angela Merkel und Prof. Klaus Töpfer. Ohne Deutschland gäbe es keine Fauna-Flora-Habitat-Verordnung und keine Natura-2000-Verpflichtung aus Brüssel. Es darf auch ohne Zitate aus entsprechenden Akten behauptet werden, dass es der CDU dabei nicht nur um die Umwelt, sondern auch um den Wettbewerb mit den Grünen ging, denen man dieses populäre Politikfeld nicht allein überlassen wollte.

Wie so oft bei Gesetzen, die einem populistischen Trend folgen, ist dabei die Balance zwischen dem Schutz der Natur und Umwelt und einem rigiden Verteidigen des Status quo verloren gegangen. Tiere und Pflanzen dienen oft nur als Vorwand für ideologische Grabenkämpfe gegen die »westliche industrielle Wirtschaftsordnung« oder eine romantisch verklärte Weltordnung, in der der Mensch als Störenfried die göttliche Ordnung durcheinanderbringt. Es ist bezeichnend, dass sich der BUND und die Grünen des Werra-Meißner-Kreises, in dem die meisten umstrittenen Bauabschnitte der A 44 liegen, für den Bau von Windkraftanlagen selbst auf den landschaftsprägenden Bergen einsetzen. Da spielt die Vernichtung der Natur keine Rolle mehr.

Von Fledermäusen, Molchen und Menschen

In diesem Kapitel möchten wir drei Beispiele von dem 63 Kilometer langen Teilstück der A 44 zwischen Kassel und Eisenach anführen, an denen Sie selbst beurteilen können, ob der Aufwand für den Naturschutz und die Rücksicht auf die betroffenen Menschen noch im Gleichklang stehen. Es gibt Regionen in Europa, in denen der Kammmolch selten geworden ist. Deutschland gehört nicht dazu – vor allem nicht Hessen. Aber irgendwie ist dieser Lurch auf die Liste der zu schützenden Tiere geraten. Und ausgerechnet an der Trasse der A 44 wurde eine große Kolonie entdeckt. Die zunehmende Reinheit unserer Gewässer hat sich für die Kammmolche als äußerst lebensbedrohlich erwiesen. Sie fühlen sich in trüben Seen und Tümpeln ausgesprochen wohl. In klaren Gewässern werden sie Opfer der Frösche und Vögel. Bei Helsa gab es Klärgruben, die nicht mehr im Betrieb waren, und das undurchsichtige Gewässer war genau das, was den Kammmolchen entgegenkam. Arno Schütz, Biologe und Oberrat im Regierungspräsidium Kassel, erklärt:»Das ist nun einmal die Situation, dass im klaren Wasser die Fische den Jungwuchs der Kammmolche auffressen. Der zweite Problembereich: Verkehrswege. Der Kammmolch kann aufgrund seiner Geschwindigkeit nur schwierig Verkehrswege überqueren und kommt bei dicht befahrenen Straßen unter die Räder.«

Umfangreiche Untersuchungen wurden angestellt, um das Verhalten der Kammmolche von Helsa zu studieren. Bei den Klärgruben lebten zirka 1700 dieser unscheinbaren Lurche. Aber dann tauchte noch ein lebensbedrohendes Problem für die Kammmolche auf: Parallel zur Autobahn sollte eine Bahnlinie für den Nahverkehr gebaut werden. Und auch die könnte von den Molchen gekreuzt werden. Die Angst des BUND: Was passiert, wenn die Kammmolche durch die Straßenbau und die Eisenbahn durch die Luft gewirbelt werden und sich dabei innere Verletzungen zuziehen?

Biologe Schütz gab zu, dass dies ein unlösbares Problem darstelle.

Gutachterlich sei das Thema Kammmolch nicht klärbar. Dies müsse »iterativ analog abgearbeitet werden anhand ähnlicher Verhältnisse bei anderen Amphibienarten«.

Die Lösung des Problems: Die Bahnlinie wurde auf Ständer gestellt – ohne wissenschaftliches Gutachten über innere Verletzungsgefahren. Um die Kammmolche vor den Autos zu schützen, wurden zwei Tunnel von 1200 und 2000 Metern Länge geplant. Eine FFH-Verträglichkeitsprüfung konnte für diese Planung keine Beeinträchtigung der Lebensräume mehr feststellen. Das Bundesverkehrsministerium empfahl aber trotzdem einen durchgehenden Tunnel mit der Begründung einer »Vermeidungsstrategie des Lebensraumes bedrohter Tiere«. Der ist jetzt im Bau. Mehrkosten: über 60 Millionen Euro und eine Bauverzögerung von sechs Jahren.

Mittlerweile gehen Zählungen von etwa 5000 Kammmolchen aus, und Spötter haben errechnet, dass dem deutschen Steuerzahler damit jedes dieser Tierchen 10 000 Euro wert sei. Übrigens: Wegen der Häufigkeit der Kammmolchkolonien müssen in der ganzen Republik einige Autobahnen umgeplant werden. Auf einem Truppenübungsplatz bei Stadtallendorf in Mittelhessen wurde ein Projekt gestartet, die etwa 5000 dort in von Panzern zerfurchten Tümpeln lebenden Tiere einzeln einzufangen, zu fotografieren und zu katalogisieren, weil dort die neue A 49 verlaufen könnte. All diese Forschungsarbeiten werden aus dem Etat für Straßenbau finanziert.

Am Beispiel der A 44 lässt sich auch zeigen, wie die Kosten systematisch in die Höhe getrieben werden, selbst wenn vorher noch so sorgfältig geplant und ausgeschrieben wurde. Noch einmal für alle Leser, die die Region nicht kennen: Zwischen den Flüssen Fulda und Werra wechseln sich bewaldete Höhenzüge mit Tälern ab. Eine typische deutsche Mittelgebirgslandschaft ohne Dramatik, ohne herausragende touristische Höhepunkte. Die Gegend war nie reich. Die Ortschaft Weißenborn wurde »das Dorf ohne Männer« genannt, weil diese als Wanderarbeiter in Norddeutschland ihren Lebensunterhalt verdienen mussten. Der Kupferschieferbergbau wurde schon 1953 eingestellt, und die deutsche Teilung drängte die Region an den Rand Westeuropas.

Seit Jahren zählt sie zu den Regionen mit dem höchsten Bevölkerungsrückgang, was diesen eh schon dünn besiedelten Landstrich vollends ins Abseits drängt. Für viele Tier- und Pflanzenarten ergaben sich hier Nischen, in denen sie nicht gestört wurden. Dies ist gleichzeitig einer der Gründe, warum es bei der Planung für die Autobahn schwierig wurde, Korridore zu finden, ohne allzu schwere Eingriffe in die Natur.

Wenn nun die »Bestandserfassung« vorgenommen wird, werden Spezialisten der verschiedensten biologischen Fachrichtungen beauftragt, Wiesen, Wälder, Hecken und alle nur denkbaren Biotope zu untersuchen. Der übliche Standard ist eine dreifache Detektorbegehung. So wurde 1998 die Trasse Hessisch Lichtenau-Ost nach Hasselbach Waldkappel-Ost festgelegt, weil »im Sinne der Eingriffsregelung keine besonderen Probleme erkannt wurden, die Anlass für notwendige Minimierungs- oder besondere Kompensationsmaßnahmen ergeben hätten«. Dieses Beamtendeutsch übersetzt, heißt: Hier kann gebaut werden.

Aber 1999 wurden die Bestimmungen verschärft. Großflächig wurde dieser Teil Nordhessens zum »FFH-Gebiet Werra- und Wehretal« erklärt. Damit mussten alle Untersuchungen »vertiefend« wiederholt werden. Wegen der Große-Mausohr- und Bechsteinfledermaus-Funde wurde ein ganzes Bündel von Maßnahmen vorgeschrieben.

»Um die Fledermausflugbeziehungen längs und quer zum Wehretal aufrechtzuerhalten, müssen jetzt Strukturen geschaffen werden, die die Fledermäuse zu den Grünbrücken und Brücken leiten.« In verständliches Deutsch übersetzt, heißt das: Die Fledermäuse bekommen Flugrouten zugewiesen, damit sie sich von der Autobahn fernhalten. Ob sich die Fledermäuse daran halten werden, weiß niemand. Auch gibt es keine Erfahrung darüber, dass sich die nachtaktiven Tiere überhaupt von Autobahnen anziehen lassen. Und weil das alles niemand so genau weiß, werden ebenfalls im Sinne der »Vermeidung/Schadenbegrenzung« eine Vielzahl gestalterischer und vegetationsgebundener Maßnahmen (Verwallung, Bodenmodellierungen, Gehölzpflanzungen mit Schutz- und Leitfunktion) angeordnet.

Die Baukosten für die 10,4 Kilometer von Hessisch Lichtenau-Ost bis Hasselbach Waldkappel-Ost erhöhen sich dadurch von 125,75 Millionen auf 166,20 Millionen Euro. Zusätzliche Zeitverzögerung: 5 Jahre. Die Kosten, die dadurch entstehen, sind noch nicht einberechnet.

Noch einmal zur Verdeutlichung: Wäre die A 44 so zügig gebaut worden wie alle anderen »Verkehrsprojekte Deutsche Einheit«, wäre keine Beeinträchtigung der Natur festgestellt worden. Die rückwirkenden Änderungen bereits bestehender Planungen kosten – so hat es der frühere hessische Verkehrsminister Dieter Posch, FDP, ausgerechnet – für das ganze Bundesgebiet für den Zeitraum 2004 bis 2015 für alle Projekte im Bundesverkehrswegeplan mit »vordringlichem Bedarf« zirka 6,3 Milliarden Euro. Das ist mehr als in einem Jahr im Bundeshaushalt für den Straßenbau insgesamt vorgesehen ist.

Aber es gibt noch eine Steigerung des Irrsinns an der A 44, der deutlich macht, dass da irgendetwas nicht mehr stimmt in der Beziehung zwischen Menschen, Molchen und Fledermäusen. Der einzige Abschnitt, für den es zum Zeitpunkt des Schreibens dieses Buches noch kein Baurecht gab, betrifft die 11,34 Kilometer zwischen der A 7 bei Kassel und Helsa-Ost. Auch diese Trasse wurde stark von politischen Überlegungen geprägt. Die A 44, aus dem Ruhrgebiet kommend, führt nämlich nicht auf dem kürzesten Weg vom Kasseler Südkreuz zur A 7, sondern sie wurde, um den Söhrewald zu schonen, nördlich entlang der A 7 verlegt. Damit sollte sie auch die Pendler aus den Wohngebieten im Lossetal auffangen. Gleichzeitig sollte die neue Autobahn weit genug von den Gemeinden entfernt entstehen, damit sie nicht »verlärmt« würden.

1998 wurde nach Abschluss des Raumordnungsverfahrens die Trasse von der Landesplanung bestätigt. Durch die Gesetzesänderungen 1999 wurde eine Nachkartierung fällig, und wer suchet, der findet: Auch bei dem Ortsteil Oberkaufungen wurde ein Quartierzentrum der Bechsteinfledermäuse gefunden. Es geht um vier Bäume. Also musste ein neues Raumordnungsverfahren her, um die konkrete Lärmsituation von Kaufungen zu ermitteln. Ende September 2009 lag die endlich vor und kam zu dem zu erwartenden Ergebnis: Ohne aktiven Lärmschutz wird Kaufungen verlärmt. Dazu würden auch 6,5 Meter hohe Lärmschutzwände gehören, die für viele Bewohner der Stadt nur noch einen Blick auf Beton übrig lassen würden. Dagegen regt sich verständlicherweise Widerstand.

Die Straßen- und Verkehrsverwaltung steht nun derzeit vor dem Dilemma, dass die eine Variante – die die Menschen vor Lärm schützt – nicht möglich ist, weil die vier Quartierbäume der Bechsteinfledermaus unantastbar sind. Die andere Variante aber wird mit Vehemenz von den Bürgern abgelehnt, weil sie unzumutbar ist. Zum Vergleich: Würde es sich um einen landwirtschaftlichen Betrieb an gleicher Stelle handeln, der in seiner Existenz gefährdet wäre, würde er zwangsweise aufgekauft und umgesiedelt. Nach deutschem Recht muss die Straßenbauverwaltung – und das ist schließlich die ausführende Behörde einer demokratisch gewählten Regierung – beweisen, dass es keine zumutbare Alternative gibt, und sie muss den Verdacht ausräumen, dass die Fledermäuse der vier Quartierbäume Schaden nehmen könnten. Das ist aber genauso wenig möglich wie der Nachweis, dass Kammmolche nicht durch innere Verletzungen sterben, wenn sie einmal durch einen Luftzug verwirbelt worden sind.

Damit wurde jetzt doch eine genaue Untersuchung des weitgehend geschlossenen Waldgebiets des Söhretals notwendig – genau der Landschaft, die die Straßenbauer schonen wollten. Im Dezember 2013 verkündete dann der mittlerweile fünfte hessische Verkehrsminister, der mit dem Projekt beschäftigt ist, Florian Rentsch, FDP, endlich, dass die Katalogisierung des Söhretals abgeschlossen sei. Ob die Bewertung, die jetzt vorgenommen wird, dann gerichtsfest ist, steht in den Sternen. Bisher wurde am Ende immer mehr Rücksicht auf die »Natur« als auf die Menschen genommen. Von Geld ist dabei sowieso nie die Rede. Jetzt trägt der Grüne Tarek Al-Wazir die Verantwortung für die A 44. Er ist Minister Nummer 6, der mit diesem Verkehrspro-jekt »Deutsche Einheit« 25 Jahre nach der Wiedervereinigung zu tun hat.

Eines ist mir über die Jahre aufgefallen: Es gibt kaum ein Projekt, bei dem nicht die Bechsteinfledermaus oder das Große Mausohr geschützt werden muss – von Nord bis Süd, von Ost bis West. Wenn sie so häufig vorkommen, ist das nicht eher ein Beweis dafür, dass sie sehr anpas-sungsfähig und gar nicht so selten sind? Der Bechsteinfledermaus be-gegnen Sie auch wieder im nächsten Kapitel. Sie ist halt überall.

Im Schneckentempo durch Ostwestfalen – die A 33

In Ostwestfalen zwischen Bielefeld und dem niedersächsischen Osna-brück haben sie das alles schon hinter sich gebracht, was in Nordhes-sen noch lange dauern kann. Die A 33, die die beiden Städte verbindet, ist durchgängig im Bau, der Fertigstellungstermin aber noch nicht be-kannt. Doch auf ein Jahr mehr oder weniger kommt es den leidgeprüf-ten Anwohnern auch nicht mehr an. Sie pilgern jetzt am Wochenende und nach Feierabend zur 19,1 Kilometer langen Trasse, um sich zu in-formieren, wie weit der Bau gediehen ist. Als wir im Frühjahr 2014 die Baustelle besuchten, bewegte sich, so weit wir auch blicken konn-ten, nur das Gras im Wind. Zwar war die zukünftige Fahrbahn zu er-kennen, die Brücken im Abschnitt Steinhagen weitgehend fertig, aber sonst passierte nichts. Anfang des Jahres, wenn das Berliner Verkehrs-ministerium die anteiligen Mittel pro Baustelle wieder zuweist, kom-men die Baumaschinen vorübergehend in Bewegung, bis das Geld alle ist, und dann ist wieder Friedhofsruhe angesagt. In einem Leserbrief hat ein Unternehmensberater aus Paderborn vorgerechnet: Die Ar-beiten am 12 Kilometer langen Lückenschluss sollen sieben Jahre lang dauern. Das entspricht einem Baufortschritt von 8,6 Metern am Tag. Eine Schnecke legt in derselben Zeit 33,6 Meter zurück.

2013 wurden für den Bauabschnitt von Bielefeld bis Steinhagen 13,2 Millionen Euro ausgegeben, für 2014 14,1 Millionen Euro zugewiesen. Noch erbärmlicher wird der Lückenschluss der A 33 bei Borgholzhausen bedient. 3 Millionen Euro gab es 2013, für 2014 immerhin schon 8,1 Millionen Euro. Berechnet sind an Baukosten für Bielefeld – Steinhagen rund 90 Millionen, für Steinhagen – Borgholzhausen 129,6 Millionen Euro. Der Vergleich mit der Schnecke ist deshalb schon eine Beleidigung für die Schnecke.

Solche Methoden kann sich nur ein Staat leisten, der auf volkswirtschaftliche Belange keine Rücksicht nimmt, sondern seine Abrechnungen entsprechend dem bürokratischen Kammerrecht abwickelt. Trotzdem ist der Enthusiasmus der Region ungebrochen. Auf der Internetseite des Aktionsbündnisses »A 33 sofort« läuft der Countdown für eine leider fiktive Fertigstellung. Bei unserem Besuch im Frühjahr 2014 waren es noch 5 Jahre, 8 Monate, ein Tag, 22 Stunden, 35 Minuten und 47 Sekunden.

Nur wer einmal auf der B 68 in Nordrhein-Westfalen bis zur niedersächsischen Landesgrenze gefahren ist, kann die Stimmung der Ostwestfalen verstehen. Die Niedersachsen haben ihr Teilstück schon seit Jahren in Betrieb. Am deutlichsten wird das Elend in der Kleinstadt Halle. Dort wurden schon Häuser so umgebaut, dass die Lastwagen unter den oberen Stockwerken hindurchfahren können. Die Luftverschmutzung hat solche Ausmaße angenommen, dass die von Norden kommenden Lastwagen einen weiten Umweg um die Stadt herum machen müssen, weil die Stadtdurchfahrt verboten wurde. Eigentlich sind große Teile der Stadt zum Wohnen nicht mehr geeignet. Und das ist die bittere Erkenntnis: Nicht zuletzt auch wieder wegen einer »einmaligen« Bechsteinfledermauskolonie wurde jahrelang der Autobahnbau verhindert. In Halle und entlang der B 68 wird vorgeführt, dass der Schutz der menschlichen Gesundheit weniger zählt als ein missverstandener Umweltschutz.

Die Menschen in der Region hatten das Pech, dass zwischen den Städten Osnabrück und Bielefeld eine Ländergrenze verläuft. Es han-

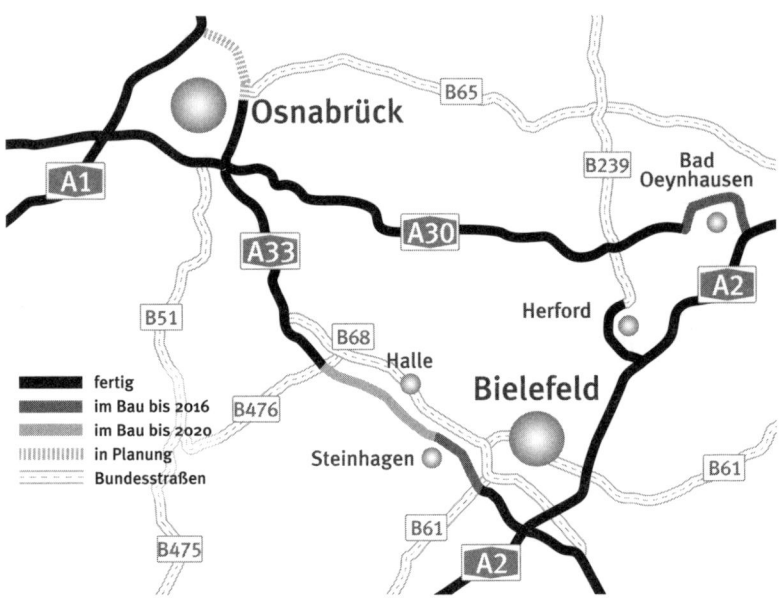

delt sich zwar um nur 52 Kilometer, an denen sich ein Städteband entwickelt hat, mit vielen in der ganzen Welt bekannten Firmen, zum Beispiel das Textilunternehmen Gerry Weber samt seiner Tennisturniere, die Bonbonfabriken Stollwerck und Werther und die Nahrungsmittelindustrie in Dissen und Hilter. Aber die politische Ausrichtung der jeweiligen Landesregierungen ließ die Belange dieses »Grenzgebiets« verkümmern.

Seit 1960 war eine Autostraße zwischen den beiden Großstädten geplant. Seit 1975 wurde sie als A 33 in allen Bundesverkehrswegeplänen erwähnt, mal als sehr wichtig, dann abschnittsweise als dringend erforderlich, mal wieder nicht so wichtig und seit 1992 immer im »vordringlichen Bedarf«. Dieses Hin und Her hat die Politik zu verantworten. Es zeigt deren Orientierungslosigkeit. Spötter sagten: Die A 33 heißt A 33, weil sie seit 33 Jahren geplant wird. Bis sie fertig ist, müsste sie A 60 heißen.

Harald Vosshall wohnt in Steinhagen direkt an der B 68. Nicht zuletzt wegen der unerträglichen Zustände engagierte er sich im Stadtparlament als Fraktionssprecher der Unabhängigen Wählergemeinschaft. In dieser Funktion erlebte er die ganze Ohnmacht der Betroffenen. Während die Straßenanlieger nicht ohne Ohrstöpsel schlafen konnten und im Garten den Gestank der Abgase ertragen mussten, was sich erst mit den Katalysatoren verbesserte, verhinderten »Umweltschützer« die Autobahn. Deren Sprecher war Wolfhart Kansteiner, der in einem abgelegenen Haus in den anliegenden Feldern wohnt.

Es wäre ein eigenes Buch, alle Aspekte zu beschreiben und zu analysieren, die die Frage aufwerfen, ob unser Staat den Mitsprachebedürfnissen und demokratischen Vorstellungen der meisten Bürger noch entspricht. Aber an einigen Punkten lässt sich zeigen, dass hier vieles aus dem Lot geraten ist.

In den siebziger Jahren wurde eine ortsferne Trasse für die A 33 gefunden, die vor allem auf die Lärmreduzierung für die betroffenen Städte und Dörfer Rücksicht nahm. Auch wurden landwirtschaftlich genutzte Flächen verschont, stattdessen eine Trasse durch einen Wald gewählt, der, so dachten die Beteiligten damals, billig und wertlos sei. Aber die Autobahn wurde nicht gebaut. Dann änderten sich die Paradigmen: Plötzlich wurde der Wald zu einem schützenswerten Biotop erklärt und eher landwirtschaftlich genutzte Flächen für den Straßenbau abgegeben. Gleichzeitig rückte die Autobahn an die bewohnten Gebiete heran, da die Fauna und Flora des Waldes und seiner Bewohner geschützt werden mussten. Ein Kompromiss zwischen den Naturschutzverbänden und den betroffenen Bürgern schien unmöglich.

Am 25. Februar 2004 fand dann ein denkwürdiges Treffen zwischen den zuständigen Behörden für den Autobahnbau und den anerkannten Naturschutzverbänden statt. Sie handelten eine Trasse aus, der beide Seiten zustimmten. In der »Düsseldorfer Erklärung« stand, dass die Naturschutzverbände auf eine Klage verzichten, wenn ihre Bedingungen erfüllt werden, die genau aufgelistet wurden. Allerdings hieß es in der Erklärung auch, dass sie »grundsätzlich eine andere Einschätzung zum Weiterbau der A 33« hätten, die nicht notwendig sei, weil auch Ortsumgehungen ausreichen würden.

Um einen Kompromiss zu ermöglichen, haben der Verkehrsminister von Nordrhein-Westfalen, Axel Horstmann, SPD, und der Sprecher der Naturschützer, Wolfhart Kansteiner, Vieraugengespräche geführt. Es stellt sich die Frage: Wofür haben wir ein sehr ausgeprägtes demokratisch legitimiertes Planungsrecht, wenn schließlich Vieraugengespräche zu einer Düsseldorfer Vereinbahrung führen, in der eine Interessengruppe die Bedingungen diktiert? Wo bleiben dabei die Anliegen der betroffenen Bürger?

Harald Vosshall und seine Nachbarn halfen sich, indem sie einen Lärmschutzwall für über 150 000 DM errichteten. Nicht jeder kann sich das leisten. Doch selbst damit lief er erst einmal in die Bürokratenfalle. Er brauchte die Genehmigung von 14 Behörden. Am Ende des Walls, direkt an der B 68, befindet sich ein Steinhaus, das unter Denkmalschutz steht. Damit der Lärm nicht durch eine Wallunterbrechung auf die Grundstücke dringen konnte, musste eine Tür zum Haus angebracht werden. Die wiederum musste vom Denkmalschutz genehmigt werden. Doch der Etat der Behörde für Dienstreisen war ausgeschöpft, und deshalb konnten die Beamten die Tür nicht abnehmen. Vosshall fuhr kurzerhand nach Münster, chauffierte die zuständigen Denkmalschützer nach Steinhagen und durfte dann seinen Wall zu Ende bauen. Die Bepflanzung musste er mit standortgerechtem Gehölz vornehmen.

Nachdem 39 Trassenmöglichkeiten untersucht worden waren, jahrelang Pläne erarbeitet und wieder verworfen wurden, immer neue Naturschutzgesetze immer neue Vorgaben verlangten, gab es 2010 noch eine echte Überraschung. Eine bis dahin unbekannte Kolonie von Bechsteinfledermäusen wurde entdeckt, was umso verwunderlicher ist, weil in der Region mittlerweile alles schon mehrfach abge- und untersucht worden war. Es handelte sich laut Naturschützern um eines von nur sechs Vorkommen in der atlantischen Region und gehörte unter diesen wiederum zu den zwei besten Vorkommen überhaupt. Es wäre unzulässig, jetzt darüber zu spekulieren, welche Bedeutung all die anderen Bechsteinfledermaus-Siedlungen haben, die beim Autobahnbau gefunden wurden, und wie viele noch gefunden würden, wenn dort eine Autobahn gebaut werden sollte. Wir wissen es nicht. Deshalb nehmen wir das Ergebnis der wunderbaren Ansammlung dieser seltenen Tiere in Ostwestfalen als Glücksfall für die Artenvielfalt zur Kenntnis.

Die »anerkannten Naturschutzverbände« haben es sich auch nicht leicht gemacht und noch einmal eine über hundert Seiten lange Denkschrift gegen die A 33 verfasst, in der sie vor allem gegen den Bruch der Düsseldorfer Erklärung protestierten, die von ihnen schon schier Unsägliches verlangt habe. Wie genau sie arbeiten, zeigt eine Skizze, in der sie detailliert festhalten, wo sich am 11. Juli 2009 das Jagdhabitat des nicht besäugten Weibchens (Tier 288) der Bechsteinfledermäuse befunden hat.

So mit Argumenten gerüstet, klagten die Naturschutzverbände gegen den Planfeststellungsbeschluss vor dem Bundesverwaltungsgericht in Leipzig. Am 6. November 2012 dann die große Enttäuschung: Das Gericht stellte die Bedürfnisse der Menschen über die Maximalforderungen der Naturschützer, die daraufhin jammerten: »So kommen Fledermäuse und Gebietsschutz höchstrichterlich bestätigt unter die Räder der A 33.«

Doch sie wollen weiterklagen. Jetzt vor dem Bundesverfassungsgericht, weil »die Richter des Bundesverwaltungsgerichts in ihrem Urteil zentrale Argumente des BUND ignoriert und sich auch einer Überprüfung wesentlicher Rechtsfragen durch den Europäischen Gerichtshof entzogen haben«. Damit sei unter anderem das Grundrecht auf Gewährung rechtlichen Gehörs verletzt.

Eines aber hat der BUND schon jetzt erreicht: Die Behörden haben einen Riesenrespekt und befinden sich regelrecht in einer Angststarre. Die Süßwarenfabrik Storck will nämlich auf ihrem eigenen Grund und Boden eine neue Fabrikhalle bauen und 200 weitere Mitarbeiter einstellen. Aus produktionsbedingten Gründen ist die Bewegungsfreiheit des Unternehmens eingeschränkt. Aber der Neubau kollidiert mit einer der sechs Grünbrücken über die A 33, die im Planfeststellungsverfahren festgeschrieben sind. Diese müsste um 20 Meter verschoben werden. Doch der Landesbetrieb Straßen NRW lehnt jede Änderung ab, weil er befürchtet, dass dann die Umweltverbände wieder einen Einstieg in das Verfahren sehen und eine neue Klagewelle ausgelöst wird, die Jahre dauern kann. Die Grünbrücken kosten somit nicht nur 30 Millionen Euro, sondern verhindern auch 200 Arbeitsplätze. Und es waren nicht nur die Grünen, die solche Gesetze verabschiedet haben.

Auch der Anführer der A-33-Gegner Wolfhart Kansteiner hat ein neues Betätigungsfeld gefunden. Er ist Geschäftsführer der Stiftung Burg Ravenstein. Dort hat er strenge Regeln eingeführt. Verschwitzte Jogger sind nicht gern gesehen und Mountainbiker sollten erst duschen und sich umziehen, bevor sie die Gaststätte der Burg betreten. Dem SPD-Bundestagskandidaten Thorsten Klute hat er vorgeworfen, die Burg parteipolitisch zu missbrauchen, weil er vor der Burg ein Interview gegeben hatte, bei dem er sich ablichten ließ. Er habe auch schon Vertreter anderer Parteien abgemahnt. Das müsse jetzt ein Ende haben. Kansteiner hat noch viel zu tun, um in Ostwestfalen für Ordnung und Naturschutz zu sorgen.

Als die Entscheidung des Bundesverwaltungsgerichts in Leipzig das Baurecht für die A 33 bestätigte, knallten in Ostwestfalen die Sektkorken. Aber die Freude hielt nur wenige Tage an. Da kam ein Brief aus dem Bundesverkehrsministerium in Berlin, der trocken feststellte: Baurecht habt ihr, aber wir haben kein Geld. Die Maßnahme wird auf absehbare Zeit nicht begonnen. Ein Sturm der Entrüstung fegte durch die Landschaft am Teutoburger Wald. Die Region erlebte Wutbürger für ein Bauprojekt. Über Nacht gründete sich das Bündnis »A 33 SO-FORT« unter der Führung des Landrats von Gütersloh, Sven-Georg Adenauer. Es war nicht nur der Name des Enkels des ersten Bundeskanzlers, der alle Abgeordneten des Bundes und des Landes einschließlich der Bündnisgrünen und Tausende Bürger veranlasste, sich zu einer gewaltigen Kundgebung einzufinden, um mächtig Druck zu machen. Da wollte dann kein Politiker mehr der Sündenbock sein, dass es nicht weiterging.

Aus Ostwestfalen stammen auch Steffen Kampeter, CDU, Staatssekretär im Bundesfinanzministerium, sowie Klaus Brandner, bis zur Wahl 2009 einflussreicher SPD-Abgeordneter, und viele andere. Plötzlich war Geld da, nicht viel, aber immerhin. Zum Spatenstich kam dann die Prominenz, inklusive des Bundesverkehrsministers Peter Ramsauer. Es war eine Feier, die Fürst Potemkin alle Ehre gemacht hätte. Denn wie zu Beginn des Kapitels beschrieben, ruhen die Bauarbeiten die meiste Zeit, weil kein Geld fließt. Somit ist die A 33 wieder Spiegelbild für die unzulängliche Finanzierungsstruktur der Bundesrepublik, die den politischen Machtspielchen das Feld überlässt.

Steffen Kampeter, der am Geldhahn des Finanzministeriums sitzt, macht die rotgrüne nordrhein-westfälische Landesregierung für das Schneckentempo verantwortlich. Die würde die Mittel lieber für den Kölner Ring im Rheinland verbauen, statt sie nach Ostwestfalen umzulenken. Immerhin habe Düsseldorf gerade 39 Millionen Euro extra bekommen. Er, der in Ostwestfalen seinen Wahlkreis hat, würde natürlich ungern dafür verantwortlich gemacht werden, dass alles so lange dauert. Aber was sagt er den Menschen, die im Dauerstau auf dem Kölner Ring stehen, und denen, die die zu Schleichwegen verkommenen Autobahnen im Ruhrgebiet nutzen müssen? Die Extraüberweisung für die A 33 von 39 Millionen Euro gehört in die Abteilung »politische Notlüge«. Wir haben auch nicht erlebt, dass Steffen Kampeter einmal Halt gerufen hätte, wenn seine Partei in Brüssel die Verschärfung der Umweltschutzgesetze durchgesetzt hat, auf die sich jetzt die »anerkannten Naturschutzverbände« berufen.

So spiegelt die A 33 das ganze Elend wider, in dem sich die deutsche Verkehrspolitik befindet: ineffizient, unterfinanziert, verlogen und ideologisch festgefahren.

Anleitung zum Straßenkampf

Bei der Anhörung zur A 33 in Bielefeld legte während meiner Abwesenheit jemand ein Merkblatt zu meinen Unterlagen. Es war die Handlungsanweisung für das Schauspiel, das ich im Folgenden erleben sollte. Leider weiß ich nicht, ob der 21-Punkte-Katalog tatsächlich von den Autobahngegnern verfasst und eingeübt wurde oder ob ein frustrierter Planer die Methoden einmal zusammengefasst hat, die bei jeder Anhörung, jeder Gerichtsversammlung, jedem »runden Tisch« und jedem Mediationsgespräch vorgeführt werden. Sie werden sie in allen Anti-Infrastruktur-Aktionen wiederfinden:

1. Halte Dich niemals an die Tagesordnung, denn die hilft nur dem Antragsteller, sich vorzubereiten. Durch flinken Themenwechsel hast Du eine Chance, Antragsteller und Genehmigungsbehörden unzureichender Vorbereitung und Kenntnisse zu bezichtigen.

2. Sprich nur über Punkte, die nicht in den schriftlichen Einwendungen enthalten sind. Denn auf das Schriftliche sind Antragsteller vorbereitet. Bezweifle notfalls, dass das Verfahren ordnungs- oder rechtgemäß läuft.

3. Zitiere ohne Bedenken. Am besten Hörensagen-Quellen oder in Vergessenheit geratene Arbeiten (Erscheinungsdatum z. B. 1935), notfalls erfinde welche. Das bringt Unwissenheit der Antragsteller an den Tag.

4. Zitiert der Antragsteller aus Arbeiten, die älter als ein Jahr sind, lehne sie als von neuesten wissenschaftlichen Erkenntnissen überholt ab.

5. Stelle gezielt Fragen an einzelne Personen, deren Namen Du erfahren hast. Stelle diese Fragen möglichst umfassend und ausführlich und fordere dazu ein klares Ja oder Nein als Antwort. Durch die dadurch resultierende Pause bis zur Antwort kannst Du beweisen, dass der andere keine Ahnung hat.

6. Stelle Fragen zu Details, die auf den ersten Blick ruhig als neben-

sächlich erscheinen dürften. Erfinde notfalls solche Details. Weil der andere meist nicht spontan antworten kann, wird aus Deiner Mücke rasch ein Elefant.

7. Behaupte als Stand der Wissenschaft und Technik, was immer Du für wünschenswert hältst. Du schuldest keine Beweise. Dafür bleibt der Gegenbeweis immer am Antragsteller hängen.

8. Halte Dich nicht bei Themen auf, auf die zweimal in Folge flüssig geantwortet wurde. Nicht die Antwort, sondern die Nicht-Antwort bringt Stimmung in den Saal.

9. Beharre auf Deinem Rederecht. Niemand wird Dir ernsthaft das Wort entziehen, wenn Du an das demokratische Gewissen appellierst. Wenn Du ohne lange Vorrede und dann unter zehn Minuten redest, könnte das Zweifel an Deiner Ernsthaftigkeit wecken.

10. Gib Dich niemals mit einer Auskunft zufrieden. Weise grundsätzlich auf die Unvollständigkeit der Antwort, die mangelnde Kenntnis und die Unbelehrbarkeit des Antwortenden hin. Dadurch erhältst Du den Ruf eines Fachmanns von hohen Graden.

11. Wehre Dich gegen jeden Versuch, ein Thema abzuhaken. Denn alles kommt von allem. Komme deshalb ohne Hemmungen immer wieder an verschiedenen Tagen auf alles zurück.

12. Nur Anfänger kommen pünktlich. Überlasse die ersten dreißig Minuten getrost der Diskussion über Formalien. Erst dann kannst Du Dein Fachwissen voll zur Geltung bringen.

13. Stelle wenigstens einen Befangenheitsantrag pro Tag gegen die Verhandlungsleitung oder einen/mehrere ihrer Fachgutachter. Begründe dies mit offenkundiger Parteinähe, entsprechend sind deren Gutachten geprägt von Inkompetenz oder mangelnder Vorbereitung.

14. Drücke Deine Empörung gezielt und lang anhaltend aus, wenn, wie meist zu erwarten, ein Befangenheitsantrag abgelehnt wird.

15. Betrachte die vorgelegten Antragsunterlagen genauestens. Wenn ein Komma oder Punkt fehlt oder gar ein Schreibfehler unterlaufen ist, dann sprich von bewusster Irreführung der Bevölkerung,

mindestens aber von unverantwortbaren Schwachstellen und Mängeln.

16. Sollten Politiker, insbesondere von der Gegenseite, vorhanden sein, so beschimpfe sie aufs Heftigste. Wirf ihnen Ignoranz und Unmenschlichkeit usw. vor. Wähle aber die Worte so, dass sie Dich nicht der Verleumdung oder Beleidigung bezichtigen können.

17. Behaupte grundsätzlich, dass die vorgelegten Unterlagen unzureichend, lückenhaft und unwissenschaftlich, irreführend und nicht dem Stand der neuesten Technik entsprechend sind. Überlege besonders, was es auf dieser Welt noch an Gutachten, Unterlagen, Analysen, Prognosen, Untersuchungen und Sonstigem gibt, was Du fordern und beantragen kannst.

18. Halte Dich möglichst wenig mit sachlichen Diskussionen auf, das schadet einer geladenen und aufgeheizten Atmosphäre, und die Zuschauer wandern mangels Spannung ab.

19. Sprich insbesondere immer wieder von noch unbekannten Gefahrenpotenzialen, die die Wissenschaft noch erforschen muss. Unter diesem Aspekt ist die vorgeschlagene Technik total veraltet, und es ist menschenverachtend, wenn sie zum Einsatz kommen soll.

20. Stelle vorhandene Gesetze, Verordnungen, Richtlinien und alles Einschlägige als für diesen speziellen Fall nicht anwendbar, veraltet, unzutreffend und zu großzügig dar.

21. Richte flammende Appelle an die Politiker (die sowieso von der Industrie gekauft sind), rufe nach besseren Gesetzen, und zwar in Deinem Sinne. Verdächtige alle Gutachter der Gegenseite ebenfalls als Vertreter profitsüchtiger Industrie.

Diese Argumentationskette unterscheidet sich deutlich von der der »Betroffenen« einer neuen Bahnlinie oder Autobahn. Sie stellen das Projekt nicht generell in Frage, sondern schlagen andere Trassen vor. Sie repräsentieren die »Nimbys« – die *Not in my backyard*-Betroffenen. Mit diesem Begriff werden in den angelsächsischen Staaten jene hauptsächlich wohlhabenden Vorortbewohner bezeichnet, die zwar die Segnungen einer funktionierenden Industriegesellschaft genießen, von deren Konsequenzen aber nicht betroffen sein wollen.

Autobahnplanung in Absurdistan

Die Argumentelitanei gegen Autobahnen wiederholt sich überall im Land, selbst wenn sie noch so offensichtlich unzutreffend ist. Ein Beispiel wollen wir hier noch beschreiben. Im Kapitel über die Planwirtschaft haben wir über die A 445 von Werl nach Hamm geschrieben, dass sich dort die Investition der 8 Kilometer langen Strecke schon in 17 Monaten rentieren würde. Wir haben dies als Beispiel dafür angeführt, dass der Autobahnausbau leider nicht dort zuerst erfolgt, wo er den größten volkswirtschaftlichen Nutzen bringt. Wer diese Strecke zurzeit auf der B 63 abfährt, kann sich nur wundern, dass hier nicht längst eine vierspurige Straße vorhanden ist. In einer endlosen Schlange fahren Lastwagen und Pkw durch die Ortschaft Hilbeck, in der die Lebensqualität gegen null geht. Laut Verkehrszählung sind es rund 20 000 Fahrzeuge pro Tag, davon rund 3000 Lkw. Rechts und links der Bundesstraße erblühen im Frühjahr so weit das Auge reicht gelbe Rapsfelder, eine Monokultur dank hoher Subventionen. Die Artenvielfalt ist optisch jedenfalls nicht zu erkennen.

Doch alles, was wir an den Beispielen der A 33 und A 44 beschrieben haben, spielt sich auch rund um die A 445 wieder ab. Es gibt eine Bürgerinitiative »StoppT A 445«, deren Mitglieder nicht an der B 63 wohnen. Der Ortsvorsteher der Gemeinde Hilbeck, die unter dem Verkehr leidet, Karl Wilhelm Westervoß, wünscht sich zwar für 2014 im Namen aller Bürger, dass endlich das Planfeststellungsverfahren beendet wird und die Autobahn gebaut werden kann, aber das interessiert die »Umweltschützer« nicht. Die üblichen Bundestagsabgeordneten der Bündnisgrünen im Bundestag stellen mit einer Kleinen Anfrage im

Berliner Parlament die A 445 infrage. Die Abgeordneten stammen aus Düren, Dresden, Pinneberg, Filderstadt und Saarbrücken. Ob einer von ihnen schon einmal in Hilbeck war?

Die Gegner sagen: Eine einmalige Landschaft müsse geschützt werden. Meinen sie die Rapsfelder? Die Autobahn zerschneide und versiegele die Landschaft, geschützte Arten würden bedroht, eine Kulturlandschaft zerstört, sie würde deutlich mehr Verkehr in die Region bringen und sei aufgrund der Verkehrsentwicklung überflüssig. In anderen Worten: die übliche Litanei, die immer und überall passt.

Statt einer Autobahn, die ja auch erst in sechs bis acht Jahren fertig wäre – ohne die Obstruktion der nicht betroffenen Gegner könnte dies schneller gehen –, macht die BI »StoppT A 445« Gegenvorschläge:

– Ausreichende kinder- und altengerechte Querungshilfen und Ampeln an der B 63.

– Mehr verschärfte, permanente und sporadische Geschwindigkeitskontrollen im gesamten Abschnitt der B 63.

– Attraktivierung des Busverkehrs zwischen Werl, Rhynern und Hamm sowie des Schienen- und Fahrradverkehrs in der Region.

– Die sofortige Einführung einer Lkw-Maut auf der B 63 für den überregionalen Verkehr.

– Ein zeitlich beschränktes Durchfahrtverbot auf der B 63 für den überregionalen Verkehr.

Also: Alles teurer, ineffizienter bis unmöglich – und damit ist nichts umweltschonender und nichts energiesparender. Denn wird diese Straße unpassierbar gemacht, müssen die Lkw weite Umwege fahren, mehr Sprit verbrauchen. Gegen diese Obstruktion aus Prinzip hilft nur mehr Bürgernähe, mehr Bürgerbeteiligung der Betroffenen und nicht die der unerwünschten Gutmenschen aus fernen Wahlkreisen. Die heute gängigen und weitgehend gesetzlich festgelegten Regeln haben einen Preis, den wir alle indirekt mit Wohlstandsverlusten und direkt mit unnötig hohen Steuern bezahlen müssen.

Es gibt eine Studie aus dem Jahr 2005, in deren Besitz wir sind, die aber in ihren Details nicht für die Öffentlichkeit bestimmt ist. Die

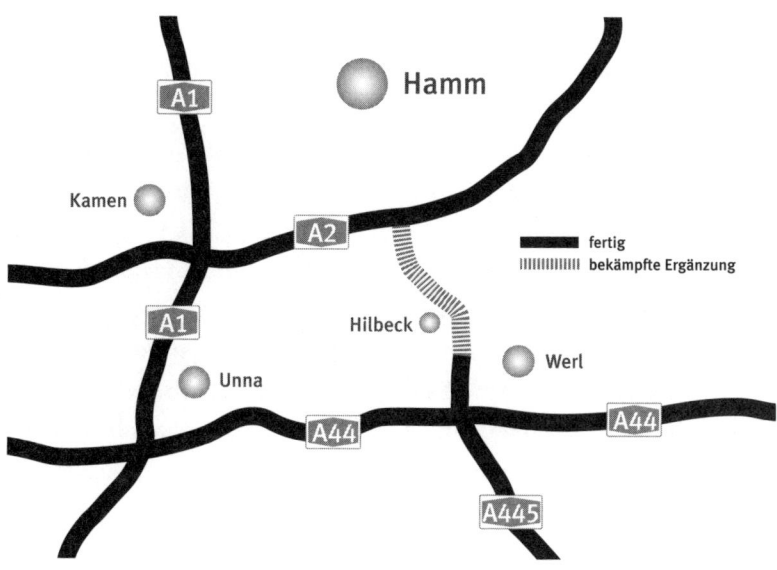

Zahlen beziehen sich auf den Bau an zehn Autobahnen mit 17 Abschnitten. In dem Gutachten geht es um die tatsächlich angefallenen und abgerechneten Kosten. Herausgekommen sind Zahlen, die jedem verantwortlichen Politiker sofort deutlich machen müssten, dass es so nicht weitergehen kann. Es wurden elf Planfeststellungsverfahren analysiert, die im Westen der Republik von der Voruntersuchung und dem Linienentwurf bis zum rechtskräftigen Planfeststellungsverfahren im Durchschnitt 17 Jahre dauerten, im Osten 10,5 Jahre. Für jeden Vorhabensabschnitt waren während der Verfahrensdauer rund 400 Besprechungen mit mindestens sechs Beteiligten nötig.

Nach der Addition der Zeit, die alle beteiligten Fachbehörden aufbringen mussten, kamen monatlich 950 Arbeitsstunden zusammen. Bei 17 Jahren Verfahrensdauer ergibt das 193 800 Behördenstunden pro Kilometer Autobahn. Wenn wir nur 50 Euro pro Arbeitsstunde annehmen, was sehr niedrig ist, dann haben wir trotzdem schon 9,69 Millionen Euro aufgewandt, bevor auch nur ein Kieselstein verbaut wurde. Noch einmal: Wir rechnen hier pro Kilometer. Für die analysierten Streckenabschnitte waren pro Kilometer im Schnitt 18 Gutachter und rund 200 externe Ingenieure tätig, die dafür 4,9 Millionen Euro kassierten – und wieder die Erinnerung: Wir schreiben hier über einen Kilometer Autobahn. Die eigentlichen Baukosten betrugen dann je nach notwendigem Lärmschutz oder Umweltschutzmaßnahmen zwischen 6 und 18,3 Millionen Euro. Das sind im Durchschnitt an reinen Nettobaukosten inklusive Lärmschutz- und anderen Begleitmaßnahmen 11,73 Millionen Euro pro Kilometer. So errechnen sich für die in diesem Gutachten untersuchten Autobahnen Gesamtkosten von 26,13 Millionen Euro pro Kilometer. Das heißt auch, wenn wir das Geld statt in die Bürokratie in den eigentlichen Autobahnbau investieren würden, könnten wir richtig tolle und umweltgerechte Straßen haben.

Wir müssen davon ausgehen, dass das Ergebnis dieser Studie den Verkehrspolitikern aller Parteien zugänglich gemacht worden ist. Haben Sie den Aufschrei vernommen? Wir nicht. Und das ist der eigentliche Skandal. Egal ob Autobahnbefürworter oder Autobahngegner: Sie alle wollen am Status quo festhalten, weil dieser ihnen Macht und politische Profilierung sichert.

III. FINANZIERUNG

Marode Charakterbrücken für die Ewigkeit

Es ist eine eher unscheinbare Ankündigung auf der A 2 zwischen Hamm und Bielefeld. Auf der Raststätte Vellern-Süd gibt es keine Tankstelle, sondern nur einen gastronomischen Betrieb. Entsprechend gering ist die Besucherzahl. Das steht im krassen Widerspruch zu dem einmaligen Bauwerk, das der Rastplatz aufzuweisen hat. Mittlerweile ist es zu einer gewissen Berühmtheit gelangt, nicht zuletzt durch den Bund der Steuerzahler, der es unter der Kategorie »nicht zu rechtfertigende Geldverschwendung« eingestuft hat. Wer auf den Parkplatz kommt, findet auf Anhieb keinen Hinweis darauf, dass hier eine Kuriosität zu besichtigen ist.

Am Ende der Stellplätze, kurz vor der Ausfahrt, steht sie dann: die denkmalgeschützte Brücke. Sie verbindet nichts, sie hat keinerlei Funktion, dafür ist sie einmalig. 1938 wurde sie beim Bau der ersten Autobahnen in Deutschland errichtet, sie führte über die Autobahn vom Ruhrgebiet nach Berlin, der heutigen A 2. Die Brücke »Weg Hesseler« ist 33 Meter lang, 6 Meter breit, und vier Betonträger spannen sich von Pfeiler zu Pfeiler. Und um diese Betonträger geht es. Der französische Bauingenieur Eugène Freyssinet hatte ein Verfahren entwickelt, das es ermöglichte, die ersten Spannbetonbrücken der Welt zu realisieren, die viele Vorteile gegenüber dem bisher gebräuchlichen Stahlbeton aufwiesen. Sie erlaubten größere Abstände zwischen den Pfeilern und versprachen längere Haltbarkeit. Die Überführung »Weg

143

Hesseler« war deshalb einmalig in Deutschland, und der Meister selbst war nach Westfalen gekommen.

Als 2012 die A 2 auf sechs Spuren erweitert wurde, stand die Brücke im Weg. Mehrfach war sie ausgebessert worden, und so drohte ihr Abriss. Doch dafür gab es von der Denkmalschutzbehörde keine Genehmigung. Die erste Spannbetonbrücke in Deutschland musste erhalten bleiben – da durfte Geld keine Rolle spielen. Und so wurde die Brücke von ihrem Standort bei Kilometer 371,9 mit einem Spezialtransporter zum Parkplatz Vellern-Süd transportiert, fünf Stunden lang die Autobahn dafür voll gesperrt. Was könnte die Bedeutung der Freyssinet-Brücke besser demonstrieren als der Aufwand, der für ihren Umzug betrieben wurde. 300 000 Euro kostete das Unternehmen, was, wie gesagt, den Bund der Steuerzahler auf die Palme trieb.

Es ist schon ein seltsamer Anblick: eine Brücke, die hübsch hergerichtet auf bequemen Stufen zu ersteigen ist, und oben stehen Picknicktische und -stühle. Am Treppenaufgang ist das Dokument ausgestellt, das damals in den Brückenpfeiler eingelassen wurde und auf dem alle Namen der Mitarbeiter aus dem Jahr 1938 stehen – wer es lesen will, muss die Sütterlinschrift beherrschen.

Zirka 600 Kilometer weiter südlich, in Neubiberg bei München, lebt eine alte Dame, für die die Brückentechnik von Eugène Freyssinet zum Lebensinhalt geworden ist. Mit ihren 84 Jahren ist Marianne Schreck hellwach und kann jedes Baugesetz und jede DIN-Norm, die mit Spannbetonbrücken zu tun haben, aus dem Gedächtnis zitieren. Fragen Sie sie nach der DIN 4227, der ersten Spannbetonvorschrift, und sie wird Ihnen erklären, dass diese 1953 von dem damals »bedeutendsten« Wissenschaftler des Faches Massivbau, Prof. Dischinger, erarbeitet wurde. Darin steht, dass die Zugspannung aus Eigengewicht und Verkehr so zu begrenzen ist, dass mit Sicherheit keine Risse auftreten. Aber es sind hauptsächlich die Risse in den deutschen Spannbetonbrücken, die nach zirka vierzig Jahren zum Abriss zwingen.

Für Marianne Schreck ist das keine Überraschung. Für sie steht fest, dass Deutschland jahrzehntelang Brücken nach dem Prinzip

»Riss-Rost-Ruine« gebaut hat. Mit ihrem Engagement führt sie das Vermächtnis ihres verstorbenen Mannes Philipp Schreck fort. Der Diplom-Ingenieur für Bauwesen und Prüfingenieur für Baustatik entdeckte 1962 durch Zufall, dass es sich bei den Rissen in den deutschen Brücken um einen Systemfehler handelte. An zwei Brücken, die in ihrer Konstruktion völlig identisch waren und zufällig am selben Tag betoniert wurden, waren genau zur selben Zeit und an genau den gleichen Stellen des Betonkörpers Risse aufgetreten. Das Bemerkenswerte daran war, dass diese Brücken von zwei verschiedenen Baufirmen gebaut worden waren und auch unterschiedliche Betonlieferanten hatten. Damit entfielen die Begründungen »Pfusch am Bau« oder »schlechter Beton«. In Feldversuchen konnte Schreck seine Vermutung bestätigen, dass die Risse ein Ergebnis der Temperaturprobleme sind, die beim Betonieren der Brücken entstehen.

Schreck fuhr nach Paris, um zu erkunden, wie der Erfinder dieser Brücken, Eugène Freyssinet, seine Bauwerke konzipierte, denn sie erwiesen sich nicht nur als rissfrei, sondern waren auch billiger, weil er sie in einer Fertigbauweise errichtete. Freyssinet verwendete schlanke und symmetrische Betonquerschnitte, die er in einer gut wärmeleitenden Stahlschalung herstellte. Als statisches System wählte er Einfeldträger, die sich bei Sonnenbestrahlung frei verformen können. Die Zugspannungen bleiben dadurch so gering, dass keine Risse entstehen. Deshalb halten in Frankreich die Spannbetonbrücken viel länger als bei uns. Vielleicht verstehen Sie jetzt, warum die erste Freyssinet-Brücke in Deutschland unter Denkmalschutz steht.

Aber die deutschen Bauingenieure der Nachkriegsjahre glaubten, es besser zu wissen als ein Franzose. Sie schlugen einen deutschen Sonderweg ein. Sie sehen, das hat Tradition, egal, um was es geht. Deutsche Sonderwege gehören zu unserem Charakter. Die deutschen Brücken wurden länger und der Beton dicker. Ohne jetzt in einen Fachaufsatz über die Bauweise von Spannbetonbrücken zu wechseln, wird eines im Laufe der Jahre deutlich: Durch die Konstruktionsänderung der Freyssinet-Brücken sind die Bauwerke des deutschen Sonderwegs anfällig für Risse im Beton – ja, die Risse sind eine unweigerliche Folge, die bei der Betonierung entstehen.

Wer sich mit dem Brückenelend in Deutschland länger beschäftigt, wird sich verwundert die Augen reiben, wie lange im Land der Ingenieure Brücken mit einer falschen DIN-Norm gebaut werden mussten. Der Streit der Brückenpäpste und Wissenschaftskoryphäen über die einzig wahre Methode, eine Brücke zu bauen, liest sich selbst für einen Laien wie eine Satire. Besonders die Risse im Beton standen immer wieder im Zentrum der Auseinandersetzungen. 1988 gab es zum Beispiel die Risse-Reparatur-Verordnung ZTK 88, eine von vielen. Nachdem 1975 die in der DIN-Norm eigentlich verbotenen Risse erst für unschädlich erklärt wurden, avancierten Risse ein Jahr später zum Heilmittel gegen zu hohe Zugspannungen.

Der Freyssinet-Bewunderer Philipp Schreck wurde kaltgestellt, seine Angebote durften nicht mehr akzeptiert werden – weil seine Konstruktionen ja gegen den deutschen Sonderweg verstießen. Er erlebte nicht mehr, wie jetzt die Brücken seiner Gegner eine nach der anderen abgerissen und neu gebaut werden müssen. Seine Witwe aber sitzt kopfschüttelnd zwischen den Aktenbergen über den Geschichten der Risse-Rost-Ruinen-Brücken. Die Berichterstattung über unsere maroden Brücken hält sie für scheinheilig. Von Anfang an hätten die Behörden wissen können, dass die Brücken zusammenbrechen würden, meint sie. Darüber gibt es viele Gutachten, die sie alle auswendig zitieren kann. Sie ist wütend, denn Ministerien, Unternehmen und die Wissenschaft hätten sich gegenseitig unterstützt, ja eine Aufklärung regelrecht behindert. Dafür hat Marianne Schreck Unterlagen gesammelt:

1985: In einer Veröffentlichung der Bundesanstalt für Straßenwesen werden Brücken mit »Rissen bis 0,2 mm Breite« zu den rissefreien Brücken gezählt. Unliebsame Befunde statistisch zu verschönern, ist in Deutschland durchaus üblich. Das kennen wir auch von der Bahn AG, für die Verspätungen erst ab sechs Minuten beginnen.

Im gleichen Jahr: Der Ausschuss für Stahlbeton (DAfStb.), der auch für Spannbeton zuständig ist, ruft in seiner Jahresversammlung 1985 dazu auf, »Risse als Freunde zu betrachten«, weil diese so vorteilhaft die Zugspannungen abbauen.

1986: Der Deutsche Betonverein e. V. schreibt in seinem Merkblatt April 1986, Seite 4: »Risse sind aus sicherheitstechnischen Erwägungen sogar erwünscht zur Vorankündigung eines eventuellen Querschnittversagens« – das ist ein Einsturz.

So viel zur Brückenbautechnik und unseren zusammenkrachenden Brücken. Aber das ist nur eine Seite. Seit mindestens dreißig Jahren warnen die Fachleute davor, dass das Infrastrukturnetz unterfinanziert ist und auf Verschleiß gefahren wird. Das trifft für die Schiene ebenso zu wie für die Straße. Seit mindestens 15 Jahren erleben wir, wie Geschwindigkeitsbegrenzungen vor Brückenschäden warnen und Fahrbahnen eingeengt oder ganz gesperrt sind, selbst auf den Hauptachsen der Autobahnen. Aber nichts geschah.

Wahrscheinlich war es der geniale Einfall des nordrhein-westfälischen Verkehrsministers Michael Groschek, die Rheinbrücke der A 1 bei Leverkusen ganz zu sperren und den Journalisten bei einem Besuch die maroden Stellen im Unterbau zu zeigen, die das Thema plötzlich auf die Titelseiten katapultierten. Jedenfalls sind Brückenschäden jetzt in ganz Deutschland ein Thema.

Außer der Rheinbrücke bei Leverkusen wird gern auf die A 45 verwiesen, der Autobahn von Dortmund nach Gießen, die sogenannte Sauerlandlinie. Da seien besonders viele Brücken marode, die jetzt ersetzt werden müssten. Als Hauptgrund für die Schäden wird der nicht vorhersehbare Lkw-Verkehr benannt. Beim Bau der Autobahn sei mit 22 000 Fahrzeugen pro Tag gerechnet worden, jetzt seien es schon 55 000, davon über 20 Prozent Lastwagen. Die Stoßrichtung der Berichterstattung: Schuld seien die Lkw, denn ein Lkw richte so viel Schaden an wie 60 000 Pkw (dies eine Zahl aus dem Verkehrsministerium), wie 160 000 Pkw (meldet das ZDF-Magazin »Frontal 21«), wie 250 000 Pkw (verbreitet das Magazin »Planetopia« auf Sat.1). Doch wer rechnet das aus? Wenn die Schuld bei den Lastwagen liegt, dann ist es doch naheliegend, diese noch mehr zur Finanzierung der Straßen heranzuziehen, oder? Dann hätte sich die Frage erübrigt, die heute lautet: Warum wurden Brücken jahrzehntelang nach falschen DIN-Normen gebaut, und warum wurde das Geld, das aus der Besteuerung der Fahrzeuge stammt, nicht in eine kontinuierliche Sanierung der Straßen reinvestiert?

Wie es der Zufall will, hatte ich schon 1971 für das ZDF-Magazin einen Film über die A 45 gedreht. Sie wurde nach elf Jahren Bauzeit von Bundeskanzler Willy Brandt eröffnet. Mir war aufgefallen, dass der Bau im Vergleich zum Bau der Autobahn von Genua nach La Spezia viel langsamer voranging, obwohl Letztere zu einem Drittel über Brücken, einem Drittel durch Tunnel und nur der Rest auf einer »normalen« Trasse verlief. Die war schon nach sieben Jahren fertig und trotz der widrigen Gebirgsregion auch noch um ein Drittel billiger.

Zuerst fuhr ich nach Siegen und traf dort den zuständigen Beamten. Er erklärte mit großem Selbstbewusstsein, dass die deutschen Autobahnen von einer ganz anderen Qualität seien als die italienischen. Zum Beispiel gehöre es zum Charakter der Sauerlandlinie, dass jede Brücke andere Pfeiler habe. Auf eine war er ganz besonders stolz. Die habe ein russischer Architekt entworfen. Die Pfeiler bestanden aus einem spitz nach unten verlaufenden Dreieck. Tatsächlich: runde, viereckige, sechseckige, quadratische, dicke, dünne, doppelte Pfeiler, alles, was an Pfeilern vorstellbar ist, steht zwischen Gießen und Dortmund in der Landschaft. »Aber die sieht der Autofahrer doch gar nicht, warum dann der Aufwand?«, fragte ich damals schon, nach dem tieferen Sinn dieser Brückenvielfalt suchend. Der Autofahrer sähe sie nicht, aber derjenige, der unter einer Brücke durchfährt, sieht sie, wurde ich belehrt. Aber der sähe auch nur *eine* Brücke, und da wäre es doch egal, welche Pfeiler die nächste, 20 Kilometer entfernte Brücke habe, wagte ich noch einmal zu widersprechen. Ja, aber das sei eben der Charakter der Autobahn, wurde ich abschließend belehrt.

Hermann Brunner, der damalige Präsident der deutschen Bauindustrie, versicherte in einem Interview, dass die Baukosten um 10 Prozent gesenkt werden könnten, würden die Vorschläge der Bauindustrie befolgt. 10 Prozent weniger bei Gesamtkosten von 2 Milliarden DM, das wären 200 Millionen gewesen – 1971 sehr viel Geld. Auch der Bundesrechnungshof bemängelte, dass jede Feldwegquerung mit unterschiedlichen Anforderungen einzeln ausgeschrieben wurde. Also alles in allem: Es hat sich kaum etwas geändert. Die Vorschläge, die darauf abzielen, den Autobahnbau wirtschaftlicher zu betreiben, sind seit über vierzig Jahren ungehört verhallt. Wenn selbst die Industrie es preiswerter machen will, wer hat dann etwas von dem »deutschen Sonderweg«?

In Italien erfuhr ich dann, dass es für die 188 Kilometer zwei Konzessionäre gebe. Die achteten natürlich darauf, dass sie durch genormte Fertigbauteile die Kosten senken würden. Schließlich müssen sie dreißig Jahre lang für alle Schäden aufkommen und dann eine einwandfreie Autobahn abliefern, entweder an den Staat oder an einen neuen Konzessionär. Bezahlt werde nur mit den Mauteinnahmen. Nach der Erteilung des Baurechts haben die Gesellschaften 900 Tage oder drei Sommer Zeit, die Trasse fertigzustellen, da können sie sich nicht Tausende von Ausschreibungen leisten.

Was hatte ich also gelernt und dann auch in dem Beitrag gesendet? Wir Deutsche bauen nach eigener Einschätzung solider, unsere Autobahnen haben Charakter und sind winterfest. Die Italiener bauen billiger, schneller und nicht so ästhetisch.

Ziemlich genau dreißig Jahre später produzierte ich wieder einen Film mit dem Titel: *Das Märchen von Made in Germany.* Dieses Mal für das Abendprogramm der ARD. Da in den Zeitungen stand, dass die Haigertalbrücke der A 45 für 90 Millionen DM abgerissen und neu erbaut werden müsse, weil die Belastung durch Lkw viel größer sei, als seinerzeit berechnet worden war, beschäftigte ich mich wieder mit der »Autobahn mit Charakter«. Vor Ort verabredete ich mich mit Guntram Gumbrecht vom Hessischen Landesamt für Straßenwesen. Er erzählte mir:

»Als ich Referendar war, das war zur Zeit dieses Brückenbaus, da hat man uns hierhergeführt, weil man uns zeigen wollte, wie elegant man bauen konnte, wie filigran man bauen konnte, das hatte natürlich seine guten Gründe. Man wollte Material sparen, man wollte aber auch seine Baukunst zeigen.«

Die Haigertalbrücke war zwar entsprechend den DIN-Vorschriften für Wasserabdichtungen gebaut worden, aber auch die waren falsch, wie sich herausstellte. Marianne Schreck kennt die Geschichte der Brücke genau. Sie war eine der drei, die ihr Mann an der A 45 zu verantworten hatte. Er wollte damals ein anderes Entwässerungssystem, was aber abgelehnt wurde. Das hätte nicht der DIN-Norm entsprochen.

Wir sind dann 1999 auch wieder nach Italien gefahren und wollten sehen, was aus den billigen Fertigbaubrücken geworden ist. Das Ergebnis war für die Dolmetscherin, das Kamerateam und mich so unglaubwürdig, dass wir mehrfach die Zahlen hinterfragten, die einzelnen Baumaßnahmen abfuhren und erst dann die Zahlen für die Sendung übernahmen: 1999 hatte die italienische Konzessionsgesellschaft für die 188 Kilometer lange Autobahn Genua – Livorno innerhalb der letzten drei Jahre für die 226 Brücken 3 Millionen DM aufwenden müssen. Das ist kein Tippfehler.

Glauben Sie aber nicht, dass dieses krasse Missverhältnis zwischen unserem Charakter-Autobahnbau und der »italienischen Fertigbaumethode« irgendetwas anderes augelöst hat als die Suche nach Ausreden, die von »anderen Wetterbedingungen« bis zu »unsozialen Autobahngebühren« reichten. Ja, es stimmt: Wer heute die Strecke fährt, muss 18,40 Euro Gebühren zahlen. Und genau da liegt der Unterschied: Die italienische Autobahngesellschaft muss sich über Gebühren refinanzieren. Sie achtet deshalb auf zufriedene Kunden, denn eine Autobahn voller Baustellen und Staus würde nicht genutzt, und sie achtet auf die preiswertesten Baukosten. Was immer in Deutschland an gesetzlich vorgeschriebenem Pfusch oder teuren Sonderwegen verbaut wird, zahlt der anonyme Steuerzahler. Und der ist geduldig genug, diesen Unfug auch noch als unvermeidbar hinzunehmen. Hauptsache keine Maut, lieber Milliarden via Steuern abdrücken und sinnlos verpulvern.

Die Aufregung in der Republik über die Milliardenschäden an unserer Infrastruktur und besonders an den Brücken treibt seltsame Blüten und lässt vermuten, dass die Verantwortlichen mit verwirrenden Manövern von den Hauptursachen ablenken wollen. Im März veröffentlichte die Illustrierte *Stern* eine mehrseitige Reportage mit der Überschrift:»Brückenschmerzen«. Dort erklärt ein Brückenprüfer namens Thorsten Ziolek:»Heute zeigt es sich, dass besonders Schrecks Brücken, die es überall im Land gibt, marode sind. Sie alle müssen ersetzt werden.« Nun, wenn das stimmen würde, hätten wir kaum ein Problem: Philipp Schreck hat nur dreißig Brücken gebaut, drei davon an der A 45. Aber mit dieser Propaganda kann es die Ingenieurkaste vermeiden, die wahren Ursachen zu bennen: ein deutscher Sonderweg, deutscher Hochmut und deutsche Straßenbau-Planwirtschaft. Übrigens: In Frankreich gibt es Freyssinet-Brücken, die immer noch intakt sind und nicht auf Autobahnraststätten unter Denkmalschutz abgestellt werden müssen.

Bevor wir aber das peinliche Brückenkapitel abschließen, möchten wir den Blick noch einmal auf die Rheinbrücke der A 1 bei Leverkusen lenken, die Auslöser der allgemeinen öffentlichen Erregung war. Es handelt sich dabei nicht um eine Spannbeton-, sondern um eine Stahlkonstruktion. Solche Brücken halten eigentlich viele Jahrzehnte, wenn sie ordentlich gepflegt und gewartet werden. Aber in Leverkusen geschah genau das Gegenteil. Der Verkehr nahm zu, was zwar von allen nicht ideologisch vorprogrammierten Verkehrsexperten vorausgesagt worden war, aber die notwendigen Konsequenzen, nämlich entsprechende Brücken zu bauen, wurden nicht gezogen. Um die Kapazität der Brücke zu vergrößern, wurden die Standspuren»ertüchtigt« und für den Dauerbetrieb freigegeben. Auf der äußeren rechten Spur fahren gewöhnlich die schweren Lastkraftwagen. Dafür war aber die Statik der Brücke nicht berechnet. So verzog sich die Stahlkonstruktion. Es wurde ausgebessert, nachgerüstet, was Einschränkungen der Nutzung nach sich zog, aber nicht wirklich half – bis eben festgestellt wurde:»Die Brücke hat fertig.«

Übrigens: Über Leverkusen regte sich die ganze Nation auf. Aber dasselbe Drama spielt sich mit denselben Ursachen bei der über 1100 Meter langen Neckarbrücke der A 6 bei Heilbronn und der Schiersteiner Rheinbrücke, der A 643 zwischen Mainz und Wiesbaden, ab. Bei Letzterer haben sich die Politiker sogar nicht gescheut, die Autofahrer mit einem Riesenplakat seit Jahren bis heute in die Irre zu führen. Die Brücke ist wegen ihrer Baufälligkeit schon seit Jahren auf 60 Stundenkilometer beschränkt, was die Hessen nutzen, um mit einer Radarfalle kräftig an dem Brückenbruch zu verdienen. Auf dem Plakat aber steht als Begründung für das Kriechtempo: »Ihr fahrt oben, wir bauen unten.« Darauf zu sehen sind Bauarbeiter. Aber gebaut wird an der alten Schiersteiner Brücke schon lange nicht mehr. Seit 2013 wurde endlich mit dem Neubau begonnen. Bis 2019 bleiben die Verkehrsbeschränkungen erhalten.

Ab 2020 soll dann auch die Leverkusener Brücke ersetzt werden. Für diesen Engpass liegen Berechnungen vor, was das die Volkswirtschaft bisher gekostet hat: An der 92 Tage dauernden Sperrung zwischen Dezember 2012 und März 2013 waren es zwischen 47 und 108 Millionen Euro, je nachdem, ob Staus auf den Ausweichautobahnen oder sogar Umgehungen auf Landes- und Bundesstraßen mit eingerechnet wurden. Diese Kosten mussten Unternehmen und Privatpersonen schultern. Der Staat dagegen profitierte von höheren Mautgebühren für Lkw, die Umwege fahren müssen, und einem Anstieg der Mineralölsteuern durch den Spritmehrverbrauch. Der Brückenneubau kann erst 2020 begonnen werden, weil unsere Autobahnplanwirtschaft dies so lange verzögert. Er soll etwa 200 Millionen Euro betragen. Das ist weniger als eine einjährige Sperrung der Brücke an volkswirtschaftlichen Schäden verursacht. Und das ist viel weniger als die Kosten, die durch die eingeschränkte Nutzung der Brücke bis 2020 entstehen.

Ein Schuldiger für diese Kapitalvernichtung ist nicht zu finden. In Leverkusen nicht, in Heilbronn und in Wiesbaden nicht und bei den anderen 40 000 Brücken nicht, die auch marode sind. Verantwortlich ist unser System, in dem Verkehrsminister ernannt werden, die sich um die Bedürfnisse der parteiinternen Statik kümmern, aber nicht um die Statik der Brücken. Verantwortlich sind auch die Bürger dieses Landes, die sich der Illusion hingeben, eine steuerfinanzierte Infrastruktur sei billiger für sie als Gebühren.

Gebühren statt Steuern

Jedes Mal, wenn ich in unser Auto einsteige, werde ich unvermeidbar mit dem heiß diskutierten Thema »Maut« konfrontiert. Rechts und links ist die Windschutzscheibe vollgeklebt mit Vignetten, die in Österreich charmant als »Pickerl« bezeichnet werden. Diese Sammlung haben wir uns eingefangen, weil wir privat und beruflich Reisen durch den Balkan und Südeuropa unternommen haben. Eine weitere Tour wäre nicht möglich, ohne vorher mit einem Heißluftgebläse die bisherigen Straßenbenutzungsgebührenbescheinigungen abgelöst zu haben. Dieses Bandwurmwort entspricht in etwa der Verklemmtheit, mit der dieses Thema in Deutschland diskutiert wird. Eine schier endlose Debatte, die nicht gerade von sachlicher Nüchternheit geprägt wird.

Vielleicht hat sie etwas mit der Historie des Autobahnbaus zu tun und der Langzeitwirkung genialer Propaganda. Als die Nationalsozialisten die privaten Autobahnbaugesellschaften auflösten, konnten sie nicht ahnen, dass sie damit bis ins nächste Jahrhundert hinein die Wurzeln für den schier unausrottbaren Glauben legten, Verkehrswege seien eine »Daseinsvorsorge«, die vom Staat finanziert und unterhalten werden muss. Aber um welche Dienstleistung auch immer es sich handelt: Sie muss bezahlt werden. Egal, ob dies direkt durch Gebühren oder indirekt durch den Staat geschieht, der dafür Steuern abverlangt. Die Deutschen bevorzugen eindeutig den Umweg über Steuern und haben eine tiefe Abneigung gegen private Dienstleister.

Mit ihrer Abneigung gegen die Gebührenfinanzierung gehören sie sowohl in Europa und erst recht in der Welt zu einer Minderheit. Wer nicht nur um seinen Kirchturm herum Radtouren unternimmt und dann mit dem Flugzeug in den All-inclusive-Urlaub mit deutscher Sprachbetreuung fliegt, wird spätestens an den Grenzen unseres Landes damit konfrontiert, dass er Gebühren für die Straßenbenutzung zahlen muss. Mit vier Ausnahmen: Dänemark, die Niederlande, Belgien und Luxemburg. Nehmen wir noch die skandinavischen Staaten und Großbritannien dazu, dann haben wir bis auf einige Ministaaten auch schon fast alle Länder der Welt aufgezählt, die generell auf den meisten Straßen auf Gebühren verzichten. Es gibt noch Ausnahmen auf der Arabischen Halbinsel, wo der Sprit nur wenige Cent kostet und leere Autobahnen 24 Stunden beleuchtet werden. Als Maßstab dienen diese Monarchien sicher nicht. Dort ist alles kostenlos, nicht nur die Straßen, sondern auch die Krankenhäuser und Schwimmbäder, zum Beispiel.

Die Gebührendiskussion ist aber in allen Staaten relevant, außer in Luxemburg. In Wallonien, dem französischsprachigen Landesteil Belgiens, sind die Pläne für eine Maut weit gediehen. Bisher scheiterte sie an der Zustimmung des flämischen Landesteils. 2016 soll zumindest eine Lkw-Maut nach deutschem Vorbild installiert werden. Doch die hohe Staatsverschuldung und der Zustand der Autobahnen lassen eine streckenbezogene Pkw-Maut immer wahrscheinlicher werden. Wenn Deutschland irgendeine Gebühr einführt, wird der belgische Staat dafür dankbar sein, dass der östliche Nachbar vorangeht, und schnell folgen.

Die Niederlande wollten schon 2013 eine streckenbezogene Gebühr erheben, haben das Projekt dann aber wieder zurückgestellt. Die Bevölkerungsdichte im Städteband Rotterdam, Den Haag, Utrecht und Amsterdam ist weltweit nur noch mit asiatischen Ballungszentren zu vergleichen, und da kann jeder Eingriff in die Struktur des Verkehrs zu unkalkulierbaren Verstopfungen führen. Und da sich die Niederländer als die Fuhrleute Europas verstehen, vermeiden sie eine zusätzliche Belastung der Mobilität. Gespräche mit den Flamen in Belgien aber werden intensiv geführt, ob und wann Straßenbenutzungsgebühren fällig werden, was in der Hafenlandschaft Antwerpen – Rotterdam – Amsterdam nur im Gleichklang sinnvoll ist.

Sehr pragmatisch sind die Skandinavier. Dort, wo der Verkehr über weite Strecken relativ schwach ist, kosten die Straßen nichts. Dort, wo er sich ballt, wird es teuer. Und dort, wo die Überwindung der Natur zu großen Bauwerken zwingt, müssen diese extra bezahlt werden. Die Brücken von Jütland über die Inseln Fünen und Seeland nach Schweden kosten richtig Geld. Einmal von West nach Ost kostet 49 Euro. Schweden bietet ein hervorragendes Straßennetz mit strenger Geschwindigkeitsüberwachung selbst in einsamen Waldgebieten. Aber große Brücken kosten Geld. Und wer nach Stockholm und Göteborg in die Stadt fahren will, muss eine Citymaut bezahlen.

Ähnlich die Norweger: Wer in die großen Städte fahren will, muss bezahlen. Dies trifft auch für Brücken oder besonders teure Straßenabschnitte zu. Da Geld in dem Ölland keine Rolle spielt, leisten sie sich die höchsten Pro-Kopf-Ausgaben für die Infrastruktur aller Industriestaaten. Die Maut für die Städte dient deshalb auch nicht so sehr zur Finanzierung der Straßen, sondern zur Verkehrslenkung.

Unsere direkten Nachbarn, die Dänen, haben im Jahr 2012 zum Beispiel 46 Kilometer neue vierspurige Autobahnen eingeweiht, Deutschland im selben Zeitraum 22 Kilometer. Wenn diese Zahlen noch in einem Größenverhältnis der Wirtschaftsleistung betrachtet werden, wird schnell klar, wie wir unsere Infrastruktur vernachlässigen. Die Dänen finanzieren ihren Autobahnbau mit einer extrem hohen Kfz-Zulassungssteuer von 180 Prozent bei Neuwagen. Ein Passat 2.0 TDI kostet dann locker 59 000 Euro. Der Liter Sprit ist im Schnitt jeweils 10 Cent teurer als in Deutschland. Der vierspurige Autobahnbau bei gleichzeitiger Geschwindigkeitsbegrenzung wird auch zur weiteren Erhöhung der Verkehrssicherheit vorangetrieben. Für die Dänen stehen also die Verfügbarkeit sehr guter Straßen und deren Sicherheit im Mittelpunkt des Ausbaus der Infrastruktur.

Im Vergleich der skandinavischen Staaten untereinander werden zwei verschiedene Ansätze deutlich: Länder mit Automobilindustrie wie Schweden und Finnland und ohne Automobilindustrie wie Norwegen und Dänemark haben jeweils ein grundsätzlich anderes Verhältnis zum Auto. Vor allem die Schweden achten darauf, dass die Gesetzgebung die Automobilindustrie nicht abwürgt. Steuern und Belastungen sind vergleichbar mit anderen Industriestaaten. Den Dänen ist es hingegen relativ egal, ob ihre hohen Steuern die Bürger vom Kauf eines Autos abschrecken. So kommt in Dänemark nur ein Auto auf drei Personen, in Deutschland sind es weniger als zwei Personen.

Das ist sicher auch einer der Gründe, warum sich Kopenhagen zur weltweit bestaunten Musterstadt für Fahrradfahrer entwickelt hat. Flaches Gelände, nicht allzu weite Entfernungen, horrende Autosteuern und ein diszipliniertes Verhalten im Verkehr sind dafür verantwortlich. Und trotzdem bauen sie ihr Autobahnnetz vergleichsweise umfangreicher aus als Deutschland. Für die dänische Regierung ist die Steuerbelastung für Autos kein Problem. Fahrzeuge müssen importiert werden und belasten die Handelsbilanz. Schweinefleisch dagegen wird ausgeführt, und da wissen die Dänen genau, wie sie die EU-Subventionsregel zu ihren Gunsten beeinflussen müssen. Aber alles hat zwei Seiten: Seit es die Brücke von Kopenhagen nach Malmö gibt, sind viele Dänen auf die schwedische Seite gezogen, weil es dort preiswertere Häuser gibt und es billiger ist, ein Auto zu unterhalten. Wem aber günstigerer Alkohol und flotteres Nachtleben wichtig ist, verbringt zumindest seine Freizeit in Dänemark.

Die nüchterne Betrachtungsweise der Vorteile einer guten Infrastruktur gehört zur skandinavischen Mentalität, und deshalb ist ein Tunnel für 5,5 Milliarden Euro unter dem Fehmarnbelt nach Deutschland etwas Selbstverständliches. Die Finanzierung durch Gebühren ist für Kopenhagen kein Problem, das wollen die Dänen ganz alleine stemmen. Von uns erwartet man nur, dass wir die Anschlüsse für die Schiene und die vierspurige Autobahn bereitstellen. Wenn das Projekt noch scheitert, dann an der Unfähigkeit Deutschlands, eine Zufahrt zu einem europäischen Großprojekt zu bauen.

Norwegen wird neuerdings als ökologisches Vorbild gefeiert, weil dort ein regelrechter Siegeszug des E-Autos zu beobachten ist. Die Zulassungszahlen entsprechen schon 2014 dem Anteil beim Neukauf von Autos, den Deutschland bis 2020 mit seinem Ein-Millionen-E-Auto-Programm erreichen will. Dies soll den Verbrauchern und der Automobilindustrie mit einer Milliarde Euro Subventionen schmackhaft gemacht werden. Die Norweger sind jedoch schon immer sehr geschickt gewesen, wenn es um das Image eines Umweltvorbildlandes ging – was mit der Realität insofern wenig zu tun hat, weil sie es gleichzeitig hervorragend verstehen, ihre Interessen dabei knallhart zu wahren. So lassen sie sich zum Beispiel durch kein Abkommen der Welt vom Walfang abhalten. Ähnlich verhalten sie sich jetzt bei der Förderung des E-Autos. Da sie keine Automobilindustrie haben, belegen sie Autos mit horrenden Zulassungssteuern, die leicht noch einmal die Hälfte des Kaufpreises zusätzlich betragen können. Wer allerdings ein E-Auto kauft, bleibt von diesen Abgaben und der 25-prozentigen Mehrwertsteuer verschont. Er spart auch den horrenden Spritpreis, der für Diesel oder Benzin in etwa mehr als 50 Cent pro Liter teurer ist als in Deutschland. Der Strompreis dagegen beträgt in Norwegen nur knapp 5 Cent pro Kilowattstunde und kommt zu 90 Prozent aus Wasserkraft. Das sind Traumkennziffern für die ökologische Gemeinde. Das Ganze hat nur einen Schönheitsfehler. Norwegen kann sich seinen hohen Lebensstandard und ökologische Sonderwege nur leisten, weil es Öl und Gas verkauft. Was also an Öl im eigenen Land nicht verbraucht wird, kann teuer exportiert werden. Global gesehen wird also nicht ein Tropfen Öl oder ein Kubikmeter Gas eingespart. So kann Norwegen gleich doppelt glänzen: als ein Musterland des CO_2-freien Verkehrs und als Hauptprofiteur vom Verkauf des Rohöls.

Damit sind die mautfreien Staaten beschrieben. Sie taugen also alle nicht als Beispiel, um in Deutschland Straßengebühren für Autobahnen abzulehnen. Die Diskussion bei uns ist in drei Argumentationsstränge einzuteilen. Da sind zum einen die Gegner jeglicher privaten Einmischung in eine Dienstleistung, die der Staat ihrer Überzeugung nach zu erbringen hat. Andere lehnen die Mautgebühr ab, weil sie glauben, dass der Staat in der Maut nur eine weitere Möglichkeit sieht, den Bürger abzukassieren, und sich dadurch am Zustand der Straßeninfrastruktur nichts ändert. Und die dritte Gruppe will grundsätzlich nicht mehr Geld für den Straßenbau ausgeben, weil sie gegen den Individualverkehr im Allgemeinen und die Autobahnen im Besonderen ist.

Die Argumentationsketten werden in den Diskussionen miteinander verknüpft, schwirren durcheinander und verhindern dadurch eine nüchterne Betrachtung, sowohl der Ursachen für unsere mittlerweile marode Infrastruktur als auch deren dringend gebotenen Sanierung. Wie schon zu Beginn dieses Buches festgestellt: Im Jahr 2013 standen Autofahrer 830 000 Kilometer im Stau. Wir haben versucht, das von einem glaubwürdigen Institut in Liter Sprit umrechnen zu lassen. Aber das war angesichts der unterschiedlichen Berechnungs- und Betrachtungsmethoden nur bedingt möglich. Deshalb können wir nur aus Studien von BMW und dem ADAC aus dem Jahr 2009 berichten, die die Kosten für den zusätzlichen Spritverbrauch mit 11 bis 14 Milliarden Euro angegeben haben.

Der ehemalige rheinland-pfälzische Verkehrsminister Artur Bauckhage erzählte uns, dass er montags, wenn er von seinem Wohnort im Westerwald ins Ministerium nach Mainz fuhr, von Wiesbaden an immer im Stau stand. Er las dann in einer Zeitung, sodass sein Gesicht verdeckt war. »Ich hatte Angst, dass die Autofahrer über mich herfallen, wenn sie mich erkennen, aber ich konnte auch nichts machen. Die fuhren ja nicht nach Frankfurt zum Fußballspiel, die wollten doch nur zur Arbeit.« Der Zynismus unseres Straßenbauversagens wird an folgenden Zahlen deutlich: Jeden Betrieb in der Bauwirtschaft und im Handwerk kostet der Stau pro Jahr 78 000 Euro, jeden Industriebetrieb 169 082 Euro, ein Handelsunternehmen 65 515 Euro, Unternehmen der Transport- und Verkehrsbranche 111 466 Euro und sonstige Dienstleister 20 814 Euro. Diese Zahlen wurden in der Metropolregion Nürnberg erhoben und sind mit den Zuständen in anderen Ballungsräumen vergleichbar.

Vor allem die mittelgroßen Handwerksbetriebe am Rande der Zentren werden existenziell von den Staus bedroht. So berichtete ein uns bekannter Fliesenleger, dass er seine acht Mitarbeiter trotz voller Auftragsbücher entlassen musste und jetzt wieder allein als Meister arbeitet. Er wohnte am Rande des Hunsrücks, aber all seine Baustellen lagen im Rhein-Main-Gebiet, jenseits des Rheins. Über 15 Jahre lang waren die beiden Brücken bei Mainz aber Baustellen mit verengten Fahrbahnen. Danach dauerte es zehn Jahre, bis der Mainzer Ring, die A 60, teilweise von vier auf sechs Fahrbahnen mit Standspur verbreitert worden war. Das bedeutete für ihn, dass er fast jeden Tag mindestens eine Stunde im Stau stand. In seinem VW-Bus saßen in der Regel fünf bis sechs seiner Arbeiter samt Baumaterial. Das waren rund 1000 Euro Kosten im Stau, die ihm niemand bezahlte. So viel konnte er an den Baustellen nicht verdienen. Er wollte sich verkleinern und nur noch vor dem Rhein arbeiten. Dass hätte die Entlassung von vier Mitarbeitern bedeutet. Das ging aber auch nicht, weil so hohe Abfindungskosten angefallen wären, dass er Bankkredite hätte aufnehmen müssen. Also meldete er sein Unternehmen ab, entließ alle Beschäftigten und arbeitete wieder nur für sich und auf der linken Rheinseite. Eine Geschichte, die sich so und ähnlich überall in Deutschland abgespielt hat und noch abspielt, wo die unzureichende Infrastruktur die Wirtschaftsleistung einschränkt oder gar ganz verhindert.

Es sind diese Geschichten, die verständlich machen, warum sich die jährlichen Staukosten auf den Straßen im Milliardenbereich bewegen. Und trotzdem wehren sich unsere Politiker gegen die Maut. Im April 2014 zum Beispiel diente sich Bundesverkehrsminister Alexander Dobrindt den Handwerkern als Schutzherr an. Auf die Frage, ob bald auch die 3,5-Tonner, also die typischen Handwerkerautos, Maut zahlen müssten, versicherte er: »Wer diese Fahrzeuge bemauten will, nimmt eine erhebliche Belastung für Mittelstand und Handwerk in Kauf. Ich habe das nicht vor.« Der Fliesenleger aus dem Hunsrück hätte gern 5 Euro Maut bezahlt, wenn er dafür nicht im Stau gestanden hätte. Und das geht Millionen Gewerbetreibenden so.

Doch Alexander Dobrindt und alle seine Vorgänger haben ein selbstverschuldetes Problem: Niemand glaubt ihnen mehr, wenn sie vollmundige Versprechungen machen, Einnahmen aus zusätzlichen Mautgebühren würden ausnahmslos in den Straßenverkehr zurückfließen. Auch wenn der ADAC sich mit seinen Gelbe-Engel-Manipulationen alle Mühe gegeben hat, seine Glaubwürdigkeit zu zerstören, hat er doch jahrelang die Ansicht von Millionen Autofahrern vertreten und auch mit beeinflusst, dass es keine Maut geben soll. Hier ein Zitat aus seiner Stellungnahme gegen die Maut, eine Einstellung, die von der überwiegenden Mehrheit der Deutschen geteilt wird, wie Umfragen ergeben haben.

»Eine Pkw-Maut ist nicht notwendig, um ausreichende Mittel für den Straßenbau und -erhalt in Deutschland bereitzustellen – hier scheitert es im Grundsatz nicht an Geld für zusätzliche Straßenbaumaßnahmen, sondern insbesondere am politischen Willen, vorhandene Mittel entsprechend zu verwenden. Gesamteinnahmen in Höhe von jährlich rund 53 Milliarden Euro stehen lediglich gut 19 Milliarden Euro pro Jahr an Ausgaben für das deutsche Straßennetz gegenüber – rechnerisch fließen also fast zwei Drittel der von Autofahrern erhobenen Sonderabgaben in straßenverkehrsfreie Zwecke.«

Bei dieser Rechnung ist der ADAC sogar noch zurückhaltend. Auch über die Versicherungssteuer schröpft der Staat die Autofahrer. Insgesamt brachte sie 2013 11,35 Milliarden Euro, das ist mehr als die Kfz-Steuer, deren Einnahmen 8,5 Milliarden Euro betrugen. Wie viel von den gut 12 Milliarden Euro aus Kfz-Versicherungen stammt, ist nicht genau ausgewiesen. Diese beträgt jedoch 19 Prozent, während fast alle anderen Versicherungen mit einem niedrigeren Satz belastet werden. Einige Milliarden kommen da auch noch einmal zusammen.

Den Rest von Vertrauen hat dann die rotgrüne Regierung verspielt, als die Lkw-Maut eingeführt wurde. Entgegen allen Versprechungen wurden die Einnahmen aus der Lkw-Maut nicht zu 100 Prozent in den Straßenbau und -erhalt investiert. Für die Jahre 2007 und 2008, in denen je 3 Milliarden Einnahmen zugrunde gelegt wurden, erhielten der

Fernstraßenbau 50 Prozent, die Schiene 38 Prozent und die Wasserstraßen 12 Prozent – nachdem die 650 Millionen Euro für die Betriebskosten abgezogen waren. Das war dann nur noch ein vergleichsweise kleiner Betrag, der die Staus weder für die Brummis noch für die Pkw kürzer machte. Zusätzlich wurde ein weiteres Versprechen gebrochen. 2003, vor der Einführung der Lkw-Maut, wurden 4,65 Milliarden Euro aus dem Bundeshaushalt für den Straßenbau verwendet. 2013 standen im Haushalt nur noch 1,43 Milliarden Euro für den Straßenbau zur Verfügung, dafür 3,45 Milliarden aus der Maut. Das bedeutet: In dem Maße, wie die Mauteinnahmen stiegen, wurden die Mittel aus dem Haushalt gekürzt, die ja auch vom Straßenverkehr aufgebracht wurden.

Bei der Einführung der Maut hatten CDU und FDP noch dagegen polemisiert, dass die Mittel nicht zu 100 Prozent in den Straßenbau fließen. Das haben sie zwar geändert, aber mit der gleichzeitigen ständigen Verringerung der Haushaltsmittel haben sie faktisch nichts anderes gemacht. Jetzt haben alle Parteien dafür gesorgt, dass ihnen die Autofahrer nicht mehr glauben, jede Gebühr ablehnen, sich nur noch ausgenommen fühlen und trotz der Milliarden, die sie bezahlen, im Stau stehen. Denn wie heißt es im Volksmund:»Wer einmal lügt, dem glaubt man nicht.«

Wenn wir hier von gebührenfinanzierten Autobahnen schreiben, dann meinen wir ganz gewiss nicht die Folkloremaut, die die bayerische CSU, von Ministerpräsident Horst Seehofer getrieben, zum Wahlkampfthema 2013 machte. Eine eher peinliche Veranstaltung, da sie nicht die Grundsätze einer wirksamen Autobahnfinanzierung in den Mittelpunkt der Diskussion stellte, sondern die Maut zu einer Gerechtigkeitsfrage verunstaltete.»Die Ausländer sollen auch bezahlen«, war die Parole für den Stammtisch und:»Kein Deutscher wird mehr belastet.« Eine Zugabe für schlichte Gemüter.

Abgesehen davon, dass es eine Vielzahl von Berechnungen gab, die das Aufkommen der bayerischen Ausländermaut, die von 700 Millionen Euro im Jahr bis zu einem verwaltungsaufwendigen Nullsum-

menspiel reichen, sind das alles keine Beträge, um das deutsche Autobahnnetz zu unterhalten und auszubauen. Diese Debatte war und ist
nicht hilfreich, wenn die Vorteile einer Herauslösung der Infrastrukturkosten aus den Bundes- und Länderhaushalten vermittelt werden
soll. Genau das haben die Bayern nämlich nicht vor – sie wollen schon
die Macht behalten. Sie wollen nur etwas mehr Geld im Topf. Das wird
nicht ausreichen, um das bisherige Verkehrsfinanzierungssystem zu
überwinden, damit es effizient und damit ökonomisch und ökologisch
der Volkswirtschaft dienen kann.

Die Alpenländer: Pickerl und Vignetten

Ein Blick über die Grenzen zu unseren deutschsprachigen Nachbarn
Schweiz und Österreich zeigen, dass die beiden Alpenstaaten für sich
pragmatische Lösungen gefunden haben, die in Deutschland derzeit
noch abgelehnt werden. Wer ab Basel oder Salzburg über die Alpen
fährt, rollt auf schlaglochfreien Pisten durch Gebirge und Städte auf
glatten Fahrbahnen, die es bei uns in Deutschland schon so lange nicht
mehr gibt. Natürlich regen sich die deutschen Autofahrer erst einmal
über die Vignetten auf, die sie bezahlen müssen, das gehört zum Ri-
tual. Aber ich habe noch niemanden getroffen, der deswegen auf die
Autobahn verzichtet und sich über Landstraßen nach Italien und auf
den Balkan gequält hätte.

Die Schweiz gilt gerade bei den stürmischsten Befürwortern des öffentlichen Nah- und Schienenverkehrs als nachahmenswert. Darüber
werden wir auch ab S. 225 ausführlich schreiben. Aber die Finanzierung und der Bau der Autobahnen, die in der Schweiz»Nationalstraße« heißen, ist noch vorbildlicher. Den Eidgenossen ist es gelungen,
in ihrem sehr föderalen Staat ein System zu etablieren, das von allen
Kantonen mitgetragen wird.

Als ich das Schweizer Bundesamt für Strassen (ASTRA) in Bern besuchte, wurde ich in einem eindrucksvollen Büroblock empfangen. Rudolf Dieterle war der für meine Fragen zuständige Sektionsleiter und seine Erklärungen, wie die Schweiz denkt und handelt, müsste fast allen deutschen Verkehrspolitikern die Schamröte ins Gesicht treiben. »Wir Schweizer wollen die Mobilität, und deshalb wollen wir die Autobahnen. Aber wir wollen sie nicht sehen, nicht riechen und nicht hören«, beschrieb er das Konzept der Eidgenossen. Und so bauen sie auch. Die Autobahnen werden nicht nur um die Städte herum gebaut, sondern mittendurch, allerdings im Tunnel. So zu sehen in St. Gallen, Luzern, Neuenburg etc. Wo dies bei den ersten Autobahnen in den sechziger Jahren noch nicht konsequent umgesetzt wurde, wie in Bern oder Zürich, wird dies jetzt nachgeholt.

Das ASTRA wurde 1960 gegründet mit der Aufgabe, das Schweizer Nationalstraßennetz zu bauen und zu unterhalten. In den Zielsetzungen sind der Umweltschutz, die Berücksichtigung der kantonalen Bedürfnisse, die Wirtschaftlichkeit und Dutzende weitere Vorgaben genau aufgelistet. Gleichzeitig wurde ein Nationalstraßennetz beschlossen, das heute noch gültig ist. Einige Trassen wurden geringfügig ergänzt, aber auch nach fünfzig Jahren wird immer noch das gleiche Netz gebaut und unterhalten. Nicht eine einzige Planung war umsonst. Schon dieser Vergleich mit Deutschland ist für uns beschämend: Im selben Zeitraum haben wir mehrere Bundesverkehrswegeplanungen gesetzlich festgelegt, daran gearbeitet, dann wieder ganze Autobahnen gestrichen und andere neu erfunden. Im Vergleich zur Schweiz produzieren wir statt Straßen viel heiße Behördenluft.

Auch die Einnahmen des eidgenössischen Bundesamts für Strassenbau sind auf Jahre gesichert und nicht vom Schweizer Bundeshaushalt abhängig. Per Volksabstimmung wurde festgelegt, dass 50 Prozent der Mineralölsteuer der Abteilung Straßeninfrastruktur des Bundesamtes zustehen. Das waren im Jahr 2012 2,964 Milliarden Franken (2,371 Milliarden Euro), weitere 1,974 Milliarden Franken (1,580 Milliarden Euro) kommen aus dem Mineralölzuschlag, der zu 100 Prozent in den

Straßenbau fließt. Die dritte Finanzierungssäule ist die Vignette, die 315 Millionen Franken (252 Millionen Euro) beisteuert. Zusammen ergibt das nach Abzug von Erhebungskosten 3,784 Milliarden Franken (3,027 Milliarden Euro) für die Spezialfinanzierung Straßenverkehr (SFSV), wie das Budget etwas kompliziert heißt.

Im Finanzierungsplan steht auch, dass pro Liter Benzin 43,12 Rappen (33,7 Cent) und für Diesel 45,87 Rappen (36,7 Cent) Mineralölsteuer anfallen, die seit 1993 nicht mehr angehoben wurde. Der Mineralölsteuerzuschlag beträgt 30 Rappen (24 Cent) und ist seit 1974 gleichbleibend. Das war das Jahr nach der ersten Ölkrise. Steuern, die seit Jahrzehnten nicht mehr angehoben wurden – welch paradiesischer Zustand!

Das eidgenössische Bundesamt stellt dann einen detaillierten Haushaltsplan auf, den die Regierung verabschiedet. Für 2014 sind rund 1,95 Milliarden Franken (1,56 Milliarden Euro) allein für das Nationalstraßennetz vorgesehen, davon sind 1,25 Milliarden (1 Milliarde Euro) für den Ausbau und Unterhalt des bestehenden Netzes eingeplant, 603 Millionen Franken (482,4 Millionen Euro) für die Netzvollendung, also den Weiterbau an den 1960 beschlossenen Trassen, und 100 Millionen (80 Millionen Euro) für die Beseitigung von Engpässen.

Die anderen, mehr als eine Milliarde Franken betragenden Mittel aus dem SFSV werden für Umweltschutzmaßnahmen, den Bau des Gotthardtunnels, Nahverkehre, für Forschung und Haupttrassen in Kantonen ohne Nationalstraße verwendet. Aus dem Gesetz des Bundes geht genau hervor, wie viel Geld jedem der 26 Kantone zur Verfügung gestellt wird. Denn wie in Deutschland führen die Kantone die Arbeiten im Auftrag der Zentralverwaltung aus. Damit sind die Gemeinsamkeiten aber auch schon zu Ende.

In Deutschland werden die Mittel des Bundesverkehrsministeriums nach dem sogenannten Kronberger Schlüssel verteilt, der 1960 beschlossen wurde. Aber niemand konnte uns sagen, wie der genau aussieht. Die Größe des Bundeslands, seine Wirtschaftsstruktur und Bevölkerungszahl spielen eine Rolle. Doch der Schlüssel wird ständig verändert. Sonderprogramme werden nach Lückenschluss oder Stauschwerpunkten extra vergeben, und jetzt soll er sogar völlig außer Kraft gesetzt werden, weil der Zustand des Netzes nur noch dringende Reparaturen verlangt, die sich nicht nach den Ländergrenzen richten. Totale Transparenz in der Schweiz, komplette Intransparenz in der Bundesrepublik.

Ganz furchtbar wird es, wenn die Aufwendungen der Schweiz ins Verhältnis mit den Aufwendungen in Deutschland verglichen werden. Wir haben dazu das Bundesland Baden-Württemberg ausgesucht, weil es mit den Schweizer Gegebenheiten am weitesten übereinstimmt. Die Schweiz hat eine Fläche von 41 285 Quadratkilometern und ist damit etwas größer als Baden-Württemberg mit 35 741 Quadratkilometern. Dafür hat die Schweiz nur 8,1 Millionen Einwohner, Baden-Württemberg aber 10,5 Millionen. Damit ist Baden-Württemberg etwas dichter besiedelt, die Schweiz hat dafür höhere und mehr Gebirge. Die Schweiz hat 1811,6 Kilometer Autobahn, wovon 279,7 nur zweispurig sind, Baden-Württemberg 1061,1 Kilometer.

Aber es sind die folgenden beiden Zahlen, die deutlich machen, warum sich das Schweizer Autobahnnetz in einem hervorragenden Zustand befindet und warum Baden-Württemberg vor allem durch Staus und Baustellen auffällt. Die Schweiz gibt für ihr Autobahnnetz rund 2 Milliarden Franken pro Jahr aus, also 1,6 Milliarden Euro, und Baden-Württemberg erhält gerade einmal 830 Millionen Euro (2013), davon knapp 200 Millionen Euro für Neu- und Ausbau. Lächerlich wenig. Und bei den Zahlen ist noch nicht detailliert aufgeschlüsselt, in welches Projekt sie fließen. So entstand in Baden-Württemberg ein Streit zwischen Regierung und Opposition, ob das Land 2013 Gelder ungenutzt an den Bund zurückgegeben habe, weil der grüne Verkehrsminister unwillig oder unfähig gewesen sei, es zu verbauen. Dabei handelte es sich im Wesentlichen um Mittel, die das Land nicht zusätzlich abgreifen konnte, als der Bund am Jahresende plötzlich Geld übrig hatte. Diese Jahresendrallye ist auch so ein Phänomen, das haushaltstechnisch entsteht und eines intelligenten Industriestaats unwürdig ist.

Zusammengefasst: Die Schweizer finanzieren ihre Autobahnen mit einem per Volksentscheid festgelegten 50-prozentigen Anteil aus Mineralölsteuern und einer Jahresvignette in Höhe von 40 Franken. Eine zentrale Bundesbehörde arbeitet ein gesetzlich festgelegtes Streckennetz ab und ist für dessen Unterhaltung zuständig. Die Kantone führen die Arbeiten aus. Dabei ist es ihnen belassen, zusätzliche Autobahnen aus eigenen Mitteln zu bauen, wovon vor allem der Kanton Zürich Gebrauch macht. Für Schweiz-Reisende: Das sind Autobahnen mit einer zweistelligen Nummer, die vorne eine 5 haben. Warum übernehmen wir nicht die Schweizer Lösung? Was ist daran falsch?

Die hohen Investitionen hinsichtlich Unterhaltung und Ausbau der Autobahnen in der Schweiz führen zu dem Eindruck, dass das Problem der bröselnden Brücken, das bei uns aufgetreten ist, vor allem durch die Nachlässigkeit und Ignoranz der Politik entstanden ist, die die Straßen wegen zu geringer Mittel hat verkommen lassen. In der Schweiz gibt es auch weniger Baustellen als bei uns. Man hat einen Plan, aus dem zu ersehen ist, welcher Abschnitt zum Beispiel 2027 erneuert wird. Die Straßen haben ein Verschleißdatum, und deshalb wissen die Eidgenossen auch, wie viel ihr Netz gerade wert ist und wann es erneuert werden muss. In Deutschland wird geflickt und wieder geflickt, weil kein Geld für die Grunderneuerung eingeplant wird. Da wird dann wieder Asphalt auf die Löcher geklebt, da werden die Risse mit Teer ausgegossen, Brücken gerade noch vor dem totalen Zusammenbruch bewahrt. Immer sind Sperrungen und Fahrbahnverengungen nötig. Nach zwei Jahren ist die Flickerei wieder abgefahren, und es geht von vorn los. Dies alles ist in der Schweiz nicht der Fall. Es geht also anders – aber nicht mit dem deutschen politischen System.

Rudolf Dieterle vom eidgenössischen Bundesamt für Strassen erklärt mir auch, dass der Zuwachs des Netzes jetzt nur noch sehr langsam vorangehe, weil die restlichen Strecken fast alle in engen Hochgebirgstälern liegen und aus komplizierten Tunneln bestehen. Die Planung steht bis für die letzten Kilometer bei Biel 2028 und einem

Tunnel 2030 in den Zentralalpen fest. Ob nicht auch eine zweite Röhre für den Gotthardtunnel fällig wäre, fragte ich, denn da bilden sich in den Hauptreisezeiten oft kilometerlange Staus. »Da steht ihr«, meinte Dieterle breit grinsend, »wir haben andere Engpässe.« Ob das auch mit Geld zusammenhängt, wollte ich noch wissen, denn schließlich kostet eine zweite Röhre etwa 1 Milliarde Euro. Und dann sagte Dieterle einen Satz, der 16 deutsche Finanzminister und 16 deutsche Verkehrsminister vor Neid erblassen lassen müsste: »Ach, die eine Milliarde? Die sitzen wir doch mit einer Backe ab. Das sind 100 Millionen pro Jahr, denn zehn Jahre brauchen wir. Das ist doch kein Problem!«

Übrigens: Im September 2013 hat der Schweizer Bundesrat dem Bau einer zweiten Gotthardröhre zugestimmt, was von der Mehrheit der Kantone abgesegnet wurde. Dabei wurde festgelegt, dass die zweite Röhre nur für die Sicherheit gebaut wird, aber keine Kapazitätsausweitung ermöglicht. In dem Bundesgesetz wird festgehalten, dass jede Röhre nur einspurig befahren wird und damit kein Gegenverkehr mehr sein muss. Gleichzeitig wird so gewährleistet, dass Reparaturen und Grundsanierungen in jeweils einer Röhre stattfinden können, ohne den Verkehr ins Tessin zu behindern. Der Bundesrat: »Das ermöglicht späteren Generationen, alle dreißig bis vierzig Jahre die nötigen Erhaltungsarbeiten ohne Vollsperrung durchzuführen.« Das ist vorbildliche Nachhaltigkeit.

Während wir uns in den Kompetenzen zwischen Bund und Ländern verheddern, eine Finanzierung nach politisch eingestufter Kassenlage leisten und jetzt verblüfft mit den Folgen eines maroden Netzes kämpfen, sind die Schweizer dabei, ihr System zukunftsfähig zu gestalten. Die Schweizer kümmern sich auch heute schon darum, dass die Einnahmen aus der Mineralölsteuer dank E-Autos und alternativen Antrieben immer weiter sinken. Das ist eigentlich für jeden einigermaßen mitdenkenden Bürger einsichtig. Aus vielerlei Gründen sinkt der Verbrauch der Fahrzeuge pro gefahrenem Kilometer schneller, als dies noch durch die Zunahme des Verkehrs ausgeglichen werden könnte.

Eine Senkung des Spritverbrauchs ist ja auch das Ziel jeder Regierung, egal ob sie rechts, links oder sonstwo einzuordnen ist.

Die Schweiz hat ausgerechnet, dass ihr spätestens in zehn Jahren die bestehende Finanzierung wegbricht. Ab 2017 soll ein neues Modell eingeführt werden. Statt 50 Prozent bekommt das Bundesamt für Strassen dann 100 Prozent der Mineralölsteuer. Weiterhin erhält es 100 Prozent aus den Vignetteneinnahmen. Zusätzlich wird eine Automobilsteuer eingeführt und eine Pauschalbesteuerung für Fahrzeuge mit alternativem Antrieb. Diese Einnahmen werden auch zu 100 Prozent dem Straßenbau zugeteilt. Und in Deutschland? Außer dem einfallslosen Ansinnen einer höheren und auf alle Straßen ausgedehnten Lkw-Maut wird von den Parteien vor allem das Mantra verkündet: Keine neuen Belastungen für den deutschen Autofahrer.

Das Ziel der Schweizer ist es, außer der Vignette keine weiteren Straßengebühren zu erheben. Deshalb wird zwar das *Mobility Pricing*, also eine benutzerbezogene Maut, die sich nach der Auslastung der Straße richtet, angestrebt, aber noch sehen die Politiker keine Chance, dass sie eine Volksabstimmung überstehen würde. Diese Gebührenordnung wäre so gestaffelt, dass die Maut zu Spitzenzeiten ansteigt, in der Nacht dagegen zum Beispiel sinkt. Dieses System wird bisher in Städten wie London und Singapur genutzt. Alle Experten sind sich einig, dass »dieses Modell für Straße und Schiene nicht nur die notwendigen Einnahmen auf lange Sicht generiert, sondern auch die Mobilität im Sinne einer ökonomisch effizienten und ökologisch nachhaltigen Nutzung der Netzkapazitäten beeinflusst. Dies ist im Rahmen einer marktwirtschaftlichen Ordnung nur mittels leistungs-, qualitäts- und nachfrageabhängiger Preise für den offenen Zugang zu den Verkehrsinfrastrukturen zu erreichen.« (Avenir Suisse) Nach 2015 sollen nach Konzeptberichten weitere Entscheide zum Vorgehen gefällt werden. Da ist uns die Schweiz Schaltjahre voraus.

Da uns die Fixierung auf die Mineralölsteuer als Abkassiermodell des Individualverkehrs zur Sanierung der Staatshaushalte daran hindert, von der Schweiz zu lernen, hilft vielleicht ein Blick ins andere

Alpenland, zu unseren österreichischen Nachbarn. Deren Maut wird gerade von den Bayern als besonders ungerecht empfunden, weil sie zum Skifahren nach Kitzbühel zwar zahlen müssen, die Österreicher aber, wenn sie von Salzburg nach Innsbruck wollen, auf einer kostenlosen deutschen Autobahn fahren können. Sie haben sich eine Querspange von Salzburg und Tirol gespart und nutzen die deutsche völlig überlastete A 8. Doch bevor wir die Neidkeule schwingen, betrachten wir die österreichische Autobahnfinanzierung, denn die Wiener Regierung hat es auch geschafft, sie aus den Haushalten herauszunehmen.

1982 gründete Österreich die »Autobahnen- und Schnellstraßen-Finanzierungs-AG«, abgekürzt ASFINAG. Sie gehört zu 100 Prozent dem Staat. Erst war sie nur als Finanzierungsgesellschaft tätig. So etwas Ähnliches wurde auch in Deutschland mit der VIFG 2003 geschaffen, der Verkehrsinfrastrukturfinanzierungsgesellschaft, ein Bandwurmwort, das die Chance hätte, ins Guinness-Buch der Rekorde zu gelangen. Nach eigener Beschreibung trägt die VIFG mit einem hohen Maß an Transparenz dazu bei, dass die Mautmittel zweckgebunden eingesetzt werden. Doch während die VIFG kaum jemand kennt und sie nur einen sehr begrenzten Einfluss auf den Autobahnbau nehmen kann, sind die Österreicher einen anderen Weg gegangen. Schon 1997 haben sie der ASFINAG die »Gesamtverantwortung für höherrangiges Straßennetz inklusiv der darauf lastenden Schulden« übertragen. Damit verbunden war das Recht, in eigenem Namen Maut und Benutzergebühren zu erheben. Seither sehen Sie bei Ihren Fahrten durch Österreich die Hinweise: »Hier baut für Sie die ASFINAG mit Ihren Mautgebühren.«

Die ASFINAG muss sich komplett aus Gebühren refinanzieren. Aus dem Staatshaushalt erhält sie keinen Euro mehr. Ihr Hauptproblem sind die rund 11 Milliarden Euro Schulden, die ihr der Staat mit in die Wiege gelegt hat und die sie mit Einnahmen aus der Maut tilgen muss. Optimistisch verkündet sie, dass sie die Schulden bis spätestens 2040 abgetragen hat, wenn sie gleichzeitig ihre Investitionsfähigkeit erhält. Für das Jahr 2014 stehen 880 Millionen Euro zur Verfügung, wovon 460 Millionen in den Ausbau und die Sanierung des Bestandsnetzes fließen und 420 Millionen in Neubauten. Die ASFINAG steht dabei vor der Mammutaufgabe, 81 Tunnel auf den neuesten Stand der Sicherheitsbestimmungen aufzurüsten. Allein auf der A 9, der Pyhrntal-Autobahn, auf der die Deutschen fahren, wenn sie von Passau über Graz an die kroatische Küste oder einige von ihnen in ihre alte Heimat, die Türkei, fahren, erhalten sieben Tunnel mit Gegenverkehr für 720 Millionen Euro eine zweite Röhre.

Haben wir die Schweiz mit Baden-Württemberg verglichen, so bietet sich für Österreich eine Gegenüberstellung mit Bayern an. Österreich hat eine Fläche von 83 878 Quadratkilometern und 8,5 Millionen Einwohner, von denen 2 Millionen im Großraum Wien leben. Bayern ist mit 70 551 Quadratkilometern etwas kleiner, hat aber 12,56 Millionen Einwohner. Österreich besitzt 2178 Kilometer hochrangige Straßen, womit Autobahnen und autobahnähnliche Schnellstraßen gemeint sind, Bayern 2508 Kilometer.

Eine hundertprozentige Finanzierung durch Straßengebühren trauen sich nur wenige Staaten. Die Österreicher haben sich mittlerweile damit arrangiert. 82,70 Euro müssen sie für die Jahresvignette bezahlen, dafür ist die Mineralölsteuer etwas niedriger als in Deutschland. Auch das ärgert die Bayern, weil es zu einem Tanktourismus ihrer Bürger nach Österreich geführt hat. Darüber hinaus haben sich die Österreicher mit ihrer Zehntagesvignette eine ziemlich einträgliche Idee für die Touristen auf der Durchreise einfallen lassen. Eine Zehntagesvignette kostet zwar »nur« 8,50 Euro, das sind aber immerhin mehr als 10 Prozent einer Jahresvignette. Damit nicht genug. Für 141 Kilometer gelten die Vignetten nicht. Alle Urlauber auf dem Weg zum Mittelmeer müssen über einen der Pässe, und die kosten extra. Im Endeffekt bleibt es sich gleich, ob ich über die Schweiz mit deren Jahresvignette von 40 Franken oder über die Zehntagesmaut plus Gebirgszuschlag durch Österreich fahre, es addiert sich für einmal Mittelmeer und zurück auf gut 30 Euro.

Die Alternative: wie bis weit in die achtziger Jahre üblich, über kurvenreiche Passstraßen und enge Ortsdurchfahrten in den Süden, was eine zusätzliche Übernachtung bedeutet. Und die ist teurer als die Straßengebühr. Warum also tun wir uns in Deutschland so schwer damit, diese einfachen Zusammenhänge zu erkennen? Mobilität kostet Geld, aber sie ist umso preiswerter, je schneller und sicherer ich mein Ziel erreichen kann. Während in Österreich, ähnlich wie in der Schweiz, die Investitionen Bundesland für Bundesland genau aufgeführt werden und der Autofahrer somit nachvollziehen kann, was mit jedem einzelnen Euro seiner Maut von der ASFINAG gebaut wird, ist es in Deutschland unmöglich, aus öffentlichen Publikationen zu ersehen, wie viele Mittel zum Beispiel Bayern zugeteilt und welche Projekte damit bezahlt werden. Die erste Forderung aus den Beispielen Österreich und Schweiz sollte daher sein, dass die Finanzierung und die Geldströme in Deutschland genauso transparent veröffentlicht werden wie bei unseren südlichen Nachbarn. Das kostet erst einmal keinen Cent.

Wir belassen es bei diesen Beispielen. Mit der Schweiz und Österreich können sich die meisten Deutschen noch identifizieren. Im Internet können Sie nachschauen und werden dabei Erstaunliches erfahren. Das arme Ungarn erhebt zum Beispiel eine Jahresmaut von 140 Euro bei Spritpreisen wie in Deutschland. Die Ungarn und Rumänen haben keine Mautstellen und Pickerl, sondern eine elektronische Überwachung, die das ganze Land erfasst.

In Frankreich und Italien gibt es regionale private Autobahngesellschaften, an denen der Staat und meistens auch die Regionen beteiligt sind. Da diese Gewinne abwerfen, muss der Staat für seine Autobahnen also nichts bezahlen, sondern erzielt trotz hoher Mineralölsteuern auch noch Einnahmen über die Autobahnen. Vorstellungen, die in Deutschland im Moment noch als abwegig gelten und deshalb von der Politik gar nicht erst diskutiert werden. Die Deutschen halten die Illusion aufrecht: Der Staat wird es richten – er muss es richten –, er muss die Straßen bauen, und wir wollen dafür nichts bezahlen. Und weil diese Rechnung nicht aufgeht, haben wir eine verrottete Infrastruktur, die wir aber immer noch als das beste Straßennetz der Welt empfinden.

Wir müssen das Rad nicht neu erfinden, um unsere Verkehrsprobleme in den Griff zu bekommen. Wir müssen nur den ideologischen Ballast abwerfen, und damit tun wir uns sehr schwer. Denn schon zaghafte Versuche, neue Finanzierungsquellen anzuzapfen, stoßen auf heftige Gegenwehr. Die Daseinsvorsorgeideologie von 1938 hat sich mit tiefen Wurzeln lähmend im deutschen Denken verfestigt.

Die Angst vor einem Hauch von Marktwirtschaft

Das Missverhältnis zwischen Plan und Realität im Bundesverkehrswegeplan blieb natürlich auch den zuständigen Ministern nicht verborgen. Mit den Staus wuchs auch der Ärger der Wähler. Und weil es seit Jahrzehnten keinem Verkehrsminister mehr gelungen war, den Finanzminister dazu zu bringen, die Milliarden, die er aus dem Straßenverkehr einkassierte, auch nur zur Hälfte wieder freizugeben, mussten neue Finanzierungsquellen erschlossen werden. 2002 verkündete der amtierende Verkehrsminister Kurt Bodewig, SPD, eine Idee, die unter dem Motto »Baue jetzt, zahle später« gestanden haben könnte. Damit sollte es möglich werden, privates Kapital für den Ausbau der Autobahnen zu gewinnen. Das Modell: Das in vielen Staaten schon lange praktizierte Public Private Partnership (PPP), auf Deutsch unter der Bezeichnung öffentlich-private Partnerschaft (ÖPP) eingeführt, ermöglicht es, jenseits der knappen Kassen überlastete Autobahnen schnell auszubauen.

Das Grundprinzip: Ein Konsortium erhält die Konzession für einen bestimmten Abschnitt, baut ihn aus und erhält als Gegenleistung für einen bestimmten Zeitraum, meistens dreißig Jahre, die Lkw-Maut. Im Jahr 2005 wurden dann fünf Strecken für die ÖPP ausgesucht, von denen mittlerweile drei abgeschlossen sind. Es handelt sich um die A 8 von München bis Augsburg, die A 4 von der hessisch-thüringischen Grenze bis Gotha und die A 1 von Bremen nach Hamburg. Ein viertes Projekt, die A 5 von Karlsruhe (Malsch) bis Offenburg, wird spätestens 2015 übergeben.

Die Vertragsverhandlungen zogen sich lange hin. Damit sich ein Projekt überhaupt rechnet, wurden schon fertiggestellte Ausbaustrecken, sozusagen als staatliche Mitgift, mit in den Konzessionsabschnitt eingerechnet. Die ÖPP-Autobahnabschnitte waren und sind deshalb nicht identisch mit der Ausbaustrecke. Dazu gehört auch, dass die bestehenden staatlichen Autobahnmeistereien auf den ÖPP-Strecken von den privaten Betreibern abgelöst wurden. Das wiederum bedeutete: Entweder mussten die Beschäftigten vom Arbeitgeber »Staat« zu einem Arbeitgeber »Konzessionär« wechseln oder aber es musste ein neuer Arbeitsplatz – zum Beispiel für den im öffentlichen Dienst beschäftigten Straßenwärter in einer anderen staatlichen Behörde – gefunden werden.

Bei den Verhandlungen trafen auch unterschiedliche Baukulturen aufeinander. Auf der einen Seite die an Abläufe und starre Vorschriften gewöhnte Straßenbaubehörde und auf der anderen Seite die auf Effizienz ausgerichteten Bauunternehmen. Beim klassischen Autobahnbau sind sehr viele Detailausschreibungen gesetzlich vorgeschrieben und die Ausgaben den jährlichen Zuweisungen angepasst. Das führt, wie wir am Beispiel der A 33 beschrieben haben, dazu, dass auf Baustellen weit und breit keine Arbeiter zu sehen sind. Denn erst müssen wieder Mittel zugeteilt werden. Die Konzessionsnehmer einer ÖPP-Strecke dagegen haben nur ein Interesse: möglichst schnell fertig zu werden, denn erst dann fließen die Einnahmen. Sie arbeiten nach einem Gesamtplan, in dem alle Details vorher festgelegt und durchfinanziert sind.

Wer ab 2005 auf der A 8 von München nach Augsburg fuhr, erlebte ein für Deutschland ungewohntes Bild: Auf der über 30 Kilometer langen Strecke fuhren Dutzende von Lastwagen, die Erde transportierten, Bagger und Kräne, wohin man auch blickte, und diese Aktivitäten hielten vier Jahre an. 2009 war München – Augsburg sechsspurig fertig ausgebaut. Seit 2011 sind dieselben Szenen zwischen Augsburg und Ulm zu beobachten. Und 2015 wird der bayerische Teil der A 8 zwischen Stuttgart und München von zwei Spuren ohne Standspur auf sechs Spuren mit Standspur ein ungewohntes staufreies Fahren ermöglichen. Insgesamt wurde in zehn Jahren eine hoch belastete Autobahn aus der Vorkriegszeit auf einen dem heutigen Verkehr entsprechenden Stand gebracht. Das sollte die Normalität in Deutschland sein. Ist es aber nicht.

Die konventionelle Realität ist in Nordbayern zu sehen. Parallel baut der Freistaat die A 3 zwischen Aschaffenburg und Nürnberg aus, die aus den sechziger Jahren stammt. Damit hat Bayern 1992 angefangen, und ein Ende ist noch nicht in Sicht. 2014 befinden sich zwei Abschnitte mit insgesamt 13 Kilometern im Bau. Wann mit den weiteren Abschnitten begonnen werden kann, hängt von den Zuweisungen des Berliner Verkehrsministeriums ab. Acht Kilometer der A 3 führen durch Baden-Württemberg, und der Verkehrsminister Winfried Hermann, Bündnis 90/Die Grünen, hat überhaupt keine Eile, in dieses Randgebiet seines Bundeslandes zu investieren. Niemand wagt eine Prognose, bis wann der Ausbau der A 3 fertig ist. Baurecht ist längst bis zum Kreuz Würzburg-Biebelried vorhanden. Für diese extrem belastete Strecke heißt das also: Auf weitere Jahrzehnte werden von hier Staus gemeldet, obwohl schon über eine Milliarde Euro verbaut wurden.

Ganz offensichtlich bieten die ÖPP-Modelle große Vorteile, weil sie viel schneller mit dem Ausbau fertig sind und so der Volkswirtschaft die Vorteile eines funktionierenden Autobahnnetzes bieten. Aber die staatlichen Straßenbaubehörden sehen sich gegenüber diesen privaten Konkurrenten einem unfairen Wettbewerb ausgesetzt. Mit Recht verweisen die Beamten darauf, dass es nicht an ihrem Schlendrian liegt, wenn alles so lange dauert, sondern am Geldmangel und den gesetzlichen Haushaltsvorschriften. Ihr Hauptargument: Wir könnten genauso schnell bauen, wenn wir auch auf die für eine Ausbaustrecke vorgesehenen gesicherten Finanzmittel zugreifen könnten. Außerdem sagen sie: Wir könnten billiger bauen, weil die privaten Konsortien natürlich Geld verdienen müssen. Für das letzte Argument erhalten sie regelmäßig Unterstützung vom Bundesrechnungshof, der als großer Gegner der ÖPP-Modelle auftritt. In seinen Berechnungen sind die volkswirtschaftlichen Verluste, die jahrelangen Verzögerungen, die durch den konventionellen Ausbau entstehen, nicht oder sehr unvollständig enthalten. Der Bundesrechnungshof könnte recht haben, wenn es nicht so viele »wenn« gäbe.

Wenn, ja wenn die Gelder in dem Maße zur Verfügung ständen, in dem sie für einen schnellen Ausbau einer Gesamtstrecke benötigt werden; und wenn dann die Ausschreibungen nicht in so viele Gewerke aufgeteilt werden müssten; und wenn die Mittel nicht immer nur im Jahresrhythmus zugeteilt würden; und wenn sie zuverlässig fließen würden; wenn also all das gemacht würde, was einen möglichst schnellen volkswirtschaftlichen Nutzen der Investitionen möglich machen würde; und wenn es nicht die Paragraphen 97 und 2009 im Bürgerlichen Gesetzbuch gäbe, die vorgeben, dass die Ausschreibungsgrößen so beschränkt sein müssen, dass auch kleine und mittlere Unternehmen eine Chance bekommen. Wenn also all das geändert würde, was die Politik nicht ändert – dann gäbe es wahrscheinlich keine ÖPP-Modelle.

Es dauerte nicht lange, und es bildete sich im Parteienspektrum eine Front, die gegen den ÖPP-Ausbau der Autobahnen Stimmung machte. Ganz vorne: Bündnis 90/Die Grünen. Es passt ihnen nicht, dass aufgrund der ÖPP-Modelle zusätzlich Milliarden Euro für den Autobahnbau aus privaten Quellen erschlossen werden. Das sagen sie natürlich so nicht direkt. Sie tragen andere Argumente vor, die zum Teil auf den ersten Blick nachvollziehbar sind. In der publizistischen Kampagne, die sie organisiert haben, treten immer dieselben Akteure mit den immer gleichen Vorwürfen auf.

Ihre Argumentation hat die Wochenzeitschrift *Die Zeit* in einem dreiseitigen Dossier verarbeitet, das vor sachlichen Fehlern nur so strotzte. Viele davon waren selbst für einen Laien sofort erkennbar, wir kommen darauf noch zurück. Der Artikel war offenbar Teil einer Inszenierung gegen die ÖPP. Parallel dazu lief ein dreißigminütiger Fernsehbeitrag im ZDF, der die *Zeit*-Quellen offensichtlich ungeprüft übernahm. Es folgte ein Beitrag in Kulturkanal ARTE, später auch noch eine Variante im ZDF-Magazin »Frontal 21«. Alle Beiträge kritisieren, dass die Verträge zwischen den Konsortien und dem Staat nicht öffentlich seien. Das wurde dann so dargestellt: Der heutige Chef der Grünen und frühere Verkehrsexperte Dr. Anton Hofreiter geht mit den Journalisten im Marie-Elisabeth-Lüders-Haus des Bundestags bis zur Geheimschutzstelle, wo er dann eingelassen wird, der Journalist aber draußen bleiben muss. Dort kann Hofreiter dann, nachdem er eine Geheimschutzklausel unterschrieben hat, Einblick in die Wirtschaftlichkeitsberechnungen für ein ÖPP-Modell einsehen. Darüber darf er in der Öffentlichkeit aber nicht sprechen. Damit wird suggeriert, der Staat schütze die Bauunternehmen, wenn sich diese beim Autobahnbau goldene Nasen verdienen.

Richtig ist, dass diese Geheimniskrämerei unerträglich ist. Die Bundesrepublik Deutschland hat keinen *freedom of information act* wie die USA, wo die Behörden alles herausgeben müssen, was nicht direkt mit der Sicherheit des Staates zu tun hat. Leider ist es in der Bundesrepublik nicht Pflicht, alle Verträge und finanziellen Zuwendungen zu veröffentlichen, in denen auch Steuermittel enthalten sind. Kein Staat der EU wehrte sich so vehement gegen die Bekanntgabe der Agrarsubventionen an die einzelnen Empfänger wie Deutschland. Diese Geheimniskrämerei hat mit unserer staatsgläubigen Geschichte zu tun. Die ÖPP-»Geheimverträge« sind nichts Besonderes. Was von den Journalisten aber verschwiegen wurde, ist, dass die Bauindustrie für die Offenlegung der ÖPP-Verträge eintritt, dies aber von den Ministerien abgelehnt wird, wobei es im Endeffekt gleichgültig ist, ob die Politiker oder die mächtige Ministerialbürokratie dabei die treibende Kraft sind.

Ob der Staat oder die privaten Unternehmen das große Geschäft bei den ÖPP-Modellen machen, ist schnell beantwortet: Hauptnutznießer ist die Volkswirtschaft und damit wir alle. Der Staat hat mittlerweile 1,5 Milliarden Euro zusätzliche Investitionen in den Autobahnbau lenken können. Dafür sind die drei schon erwähnten Abschnitte fertig, einer kurz vor der Übergabe, zwei weitere im Bau und vier Abschnitte, darunter sogar ein Neubau, nämlich die A 94 in Oberbayern, in Vorbereitung. Wenn wir die Berechnungen von Prof. Dr. Karl-Hans Hartwig vom Verkehrswissenschaftlichen Institut der Universität Münster zugrunde legen, dann haben eine Milliarde Euro Investition in die Bundesfernstraßen einen Wohlfahrtseffekt von 123 Millionen Euro pro Jahr. Für das Jahr 2008 hat das Rheinisch-Westfälische Institut ausgerechnet, dass jährlich eine Milliarde Euro mehr im Verkehrsinfrastruktur-Kapitalstock ein Wachstum des Bruttoinlandsprodukts von 230 Millionen Euro bewirken. Diese Zahl ändert sich entsprechend des Wachstums der Volkswirtschaft.

Da die Verträge leider geheim sind, kann auch keine veröffentlichte Bilanz darüber vorliegen, was die Investitionen in die ÖPP-Autobahnprojekte – je nach Fertigstellung kumulativ – schon an Wachstum für die Bundesrepublik ermöglicht haben. Wir reden hier aber bestimmt schon von einigen hundert Millionen Euro, die sich im Laufe der Jahre auf ein Wachstum in Milliarden Euro erhöhen. Was aber in all den Berichten und von den politischen Gegnern der ÖPP-Projekte vorgebracht wird, ist der Vorwurf, dass sich hier private Konzerne auf Staatskosten bereichern dürfen. Da wird dann vom geplünderten Staat fabuliert, von einer »öffentlich-privaten Lizenz zum Gelddrucken«, von einem »Trick« der Politiker, trotz Schuldenbremse hemmungslos Geld auszugeben.

Das erinnert an die Abstimmungen im Reichstag der Weimarer Republik (ab S. 38), bei denen die KPD und die NSDAP gegen privat finanzierte Straßen gestimmt haben. Selbst wenn das Staatsversagen, wie beim Berliner Flughafen, der Elbphilharmonie in Hamburg und bei Stuttgart 21, noch so überdeutlich sichtbar wird, ändert das nichts an der prinzipiellen Staatsgläubigkeit einiger Parteiideologen und ihrer Propagandisten in den Medien. Der unüberbrückbare Gegensatz »Staatswirtschaft oder Marktwirtschaft«, »staatliche Daseinsfürsorge oder staatliche Rahmenbedingungen für marktwirtschaftliche Anreize« beherrscht auch die Auseinandersetzung um die ÖPP-Modelle.

In dem *Zeit*-Dossier, das sich an dem ÖPP-Projekt der A1 zwischen Hamburg und Bremen abgearbeitet hat, sind die »Beweise«, dass es sich dabei um »die gefährlichste Straße Deutschlands« handelt, nur um den Profit zu ermöglichen, so vordergründig falsch, dass es sich dafür eignet, die von allen Gegnern benutzte übliche Argumentationskette Punkt für Punkt einmal bloßzulegen.

Es beginnt fast immer mit mangelnden geographischen und historischen Kenntnissen. Auf der Landkarte im Dossier wird die A1 als durchgängige Autobahn von Saarbrücken bis Heiligenhafen gezeigt und beschrieben. In Wirklichkeit aber fehlt ein Stück in der Eifel. Es wird behauptet, dass es schon Pläne in den zwanziger Jahren gegeben habe, die Hansa-Linie zu bauen. Das verwechselt der Autor mit dem HaFraBa e. V., der mit der A1 nichts zu tun hatte (ab S. 38), und dann wird natürlich angemerkt, dass die Nazis diese Pläne umgesetzt hätten. Ja, Hamburg – Bremen haben sie gebaut, aber in einem völlig anderen Zusammenhang als mit dem HaFraBa. Doch wie bereits erwähnt, sind die Begriffe »Autobahn« und »Nazis« eine unverzichtbare Assoziierung, wenn es darum geht, negativ über vierspurige Straßen in Deutschland zu schreiben. Die richtige Verbindung muss jedoch lauten: Nazis waren immer gegen den privaten Autobahnbau. Sie wären heute gegen die ÖPP.

Der wohl heftigste Vorwurf lautete: Weil so schnell gebaut wird, um den Profit zu steigern, wurden zu enge Fahrbahnen in Kauf genommen, die zu einem massiven Anstieg der Unfälle führten. Die Einrichtung und Genehmigung für das Baustellenmanagement liegt aber ausschließlich beim Bund und hat überhaupt nichts damit zu tun, ob es sich um ein ÖPP-Projekt oder eine vom Straßenbauamt einge-

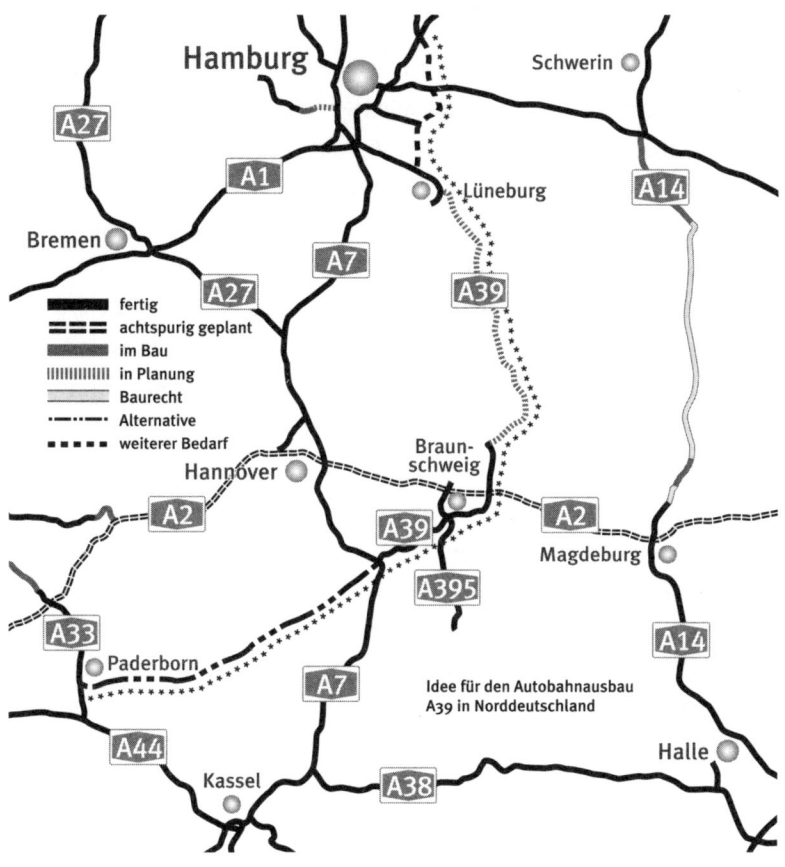

Idee für den Autobahnausbau
A39 in Norddeutschland

richtete Baustelle handelt. Der einzige Unterschied zwischen ÖPP-Abschnitten und herkömmlichen Ausbauprojekten: ÖPP-Projekte erstrecken sich bis zu 75 Kilometern wie zwischen Hamburg und Bremen, von Behörden gebaute Abschnitte sind selten länger als 10 Kilometer. Da die Unfallforschung zeigt, dass die Konzentration der Fahrer nach 10 Kilometern rapide abnimmt, werden kürzere Abschnitte bevorzugt.

Beim Ausbau der A1 wechselten sich deshalb 13 Bauabschnitte ab, bei denen jeweils eine verengte Baustelle von einer Strecke ohne Einschränkung abgelöst wurde. Dies war in der Tat insgesamt eine sehr lange Fahrt, bei der erhöhte Aufmerksamkeit nötig war; dafür beschränkte sich die Bauphase auf nur vier Jahre. Es würde der Ehrlichkeit dienen, wenn nach Fertigstellung der A 3 von Aschaffenburg bis Würzburg bei einer Gesamtbauzeit von dann etwa dreißig Jahren die Zahl der baustellenbedingten Unfälle mit der Zahl der Unfälle während des Umbaus auf der A 1 verglichen werden würde.

Völlig falsch war die Behauptung, ein Hauptkommissar Peter Kasper von der Autobahnpolizei habe für die A 1 extra ein neues Verkehrsschild erfunden, das die Autofahrer zum versetzten Fahren auffordere. Dieses Verkehrsschild, das aus unerklärlichen Gründen nicht überall in Deutschland an den engen Autobahnbaustellen eingesetzt wird, ist in Italien üblich. Es zeigt, dass an Baustellen ein Überholverbot besteht und die Autos versetzt fahren müssen. Dadurch sind die Baustellen mit 80 Stundenkilometern sicher befahrbar. Dieses Schild wurde in einem Modellversuch in Rheinland-Pfalz getestet. Doch weil das Überholverbot nicht eingehalten wurde, wird diese Verkehrsregel nur noch selten angewandt. In dem *Zeit*-Artikel las sich das dramatisch: Zugunsten der Gewinnmaximierung für den privaten Betreiber seien die engen Spuren mit Tausenden von Unfällen in Kauf genommen worden.

Die Quintessenz dieses polemischen Artikels: Privat finanzierter Autobahnbau ist tödlich, unsozial, und der Staat kann alles besser. Als Kronzeuge dient der Verkehrsforscher Michael Schreckenberg von der Universität Duisburg-Essen. Der merkt der Baustelle an, dass sie von Technokraten gemacht wurde. Hätte der Staat hier selber gebaut, hätte er die 75 Kilometer lange Strecke in einzelne Baustellen von vier oder sechs Kilometern Länge eingeteilt und sie sukzessive über viele Jahre eine nach der anderen abgearbeitet. Stimmt, das können wir überall dort erleben, wo es kein ÖPP-Modell gibt und wir vielleicht 2030 nach endlosen Staus auf völlig überlasteten Straßen Milliarden Euro an volkswirtschaftlichen Verlusten haben hinnehmen müssen.

Mit den gewaltigen Gewinnen der Baukonzerne durch ÖPP-Projekte ist es auch nicht weit her. Ausgerechnet mit der A 1 Hamburg – Bremen hat der Firmenverbund unter der Führung von Bilfinger Berger kein Glück gehabt. Die Weltfinanzkrise bescherte dem Frachtgewerbe einen herben Einbruch. Es fuhren viel weniger Lkw als berechnet. Das Unternehmen muss deswegen 31 Millionen Euro Verlust aus dem Projekt abschreiben und zieht sich aus dem Tiefbau sogar komplett zurück. Ähnlich erging es dem Konsortium, welches die A 5 von Malsch nach Offenburg ausbaut. Die Übergabe der letzten drei Kilometer wurde um ein Jahr verschoben, weil aufgrund der Wirtschaftsflaute das Geld ausgegangen war.

In keinem der kritischen Beiträge über die A 1 wurde die Frage gestellt, wie unverantwortlich der alles beherrschende Staat über Jahrzehnte mit der A 1 zwischen Bremen und Hamburg umgegangen ist, dass sie sich in einem so schlechten Zustand befand – eine Hauptachse des deutschen Verkehrs, die sich noch auf dem Niveau der dreißiger Jahre des letzten Jahrhunderts befand. Der Ausbau auf einen Schlag war ein Kraftakt, der so kaum noch einmal in der Republik nötig ist, außer für die A 8 zwischen Rosenheim und Salzburg. Aber selbst das wusste der »Journalist« der *Zeit* nicht. Um Verkehrsminister Peter Ramsauer in ein komisches Licht zu rücken, lässt er ihn in seiner Audi-8-Limousine nach Hause fahren, »über eine neue renovierte, bequeme Autobahn so hinweggleiten«, als ob er schwebe. Dabei ist dieser Abschnitt der A 8 die letzte längere Strecke in Deutschland, die noch unverbreitert ohne Standspur aus der Nachkriegszeit stammt und mit die meisten Staus in der Republik verursacht.

Die ÖPP-Abschnitte, die jetzt im Bau sind, wie die A 9 in Thüringen zwischen der bayerisch-thüringischen Landesgrenze und der Abfahrt Lederhose und die Strecke auf der A 8 zwischen Ulm und Augsburg, orientieren sich nicht mehr an der Bezahlung der Lkw-Maut, also der Zahl der Lastwagen, die den Abschnitt befahren, sondern an der Verfügbarkeit der Straße gegen Zahlung einer vereinbarten monatlichen Summe. Das Konsortium hat also ein großes Interesse daran, dass die

Qualität der Straße allen Anforderungen des heutigen Verkehrs gerecht wird, denn sonst gibt es Abschläge bei der Bezahlung. Marode Brücken, Betonfraß, der die Fahrbahndecke zerstört, zu viele Tagesbaustellen, die zu Staus führen, all das geht in Zukunft zu Lasten des privaten Konsortiums.

Zum ersten Mal stehen die Bedürfnisse des Autostraßenbenutzers im Vordergrund und nicht die Vorschriften einer staatlichen Behörde. Da auch der einwandfreie Zustand der Autobahn bei der Rückübertragung des ÖPP-Abschnitts an den Staat vorgegeben ist, ergibt es für das Konsortium auch keinen Sinn, die Straße einfach nur abzunutzen. Das käme ihn bei der Endabrechnung teuer. Mit diesen Modellen nähern wir uns marktwirtschaftlichen Anreizen auch beim Straßenbau, so wie wir das für Italien und Japan schon beschrieben haben. Wir können davon ausgehen, dass die Brücken, die in diesen Abschnitten errichtet werden, länger halten als die Brücken aus den sechziger und siebziger Jahren.

Wird der private Unternehmer also schon aus finanziellen Gründen darauf achten, den Qualitätszustand seiner Straße zu erhalten, weil er nur so einen Gewinn erzielen kann, gibt es für den Staat beim konventionellen Autobahnbau hingegen überhaupt keine Anreize. Seine Investitionen orientieren sich an den Haushaltsmitteln, und die werden dann lieber für wählerwirksame Projekte bereitgestellt. Das Brückendesaster ist ein schlagender Beweis dafür. Geld gibt es erst, wenn der öffentliche Aufschrei groß genug ist. Und selbst dann wird noch Etikettenschwindel betrieben. Die eine Milliarde Euro, die Verkehrsminister Dobrindt im Frühjahr 2014 extra für Brücken ausgeben will, zieht er vom Gesamtetat seines Ministeriums für Autobahnen wieder ab.

Aber nichts geht in Deutschland ohne ideologische Grundsatzkriege. Geld ist dabei keine Größe. Zwei Projekte, die kurz vor der Ausschreibung standen, sind ins Stocken geraten. Mit dem Regierungswechsel in Baden-Württemberg und dem Amtsantritt des grünen Verkehrsministers Winfried Hermann war klar: Die A 6 zwischen den Autobahnkreuzen Walldorf und Weinsberg wird nicht mit einem ÖPP-Modell ausgebaut (s. Karte S. 82/83). Er stoppte die Vorbereitungen der Ausschreibungen, indem er dafür sorgte, dass die dazugehörigen Pläne nicht fertiggestellt wurden. Er wusste, dass es bei einem konventionellen Ausbau noch Jahre dauern würde, bis diese von Dauerstaus geplagte Strecke fertig würde, und dass dort die Gelder investiert würden, die dann woanders fehlten. Es hat zwei Jahre gedauert, bis er nachgab und dem Ausbau per ÖPP zustimmte.

Noch widerspenstiger verhielt sich Niedersachsen. Mit dem Regierungswechsel von Schwarzgelb zu Rotgrün legte sich auch dort der neue Verkehrsminister Olaf Lies quer und weigerte sich, den Abschnitt Göttingen – Salzgitter-Dreieck, der fertig geplant war, auszuschreiben. (Über die kostspieligen Regierungswechsel können Sie ab S. 201 lesen, in dem wir am Beispiel Niedersachsens beschreiben, wie Steuergelder vernichtet werden.)

In einer Kleinen Anfrage der Abgeordneten Dr. Anton Hofreiter, Dr. Valerie Wilms, Stephan Kühn und weiterer Abgeordneten der Fraktion Bündnis 90/Die Grünen stellten diese 127 Fragen, die die Vergabe von ÖPP-Modellen betrafen. Aus den Fragen und Antworten wurde ersichtlich, dass die Ausschreibungen und Verträge der ÖPP-Strecken langwierig und kostspielig sind und bei konventionellen staatlichen Bauabschnitten so nicht auftreten. Das stärkte die Position der beiden widerspenstigen Minister in Stuttgart und Hannover. Die Fragen zielten aber auch stark darauf ab, generell die Entscheidungen des Bundesverkehrsministeriums zu hinterfragen, ob dieses ohne die Zustimmung der Länder entscheiden kann, ob ein Abschnitt als ÖPP-Modell oder mit konventioneller Methode gebaut wird. Die Schwachstelle der Antworten der Bundesregierung ist die weitgehende Geheimhaltung der Wirtschaftlichkeitsuntersuchung. Die Schwäche der Gegner des ÖPP-Modells ist, dass sie keine ernsthafte Alternative anbieten können. Sie wiederholen zwar gebetsmühlenhaft, dass es billiger wäre, wenn der Staat den Ausbau selbst vornehmen würde, wissen aber selbst ganz genau, dass dann der Ausbau auf Jahre hinaus nicht finanziert wäre. Die untragbaren Zustände, nämlich Staus und Unfälle, die auf überlasteten Straßen unvermeidlich sind, bestünden auf den betroffenen Abschnitten also weiter.

»Mehr Güterverkehr von der Straße auf die Schiene«, wie gern propagiert wird, ist genauso illusorisch wie die Umerziehung der Pkw-Fahrer aufs Fahrrad. Das handeln wir in den Kapiteln über den beklagenswerten Zustand des Schienengüterverkehrs noch ab. Die Grünen-Verkehrspolitiker – und hier möchten wir ihnen ein Kompliment machen – wissen genau, wovon sie reden, und haben sich tief in die Materie eingearbeitet, im Gegensatz zu den meisten Abgeordneten der anderen Parteien. Diese Grünen-Abgeordneten und -Minister wissen genau, dass die Mittel für den Fernstraßenbau seit Jahren nicht ausreichen. Dafür haben sie auch mitgesorgt. Ihre Strategie zielt ganz klar darauf ab, den Neubau von Autobahnen auszutrocknen. Ihr Verkehrsmittel ist die Bahn und wie die Schweizer so nett sagen: der Langsamverkehr, womit Fahrradfahrer und Fußgänger gemeint sind.

In Niedersachsen ging es Verkehrsminister Olaf Lies nicht in erster Linie um die Behinderung des Fernstraßenbaus, er weigerte sich aus grundsätzlichen Überlegungen, die A 7 zwischen Göttingen und dem Dreieck Salzgitter als ÖPP-Modell auszuschreiben. Er will, dass der Staat seine »Daseinsvorsorge« erfüllt, dass es da keinen Spielraum für eine wie auch immer geartete Privatisierung des Straßenbaus gibt. Auch für diesen Abschnitt ist das sogenannte V-Modell, das Verfügbarkeitsmodell, vorgesehen. Der Konzessionär wird also für die Pflegearbeiten, die Straßenreinigung, die Sicherheitseinrichtungen, das Salzstreuen im Winter und alles, was es an Aufgaben rund um die Autobahn gibt, verantwortlich sein. Und wie schon beschrieben, wird er je nachdem, wie er diese Aufgaben nach festgelegten Kriterien erfüllt, monatlich bezahlt. Bisher waren dies die Aufgaben der staatlichen Autobahnmeistereien, in denen Beamte Hoheitsfunktionen ausübten, die Mehrheit der Beschäftigten aber sind Angestellte und Arbeiter im öffentlichen Dienst, und deren Aufgaben übernehmen die Betreiber des entsprechenden ÖPP-Abschnitts.

Kaum waren die ersten Überlegungen bekannt geworden, die A7 würde auf rund 80 Kilometern Länge als ÖPP-Modell eingestuft, begannen die Proteste der Beschäftigten in den betroffenen Autobahnmeistereien, die fast alle in der Gewerkschaft Verdi organisiert sind. Etwa hundert Mitarbeiter im öffentlichen Dienst von Göttingen, Hildesheim und Seesen versammelten sich und sagten der »Privatisierung« der Autobahn, wie sie es sahen, den Kampf an. Eine Übernahme der öffentlich-rechtlichen Bediensteten von der privaten Betreibergesellschaft war zwar theoretisch immer angedacht, aber beide Seiten wussten, dass dies nicht funktionieren würde. Private Unternehmen werden die Pflegearbeiten der Autobahnen in die verkehrsschwachen Zeiten legen, also auch nachts und am Abend, um möglichst den Verkehr nicht zu behindern, denn das könnte ja Staus verursachen, die dann zu einer Reduzierung der Überweisung führen. Die Straßenmeistereien richten sich nach Arbeitsplänen und Tarifvereinbarungen. Jeder kennt die Verschönerungsarbeiten an einem Montagmorgen zum Ferienbeginn, die dann besonders lange Staus verursachen. Die Pflegearbeiten müssen tagsüber erledigt werden, so ist das bisher nun einmal.

Das Credo von Verdi in der Auseinandersetzung: »Staat vor privat« und »Geld ist genug da«. Wenn es gegen die ÖPP geht, sind sich Verdi, Teile der SPD und die Grünen noch einig, aber ihre Motive waren und sind doch sehr unterschiedlich. Geht es den Grünen um die Verhinderung von Autobahnprojekten, so sieht das Verdi ganz anders. Der Fachbereich der Gewerkschaft schreibt: »Im Rahmen der derzeit bestehenden Unterfinanzierung des Verkehrsträgers ›Straße‹

raten wir aufgrund der erheblichen Versäumnisse der Vergangenheit und des riesigen Investitionsstaus von einer verkehrsträgerübergreifenden Finanzierung ab. Nicht alle Bürger wohnen günstig angebunden in Ballungsräumen, um die Schiene nutzen zu können. Und kaum einer nutzt wohl die Schifffahrtswege für den Weg zur Arbeitsstätte. Somit kann für viele Gebiete der Bundesrepublik gar nicht die Rede sein von ›Respekt vor der Freiheit und Verantwortlichkeit der Nutzerinnen und Nutzer‹. Sie müssen mit dem leben, was da ist. Und das ist oft nur die Straße.« Diesem Realismus der Gewerkschafter ist nichts hinzuzufügen.

Unrealistisch ist nur ihre Hoffnung, bei den derzeit gegebenen politischen Rahmenbedingungen ändere sich etwas an der unzureichenden Finanzausstattung – eine Feststellung, die wir in diesem Buch leider immer wiederholen müssen. Denn durch das Festhalten an dieser Illusion ändert sich nichts. Die Ängste der Beschäftigten um ihre Arbeitsplätze waren im niedersächsischen Landtags- und deutschen Bundestagswahlkampf ein willkommener Anlass, sich in den Autobahnmeistereien als Gegner der Privatisierung der Autobahnen zu profilieren. SPD, Grüne und Linke versprachen: Wenn wir gewählt werden, werden wir das ÖPP-Modell verhindern. Aber keiner sagte: Wir werden die Sozialausgaben senken, um den Straßenbau finanzieren zu können – wäre wohl auch kein guter Satz für die SPD und die Grünen gewesen. Keiner sagte: Um eure Arbeitsplätze zu erhalten, werden wir den Autobahnbenutzern sagen, Ihr müsst länger im Stau stehen.«

Der dann zum Verkehrsminister aufgestiegene Olaf Lies sagte: »Der Bund muss Niedersachsen das Geld für den herkömmlichen Ausbau überweisen.« Aber er sagte nicht, welche anderen Projekte er dafür stoppen wollte. Und so sagte der CSU-Bundesverkehrsminister in Berlin, der die Macht und das Geld hat: »Ich weise Niedersachsen per Gesetz an, das ÖPP-Modell auszuschreiben. Für den herkömmlichen Ausbau haben wir kein Geld.« Und so ist es dann auch gekommen.

Natürlich haben die ÖPP-Modelle eine Zwitterfunktion. Auf der einen Seite garantieren sie den Aus- und in einem Fall auch den Neubau von Autobahnen, die dringend gebraucht werden, wenn wir unsere Volkswirtschaft nicht nachhaltig schädigen wollen, auf der anderen Seite kaschieren sie das große Staatsversagen, einen kontinuierlichen Fernstraßenerhalt und Restausbau zu sichern. Bei den Wirtschaftlichkeitsberechnungen, die den ÖPP-Autobahnbau betreffen, fehlen mit Sicherheit die Kosten, die die Staus verursachen, die Kosten der Unfälle auf überlasteten Straßen und die Kosten für die Millionen Liter Sprit, die sinnlos verbrennen. Deshalb ist jeder Ausbau, der innerhalb von vier Jahren möglich ist, ein volkswirtschaftlicher Gewinn. Aber der ist dann teuer erkauft, wenn dadurch die Notwendigkeit kaschiert wird, eine Reform der Straßenbaufinanzierung schnellstens umzusetzen und sie nicht auf einen St.-Nimmerleinstag zu verschieben. Und Reform heißt auch, die Verantwortung für die Autobahnen und Fernstraßen einer länderübergreifenden Organisation zu übertragen.

Bei den Verkehrsprojekten Deutsche Einheit (VDE) wurde dieses Modell ansatzweise ja schon umgesetzt. Da die ostdeutschen Bundesländer noch keine eigenen Straßenbauverwaltungen hatten, die aus dem Stand die Milliardenprojekte planen und bauen konnten, gründeten sie die DEGES, die Deutsche Einheit Fernstraßenplanungs- und -bau GmbH. Anteilseigner waren der Bund und die Rhein-Main-Donau AG mit je 25 Prozent und die fünf ostdeutschen Länder mit je 10 Prozent. Es wurde ein kleiner, aber sehr kompetenter Mitarbeiterstab aufgebaut, der die Planungs- und Ausführungsaufgaben an Unternehmen auf dem freien Markt vergab. Bis heute hat die DEGES 10 000 Ingenieurverträge mit einem Volumen von über einer Milliarde Euro vergeben. Der DEGES stand aus dem Etat für die VDE-Projekte eine feste Summe zur Verfügung, die sie dort einsetzen konnte, wo sie Baurecht erlangte. Das gab es bisher in Deutschland noch nicht.

Der Freistaat Thüringen verzichtete daraufhin darauf, eine eigene Straßenbauverwaltung für Autobahnen aufzubauen. In anderen ostdeutschen Ländern ist sie entsprechend klein, was sich später, wenn die Pensionszahlungen fällig werden, als vorausschauende Sparmaßnahme erweisen wird. Bis 2013 hatte es die DEGES geschafft, 1240 Kilometer Autobahn der VDE-Projekte für 8,643 Milliarden Euro zu bauen. Es lohnt sich, diese Summen genauer zu analysieren.

Sie erinnern sich: Ein Kilometer Autobahn im Westen der Republik kostet 26,32 Millionen Euro, nicht zuletzt wegen des unglaublichen Bürokratieaufwands von 193 800 Stunden pro Kilometer. Im Durchschnitt aller VDE-Autobahnprojekte brauchte die DEGES nur 8,1 Millionen Euro. Damit alle Ausreden von vornherein entkräftet sind, schlüsseln wir die Projekte einzeln auf, auch wenn das viele Zahlen sind.

  – VDE-Projekt 10: Neubau Lübeck – Stettin, A 20, pro Kilometer 5,35 Millionen Euro.

  – VDE-Projekt 11: Sechsspuriger Ausbau Hannover – Berlin, Berliner Ring (Ost und Süd), A 2, A 10, pro Kilometer 6,54 Millionen Euro.

  – VDE-Projekt 12: Sechsspuriger Ausbau Berlin – Nürnberg, A 9, pro Kilometer 5,57 Millionen Euro.

  – VDE-Projekt 13: Neubau Göttingen – Halle, A 38, Westumfahrung Halle, A 143, pro Kilometer 8 Millionen Euro.

  – VDE-Projekt 14: Neubau Halle – Magdeburg, A 14, pro Kilometer 5,17 Millionen Euro.

  – VDE-Projekt 15: Neubau und sechsspuriger Ausbau Kassel – Women, A 44, und Eisenach – Görlitz, A 4, pro Kilometer 12 Millionen Euro.

  – VDE-Projekt 16: Schweinfurt – Suhl – Erfurt, A 71, Lichtenfels-Suhl, A 73 mit Thüringer-Wald-Tunnel, pro Kilometer 13,63 Millionen Euro.

Eigentlich sollte die DEGES nach der Fertigstellung der Verkehrsprojekte Deutsche Einheit aufgelöst werden. Aber das Modell und die Leistungen dieses Unternehmens sprechen für sich. In der breiten Öffentlichkeit sind sie kaum bekannt, und die DEGES selbst ist sehr bescheiden, denn die Geschäftsführung ist sich durchaus bewusst, dass ihre Zahlen auch als Gefahr für die bestehenden traditionellen Straßenbaubehörden im Westen gesehen werden. Vor allem, seit erst in Ostdeutschland, mittlerweile aber auch in Westdeutschland Länderregierungen erkannt haben, dass die DEGES auch für sie kostengünstiger große Projekte übernehmen kann. Der Preisvorteil der DEGES-Autobahnen liegt hauptsächlich in der Vermeidung der Bürokratiekosten. Außerdem konnte sie durch die Vielzahl der Projekte Erfahrungen in der fachlich interdisziplinären Zusammenarbeit sammeln und diese in der Kommunikation mit der Öffentlichkeit, mit Bürgern, Verbänden und Fachbehörden entsprechend einbringen. Kurz zusammengefasst: Die DEGES hat das Know-how für den Autobahnbau, das die Straßenbaubehörde eines kleinen oder mittelgroßen Bundeslandes in diesem Maße nie aufbauen kann.

Die Leistungsfähigkeit der DEGES hat sich herumgesprochen. So erwarb 2007 Hamburg Gesellschaftsanteile und übertrug der DEGES den Ausbau der A7 nördlich des Elbtunnels auf acht Spuren und die Planung der Verkehrsströme südlich der Elbe. 2008 folgte Schleswig-Holstein, 2009 Bremen und 2010 Hessen. Als im Mai 2014 auch noch Nordrhein-Westfalen Gesellschafter der DEGES wurde, zog sich das Unternehmen endgültig den Zorn von Verdi zu. Die Gewerkschaft sieht in der DEGES ein Instrument der schleichenden Privatisierung. Die Bundesfachkommission von Verdi schreibt in einer Stellungnahme an die SPD-Bundestagsfraktion sogar von einem »Ausverkauf der Bundesrepublik«, da den Straßenbauverwaltungen mehr und mehr Aufgaben wegbrechen würden.

Als Beweis, dass die Straßenbaubehörden effizienter seien, führt Verdi einen Bericht des Thüringer Rechnungshofs von 2012 an, in dem dieser feststellt, dass die Kosten eines DEGES-Mitarbeiters im Durchschnitt der Jahre 2001 bis 2010 rund 30 000 Euro über denen eines Mitarbeiters der Straßenbauverwaltung liege. Die Details dieses Berichts wären sicher spannend. Aber gehen wir davon aus, dass sie stimmen: Dann ist dies ein vernichtendes Urteil über die Produktivität des Straßenbauverwaltungsbeamten. Wenn die DEGES ihre Autobahnen so viel billiger bauen kann als die Behörden und ihre Mitarbeiter dabei auch noch besser bezahlt, dann zeigt dies doch, wie hoch deren Kompetenz ist und wie effizient sie eingesetzt werden können. Dabei ist es sicher nicht die Schuld des einzelnen Beamten, wenn er 193 800 Stunden absitzen muss, um einen Kilometer Autobahn zu ermöglichen.

Verdi greift auch die VIFG, die Verkehrsinfrastrukturfinanzierungsgesellschaft, an. Diese würde sich bislang nur dadurch auszeichnen, dass sie den Bundesländern ÖPP-Maßnahmen aufdränge, die bei entsprechender Finanzausstattung effizienter durch die Auftragsverwaltung der Länder wahrgenommen werden können. Zur Erinnerung: Die VIFG zieht die Mautgebühren ein und bezahlt daraus unter anderem die ÖPP-Projekte. Sie ist, wie die Bundesregierung ängstlich betont, kein Einstieg in die Privatisierung.

Verdi macht auch darauf aufmerksam, dass bei diesen VIFG-DE-GES-ÖPP-Modellen der deutsche Mittelstand geschädigt würde. Bei deren großen Ausschreibungen könnten die kleinen Firmen nicht mithalten. Das erinnert mich an ein Gespräch im Straßenbauamt in Kaiserslautern. Jahrelang endete die A 63 von Mainz nach Kaiserslautern bei Kirchheimbolanden. Ab dem Alzeyer Kreuz war sie für Lkw gesperrt, die einen zirka 40 Kilometer langen Umweg in Kauf nehmen mussten, weil ein Durchfahrtsverbot für die Dörfer auf der B 40 am Ende der Autobahn bestand. An einer Autobahnbrücke bei Winnweiler wurde gebaut. Ein Arbeiter lief mit einem Besen und Eimer herum, ein anderer bog an einigen Eisendrähten, ein dritter rührte gemütlich Zement an. Warum die Autobahn nicht schneller gebaut würde, damit die Lkw-Sperre aufgehoben werden könne, wollte ich wissen. Das ginge nach der Leistungsfähigkeit der örtlichen Bauindustrie, wurde ich belehrt. Wenn die A 63 fertig sei, wäre in der Gegend nicht mehr viel zu tun, und deshalb würde die Autobahn jetzt Schritt für Schritt fertiggestellt. Es ist diese Gemengelage aus Einzelinteressen, ideologischen Grundsätzen, Ablehnung von Markt und Wettbewerb, Veränderungsängsten und Besitzstandswahrung, die bisher jede Reform der Finanzierung der Infrastruktur scheitern ließen.

Die Beispiele, die wir beschreiben, zeigen, dass es schon sehr mutiger Politiker bedarf, um sich dieser Phalanx der Reformunwilligen entgegenzustellen. Und da Politiker wiedergewählt werden wollen, hilft nur eine Bevölkerung, die sich diese Milliardenverschwendung von Steuergeldern und volkswirtschaftlicher Wachstumsverluste nicht mehr gefallen lässt. Dazu gehört auch, dass wir Abschied nehmen müssen von der Illusion, die Staus und die maroden Brücken seien ohne Mehrbelastung der Benutzer zu beseitigen. Politiker, die das behaupten, sagen nicht die Wahrheit.

Maut oder Stau – das ist die Frage

Vielleicht war es ja wirklich der geniale Einfall des nordrhein-westfälischen Verkehrsministers Michael Groschek, die Brücke der A 1 bei Leverkusen über den Rhein zu sperren und den Journalisten die verrotteten Strukturen unter der Brücke zu zeigen. Jahrelang wollen sie das alle nicht bemerkt haben. Jetzt zeigen die Verantwortlichen mit dem Finger aufeinander: Der war's. Ein römisches Sprichwort drückt das aus: »Da werfen die Raben den Raben die Schwärze vor.« Dabei sind es dieselben Parteien und Personen, die bisher eine Lösung für eine dauerhafte Sicherstellung der Infrastrukturausgaben verhindert haben.

Schon in den achtziger Jahren des letzten Jahrhunderts stellte jedes Gutachten über die Straßenverhältnisse fest, dass auf Verschleiß gefahren wird, die notwendigen Reparaturarbeiten unterblieben sind und das Netz unterfinanziert ist. Bei jeder Neufassung eines Bundesverkehrswegeplans wurde festgehalten, dass noch ein Überhang von noch nicht realisierten Projekten für mehrere Milliarden DM bestehe. Mittlerweile wird dieselbe Botschaft in Euro berechnet. Im Entwurf für den ersten gesamtdeutschen Verkehrswegeplan wird ausdrücklich auf die noch nicht realisierten Projekte im »vordringlichen Bedarf« des 1985er-Plans hingewiesen. Als Handlungsanweisung steht da: »Werden diese Vorhaben bereits mittelfristig fertiggestellt, d. h. mit

Schwerpunkt vor dem Jahre 2000, so entsteht im Zeitraum von 1995 bis 2005 eine erhebliche Finanzierungslücke, zu deren Schließung privates Kapital herangezogen werden müsste.»Müsste« – das ist das Wort, das die Situation unseres Straßennetzes am besten beschreibt. Es müsste halt auf eine solide Finanzierungsbasis gestellt werden. Im Frühjahr verstarb Dr.-Ing. E. h. Wilhelm Pällmann. In den Nachrufen in allen großen Zeitungen wurde er als einer der bedeutendsten Verkehrsexperten der Republik gelobt. Bekannt wurde das Vorstandsmitglied der Deutschen Bundesbahn und der Deutschen Telekom, weil eine »Kommission Verkehrsinfrastruktur« nach ihm benannt worden war. Sie wurde 1999 vom damaligen Verkehrsminister Reinhard Klimmt, SPD, mit der Aufgabe betraut, eine konkrete Empfehlung für die zukünftige Finanzierung der Bundesfernstraßen, der Bundesschienenwege und der Bundeswasserstraßen zu erarbeiten. Wörtlich: »Hintergrund ist die spätestens seit Beginn der neunziger Jahre zunehmende Diskrepanz zwischen den Haushaltsmitteln für die Verkehrsinfrastrukturfinanzierung und dem Mittelbedarf für eine qualifizierte Substanzerhaltung sowie den weiteren Ausbau der Bundesverkehrswege im Rahmen der europäischen Verkehrsnetze. Vom Investitionsvolumen des gültigen Bundesverkehrswegeplanes 1992 in Höhe von 490 Milliarden DM für den Zeitraum von 1991 bis 2003 können nach heutiger Schätzung für Bau und Erhaltung rund 120 Milliarden DM nicht durch ›normale‹ Haushaltsfinanzierung realisiert werden.«

Diese Analyse hat keine Regierung, in welcher Zusammensetzung auch immer, veranlasst, sich ernsthaft Gedanken um eine zukunftssichere Lösung für die Infrastruktur zu machen. Selbst im Frühjahr 2014, in dem die ersten Brücken gesperrt oder nur noch eingeschränkt befahrbar sind, rafft sich die Politik nicht dazu auf, umzusetzen, was in all den Gutachten steht, die sie über Jahre bestellt und bezahlt hat. Im Gegenteil: Die Vorbereitungen für den nächsten Bundesverkehrswegeplan von 2015 bis 2030 verkommen zu einem Streichkonzert von Projekten, an denen Jahrzehnte gearbeitet wurde. Die Ausreden variieren je nach Partei.

CDU: Die Kanzlerin lehnt jede weitere Belastung der Autofahrer ab, ohne zu sagen, wie sie die marode Infrastruktur dann sanieren will. Die Ausdehnung der Lkw-Maut ist eine gemeinsame Entscheidung mit dem SPD-Koalitionspartner. Lkw zu belasten ist zwar populär, wird aber ohne ein Gesamtkonzept für die Straßenfinanzierung nicht die zusätzlichen Mittel aufbringen, die nötig sind.

CSU: Eine Pkw-Maut für Ausländer. Angenommen, sie wäre europarechtlich wirklich durchsetzbar, bringt sie irgendetwas zwischen 200 und 500 Millionen Euro. Das ist ein Tropfen auf den heißen Stein. Und sie ist peinlich, da sie mit Ressentiments gegen angebliche ausländische Nutznießer begründet wird.

SPD: Die Partei hat viele unterschiedliche Meinungen zu dem Thema. Eine eindeutige Aussage ist nicht möglich. Der schleswig-holsteinische Ministerpräsident Torsten Albig machte sich unbeliebt, weil er eine Sonderabgabe von 100 Euro für einen Fonds »Reparatur Deutschland« vorschlug. Die Richtung stimmt, wenn der Fonds in ein langfristiges System eingebettet und von den gierigen Finanzministern wasserdicht abgesichert wäre, also nicht in den allgemeinen Haushalt einfließen kann. Anderen SPD-Politikern fallen nur höhere Steuern ein, sowohl bezüglich der Kraftfahrzeug- als auch der Mineralölsteuer. Doch diese Einnahmen verschwinden erfahrungsgemäß auf Nimmerwiedersehen in den allgemeinen Haushalten.

Bündnis 90/Die Grünen: Sie zeigen sich um den Zustand der Brücken sehr besorgt. Ihnen gebührt aber eine besondere Auszeichnung für den am hellsten strahlenden Scheinheiligenkranz. Sie beklagen, dass der »Grund des Übels« – so Grünen-Chef Anton Hofreiter – darin liege, dass die Mittel nicht nur für die Sanierung, sondern auch für Neubauten verwendet werden dürfen. Und da sich Politiker lieber beim Einweihen neuer Straßen feiern lassen, würden sie, statt zu sanieren, neu bauen. Aber wo wurde 2013 eine neue Autobahn eingeweiht? Und sollen die Lücken im Netz nicht mehr geschlossen werden? Von der systematischen Behinderung des Straßenbaus und der damit verbundenen enormen Verteuerung, die die Grünen und die mit ihnen verbundenen Organisationen zu verantworten haben, ganz zu schweigen.

FDP: Der Staat solle die Möglichkeit nutzen, Infrastruktur mit privatem Kapital zu finanzieren. Im Prinzip nicht falsch. Aber mit einigen wenigen Modellen, wie die zurzeit üblichen ÖPP-Projekte, ist es nicht getan. Außerdem hat sich die FDP auf Bundesebene jahrelang nicht sonderlich um die Verkehrspolitik gekümmert. Sie hat mitregiert, als die Brücken verrotteten.

Die Linken: Steuererhöhungen für die Besserverdienenden und weitgehend kostenlosen öffentlichen Nahverkehr aus Steuermitteln. Das Ergebnis sozialistischer Verkehrspolitik haben wir von der DDR geerbt und zahlen jetzt alle dafür. Aber die Vision, alles kostenlos zu genießen, ist weit verbreitet.

Eines ist uns bei dieser Diskussion suspekt: Fast alle Parteien verehren Wilhelm Pällmann, aber keine macht auch nur einen Vorschlag, der sich auf die Ergebnisse seiner Kommission stützt. Dabei haben die Mitglieder seiner Arbeitsgruppe, bestehend aus Unternehmern, Gewerkschaftern, Wissenschaftlern verschiedener Fachrichtungen, Bankern und Wirtschaftsverbänden, in ihrer Analyse Klartext geschrieben. Die Botschaft lautet: Bei den Bundesfernstraßen schnellstmöglich von der Steuerfinanzierung zur Finanzierung über Entgelte zu wechseln, und dazu sei es nötig, »umgehend eine Fernstraßenfinanzierungsgesellschaft zu gründen«.

Die Pällmann-Kommission empfiehlt eine ähnliche Regelung, wie sie in Österreich praktiziert wird. Die Bundesautobahnen und Schnellstraßen sollen von einer bundeseigenen Gesellschaft finanziert und betreut werden, die sich über Mauteinnahmen finanziert und vom Bundeshaushalt unabhängig ist. Der Autofahrer wüsste dann, dass seine Beiträge auch seiner Mobilität dienen. Ein Vorschlag: 2012 gab es 42 928 000 Pkw und 3 908 000 Motorräder. Die Straßengebühr wird auf jährlich 100 Euro festgesetzt. Das ergibt 4 683 600 000 Euro. Die Lkw-Maut wird im Durchschnitt auf 0,15 Cent pro Kilometer berechnet, was ungefähr den momentanen Einnahmen von

4,4 Milliarden Euro entspricht. Für Schwertransporte wird analog zur Schweiz eine Zusatzabgabe fällig. Zusammen wären das über 9 Milliarden Euro: genug, um die Straßen zu sanieren, die Lücken zu schließen und das Netz zu ergänzen, die bestehenden Autobahnen verkehrssicherer zu machen und den Lärmschutz zu verstärken. Die Planer könnten, wie in der Schweiz, die Trassen in dicht bebauten Gebieten gleich in Tunnel verlegen, um die hässlichen Schneisen zu vermeiden. In Regionen mit hohem Naturschutzbedarf sind Wildbrücken eine Lösung, die gleich mitgebaut werden. 9 Milliarden Euro pro Jahr, das wäre, auf die Bevölkerung und die Größe des Landes gesehen, immer noch nicht so viel, wie sich die Schweiz leistet.

Zu dieser Grundidee gibt es viele Varianten, um sie für die Bevölkerung verdaulicher zu gestalten. Zum Beispiel: Im Gegenzug für die Maut könnte die Hälfte der Kfz-Steuer abgeschafft und die andere Hälfte auf die Mineralölsteuer umgelegt werden. Das würde dazu führen, dass Vielfahrer etwas mehr zur Finanzierung beitragen als jemand, der im ländlichen Raum nur zum Einkaufen fährt – damit wäre dem in Deutschland so wichtigen Gesichtspunkt des sozialen Ausgleichs Rechnung getragen. Der Spritpreis würde nur um rund 6 Cent steigen – oder weniger, wenn von vornherein die Einnahmen aus der Mehrwertsteuer mitberechnet würden.

Die Abschaffung der Kfz-Steuer wird immer wieder ins Spiel gebracht. Sie bringt etwa 8,5 Millionen Euro. Ihre Erhebung wird, je nachdem, wer sie berechnet, mit 230 bis 270 Millionen Euro beziffert. Seit 2014 wird sie vom Zoll eingezogen. Der klagt sowieso schon über eine zu hohe Belastung. Sie ist auch deshalb so hoch, weil sie für alle nur denkbaren gesellschaftspolitischen Ziele herhalten muss. Sie wird nach Hubraum, also Größe des Autos, und CO_2-Ausstoß, folglich nach Umweltgesichtspunkten, angesetzt. Sie entfällt für E-Autos, richtet sich also nach industriepolitischen Zielen, nimmt Rücksicht auf die Antriebsart, je nachdem, ob das Auto mit Diesel oder Benzin betrieben wird, orientiert sich an gesundheitlichen Einschränkungen des Fahrers und demnächst auch noch daran, ob der Fahrer im In- oder Ausland wohnt. Das ist geballter Unfug, Politiker aber schätzen solche Direktiven – sie können dann mit Steuern steuern. Was wie Gerechtigkeit aussieht, ist jedoch nur eine Staatslenkung, bei der die Politikerkaste vorgibt zu wissen, was zukunftsträchtig und gerecht ist und was nicht. Das ist Staatsanmaßung. Denn die Erfahrung zeigt: Die Regierung und die Politik wissen auch nicht, was die Zukunft bringt, und beide sind nicht sonderlich gut in ihren Voraussagen. All die unabdingbaren Ausnahmen für eine Vignette, wie zum Beispiel Schwerbehinderte, die auf das Auto angewiesen sind, lassen sich einfacher und billiger über die Sozialämter ausgleichen – dort gehören sie hin, nicht in eine Autobahnfinanzierungsgesellschaft oder eine komplizierte Steuereinzugsbehörde.

Die Erhebung der Mautgebühren für Lkw kann nach Gewicht und Umweltbelastung des Fahrzeugs gestaffelt werden, wie dies heute schon der Fall ist. Eine weitere Variante, um die Belastung der Menschen in Städten und Dörfern zu senken: Die Maut auf Bundesstraßen sollte deutlich höher sein als auf Autobahnen, damit es keinen Anreiz gibt, die Autobahn zu meiden, um Geld zu sparen. Gleichzeitig wäre somit ein Anreiz geschaffen, überlastete Bundesstraßen durch Autobahnen oder vierspurig ausgebaute kreuzungsfreie Schnellstraßen zu ersetzen. Die – nennen wir sie einmal »Deutsche Fernstraßengesellschaft« – wäre für die Planung, den Bau und den Unterhalt ihres Netzes allein verantwortlich. In der Betriebsgenehmigung würde auch festgelegt, dass die Lkw-Maut sinkt, wenn die Straße nicht voll zur Verfügung steht. Pfusch am Bau, wie wir ihn aus Sachsen-Anhalt kennen, wo neue Autobahnen wieder gesperrt werden müssen, weil die Fahrbahn vom Betonfraß befallen ist, wäre für die »Fernstraßengesellschaft« teuer. Mautkürzungen gäbe es dann auch für die Flickschusterei, die heutzutage üblich ist, für Einschränkungen bei Pflegearbeiten zu Hauptverkehrszeiten und bei Unfällen.

Die »Deutsche Fernstraßengesellschaft« sollte keine Straße bauen, die ein negatives Nutzen-Kosten-Verhältnis aufweist. Wenn der Staat trotzdem so eine Straße will – ein Beispiel wäre die Ostseeautobahn –, dann muss er sie aus seinem Haushalt bezahlen. Kanzler Gerhard

Schröder hat zum Beispiel vor der Wahl der ziemlich menschenarmen Region zwischen Magdeburg und Schwerin die Autobahn A14 versprochen, die erstaunlicherweise schon im Bau ist. Diese Kanzlerautobahn, wie sie mittlerweile heißt, müsste aus den Haushaltsmitteln oder von den betreffenden Ländern selbst bezahlt werden. Wer eine Autobahn will, die sich nicht rechnet, soll sie auch bezahlen. Die Gesellschaft würde nicht wie eine Behörde, sondern wie ein Unternehmen geführt. Das bedeutet: Die Projekte würden auch über das Jahresende hinaus weiterfinanziert, und die Mittel könnten kontinuierlich fließen. Das Hauptproblem bestünde darin, den Vorstand und Aufsichtsrat dieser Fernstraßengesellschaft so zu besetzen, dass sie nicht in die Hände abgehalfterter und versorgungsbedürftiger Politiker gerieten. Im Kapitel über die Landschaftspflege der Bahn (ab S. 259) beschreiben wir, was dann daraus wird.

Abgesehen von einigen Ergänzungen hat die Pällmann-Kommission ein solches Modell vorgeschlagen. Es sieht die völlige Umstellung von Steuern- auf Nutzerfinanzierung vor. Die Kommission schreibt: »Die wesentlichen Vorteile sind neben dem direkten Bezug zwischen Benutzung, Bezahlung und Verwendung folgende Aspekte:
– Die Deckung des tatsächlichen Finanzierungsbedarfs.
– Unabhängigkeit von wechselnden Einflüssen auf die öffentlichen Haushalte.
– Trennung der Diskussion über Steuern und Infrastrukturkosten.
– Ausländische Verkehrsteilnehmer zahlen ebenso wie Deutsche.
– Wirkungspotenzial der Gebühren als Mittel der Verkehrslenkung.«
Die Kommission legte darüber hinaus ähnliche Vorschläge für den Schienenverkehr und die Wasserstraßen vor, auf die wir in den entsprechenden Kapiteln eingehen.

Dieses Modell, das mehr der österreichischen als der Schweizer Finanzierung entspricht, löst leider alle Reflexe aus, die in Deutschland üblich sind, wenn es darum geht, dem Staat Machtstrukturen zu entreißen. ADAC und viele Autofahrer bestehen darauf, dass sie mit ihren Abgaben das Recht auf gute Autobahnen erwerben und der Ausbau weitergehen muss. Theoretisch haben sie vielleicht recht. Aber wer daran glaubt, dass bei unseren Staatsschulden und der demnächst wirksamen Schuldenbremse bei Bund, Ländern und Kommunen die zur Sanierung fehlenden Milliarden wirklich vom Finanzminister zur Verfügung gestellt werden, sollte sich Weihnachten unter den Baum setzen und darauf warten, dass das Christkind und der Osterhase gemeinsam vorbeikommen.

Außer Anerkennung und Dank für die geleistete Arbeit haben die Erkenntnisse der Pällmann-Kommission keine weiteren Spuren hinterlassen. Dafür wurde 2011 von Bundesverkehrsminister Peter Ramsauer die Daehre-Kommission berufen, die die »Zukunft der Verkehrsinfrastruktur« begutachten sollte. Dr. rer. nat. Karl Heinz Daehre, CDU, war in mehreren Regierungen Sachsen-Anhalts Verkehrsminister. Seine zwei stellvertretenden Vorsitzenden waren der Verkehrsminister von Brandenburg, Jörg Vogelsang, SPD, und der Staatssekretär im Verkehrsministerium, Rainer Bomba, CDU. Dazu kamen sieben Länderminister, je einer von der CSU, den Grünen und der FDP und je zwei von CDU und SPD. Damit war diese Kommission sehr viel stärker nach parteipolitischen Gesichtspunkten zusammengesetzt als die Pällmann-Kommission. Entsprechend zurückhaltend ist die Kritik an den bestehenden Verhältnissen. Zwar stellte sie fest, dass wir jährlich mindestens 7,2 Milliarden Euro für die Verkehrsträger Straße, Schiene und Wasserstraße benötigen, um die vernachlässigte Infrastruktur zu erneuern und zu erhalten, ihre Kernaussage aber lautete, dass die Verkehrsinfrastruktur ein wesentlicher Teil der staatlichen Daseinsvorsorge ist und eine bedarfsgerechte Finanzierung verlangt.

Da ist von der Hebung von Effizienzpotenzialen die Rede, von der Verwendung valider Instrumente und einem »Financial Management System (FSM)«. Die wesentliche Botschaft aber lautet: Die Mittel müssen zuerst für den Erhalt ausgegeben werden und dann erst für den Aus- und Neubau. Seither rollt eine publizistische Welle durchs Land, die suggeriert, dass die Brücken verrottet sind, weil die Minister lieber neue Straßen bauen. Das hat mit der Realität so gut wie nichts zu tun, denn wie schon gesagt, es befinden sich kaum neue Autobahnen im Bau und die Mittel dafür werden immer weiter gestreckt. Damit soll übertüncht werden, dass es einfach zu wenig Geld für die Straßen gibt und die Milliarden, die dem Autofahrer abgenommen werden, überallhin fließen, nur nicht in den Verkehrslastträger Nummer 1 – die Straße.

Ab 2013 übernahm der ehemalige Bundesverkehrsminister Kurt Bodewig die Kommission, die seitdem seinen Namen trägt. Sie bestätigte die Unterfinanzierung von jährlich 7,2 Milliarden Euro, machte aber einige Vorschläge, wie mehr Geld aufzutreiben wäre. Zuerst geriet der Güterverkehr auf der Straße ins Visier. Eine Ausweitung der Maut auf die Bundesstraßen soll 2,3 Milliarden Euro bringen, und die Maut soll für Lkw ab 7,5 Tonnen erweitert werden, was 0,6 Milliarden Euro Mehreinnahmen bedeuten würde. Zusätzlich brächte eine Erweiterung der Maut für Lieferwagen ab 3,5 Tonnen 0,3 Milliarden Euro. Doch die technische Realisierung wird drei Jahre in Anspruch nehmen und dadurch über diese Legislaturperiode hinausgehen. Die Gelder fehlen aber sofort. Dazu sagt die Bodewig-Kommission nichts, denn jeder konkrete Vorschlag hätte die Einigkeit der Allparteien-Verkehrsminister gestört. Als Trostpflaster will der Bund in der nächsten Wahlperiode immerhin 5 Milliarden Euro aus dem Haushalt spendieren. Die reichen hinten und vorne nicht.

Die Argumente der Pällmann-Kommission finden sich auch bei Prof. Karl-Hans Hartwig wieder. Seine marktwirtschaftliche Lösung: Komplette Umstellung der Fernstraßenfinanzierung auf Mautfinanzierung. Komplette Deckung der Wegekosten durch die Maut. Bemautung aller Fernstraßen, also Autobahnen und Bundesstraßen, nach Achslast. Herauslösung der Fernstraßenfinanzierung aus dem Bundeshaushalt und Übertragung an autonome Fernstraßenfonds.

Natürlich wäre eine streckenabhängige Maut, wie wir sie aus Italien und Frankreich kennen, ordnungspolitisch wünschenswerter. Die direkte Umlage der Kosten würde im direkten Zusammenhang mit dem Nutzer stehen. Auch ist mit der Flatrate-Maut, die Österreich praktiziert, kein Mobility Pricing möglich, das heißt, die Anpassung der Straßenmaut an die Auslastung. Zu den Hauptverkehrszeiten wären höhere Gebühren fällig als nachts. Bisher haben nur wenige Städte ein solches marktwirtschaftliches System, darunter London und Singapur. In den USA werden einige Spuren von Autobahnen so bepreist.

Gegen eine streckenabhängige Mautgebühr in Deutschland zum jetzigen Zeitpunkt spricht auch, dass die Abstände und der Ausbau unserer Ausfahrten nicht auf ein solches System ausgelegt sind. Wer einmal die riesigen Mautstellen vor Mailand oder Lyon gesehen hat, weiß, dass es unmöglich wäre, jetzt vor Frankfurt oder Köln solche Flächen zu betonieren. Eine elektronische Maut, wie sie zurzeit bei den Lkw erhoben wird, wäre technisch möglich. Offen sind noch die Betriebskosten. Sie werden sehr viel niedriger sein als bei der mittlerweile betagten Technik der Lkw-Maut. Außerdem ist die elektronische Maut mit einem berechtigten Misstrauenspotenzial behaftet. Das Bewegungsprofil eines jeden Verkehrsteilnehmers wäre dem Staat zugänglich. Nach all den Erfahrungen, was mit solchen Daten gemacht werden kann, glaubt niemand so recht der Politik, wenn sie verspricht, diese Daten würden wirklich nur zum Kassieren der Maut benutzt. Da müssen noch Sicherungssysteme entwickelt werden, bevor die Bevölkerung bereit ist, einer elektronischen Maut in Deutschland zuzustimmen. Langfristig aber ist das Mobility Pricing die erfolgversprechendste Lösung für die Verkehrsprobleme, und zwar nicht nur auf der Straße, sondern auch auf der Schiene, wie wir noch ausführen werden.

Warum also können wir nicht doch eine Kombination aus den Vorschlägen der Pällmann-Kommission, der wissenschaftlichen Präzisierungen durch Prof. Hartwig und dem österreichischen Beispiel übernehmen? Der Widerstand gegen eine Maut wäre zu überwinden, wenn den Autofahrern glaubhaft versichert werden könnte, dass diese Gelder nie in den Haushalt fließen und dort zweckentfremdet verwendet werden können – auch nicht für die Schiene und die Wasserstraßen. Denn irgendwie wird der mobilitätsabhängige Bürger – und das sind wir fast alle – sowieso zur Kasse gebeten: Entweder er steht im Stau und verbraucht seinen Sprit im Stand, verliert kostbare Arbeitszeit oder auch Zeit für seine Familie, oder wir bringen mit Gebühren das Straßennetz in einen ordentlichen Zustand, wie es mittlerweile in fast allen unseren Nachbarstaaten üblich ist. Das alles hat mit dem künstlich konstruierten Gegensatz Straße oder Schiene und Individualverkehr gegen öffentlichen Personennahverkehr nichts zu tun – es sei denn, diese angeblichen Gegensätze werden parteipolitisch aufgeheizt.

Niedersachsen –
ein Regierungswechsel und seine teuren Folgen

Am Ende ging es nur noch um einige hundert Stimmen, dann war der Regierungswechsel von Schwarzgelb zu Rotgrün in Hannover perfekt. Am 20. Januar 2013 schafften es SPD und Grüne in Niedersachsen mit einem Wimpernschlag, die Landtagswahl zu gewinnen. Und schon eine Woche später, die alte Regierung war noch nicht ganz vom Acker gejagt, schlugen die neuen Machthaber einen gewaltigen Haken, und vor allem in der Verkehrspolitik fuhr der Zug ruckartig in die entgegengesetzte Richtung. Schienen statt Straßen hieß jetzt die Losung, als hätte Niedersachsen einen Bevölkerungsaustausch erlebt.

Als Erstes starb eine Autobahnidee (s. Karte S. 179). Zugegeben, sie war noch nicht weit gediehen, aber es hätte sich gelohnt, ernsthaft über sie nachzudenken. Die A 2, die längste West-Ost-Achse der Republik, im Volksmund auch Warschauer Allee genannt, weil auf ihr die Räder von Amsterdam nach Warschau rollen, ist mit rund 100 000 Fahrzeugen pro Tag hoffnungslos überlastet. Seit 2000 schon sechsspurig ausgebaut, ist sie trotzdem noch regelmäßig im Repertoire der Staumeldungen vorhanden. Das ließ einige CDU- und FDP-Politiker darüber nachdenken, ob nicht eine Verlängerung der A 39 vom Dreieck Salzgitter über Holzminden zur A 44 bei Paderborn eine echte Entlastung für die A 2 bringen würde. Gleichzeitig wäre der Region um Holzminden damit die dringend ersehnte Autobahn ermöglicht worden. »Darüber denken wir überhaupt nicht mehr nach«, ließ die neue Landesregierung gleich wissen.

Dafür hatte die rotgrüne Koalition eine andere Idee: Weg von den Straßen und zurück auf die Schienen war das Motto einer groß angelegten Aktion, mit der längst aufgegebene Eisenbahntrassen wieder in Betrieb genommen werden sollten. Niedersachsens neuer Verkehrsminister Olaf Lies zeigte, dass er ein Herz für die Bahn hat, und kam schnell zur Sache. Städte, Gemeinden und Landkreise konnten sich bewerben, um ihre Lieblingsbahnlinie wieder reaktivieren zu lassen, und damit auch viele mitmachten, sorgten Lies und seine Grünen-Mitstreiter dafür, dass diese »Bahnreform« als attraktives Angebot erkannt wurde. Geld jedenfalls sollte für die Bittsteller keine Rolle spielen.

Die Landesregierung will 75 Prozent der Investitionskosten für die Reaktivierung übernehmen und – das ist das eigentliche Schnäppchen – zwanzig Jahre lang die Verluste aus dem Betrieb tragen. Die Bewerbungen der Kommunen waren überwältigend. 83 Strecken kamen in die Vorauswahl. Die Liste der Dörfer und Kleinstädte, die zwischen Harz, Heide und Nordsee plötzlich das Bedürfnis entwickelten, auch mal mit der Eisenbahn zu fahren, ist lang und eignet sich für den Heimatkundeunterricht. Die Orte ausfindig zu machen, verlangt sehr gute Geographiekenntnisse. Sie können das testen. Suchen Sie Stemmen mit 858 Einwohnern, wo 35 Einwohner auf den Quadratkilometer kommen. Oder Thedinghausen, Emlichheim, Salzderhelden und Vorwohle. Letztere Ortschaft will wieder mit Emmerthal verbunden werden. Schließlich sind von den ursprünglichen 32,3 Kilometern Schiene noch 4,3 Kilometer in Betrieb. Auf diesem Abschnitt werden die Castor-Transporte ins Kernkraftwerk Grohnde gefahren. Hier rettet sogar ein Atomkraftwerk eine Bahnlinie.

Bei so viel Entgegenkommen der Landesregierung schmolzen die parteipolitischen Kontroversen dahin. Stellvertretend dafür das Städtchen Westerstede: Mit 22 000 Einwohnern liegt es im platten Friesland, etwa in der Mitte der Bahnstrecke Oldenburg – Leer. Allerdings befindet sich Westerstede 7 Kilometer abseits dieser Strecke, dazwischen nur stillgelegte Gleise, auf denen seit 1954 kein Personenzug und seit 2001 auch kein Güterzug mehr gefahren ist. Dafür tummeln sich Touristen auf der Strecke, die für Fahrten mit Draisinen vermarktet wird. Alle fünf Parteien im Rat der Stadt waren einhellig für die Bewerbung. Die treibende Kraft war der Grüne Jochen Gertjejanssen, der schon immer für die Stärkung des öffentlichen Schienenverkehrs eintrat. SPD-Ratsherr Frank Oeltjen begrüßte, dass über die Reaktivierung und nicht über die Stilllegung von Bahnlinien nachgedacht werde, und der CDU-Fraktionssprecher Lars Schmidt-Berg empfahl seinen Kollegen von SPD und Grünen, ihren Einfluss auf die Parteifreunde in der Landesregierung geltend zu machen. Die örtliche Presse *NWZ-Online* riet zur Eile bei der Bewerbung:»Für ein millionenschweres Weihnachtsgeschenk aus Hannover wird die Zeit knapp.« Alle waren dafür, aber alle machten eine Einschränkung:»Voraussetzung: Westerstede muss nicht zahlen.« Westerstede schaffte es unter die letzten 28 Projekte, wurde dann aber aussortiert. Aus welchen Töpfen Niedersachsen die Investitionen für die Reaktivierung von Bahnstrecken mit allen Anreizen zur Verschwendung finanzieren wird, wissen wir nicht – es ist auch egal, denn am Ende zahlen das die Steuerzahler.

Eindeutig ist, woraus die Defizite des laufenden Betriebs des schon bestehenden Nahverkehrs in Niedersachsen bezahlt werden: aus den zweckgebundenen Regionalisierungsmitteln. Dem Land stehen derzeit pro Jahr 627 Millionen Euro dieser Mittel zu, mit denen es weit überwiegend Regionalzüge bestellt, die nicht kostendeckend betrieben werden können – jedenfalls nicht mit den derzeitigen Preisen für die Fahrscheine. Dem Steuerzahler kann es deshalb gleichgültig sein, aus welchem Topf die Mittel kommen, er zahlt, was die Nutznießer nicht zahlen wollen. Zum Zuge kommen die Cleversten, die wissen, wie sie einen»free lunch« aus Mischfinanzierungstöpfen fischen können. Natürlich gönnen wir dem niedersächsischen Verkehrsminister so viele Eisenbahnen wie nur möglich. Er hat auch eine Kommission eingesetzt, die eine Auswahl trifft und die Projekte nach ihren Nutzen und Kosten bewertet. Das könnte er einfacher haben: Jeder, der auf eigene Rechnung ein Bahnprojekt wieder ins Laufen bringt, sollte das tun dürfen. Er sollte mit umfassender Unterstützung des Ministers rechnen können, nur Geld vom Steuerzahler sollte es nicht geben. Das sollte die Bedingung sein. Wir fürchten: Die große Bahninitiative hätte er sich dann sparen können. Fragen wir die potenziellen Nutzer, ob sie auch bereit wären, kostendeckende Preise zu zahlen, schrumpft das Interesse gewaltig. Überall wird postuliert, die Nutzerfinanzierung müsse ausgeweitet werden. Das ist aber leeres Gerede, denn das Handeln ist weiterhin nur auf Zahlungen aus Steuermitteln ausgerichtet. Was da angeschoben wird, ist fast immer etwas, wofür die Nutzer keineswegs geneigt sind zu zahlen.

Der Lenkungskreis, der in Niedersachsen die Bahnprojekte bewertet, ist sorgfältig danach ausgewählt, dass sich kein Ungläubiger am Bahnzeitalter darin wiederfindet. Er setzt sich aus Vertretern von Politik, kommunalen Spitzenverbänden, Umwelt- und Fahrgastverbänden sowie den Aufgabenträgern für den Schienenpersonennahverkehr zusammen. Auf einem Bauernhof würde es heißen: Die hungrigen Hunde bewachen den Wurstkessel.

Beim Preisausschreiben um defizitäre Reaktivierungsprojekte in Niedersachsen liegt im Sommer 2014 ein Projekt vorne, das wir uns genau angeschaut haben. Es handelt sich um eine Strecke, die vom Südosten Braunschweigs, dem Hauptbahnhof, um die innere Stadt tangential herum nach Nordwesten geführt wird. Ziel ist die Kommune Wendeburg – schwachbrüstig von der Einwohnerzahl – und danach noch Harvesse, nördlich der Autobahn Berlin – Braunschweig – Hannover. Harvesse ist eine Ansammlung einiger Häuser mit 410 Einwohnern. Verkehrsaufkommen gleich null. Die frühere Bahnlinie ist überwuchert von Hecken, Bäume wachsen zwischen den Gleisen. Wo früher ein Bahnhof war, hat sich ein Handelsunternehmen für landwirtschaftlichen Bedarf breitgemacht.

In einer mehrseitigen Broschüre preist das Bündnis 90/Die Grünen die Reaktivierung dieser Trasse an. »Die Nutzen-Kosten-Berechnung durch den Zweckverband Großraum Braunschweig ... ergab dem Vernehmen nach einen positiven Wert. Die Reaktivierung der Strecke ist weitgehend durchgeplant worden, die Zahlen zu den Kosten sind nicht veröffentlicht.« Na also – Glaube versetzt nicht nur Berge, er macht auch Bahnlinien möglich. Minister Olaf Lies schreibt zu dieser Projektempfehlung: »Ich freue mich, dass der Lenkungskreis auch diese Empfehlung einstimmig gegeben hat. Ich führe dies insbesondere auf das transparente Verfahren ... zurück.«

Eigentlich müssten die Naturschützer aufheulen, wenn sie von dieser Nummer 1 der niedersächsischen Bahnertüchtigung hören. Hunderte von Bäumen müssen gefällt, Büsche, die Schutz für Niederwild bieten, abgeräumt werden. Die Natur hat sich auf der ehemaligen Trasse erholt. An der Endstation in Harvesse soll ein Park-and-Ride-Platz für Pendler aus dem Raum bis Celle entstehen. Das heißt planieren, wo heute Natur ist. Und wie viel Celler fahren zum Arbeiten nach Braunschweig? Zwischen Harvesse und Celle breiten sich 50 Kilometer Nichts aus. Die Vorstellung, aus Celle fahren Pendler nach Braunschweig, ist etwas weit hergeholt, denn dieser Raum ist traditionell auf Hannover und nicht auf Braunschweig ausgerichtet.

Bleibt noch der Haltepunkt Wendeburg vor Harvesse. Dort wohnen in Einfamilienhäusern, also ziemlich weit auseinander, 4234 Menschen. Die müssen dann statt zur Bushaltestelle zum Bahnhof. Ab da fahren sie mit einem Dieseltriebwagen statt mit einem Bus, der auch mit dem umweltfreundlicheren Erdgas angetrieben werden könnte. Der Dieseltriebwagen auf der Schiene hat viel schlechtere Abgaswerte, aber er fährt auf der Schiene. Das ist offensichtlich per se gut. Trotzdem freut sich Wendeburg auf eine Bahnlinie, denn davon verspricht sich der Ort, dass er neue Baugebiete ausweisen kann, die im Wert steigen. Mit anderen Worten: Mit dem neuen Bahnprojekt soll auch noch die Zersiedlung gefördert werden. Und alles zu Lasten des Steuerzahlers.

Dem »Go« des Ministers für neue Bahnstrecken folgte ein »Stopp« für den Ausbau der A 7. Die grundsätzliche, ideologisch begründete Abneigung des Ministers gegen ÖPP-Modelle haben wir schon beschrieben. Hier gehen wir noch einmal auf diesen Vorgang ein, um die finanziellen Folgen eines Regierungswechsels zu verdeutlichen. Denn mit über 50 000 Fahrzeugen pro Tag ist diese Süd-Nord-Achse schon längst an ihre Kapazitätsgrenzen gestoßen. Der sechsstreifige Ausbau zwischen Göttingen und dem Dreieck Salzgitter wurde beschlossen, ist zum Teil fertig, zum Teil im Bau, und für den Rest ist Baurecht vorhanden. Weil aus dem Bundeshaushalt aber keine Mittel zur Verfügung gestellt wurden, blieb ein Abschnitt von 29 Kilometern von Nörten-Hardenberg bis Seesen am Harz als Engstelle übrig. Die schwarzgelbe Landesregierung und das Bundesverkehrsministerium hatten sich deshalb auf ein ÖPP-Modell für den Lückenschluss geeinigt. Ein privates Konsortium hätte den Abschnitt finanziert und gebaut und dafür dreißig Jahre lang nach festgelegten Kriterien von der VIFG, der Verkehrsinfrastrukturfinanzierungsgesellschaft mbH, die die Mauteinnahmen einzieht, das Geld in Raten zurückerhalten, wie wir das in den vorangegangenen Kapiteln beschrieben haben. Einen knappen Monat vor der Wahl kündigte der ehemalige Verkehrsminister Jörg Bode die ÖPP-Ausschreibung an. Kaum gewählt, stoppte die SPD die Vergabe und legte das Projekt auf Eis.

Obwohl es der frühere Bundesverkehrsminister Wolfgang Tiefensee, SPD, war, der den sechsspurigen Ausbau der A 7 im Rahmen einer öffentlich-privaten Partnerschaft entschieden hatte, waren Teile der niedersächsischen SPD aus grundsätzlichen Überlegungen gegen alles, was auch nur nach privater Finanzierung von Straßen aussah.

Doch der Niedersachse Olaf Lies hatte nicht mit der Hartnäckigkeit von Bundesverkehrsminister Peter Ramsauer gerechnet. Der machte von seinem Weisungsrecht Gebrauch und verordnete im Sommer 2013 den Start des Vergabeverfahrens. Dazu hat der Bund das Recht, weil es sich schließlich um eine Bundesautobahn handelt, die allein vom Bund bezahlt wird. Ein Folterinstrument, das nur ganz selten angewandt wird. Aber Lies ließ die Ausschreibung immer noch ruhen. Seine Abneigung gegen den Autobahnausbau war sogar so groß, dass er sich zu einer schon bemitleidenswerten Trotzreaktion verführen ließ. Er beauftragte den Staats- und Verwaltungsrechtler Prof. Jörn Ipsen, zu überprüfen, ob die Weisung rechtens sei. Und Prof. Ipsen stellte in seinem Gutachten fest, das Gesetz und damit die Weisung sei rechtens. So lernte Lies: Auch Minister müssen sich an Gesetze halten. Im September 2013 zwang das Ergebnis der Bundestagswahl CDU und SPD in eine Große Koalition. Wieder sah Olaf Lies eine Chance, der Weisung und damit dem verhassten ÖPP-Modell zu entkommen. Von der A 7 betroffen sind auch die Wahlkreise der politischen SPD-Schwergewichte Sigmar Gabriel und Thomas Oppermann. Sie sollten noch einmal versuchen, den neuen Kollegen im Verkehrsministerium, Alexander Dobrindt, CSU, dazu zu bewegen, die Anweisung zurückzunehmen. Doch auch der blieb stur. Und so blieb Olaf Lies nichts anderes übrig, als die öffentliche Ausschreibung im EU-Amtsblatt vom 11. April 2014 bekannt zu geben. Eine Verzögerung der Beseitigung der Engstelle um mindestens anderthalb Jahre.

Es wäre unfair, die kostspieligen und ideologisch motivierten Kehrtwenden innerhalb der Verkehrspolitik als spezifisch niedersächsische Eigenart anzuprangern. Es gibt und gab sie in allen Bundesländern, mal mehr, mal weniger verheerend für bereits geplante und begonnene Projekte. Das geht bis zum Austausch der Geschwindigkeitsbegrenzungsschilder. Dabei fallen allerdings nur die Kosten für die neuen Schilder an. Teurer wird es, wenn ganze Autobahnen wieder gestoppt werden, für die schon viele Millionen an Planungskosten entstanden sind. Auch dies droht in Niedersachsen, wo die Grünen vehement die Heideautobahn, die A 39 von Wolfsburg nach Lüneburg, bekämpfen.

Zugegeben, es gibt wichtigere Straßenbauten in Deutschland. Aber dann hätte mit dieser Autobahn gar nicht erst begonnen werden dürfen. Und ein Tipp: Würde diese neue A 39 auch an Hamburg vorbeigeführt, dann würde der ganze norddeutsche Raum davon profitieren. Hamburg ist die einzige Millionenstadt Europas, die weder eine

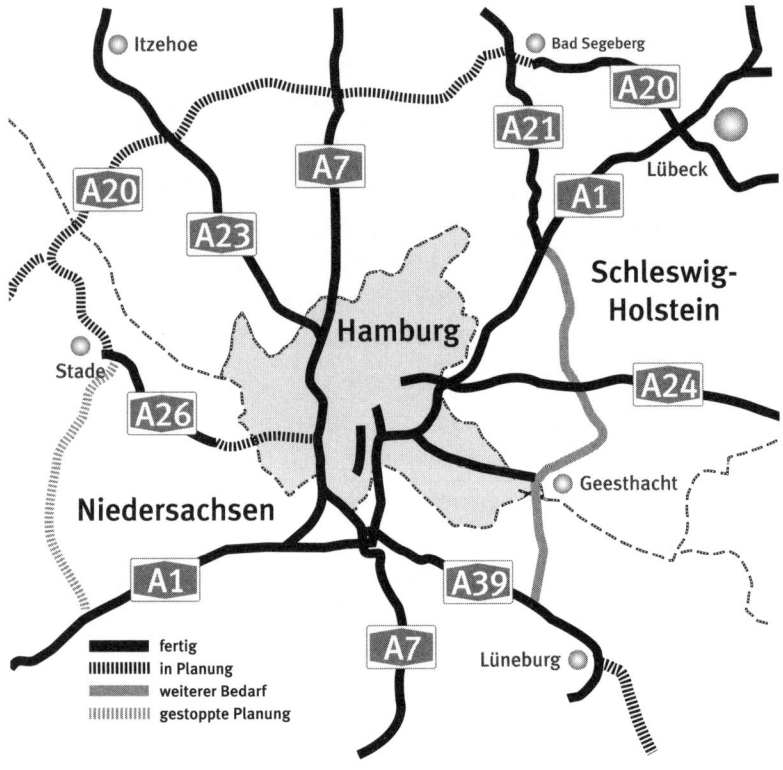

Ringautobahn noch eine Umgehungsautobahn hat, sondern in die alle Verkehrsströme von Süden nach Norden, also auch nach Schleswig-Holstein und Skandinavien, in die Stadt hineingeführt werden. Auch der gigantische Umbau der A 7, die achtspurig überdacht wird, kann das Hauptproblem nicht lösen, das darin besteht, dass Verkehr in die Stadt gezwungen wird, der gar nicht nach Hamburg will (s. auch Karte S. 179).

Aber bevor diese Hamburg-Umgehung ernsthaft angegangen wird, müssen wir auf den nächsten Regierungswechsel und den Bundesverkehrswegeplan 2030 bis 2045 warten. Bis dahin sind die niedersächsischen Beamten erst einmal damit beschäftigt, hoch subventionierte Bahnverbindungen auszurechnen und zu planen. Die Hamburger geht das offiziell nichts an, und Schleswig-Holstein setzt andere Prioritäten. So verkommt das föderale Prinzip zu einem parteipolitischen Wechselspiel zwischen Schiene und Straße. Dabei ist das ein künstlicher ideologischer Gegensatz, genauso unsinnig wie die Diskussion Individualverkehr gegen öffentlichen Personennahverkehr. Wir brauchen sie alle: auf Effizienz getrimmt, aber nicht nach dem Motto: Die Höhe der Subventionen entscheidet, was gebaut wird.

IV. NAHVERKEHR

Gegenwind für den subventionierten Nahverkehr

Frühsommer 2025: Ein milder Tag, an dem Hamburg vom Nieselregen verschont wird. Es ist 8 Uhr morgens, Hedda Niemeyer steht vor ihrem Reihenhaus im Garstedter Weg in Hamburg-Lokstedt. Ihr Arbeitsplatz: ein IT-Beratungsunternehmen in der HafenCity. Zur selben Zeit fegt ein kalter Wind durch München-Neuperlach. Franz Xaver Schmidhuber steht in der Putzbrunner Straße, die von den Sozialbauwohnungen der sechziger Jahre geprägt ist. Er will in die Innenstadt, um seinen Dienst als Parkhauswächter in der Hildegardstraße anzutreten. Die beiden sind zwei von Millionen Arbeitnehmerinnen und Arbeitnehmern, die in den Hauptverkehrszeiten zu ihren Arbeitsplätzen pendeln müssen. Sie gehören zur klassischen Zielgruppe des ÖPNV, des Öffentlichen Personennahverkehrs, und damit auch zur Zielgruppe der Politiker. Diese versprechen gern einen funktionierenden öffentlichen Nahverkehr, der eine preiswerte und umweltschonende Mobilität ermöglichen soll. So jedenfalls wurde jahrzehntelang der öffentliche Nahverkehr verstanden, genutzt und gefördert. Er hatte deshalb ein hohes Ansehen und war sich seiner milliardenschweren Subventionen sicher.

Aber: Wir schreiben das Jahr 2025, und da ist nichts mehr so, wie es heute noch ist, wenn Sie dieses Buch lesen. Hedda Niemeyer in Hamburg, zum Beispiel, holt bei dem schönen Wetter ihr E-Bike aus der Garage und fährt umweltschonend und preiswert zu ihrem Arbeits-

platz, wo längst entsprechende diebstahlsichere Abstellflächen eingerichtet sind. Das ist für sie nicht nur bequemer, sondern auch schneller
und billiger.

Franz Xaver Schmidhuber in München dagegen schreckt vor den
Windböen zurück und lässt sein E-Bike im Keller. Franz Xaver ist vor
fünf Jahren einer Internetplattform beigetreten, bei der er spontane
Mitfahrgelegenheiten anfragen kann. Er berührt auf seinem Smartphone die entsprechende App, gibt sein Ziel ein und wird dann erfahrungsgemäß innerhalb von fünf Minuten abgeholt, heute von einer
Frau, die vom Kindergarten kommend zum Arzt in die Innenstadt
will. Das kostet Franz Xaver für die 8 Kilometer lange Fahrt 1,60 Euro,
das sind 20 Cent pro Kilometer. Die Fahrerin bekommt davon 1,50
Euro. Die Differenz von 10 Cent geht an die Internetplattform und die
Versicherung.

Aber das sind nur zwei Möglichkeiten, die sich für Pendler im Jahr
2025 anbieten. Beide sind längst auch Mitglieder bei mehreren An-
bietern von Carsharing 2.0, denen sie schon einige Jahre angehören.
Das kostet sie bei jedem Club einmalig 30 Euro für die Registrierung.
Ihr Smartphone teilt ihnen mit, wo in der Umgebung ein Kleinwagen
für sie bereitsteht, den sie für 30 Cent pro Minute benutzen, um ihn
dann am Ziel wieder abstellen zu können. Die Städte haben für diese »Carsharing-Autos« privilegierte Parkplätze eingerichtet. Bei ihrem
Bemühen, die knappen Parkplätze vor allem in den Innenstädten besser ausnutzen zu können, haben die Verkehrsplaner festgestellt, dass
das Carsharing 2.0 die Situation entspannt. Die Autos stehen nur sehr
kurz auf einem Parkplatz, weil sich schnell wieder ein Nutzer findet.
Das Ergebnis: Per Auto werden mehr Fahrten mit weniger Fahrzeugen
und geringerem Parkraum abgewickelt.

Diese flexiblen Möglichkeiten, sich in den Städten fortzubewegen,
haben sich überraschend schnell durchgesetzt. Aber wie es so ist im
Leben: Des einen Freud ist des anderen Leid. Die Entwicklung der in-
dividuellen Mobilität hat für den so lange gepflegten öffentlichen Nahverkehr ziemlich heftige Konsequenzen. Denn eines haben Hedda aus

Hamburg und Franz Xaver aus München trotz des unterschiedlichen Wetters gemein: Sie nutzen meistens nicht mehr die U-Bahn, S-Bahn oder Straßenbahn, die einst mit Milliardeninvestitionen in ihre Wohngebiete gebaut wurden. Egal ob E-Bike oder Mitfahrsystem, es ist für sie bequemer, billiger und flexibler. Dabei können sie mit gutem Gewissen von sich sagen, dass sie sich umweltbewusster verhalten als früher, denn ein E-Bike verbraucht sehr viel weniger Energie als Busse und Bahnen. Die Mitfahrt im Pkw, wie sie Franz Xaver in München praktiziert, führt zu einer höheren Auslastung von ohnehin fahrenden Pkw. Der von ihm verursachte Mehrverbrauch an Sprit ist kaum messbar. Und was wird aus dem öffentlichen Nahverkehr? Was hat das für Konsequenzen für die politisch so gepflegte Fortbewegung mit dem ÖPNV?

Beispiel: Ein Sonnentag. Viele Tausende nutzen ihr E-Bike und fahren fröhlich in die Stadt. Sie fehlen jetzt als zahlende Fahrgäste in den überwiegend öffentlich finanzierten Bahnen und Bussen, deren Einnahmen dadurch sinken. Aber auch die per Smartphone verknüpften Mitfahrerorganisationen gehen zu Lasten des ÖPNV. Und jetzt beginnt ein verhängnisvoller Kreislauf. Üblicherweise wird bei sinkender Nachfrage das Angebot verringert. Das funktioniert aus zweierlei Gründen nicht: Zum einen schrecken die Politiker vor den zu erwartenden Protesten zurück, und zum anderen spielt die Natur nicht mit. Nach Sonnentagen kommen Schlechtwetterperioden. Einige Tage Schnee und Glatteis, Herbststürme und Dauerregen treiben zum Bespiel E-Biker in U-, S- und Straßenbahnen zurück. Auch die flexiblen Smartphone-Angebote werden weniger, vor allem wenn wegen miserabler Straßenverhältnisse auch noch die Autofahrer ihren Pkw in der Garage stehen lassen. Jetzt drängen alle in den öffentlichen Nahverkehr und erwarten, dass die dafür verantwortlichen Verkehrsbetriebe genügend Kapazität vorgehalten haben.

Das heißt: Die Einnahmen des ÖPNV werden sinken, und das wiederum bedeutet: Die Zuschüsse – oder sagen wir es doch deutlich: die Subventionen aus Steuergeldern – müssten steigen. Alternativ könnten auch die Preise erhöht werden. Aber höhere Preise sind politisch schwer durchsetzbar, weil der Anspruch auf einen günstigen ÖPNV tief im Bewusstsein der Deutschen verankert ist – wobei sich da ein gespaltenes Verhältnis zum Begriff »günstig« zeigt, denn es geht fast immer nur um den Preis, den der Verbraucher am Fahrkartenschalter zu zahlen hat. Der wird wahrgenommen, und um den wird gekämpft. Was der ÖPNV wirklich kostet, ob er ökonomisch effizient betrieben wird, das steht eigentlich nie zur Debatte. Denn das Geld kommt aus anonymen vielfältigen Quellen.

Wir sagen es Ihnen hier, wer das bezahlt, weil dies die weitere Argumentation vereinfacht: Es ist der Steuerzahler. Und den stört es offensichtlich weniger, wenn er sein Geld erst beim Staat abliefert, um es dann teilweise als verbilligten Fahrschein wieder zurückzuerhalten. Warum nur teilweise? Weil von den Steuern, die wir dem Staat zu bezahlen haben, ein beträchtlicher Teil in ineffizienten Bürokratien und unsinnigen Projekten verschwindet. Die sind unter anderem im Schwarzbuch des Bundes der Steuerzahler und den Rechnungshofberichten des Bundes und der Länder nachzulesen.

Der Rückgang der Nachfrage trifft dabei auf eine ohnehin schon fatale Finanzlage des ÖPNV. Er wird heute schon zu 55 bis 60 Prozent aus Steuern bezahlt – oder andersherum ausgedrückt: Er ist zu mehr als der Hälfte direkt von Subventionen abhängig. Das sind aber nur Durchschnittszahlen. Im Nahverkehr gibt es Eisenbahnen, die noch nicht einmal 20 Prozent ihrer Kosten erwirtschaften. So zum Beispiel von Lübeck quer durch Mecklenburg-Vorpommern nach Pasewalk mit dem Regionalverkehr der Eisenbahn. Dies hat niemand Geringeres als der Wissenschaftliche Beirat des Bundesverkehrsministeriums 2008 festgestellt, und seither hat sich daran nichts geändert. Selbst eine derart niederschmetternde Zahl löst keine ernsthafte Diskussion darüber aus, ob und wie der ÖPNV eigentlich zu organisieren und zu betreiben ist.

Das zeigt, dass irgendetwas im Verhältnis der Deutschen zum öffentlichen Verkehr nicht rational zu erklären ist. Natürlich gibt es da die Versuchung von Politikern, ihren Wählern Versprechen zu machen, und dabei werden sie tunlichst vermeiden zu sagen, wer das bezahlen wird.

Ein billiger und eng getakteter Nahverkehr gehört bundesweit zum Standardrepertoire vor allem von Landes- und Kommunalpolitikern. Zur Bundestagswahl 2013 haben die Piraten sogar den »fahrscheinlosen ÖPNV« gefordert. Es war ihnen selbst nicht klar, dass dieser Zustand fast schon erreicht ist. Hier geht es nicht um Peanuts. Der öffentliche Nahverkehr erzielt in Deutschland rund 30 Milliarden Euro Umsatz. Wenn Sie das nächste Mal einen Fahrschein von zwei Euro kaufen, dann bekommen Sie drei Euro vom Staat geschenkt, denn die Fahrt kostet das Verkehrsunternehmen fünf Euro. Und diese Relation wird sich in naher Zukunft noch deutlich verschlechtern. Es gibt einen Begriff in Deutschland, der einer nüchternen Betrachtungsweise und daher einer Lösung dieses verwirrenden Finanzierungsdickichts entgegensteht – und der heißt »Daseinsvorsorge«. Wenn besonders kostspielige und intransparente Leistungen vom Staat verlangt und gewährt werden, dann wird dies gern mit Daseinsvorsorge begründet. Ein Begriff, der, wenn es auch niemand wissen will, aus dem Jahr 1938 stammt, wo ihn ein Prof. Ernst Forsthoff in Königsberg prägte, der damit die staatliche Grundversorgung mit allen öffentlichen Gütern und Dienstleistungen rechtfertigte. Eine Idee, so recht nach der Welt der nationalsozialistischen »Volksgemeinschaft«. Denn das bedeutet nicht nur, dass der Staat sich um alle seine Einwohner sorgt und sie versorgt, sondern auch, dass er das Recht hat, das persönliche Verhalten eines jedes Einzelnen zu steuern, um vorgegebene Verhaltensnormen zu erreichen.

Der Begriff »Daseinsvorsorge« hat sich in die Bundesrepublik hinübergerettet, wenn er dabei auch einige inhaltliche Wandlungen und Neuinterpretationen erfahren hat. Aber die Grundidee, dass der Staat Normen vorgibt, die sagen, wo es langgeht, diese Grundidee ist unverändert gültig. Für den öffentlichen Nahverkehr bedeutet dies, dass ihm die Aufgabe zugeteilt ist, möglichst jeden Bürger zu jeder Zeit an jedem Ort zu befördern. Natürlich weiß auch der staatsgläubigste Verkehrspolitiker, dass dies unmöglich ist. Aber von diesem Wunschdenken wird so viel wie irgend möglich umgesetzt, und dabei werden die tatsächlichen Kosten ausgeblendet.

Bei diesem Verwirrspiel hilft die Vielfalt und Undurchsichtigkeit der Subventionen. Da gibt es die Regionalisierungsmittel. Sie gibt es seit 1996, und sie betrugen damals 8,7 Milliarden DM. Bis 2014 stiegen sie kontinuierlich auf 7,3 Milliarden Euro. Sie sind eine Spende des Bundes. Aber die drückt er nicht freiwillig ab, sie ist eine Folge der Erpressung durch die Länder, als die Deutsche Bundesbahn und die Deutsche Reichsbahn in die Deutsche Bahn AG umgewandelt wurden. Ohne die Zusage von üppigen Regionalisierungsmitteln hätten die Länder dieser Bahnreform nicht zugestimmt. Dieser Umgang mit den Regionalisierungsmitteln senkt zum Beispiel den Anreiz, zu überprüfen, ob und wo es sinnvoller wäre, den Nahverkehr mit Bussen zu betreiben. Nur so ist es zu erklären, dass es Bahnstrecken gibt, die noch nicht einmal ein Fünftel ihrer Kosten decken.

Aber das ist lange noch nicht alles. Da gibt es noch das GVFG – nach dem Motto: Je komplizierter der Name, desto leichter die sinnlose Vergeudung. Hinter der Abkürzung verbirgt sich das Gemeindeverkehrsfinanzierungsgesetz. 1,6 Milliarden Euro standen bislang dafür im Bundeshaushalt zur Verfügung. Ursprünglich waren sie zweckgebunden »zur Verbesserung der Verkehrsverhältnisse in den Gemeinden«, egal ob für die Schiene oder die Straße.

Seit 2014 ist alles anders. Das Gesetz hat jetzt einen anderen Namen: »Entflechtungsgesetz«, ausgestattet mit 1,3 Milliarden Euro. Aus diesem Topf können die Länder seit 2014 in alles investieren, was sie für sinnvoll halten. Sie dürfen jetzt damit eine Brücke sanieren, eine Schule bauen oder auch wie bisher eine neue Straßenbahn mitfinanzieren. Zusätzlich gibt es zu den 1,3 Milliarden Euro noch das alte GVFG, es heißt jetzt im Jargon »Bundes-GVFG«. Dieser Topf enthält 333 Millionen Euro pro Jahr und darf nur für Verkehrsinfrastruktur ausgegeben werden.

Im Jahr 2019 sollen aber auch diese Mittel auslaufen, und dann droht der Kollaps im Nahverkehr, sagt zumindest Regina Poth, Leiterin der Abteilung Straßenbau in Aachen. Lutz Wagner, Sprecher des Verbands Deutscher Verkehrsunternehmen, sieht es ähnlich:»Ohne das GVFG gäbe es kaum noch neue Straßenbahnstrecken, von neuen U-Bahnen ganz zu schweigen.« Damit zielt er auf die frühere Zweckbindung für Verkehrsinvestitionen. Dazu eine Frage: Brauchen wir neue U-Bahnen und neue Straßenbahnen bei gleicher bis abnehmender Bevölkerung? Und vor allem: Können wir uns neue U-Bahnen und Straßenbahnen leisten, die sich nicht rechnen? Doch diese Frage stellen sich weder die Länder noch die Kommunen. Sie diskutieren, wie es gelingen kann, den Bund dazu zu bewegen, die Mittel, die 2019 auslaufen sollen, fortzuschreiben – und zwar gleich bis 2039. Allerdings wollen sie nicht mehr nur 333 Millionen Euro, sondern zwei Milliarden jährlich und noch mal extra Gelder für den Nachholbedarf. Das nennen sie»Notprogramm«.

Dabei hätten die Kommunen einen guten Grund, auf einen Fakt hinzuweisen, der wirklich aus Absurdistan stammen könnte: Seit 2014 dürfen die Mittel nicht mehr für den Erhalt der bestehenden Infrastruktur benutzt, sondern nur noch für neue Investitionen ausgegeben werden. Das ist regelrecht eine Aufforderung, sich neue Großprojekte auszudenken, die keiner braucht, und die dringend erforderlichen Reparaturen von Brücken, Straßen und Gleisen zu unterlassen.

Mainzer Narreteien und andere Geschichten

Der Mainzer Stadtrat beweist ja jedes Jahr in der Fastnachtszeit, dass er für allerlei Narreteien zu haben ist. Doch auch außerhalb des Faschings ist er offenbar leicht zu karnevaleskem Unfug bereit. Die verführerischen Förderbestimmungen des Bundes-GVFG haben die mit einer Milliarde Euro hoch verschuldete Stadt auf die Idee gebracht, sich eine neue Straßenbahn zuzulegen, die sie verniedlichend »Mainzelbahn« taufte. Sie soll die Innenstadt mit der Universität und dem Lerchenberg, wo das ZDF über der Stadt thront, verbinden. Nun haben die beiden Stadtteile an der zukünftigen Endstation aber nur wenige Einwohner: Marienborn 3800 und Lerchenberg 6000. Die rechtfertigen keine Straßenbahn. Nachfrage gibt es höchstens auf den ersten drei Kilometern bis zur Fachhochschule. Diese Neubaustrecke würde bis dahin nur 22 Millionen Euro kosten. Eine Weiterführung bis zu einem Einkaufszentrum im Stadtteil Bretzenheim käme insgesamt auf 41 Millionen Euro. In beiden Fällen ist das jedoch zu wenig, um an die eingeplanten Bundesmittel zu kommen. Damit die Mittel aus dem Bundes-GVFG fließen können, muss der Straßenbahn-Neubau über 50 Millionen Euro kosten.

Das ist den Mainzern nach vielen Stadtratssitzungen gelungen. Die Strecke wird jetzt 9,2 Kilometer lang, und damit ist sie teuer genug, um sich für Bundeszuschüsse zu qualifizieren. Der Neubau ist jetzt auf 84 Millionen Euro aufgeblasen, und davon wird der Bund 44 Millionen übernehmen. Das hat der aussortierte Bundesverkehrsminister Peter Ramsauer noch versprochen. Aus den schon beschriebenen Regionalisierungsmitteln wird das Land Rheinland-Pfalz weitere Gelder – es ist von 12 Millionen Euro die Rede – dazulegen, und den Rest bezahlt die Stadt Mainz. Da haben zwar Bund, Land und Stadt miteinander gedealt, aber immer nur über Ihr und mein Geld. Das ist die Krux in Deutschland: Erst werden die Steuern verteilt und dann wieder für ein Projekt zusammengelegt. Ein hoher bürokratischer Reibungsverlust ist dadurch garantiert.

Ein Argument der Mainzer Stadtverwaltung für die Straßenbahn lautet, dass die Stadt dadurch insgesamt über 50 Millionen Euro Zuschüsse abgreifen kann. Eher schon verdruckst gibt sie zu, dass der Betrieb der Straßenbahn jährlich 15 Millionen Euro Defizit einfahren wird. Und dazu wird von der Mainzer Verkehrsgesellschaft zugesichert, dass dieses Defizit festgeschrieben ist. Mainz hat, wie schon erwähnt, über eine Milliarde Euro Schulden. Bei dieser Rechnung lässt sich erahnen, wie die entstanden sind. Aber die kommunale Verkehrsgesellschaft hat auch schon Vorstellungen, wie dieser Fehlbetrag ausgeglichen werden soll: Durch zusätzliche Fahrgäste sowie durch Kosteneinsparungen im Busverkehr, beim Energieverbrauch und beim Personal.

Es lohnt sich, dieses Einsparpotenzial genauer zu betrachten: Das größte Fahrgastaufkommen werden die Studenten stellen, denn die Fachhochschule liegt an der Route. Ihre Zahl ist höher als die der Anlieger. Doch Studenten fahren mit einem ermäßigten Ticket. Damit ist kein Gewinn zu machen. Das errechnete Einsparpotenzial bei Bussen und Personal ist unglaubwürdig. Ein Busfahrer kostet pro Jahr etwa 60 000 Euro. Die jährlichen Kosten aus der Anschaffung eines Busses und seinen Betriebskosten summieren sich zu 115 000 Euro. Das jährliche Defizit aber soll 15 Millionen Euro betragen. Das heißt: Es müssten rund 50 Busse mit je drei Fahrern, die für einen Schichtbetrieb nötig sind, abgebaut werden. Völlig absurd ist das Argument, die Kosten könnten durch Energieeinsparung ausgeglichen werden. Wenn es da ein Einsparpotenzial gibt, dann darf der Bürger erwarten, dass dies so schnell wie möglich realisiert wird und die Gelder nicht durch teure Prestigeobjekte wieder verschleudert werden.

Die Mainzer Straßenbahn ist im Kleinen nichts anderes als »Stuttgart 21« (ab S. 262 und 296) oder der Berliner Flughafen (ab S. 330). Die Projekte werden aus Prestigegründen und regionalen politischen Vorlieben vorangetrieben, dann billiggerechnet und von den zuständigen Parlamenten durchgewunken. In den weiteren Planungs- und Bauphasen wird es immer teurer, die Verantwortlichen sind nicht genau auszumachen, und am Ende stehen weitere Haushaltslöcher. Alle Warnschranken und Stoppschilder, die es auf dem Weg bis zum Baubeginn gibt, werden übersehen: Denn in dem Gemeindeverkehrsfinanzierungsgesetz, ohne das es die Mainzer Straßenbahn nicht gäbe, steht auch: »Voraussetzung zur Förderung sind: die dringende Erforderlichkeit des Vorhabens und die Beachtung der Wirtschaftlichkeit und Sparsamkeit.« Und was passiert in Mainz? Preisgünstige Busse werden gegen eine teure Straßenbahn ausgetauscht.

Die schon erwähnte Leiterin des Straßenbaus in Aachen rechnet vor, dass die Stadt 21 Millionen Euro in die Verkehrsinfrastruktur investiert habe und davon nur 7,8 Millionen Euro aus Bundes- und Landesmitteln kämen. Für uns Bürger könnte es Jacke wie Hose sein, denn ob Kommune, Land oder Bund, im Endeffekt zahlen wir alles mit unseren Steuern und mit Gebühren, die zweckentfremdend in den ÖPNV umgeleitet werden. In den meisten Städten sind die Verkehrsbetriebe in die Stadtwerke integriert. Und so werden bewusst überhöhte Einnahmen aus Wasserwerken, der Gasversorgung und dem Strom mit Verlusten aus dem öffentlichen Nahverkehr verrechnet. Da lohnt es sich, einmal genauer hinzuschauen.

Eine Geschichte, die das Konfliktpotenzial besonders gut zeigt, möchten wir Ihnen nicht vorenthalten. Sie ist schon ein paar Jahre her und spielte in Krefeld. Dort schrieb das Landgericht Rechtsgeschichte. Die von der SPD geführte Stadtverwaltung berief Volkmar Kretkowski als Personalvorstand in die Stadtwerke, ein 240 000-DM-Job. Gleichzeitig saß er aber auch noch als Abgeordneter im Bundestag, was auch noch mal rund 200 000 Mark einbrachte. Da platzte dem Bürger Rudolf Brincks der Kragen. Das ist Parteienfilz, schimpfte er und wollte den nicht mit seiner Wasserrechnung bezahlen. Das sah das Landgericht genauso. Im Namen des Volkes fällte es das Urteil: Die Stadtwerke müssen Rudolf Brincks 8,54 DM zurückzahlen. Das sei der Anteil seiner Wasserrechnung an dem Gehalt von Personalchef Kretkowski. Das Gericht urteilte:»... ob die Bestellung von Kretkowski zum Vorstandsmitglied ... wegen Gesetzesverstoß nach § 134 BGH oder wegen Sittenwidrigkeit (§ 138 BGH) nichtig ist, kann dahinstehen ... und berücksichtigt man dabei, dass ihm bei gewissenhafter Abgeordnetentätigkeit in Bonn nicht nur die Zeit fehlen dürfte, sein Amt als Vorstandsmitglied sachgerecht auszuüben ... dann spricht der Anschein dafür, dass dieser Vorstandsposten allein aus sachfremden Erwägungen besetzt worden ist.«

Der politische Betrieb hatte vorher Kretkowski das Vertrauen ausgesprochen, sowohl der Oberbürgermeister aus der eigenen Partei als auch der Oppositionsführer der CDU. Die standen zusammen – nicht wegen der 8,54 DM, sondern der Gedanke, alle Krefelder Bürger wollten ihren Filzanteil an der Rechnung zurück, jagte ihnen einen heillosen Schrecken ein. Da wäre schnell eine Million zusammengekommen. Und noch schlimmer: Wenn alle Bürger in allen Städten gegen Politiker klagen würden, denen ein Job in der politiknahen Wirtschaft angeboten wird, würde das ganze System schlecht geführter Kommunalbetriebe zusammenbrechen. Aber obwohl das Urteil auch noch vom zuständigen Oberlandesgericht bestätigt wurde, blieb es ein Einzelfall. Die Deutschen mögen es halt, wenn sie vom Staat versorgt werden. Doch zunehmend fragen sie auch, ob die Gebühren und Steuern, die sie dafür berappen müssen, gerechtfertigt sind.

Krefeld ist alles andere als ein Einzelfall, wie es die Ängste des Oberbürgermeisters zeigten. Städtische Wasserver- und Abwasserentsorger, Monopolbetriebe allesamt, sehen sich zunehmend dem Vorwurf ausgesetzt, ihre Zwangskunden mit überhöhten Gebühren abzukassieren. Beispiele aus einer langen Liste, die Städte aller Größenordnungen betrifft:

Die Stadtwerke Pirna, 40 000 Einwohner, hatten die Abwassergebühren mit einem Schlag von 2,82 Euro pro Kubikmeter auf 3,89 Euro erhöht, also um knapp 40 Prozent. Daraufhin unterschrieben 31 000 Bürger eine Petition an das sächsische Kartellamt mit der Bitte, diese drastische Erhöhung genauer zu untersuchen. Dieses fordert nun die Stadt auf, die Gebührenerhöhung rückwirkend zum 1. Januar 2014 wieder um 40 Prozent rückgängig zu machen.

Auch die Mainzer, knapp 200 000 Einwohner, gerieten ins Visier des Bundeskartellamts. Sie wurden dazu verpflichtet, ihren Wasserpreis ab dem 1. Januar 2013 um 15 Prozent zu senken und bis zum Jahr 2019 nicht zu erhöhen. Die Wasserkunden sparen dadurch pro Jahr 4,5 Millionen Euro – Geld, das auch nicht mehr für die Mainzelbahn abgezweigt werden kann.

Und auch Berlin mit 3,4 Millionen Bewohnern ist dabei. Um 17 Prozent müssen in der Hauptstadt die Wasserpreise auf Verlangen des

Bundeskartellamts gesenkt werden. Noch wehren sich die Berliner Wasserbetriebe und haben beim Oberlandesgericht in Düsseldorf Einspruch eingelegt. Von 2012 bis 2015 sollen sie, falls sie vor Gericht keinen Erfolg haben, auf Erlöse von rund 254 Millionen Euro verzichten. Solche überhöhten Gebühren stellen die Kommunen nicht nur für Wasser und Abwasser in Rechnung, sondern sie finden sich in fast allen unausweichlichen Versorgungsgütern wie Strom, Gas etc. Viele Kreise und Städte sehen darin aus ihrer Sicht lebensnotwendige Gewinne. Und zwar recht ordentliche Gewinne. Für die zahlen sie aber keine Steuern, sondern verrechnen sie mit dem defizitären öffentlichen Nahverkehr. Die EU stellt aber zunehmend den Fortbestand der internen Subventionierung kommunaler Versorgungs- und Verkehrsbetriebe in Frage, da eine Bezuschussung des ÖPNV aus Sicht des EG-Vertrags als wettbewerbsverzerrende Beihilfe angesehen wird. Das kann für Deutschland noch hart werden.

Diese Querverbunde, wie die Zusammenfassung mehrerer kommunaler Versorgungsunternehmen bezeichnet wird, haben in Deutschland schon eine lange Tradition. Schon seit 1860 werden Unternehmen für Gas und Wasser zusammengefasst. 1890 kam auch die Elektrizitätsversorgung hinzu. Später, etwa ab 1900, wurden auch Nahverkehrsbetriebe in den Querverbund integriert. Aber erst seit 1950 ist diese Wirtschaftsform der Kommunen so richtig in Fahrt gekommen. Zwischen 1990 und 2003 stieg die Zahl der Unternehmen gar von 552 auf 975. Gleichzeitig änderte sich die Geschäftsgrundlage: Es ging immer mehr um die Finanzierung des ÖPNV durch die Energie-, Wasserver- und Abwasserentsorger. Das Prinzip war und ist immer gleich: Letztere verlangten überteuerte Entgelte, um den Betrieb von Bussen und Bahnen zu niedrigen Preisen betreiben zu können. Und deshalb brechen jetzt schwere Zeiten für die Finanzierung des ÖPNV an, denn diese Rechte-Tasche-linke-Tasche-Finanzierung ist an ihre Grenzen gestoßen.

Im Grunde ist die Quersubvention auch ein Steuersparmodell. Die Stadtwerke oder ähnliche sich in öffentlicher Hand befindliche Betriebe verdienen am Strom, am Gas, dem Abwasser und am Wasser, weil sie mehr von ihren Bürgern verlangen, als eigentlich zur reinen Kostendeckung nötig wäre. Gleichzeitig begründen sie die Notwendigkeit der Versorgungsunternehmen in kommunaler Hand, weil diese Grundbedürfnisse der »Daseinsvorsorge« unterliegen. Eine weitere Begründung lautet, dass die Bürger so durch die Ausbeutung durch kapitalistische Konzerne geschützt würden. Private Unternehmen seien ja schließlich nur am Geldverdienen interessiert. Beide Argumente werden auch weitgehend von der deutschen Bevölkerung akzeptiert. Öffentliche Tätigkeiten, die mit Daseinsvorsorge, Leistungsverwaltung und Versorgungswirtschaft identifiziert werden, erfreuen sich in der Regel eines großen Vertrauensvorschusses. Das zeigte sich, als eine europäische Richtlinie die Ausschreibung für den Verkauf der Wasserversorger vorschrieb. Ein Aufschrei ging durch die Republik. Brüssel wolle unser gutes und billiges Wasser dem Kapitalismus opfern, war die fast einhellige Reaktion. Dass wir in Deutschland dank der kommunalen Monopole fast das teuerste Wasser Europas haben, blieb völlig unerwähnt. Aber das ist nicht unser Thema.

Zirka 1,5 Milliarden Euro kassieren die Querverbund-Stadtwerke an Gewinnen, die sie dem öffentlichen Nahverkehr zuschanzen. Völlig außer Acht gelassen werden dabei zwei strukturelle Nachteile, die der Steuerzahler ausgleichen muss. Statt die Verluste einzelner Unternehmensteile zu minimieren, Schwachstellen zu beseitigen und verlustbringende Produkte aus dem Angebot zu nehmen, bleiben sie aus politischen Rücksichtnahmen – oder sagen wir es freundlicher, aus wählerpflegenden Marketinggründen – unangetastet. Sie tauchen dann als rote Zahlen irgendwo im Haushalt auf und sind nur noch für Eingeweihte zuzuordnen.

Der zweite Nachteil: In den Aufsichts- und Verwaltungsräten der kommunalen Unternehmen sitzen auch die Politiker, wie Oberbürgermeister, Landräte, verdiente Parteiobere und zu versorgende Opfer verlorener Wahlkämpfe. Sie erhalten ein Zubrot für ihre Zusatztätigkeit, die aber an ihren Wahlerfolg geknüpft ist. Die Fachkompetenz lässt dabei oft zu wünschen übrig. Ihr persönlicher Erfolg misst sich nämlich nicht am wirtschaftlichen Ergebnis der Unternehmen, in die sie entsandt werden. Diese Konstruktion wird regelmäßig in Skandalen sichtbar, über die sich die Bevölkerung dann maßlos aufregt, aber das System, das die Skandale erzeugt, nimmt sie hin. Auch wenn es langweilig scheint: Das klassische Beispiel dafür ist der neue Berliner Großflughafen (ab S. 330).

Wohin diese Querverbindungen und Abhängigkeiten führen können, zeigt ausgerechnet die letzte Aktionärsversammlung der RWE, des traditionellen Energieriesen. Es war der Beginn einer heftigen Debatte, wie die Ruhrgebietsstädte in den nächsten Jahren ihren öffentlichen Nahverkehr finanzieren wollen. Damit wurde sichtbar, dass sich eine ganze Region darauf verlassen hatte, dass ihre Aktien an RWE hohe Dividenden einbrachten, mit denen dann geräuschlos der Nahverkehr finanziert wurde. Damit blieb der Anreiz, den Betrieb für Busse und Bahnen effizienter zu machen und damit die Kosten zu senken, unterentwickelt, zurückhaltend formuliert. Und die Einbrüche sind brutal, abzulesen an der Größe der Aktienpakete. Dortmund zum Beispiel besitzt 22,7 Millionen RWE-Aktien. Essen 18,75 Millionen, kleinere Städte wie Oberhausen halten immerhin noch 1,2 Millionen und Gladbeck 1,1 Millionen. Statt 4,5 Euro pro Aktie 2008 gibt es 2014 nur noch einen Euro Dividende.

Allein bei den Kommunen, die RWE-Aktien halten, fehlen jetzt 175 Millionen Euro. Essen muss auf 19 Millionen, Mülheim auf 10 und Bottrop auf 500 000 Euro verzichten. Noch hat niemand eine richtige Vorstellung, wie dieser Einbruch, der fast vollständig zu Lasten des Personennahverkehrs geht, ausgeglichen werden soll. Die Städte können es jedenfalls nicht aus ihren Haushalten finanzieren, denn sie müssen schon ihre Vermögenswerte massiv nach unten korrigieren, weil ihre RWE-Anteile, die noch mit über 70 Euro pro Aktie in ihren Büchern stehen, auf 27 Euro gefallen sind. Das RWE-Aktiendebakel macht deutlich, dass die sorglose Subventionspolitik beim öffentlichen Nahverkehr an die Wand fährt.

Die Kapitalnot erzeugt zum Teil absonderliche Vorstellungen. Sie könnten unter Kuriositäten abgetan werden, wenn sich nicht sogar Stadtparlamente damit beschäftigen würden. Osnabrück ist ein Beispiel dafür. Dort wollen die Ratsherren eine Machbarkeitsstudie in Auftrag geben. Die Ziele formulierte der emeritierte Professor und eingefleischte Gegner des Individualverkehrs Heiner Monheim: Jeder Einwohner von Osnabrück außer den Kleinkindern muss ein Bürgerticket im Wert von 35 bis 45 Euro kaufen, mit dem er dann einen Monat lang kostenlos den Nahverkehr nutzen darf. Dabei macht es keinen Unterschied, ob er überhaupt einmal mit den Bussen fährt oder nicht. Diese Zwangsabgabe begründet er mit ähnlichen Zwangsgebühren, die es für die »Krankenversicherung, die Müllabfuhr und den Rundfunk« gibt. Und natürlich darf dabei auch der Hinweis auf den Klimaschutz nicht fehlen, dem sich Osnabrück ja verpflichtet habe. Zwang statt Markt.

Eigentlich wäre das Ganze eine Lachnummer – aber in Osnabrück wird so etwas schon ernst genommen. Ursprünglich sollten alle Gesetze seit der Bahnreform 1994 den Wettbewerb ankurbeln. Also Markt statt Zwang! Der wissenschaftliche Beirat beim Verkehrsministerium wäre über solche Vorstellungen entsetzt. Die Reformen seit 1994 sollten den Wettbewerb auch im Stadtverkehr ankurbeln. Nicht einmal das ist bisher gelungen, und so ätzte er:»Wettbewerb findet im öffentlichen Stadtverkehr in erster Linie auf dem Papier statt.«

Und so ist der Schritt von der heutigen Situation in eine totale Staatswirtschaft à la Monheim nicht mehr weit, denn alles in allem belaufen sich die bisher beschriebenen staatlichen Hilfen für den ÖPNV auf zirka 12 Milliarden Euro. Wer weiterforscht, findet noch einmal Betriebskostenbeihilfen, Defizitausgleiche und Sonstiges in der Größenordnung von 3 bis 4 Milliarden Euro. Hinzu kommen die Mittel des Bundes für den Erhalt und Ausbau des Schienennetzes, die dem Nahverkehr mit der Eisenbahn zuzuordnen sind. So addiert sich das auf 17 bis 18 Milliarden Euro pro Jahr aus Steuermitteln.

Innovation statt Subvention

Schweiz

Gern schauen die Verfechter eines öffentlichen, möglichst noch schienengebundenen Nahverkehrs in die Schweiz. Dort, so wird suggeriert, hat die Schiene absoluten Vorrang, und der Bahnverkehr würde privilegiert. Aber das ist nur die halbe Wahrheit. Bei näherer Betrachtung hat die Schweiz mit ähnlichen Problemen zu kämpfen wie wir. Es gibt Segmente, wo sie dieselben Fehler macht, und das ist die hohe Subventionierung des Verkehrs. So kritisiert »Avenir Suisse«, ein Thinktank der Schweiz, in einer Studie:

1. Die umfangreiche Subventionierung des Verkehrs mit Steuergeldern, die die Nachfrage zusätzlich anheizt. So liegt der Kostendeckungsgrad im Schienenverkehr bei 41 Prozent.
2. Die fehlende Differenzierung der Preise. Während die Züge zu Stoßzeiten überfüllt sind, beträgt die durchschnittliche Sitzplatzauslastung der SBB im Regionalverkehr nur 20 Prozent und im Fernverkehr 32 Prozent. Auch die Straßen sind sehr ungleichmäßig ausgelastet.
3. Die Politisierung der Investitionsentscheide, die durch Milliardenbeträge fehlgeleitet werden. Während sich auf den Hauptachsen des Nationalstraßennetzes der Verkehr staut, werden in kaum befahrene Nebenstraßen rund 9 Milliarden Franken (7,2 Milliarden Euro) investiert.

Wie sich die Bilder gleichen! Subventionen schaffen Fehlanreize, die Fahrleistungen steigen im Vergleich schneller, als die Bevölkerung wächst. Diese nahm um 10 Prozent zu, das Bruttoinlandsprodukt um 21 Prozent. Die Belastung der Nationalstraßen stieg sogar um 41 Prozent und die Verkehrsleistung im Personenverkehr auf der Schiene gar um 54 Prozent. Für die letztere Zahl wären wir in Deutschland dankbar. Aber wie unter Punkt 2 festgestellt, ist die Auslastung trotzdem unbefriedigend und führt immer noch nicht zu einem kostendeckenden Betrieb, weil zum Beispiel billige Jahresnetzkarten falsche Anreize setzen.

Während in der Bundesrepublik jedoch außer der Erhöhung von staatlichen Zuschüssen und dirigistischen Eingriffen zugunsten des ÖPNV, die bisher nichts bewirkt haben, weiter in alten Strukturen gedacht wird, schlägt Avenir Suisse vor, marktwirtschaftliche Preismechanismen anzuwenden sowie die Investitionsentscheide auf der Basis von Nutzen-Kosten-Erwägungen zu treffen. Im Endeffekt geht es dabei um eine größere Kostenwahrheit.

Das Zauberwort in der Schweiz lautet Mobility Pricing, also eine Preisgestaltung, die sich nach Angebot und Nachfrage richtet. In einem Teilbereich gibt es sie in der Schweiz schon: Die »Leistungsabhängige Schwerverkehrsabgabe« richtet sich nach Entfernung und Gewicht. Seit 2001 hat sie 14 Milliarden Franken (11,2 Milliarden Euro) eingebracht, die nach Maßgabe einer Volksabstimmung nur für Verkehrsinvestitionen benutzt werden dürfen. Die Verkehrsüberlastung in Städten wie Zürich und Genf soll durch eine Citymaut gelindert werden, wie sie mit großem Erfolg schon Stockholm nutzt.

Ferner schlagen die Verkehrsplaner vor, die Flatrate, also den Einheitspreis der Bahncard für Senioren, abzuschaffen und ihnen dafür eine verbilligte Pauschalkarte anzubieten, die nur außerhalb der Stoßzeiten gültig ist. All diese Vorschläge haben *ein* Ziel: Die Benutzung von Straßen und Schienen hat einen Preis, der sich nach der Nutzungsintensität richtet. Zu Stoßzeiten muss mehr bezahlt werden als nachts oder in den ruhigen Vor- und Nachmittagsstunden. Damit wird die Mobilitätsnachfrage gedämpft und eine bessere Kapazitätsauslastung gewährleistet. Und für alle, die Wert auf Gerechtigkeit legen, ist der Schweizer Lösungsvorschlag auch richtig, denn wer Mobilität konsumiert, sollte sie auch bezahlen.

Und wer Mobilität anbietet, sollte dafür Sorge tragen, dass er sie so preiswert anbietet, dass seine potenziellen Kunden allein wissen, was gut für sie ist, und nicht für den öffentlichen Nahverkehr erzogen und gelenkt werden müssen. Dafür gibt es erfolgreiche Beispiele in der ganzen Welt.

Neuseeland

Als in Neuseeland vor gut zwanzig Jahren bei einer fast revolutionären Reform der Staatsfinanzen das Schuldenmachen sämtlicher öffentlicher Haushalte verboten und alle Subventionen ohne Ausnahmen gestrichen wurden, standen auch viele kommunale Nahverkehrsunternehmen vor dem Ruin. Totale Veränderung ihrer Struktur oder Pleite hieß die Alternative. In der 300 000-Einwohner-Stadt Christchurch haben wir erfahren, dass Nahverkehr ohne Preiserhöhung und ohne Subvention möglich ist.

Am zentralen Busbahnhof fällt auf, dass es unterschiedliche Busfirmen gibt, zu erkennen an den roten, weißen und gelben Farben. Auch dies ist das Ergebnis staatlicher Deregulierung und städtischer Effizienzsteigerung. Die roten Busse gehören LATE, einer Gesellschaft, die ganz oder zum Teil den Gebietskörperschaften gehört. Sie ist aus der Verwaltung herausgelöst und arbeitet wie ein selbstständiger Betrieb. Die weißen Busse gehören einer rein privaten Konkurrenz, die für einige Routen ein preisgünstigeres Angebot abgegeben hat. Die gelben Busse sind kleiner und werden von einer ebenfalls privaten Gesellschaft betrieben, die auf weniger befahrenen Routen konkurrenzlos billig den Fahrdienst anbieten konnte. Zusätzlich gibt es noch Taxen eines Privatunternehmens, das eine Lizenz für Liniendienste auf Strecken hat, die für alle anderen Gesellschaften zu wenig Passagiere bringen. Die rote Busgesellschaft ist jedoch mit Abstand die größte. Die Tatsache, dass sie der Stadt und dem Kreis gehört, bringt ihr aber keine Vorteile. Sie muss sich bei jeder Ausschreibung den Wettbewerbern stellen und sich auf dem Markt behaupten.

Die Fahrer, die hier morgens ihre Routen übernehmen, kassieren jetzt auch für die Tickets, haben gelernt, freundlich Auskunft zu geben, sind wie ausgewechselt. Was niemand für möglich gehalten hat: In kürzester Zeit schrumpfte der aufgeblähte Apparat zu einer Hochleistungsbusgesellschaft zusammen. Die Belegschaft wurde halbiert, und der Rest erwies sich als äußerst kompetent und leistungswillig. Heute brauchen die »Roten« die private Konkurrenz nicht mehr zu fürchten. Ein Blick in die Verwaltungszentrale: Vier Leute sind hier übrig. Früher drängten sich hier 40 Mitarbeiter, die mehr Verwirrung stifteten, als Mehrwert zu erzeugen. Diese Gesellschaft im öffentlichen Besitz, die dem Wettbewerb ausgesetzt wurde, hat enorme Reserven freigesetzt: Die Busgesellschaft konnte ihre Kosten um 34 Prozent senken.

Schweden

In der kleinen schwedischen Stadt Varburg begleiten wir Arne Rasmussen. Er geht in seiner Freizeit von Briefkasten zu Briefkasten und verteilt Informationsmaterial. Von Beruf ist er Busfahrer, und Verteilen ist nicht etwa ein Nebenverdienst, sondern sein ganz persönliches Engagement, um potenzielle Kunden über das öffentliche Bussystem zu informieren. Auf dem Prospekt ist auch sein Konterfei zu sehen, zusammen mit dem aller Kollegen, die diese Linie befahren. Denn sie alle haben sich vorgenommen, Umsatz und Gewinn ihrer Busgesellschaft zu steigern.

Die Idee dazu entstand im Aufenthaltsraum der örtlichen Filiale eines der größten schwedischen Transportunternehmen, Linjebus. Die Gesellschaft hat erkannt, dass sie ihren Gewinn nur steigern kann, wenn sie die Fahrer an der Planung und an den Mehreinnahmen beteiligt. Und Linjebus muss aufs Geld achten, denn das Unternehmen steht im harten Wettbewerb. Im Zuge der Staatsschuldenbekämpfung hat Schweden den öffentlichen Personennahverkehr 1989 privatisiert. Linjebus hat die Lizenz für den Bezirk Varburg bei der Ausschreibung gewonnen und für fünf Jahre gepachtet. Dann wird neu ausgeschrieben, und wer das günstigste Angebot abgibt, bekommt den Zuschlag.

Diese Privatisierung in Schweden war alles andere als einfach. Die Bevölkerung unseres nördlichen Nachbars war an staatliche Wohltaten gewöhnt, die längst nur noch mit Schulden bezahlt wurden. Aber dann raffte sich das Land auf, und unter dem Schlagwort: »Schulden machen unfrei«, geprägt vom sozialdemokratischen Ministerpräsidenten Göran Persson, wurden Subventionen gestrichen. Vor dem Rathaus in der Provinzhauptstadt kam es damals zu für schwedische Verhältnisse geradezu heftigen Protesten. Alle Fahrer zogen ihre Uniformen aus und warfen sie aus Zorn vor den Rathauseingang. Die Privatisierung in Schweden war politisch heftig umstritten.

Mittlerweile kann Arne Rasmussen, der Busfahrer, der neuen Situation nur gute Seiten abgewinnen. Er sei nicht mehr nur ein einfacher Busfahrer, sondern habe jetzt auch Gelegenheit, die Busrouten zu ändern und mitzubestimmen, wie häufig eine Strecke befahren wird. Linjebus, die Tochter eines britischen Busunternehmens, das bei der Ausschreibung die Lizenz für Halmstad gewonnen hat, setzte auf seine Mitarbeiter, um die Effizienz zu steigern. Das war für einen erfolgreichen Betrieb unerlässlich. Und da niemand die Bedürfnisse und Beschwerden der Kunden besser kennt als die, die jeden Tag vor Ort mit ihnen zusammentreffen, wurde ihr Wissen für die Busgesellschaft wertvoll.

Um die Lizenzen für die privaten Busunternehmen interessant zu machen, haben die Schweden Linjebus erlaubt, 75 Prozent der Mehreinnahmen zu behalten, die sie zusätzlich zu den vereinbarten Tarifen erwirtschaften. Linjebus war sofort klar, dass dieser Gewinn nur anfällt, wenn die Busfahrer mitziehen, und deshalb werden sie auch an den zusätzlichen Einnahmen beteiligt. »Das ist doch ein ganz anderes Arbeitsleben. Wir wissen, wofür wir arbeiten, und es macht Spaß, die Passagiere zu bedienen, sich um sie zu kümmern«, freut sich Arne Rasmussen, der allerdings eine Kürzung seines Urlaubs von 33 auf 25 Tage hinnehmen musste. Das war der Preis, den er akzeptieren musste und in dem sich für ihn der Unterschied zeigte zwischen einer städtischen Gesellschaft, die Schulden machte, und einem privaten Unternehmen, das Geld verdienen muss, aber seine Mitarbeiter am Gewinn beteiligt.

Wer jetzt durch den ländlichen Bezirk Halland in Südschweden mit seinen 275 000 Einwohnern fährt, sieht, dass es entlang der Straßen überall Bushaltestellen gibt, manchmal nur mit wenigen hundert Metern Abstand. Dank der Befragung der Kunden und der genauen Kenntnisse der Gegebenheiten, aber auch durch ihre eigene Entscheidungsfreiheit lautet das Motto jetzt: Die Busse fahren zu den Menschen und halten nach Bedarf, aber die Menschen müssen nicht mehr zu den Bussen laufen. Das ist Service pur.

Düsseldorf

Das Prinzip »Wettbewerb statt Subventionen« ist ein ehernes Gesetz, das überall auf der Welt, wo es angewandt wird, preiswerte Versorgung für die Bürger garantiert. Schon vor über 15 Jahren gab es auch erfolgreiche Ansätze in Deutschland, die leider nur Einzelfälle geblieben sind. Die Stadt Düsseldorf zum Beispiel hat unter dem legendären Oberbürgermeister Joachim Erwin seine Subventionen für den Nahverkehr von damals 123 Millionen DM (62,4 Millionen Euro) konsequent heruntergefahren. Er gründete die privatrechtliche Rheinbus AG, die zu wesentlich günstigeren Kosten betrieben wurde als die städtische Rheinbahn. Das war schon äußerlich sichtbar: Während das kommunale Unternehmen in einem großen repräsentativen Gebäude residierte, reichten der Rheinbus drei aneinandergereihte Container.

In den städtischen Werkstätten standen zwar die gleichen Busse von Rheinbahn und Rheinbus nebeneinander. Aber die Wartung eines Busses der städtischen Rheinbahn war teurer, weil die private Rheinbus nur so viel zahlte, wie dies in einer privaten Werkstatt gekostet hätte. Um die Aufträge der Rheinbus zu erhalten, musste sich die städtische Werkstatt diesem Wettbewerbspreis anpassen. Oberbürgermeister Erwin rechnete uns damals vor, was er mit 123 Millionen DM alles an Investitionen in Schulen, Kultur und Sozialleistungen ausrichten könne, während Verkehrssubventionen von allen für wenige bezahlt werden müssten.

Aber nicht nur in der Großstadt Düsseldorf wurde vorbildlich vorgeführt, dass kostendeckender Nahverkehr möglich ist. Vom Leipziger Hauptbahnhof führt die Buslinie 196 nach Bad Düben. Solange sie vom Landkreis betrieben wurde, brauchte sie jährlich 300 000 DM (153 000 Euro) aus der Kreiskasse. Im Jahr 2000 wurde sie öffentlich ausgeschrieben. Es gewann die Saxbus, weil sie auf jegliche Subventionen verzichtete. Das private Unternehmen kümmerte sich erst einmal um seine potenziellen Kunden.

Die Mitarbeiter besuchten Schulen und Rathäuser, erkundigten sich, wann und wie die Busse erwünscht sind. Heraus kam zum Beispiel die überraschende Erkenntnis, dass die Frequenz am Wochenende erhöht werden sollte. Die neuen bequemen Reisebusse lockten immer mehr Passagiere vom Pkw in den Bus, und mittlerweile verdient die Saxbus jährlich 150 000 Euro. Was für ein Unterschied: von 150 000 Euro Verlust auf 150 000 Euro Gewinn. Deprimierend an diesem Beispiel ist, dass es so wenig Nachahmer findet.

Was immer wir auch in Deutschland diskutieren, solange wir öffentlichen Verkehr auf Straßen und Schienen als »Daseinsvorsorge« betrachten, solange wir ihn nicht rational bepreisen, wird er ein Milliarden verschlingendes intransparentes Spielzeug für ideologische Grabenkriege bleiben.

Alles erlaubt – die Umwelt als Ausrede

Da gibt es noch ein Argument für den ÖPNV, das einem Glaubensbekenntnis gleichkommt, mit dem alles entschuldigt wird: Der ÖPNV hilft der Umwelt, er hat die beste Klimabilanz. Investitionen, vor allem in den öffentlichen Schienennahverkehr, sind Investitionen in die Zukunft unseres Planeten.

Die Hamburger U-Bahn-Linie 1 ist ein gutes Beispiel dafür. Sie führt von Norderstedt im Nordwesten durch die Innenstadt und wieder nach Nordosten bis Volksdorf und darüber hinaus. Zwischen 7:50 Uhr

Verlauf der U1 in Hamburg

Norderstedt Mitte — Ohlstedt — Großhansdorf — Volksdorf — U2 — Ohlsdorf — Lattenkamp — Kellinghusenstraße — Jungfernstieg — U3 — Wandsbek-Gartenstadt — Wandsbeker Chaussee — HBF

10 km

und 8:50 Uhr füllt sich der Zug Station für Station. Schnell sind alle Sitzplätze belegt, und bis in die Innenstadt gibt es dann nur noch Stehplätze. Die Passagiere haben das Gefühl, in eine völlig überfüllte U-Bahn gequetscht zu werden. In der Hamburger City entleert sich die U-Bahn, und dann fährt der Zug mit ziemlich wenigen und immer weniger werdenden Passagieren bis nach Volksdorf.

In der Gegenrichtung spielen sich die gleichen Szenen ab. Dichtes Gedränge von Volksdorf bis in die City und dann nur noch vereinzelte Passagiere bis Norderstedt. Subjektiv haben die meisten Hamburger das Gefühl, dass ihre U-Bahn gut angenommen wird, denn sie erleben sie meist nur in der Spitzenzeit. Objektiv aber transportiert auch die U1 in Hamburg hauptsächlich Luft. Denn abends und am Wochenende ist das Verkehrsaufkommen so gering, dass auch die Frequenz der Züge stark reduziert wird. Das niederschmetternde Ergebnis: Die U1 ist über das ganze Jahr nur zu knapp 16 Prozent ausgelastet. Das ist kein Problem Hamburgs, sondern ein Problem des Systems, denn die Hamburger Hochbahn gilt als bestgeführtes Unternehmen seiner Größenklasse.

Nun wäre es extrem spannend zu wissen, was der Betrieb der U1 kostet und wie viel damit für eine kostendeckende Fahrkarte bezahlt werden müsste. Keine Chance – eine solche Berechnung gibt es nicht, denn eine saubere betriebswirtschaftliche Berechnung des Fahrwegs, der Bahnhöfe, Abstellanlagen und der Stromversorgung zum Beispiel wird nicht gemacht. Was wir wissen: Der Verbrauch für den Fahrstrom aller U-Bahnen in Hamburg beträgt 115 Millionen Kilowattstunden pro Jahr. Hinzu kommt Strom für die Rolltreppen und die Beleuchtung der Haltestellen. Das macht insgesamt 144 Millionen Kilowattstunden. Das bedeutet 0,117 Kilowattstunden pro Personenkilometer. Alle Angaben stammen aus dem Jahr 2010.

Kommt der Strom aus Kohlekraftwerken, sind vom Bergwerk bis zum Fahrweg und zu den Haltestellen zwei Drittel der Ursprungsenergie, genannt »Primärenergie«, verloren gegangen. Wir rechnen hier einmal nur die Kohle, die im Kraftwerk verstromt wird. Damit werden aus 0,117 Kilowattstunden pro Personenkilometer rund 0,350 Kilowattstunden. Eine Kilowattstunde ist ein Maß für eine Energiemenge, die auch in »Liter Benzin« umgerechnet werden kann. Aus 0,350 Kilowattstunden pro Personenkilometer werden dann 4 Liter Benzin auf 100 Personenkilometer. Das ist eine Größe, die einen Vergleich mit dem Verbrauch eines Pkw möglich macht. Allerdings sind dann auch der Fairness halber die Energieverluste ab Ölquelle über Raffinerie bis zur Verteilung an den Tankstellen hinzuzurechnen. Beim Benzin-Pkw sind das etwa 15 Prozent.

Leere Waggons sind alles andere als umweltfreundlich, denn es wird Energie verbraucht, ohne dass daraus ein Nutzen entsteht. Damit ist auch klar: Der öffentliche Nahverkehr muss flexibler werden und da, wo in den Städten schon U- und S-Bahnen vorhanden sind, wäre eine höhere Auslastung erstrebenswert. Das ist aber leichter gesagt als getan. Es erfordert andere Tarife, die sich an der Auslastung orientieren. Unsere Berechnungen haben ergeben, dass die Eisenbahn im Nahverkehr nur noch bedingt besser abschneidet als ein Auto. Vollbesetzte Pkw haben bessere Werte als die Züge. Schon heute verabreden sich die Pendler an Autobahnauffahrten und legen die weite Strecke zum Ziel gemeinsam zurück.

Es kommen viele Faktoren zusammen, um genaue Zahlen berechnen zu können, und leider wollen es die Beteiligten – Bahnmanager und »bahnaffine« Politiker – offenbar auch nicht so genau wissen. Ex-Bahnchef Hartmut Mehdorn hat sich Ende März 2007 auf der Bilanzpressekonferenz seines Unternehmens dazu verstiegen, zu behaupten, dass ein ausgelasteter ICE pro Kilometer so wenig verbrauche wie ein Ein-Liter-Auto. Das ist schon eine arge Beleidigung der Intelligenz seiner Mitmenschen. Aber beim Kampf um das Image der Bahn und damit auch um die Milliardensubventionen spielen die Umwelt und das Klima eine entscheidende Rolle.

Das Ifo-Institut hatte 1987 ausgerechnet, dass die Bahn im Nahverkehr einen Primärverbrauch an Energie hat, der umgerechnet 7,2 Liter Benzin auf 100 Personenkilometer beträgt. In ihrem Umweltbericht 2004 gibt die Bahn selbst noch 5,2 Liter Benzin pro 100 Personenkilometer an. Nicht enthalten ist dabei der Verbrauch stationärer Energie. Damit wird die Beleuchtung und Heizung von Bahnhöfen, die Rolltreppen und Aufzüge oder die Weichenheizungen, also alles, was rund um die Bahn nötig ist, um den Betrieb zu gewährleisten, bezeichnet. Dies mit eingerechnet steigt der Verbrauch auf 6,5 Liter Benzin pro 100 Personenkilometer. Wir ersparen uns zunächst die Umrechnung des Energieverbrauchs in CO_2-Werte. Sie fallen je nach Verbrauch entsprechend höher oder niedriger aus.

Das Problem liegt im System, seine Ursache eigentlich auf der Hand: Während die Züge gut ausgenutzt morgens in die Stadt und abends wieder in die Vororte fahren, müssen sie, um wieder einsatzfähig zu sein, ziemlich leer die Gegenrichtung antreten. Sie fahren halt auch ohne oder mit nur ganz wenigen Passagieren. Der Pendler-Pkw verbraucht aber nur voll besetzt Energie, in der Zwischenzeit steht er still. Während sich ein Parkplatz für ein Auto bereitstellen lässt – in Innenstädten allerdings begrenzt –, ist es unmöglich, Dutzende von langen Pendlerzügen in den Innenstädten zu parken. Das würde jede Stadt zerstören.

Für die Nahverkehrsbusse gibt es keine brauchbaren Vergleichszahlen. Das Problem: die unterschiedliche Auslastung der Busse. Im ländlichen Raum sind sie meist gut besetzt, in den Städten dagegen fahren sie oft leer. Bundesweit wird ihre Auslastung mit 21 Prozent angegeben. Ihr Verbrauch ist höher als beim Pkw, aber niedriger als der des Schienennahverkehrs. Aus Hamburg haben wir Zahlen. Die Busse kommen auf einen Verbrauch von 3,2 Liter Diesel pro 100 Personenkilometer.

An dem Wettbewerbsvorteil des vollbesetzten Pkw wird sich auch in Zukunft nichts ändern. Zum einen wird es durch die Smart-Technik einfacher, Fahrgemeinschaften zu bilden, wie wir dies schon beschrieben haben, und zum anderen lassen sich beim Auto schneller Innovationen umsetzen als bei Zügen. Der Benzinverbrauch sinkt ständig, die EU verlangt schon bis 2021 das 4,1-Liter-Auto (Benzin) beziehungsweise das 3,6-Liter-Auto (Diesel) als Maßstab für die ganze Flotte. Züge dagegen haben eine viel längere Lebenszeit, und manchmal scheint die ewig zu dauern, wenn man einige U-Bahn-Waggons in Berlin erlebt. Der Umweltbonus, mit dem heute noch die große Propagandawelle für den ÖPNV begründet wird, ist nur bedingt gerechtfertigt und wird in Zukunft immer unglaubwürdiger.

Dies trifft nicht nur auf den Nahverkehr zu. Deshalb ein Blick auf die Daten des Energieverbrauchs für den Fernverkehr. Die Deutsche Bahn hat für alle IC- und ICE-Verbindungen einen Verbrauch von 2,3 Litern pro Person für 100 Kilometer angegeben. Die Daten stammen aus dem Jahr 2007. Sie haben sich leicht verbessert, sind aber in der Relation gleich geblieben. Der Zahl von 2,3 Litern Benzin fehlt der Praxisbezug. Hinzu kommt die stationäre Energie, die wir schon beim Nahverkehr mit der Eisenbahn erläutert haben. Es gibt weitere Faktoren, die offiziell seit langem nicht mehr auftauchen. Dabei sind sie völlig plausibel, denn die Passagiere fahren nicht von Bahnhof zu Bahnhof, sondern von Haus zu Haus. Diese Wege müssen zum Energievergleich herangezogen werden.

Das ifeu, Institut für Energie- und Umweltforschung in Heidelberg, errechnet in einem Dauerauftrag des Umweltbundesamtes in enger Abstimmung mit der Deutschen Bahn den »Energieverbrauch und die Schadstoffemission des motorisierten Verkehrs in Deutschland«. Von ihm stammt die Angabe, dass der Fernzugreisende 14 Prozent mehr Entfernung zurücklegt als der Autofahrer bei gleichem Ausgangsort und Ziel. Das liegt daran, dass der Bahnhof möglicherweise in entgegengesetzter Richtung zum eigentlichen Ziel liegt und dass das Schienennetz nicht so engmaschig ist wie das Straßennetz. Alles zusammengenommen sind wir dann schon bei mehr als 3,9 Litern pro 100 Personenkilometer. Das ist günstiger als der mit 1,7 Personen besetzte Pkw, der mit 5,2 Litern Benzin pro 100 Personenkilometer berechnet wird. Die 1,7 Personen sind der statistische Mittelwert im Fernverkehr. Aber wie lange noch? Denn spätestens in den übernächsten Pkw-Generationen wird der Flottenverbrauch von Neuwagen unter 4,1 Liter Benzin beziehungsweise 3,6 Liter Diesel fallen. Dann gibt es keinen Grund mehr, aus Energie-Verbrauchsgründen mit der Bahn zu fahren. Aber weder das Bundesumweltamt noch die Bahn beziehen alle Effekte in ihre Vergleiche ein. Desinformation statt Information.

Es gibt noch einen Aspekt, der für die ICE-Züge ein Problem darstellt, und der hat ganz einfache physikalische Ursachen. Dagegen helfen weder politische Mehrheitsbeschlüsse noch ideologische Überzeugung. Je schneller ein ICE fährt, desto höher ist der Luftwiderstand und damit der Energieverbrauch. Bei 300 Stundenkilometern wird fast 80 Prozent mehr Antriebsenergie verbraucht als bei 200 Stundenkilometern. Die ICE fahren auf den Hochgeschwindigkeitsstrecken zwischen 250 und 300 Stundenkilometer. Schon ab zwei Personen in einem Mittelklassewagen gibt es kaum Energie- und damit auch

Klimaschutzgründe mehr für die Bahn. Es wird also nötig sein, die Nutzer der Mobilität aus anderen Gründen für den Schienenverkehr zu überzeugen.

»Wir fahren mit 100 Prozent erneuerbarer Energie«, lobt sich die Bahn, und das ist schon eine herbe Attacke auf die Intelligenz der Mitbürger. Bei unserem Strommix weiß niemand, woher er seinen Strom bezieht. Und selbst wenn die Deutsche Bahn AG für sich in Anspruch nehmen könnte, dass in ihr Netz nur Strom aus Wind, Sonne, Wasser und Biogasanlagen eingespeist wird, so müssten die anderen Energiebezieher im Gesamtnetz entsprechend mehr Kohle und Atomstrom nutzen. Das wäre also nur eine Verschiebung, aber keine Veränderung unseres Gesamtverbrauchs an grünem Strom.

Der frühere Chef des Bundesumweltamtes, Andreas Troge, schrieb im Bahn-Magazin *Mobil*: »Ein ICE-Fahrgast verursacht im Schnitt etwa ein Drittel der CO_2-Emissionen, die ein Autofahrer bewirkt.« Es wäre besser, hier würden die Bahnanpreiser sich nicht in die Tasche lügen, sondern den Schienenverkehr so gestalten, dass seine Vorteile die Kunden überzeugen würden. Der Strommix, den die Bahn nutzt, hängt sehr von der Tages- und Jahreszeit ab, in der Strom verbraucht wird. Traditionell stammen 40 Prozent des Bahnstroms aus Wasserkraft und Atomkraftwerken. Beide haben vernachlässigbare CO_2-Werte. Wenn die Nachfrage aber hoch ist und die erneuerbaren Energiequellen wenig liefern, müssen sogar altgediente Dreckschleudern wieder in Betrieb genommen werden.

Da gibt es noch ein Paradox: Wenn ich mehr Bahnverkehr will, also mehr Strom verbrauche, dann muss ich auch die Kohlekraftwerke länger am Netz halten, weil noch auf Jahre hin keine entsprechend sichere alternative Energie vorhanden sein wird. Sollte die Bahn aber weniger Strom brauchen, dann könnten alte Kraftwerke schon früher abgeschaltet werden. Es geht hier also auch um Kohlestrom mit seiner schlechten CO_2-Bilanz. Bezüglich der CO_2-Bilanz der Bahn muss immer so gerechnet werden, als käme der Strom grundsätzlich aus Kohlekraftwerken. In dieser Weise ist so lange zu rechnen, bis das letzte

Kohlekraftwerk vom Netz ist. Diese Auffassung teilen übrigens auch ein früherer Wissenschaftler im Bundesumweltamt, Reinhard Kolke, und der Verband der Schweizer Eisenbahningenieure.

Aus dem Durchschnittsmix der Elektrizitätserzeugung abzuleiten, wie viel CO_2 durch den Stromverbrauch produziert wird, ist deshalb irreführend. Erzählen die DB AG und das Bundesumweltamt, die Bahn sei umweltfreundlich, weil sie zu 100 Prozent erneuerbare Energie verbrauche, dann heißt das, dass Sie zu Hause Herd, Fön und Eierkocher mit mehr Kohlestrom betreiben.

Der Einwand, die Tochter der Deutschen Bahn, die DB Energie, beziehe ihren Strom weit überwiegend aus eigenen Kraftwerken, zieht auch nicht. Der meiste »bahneigene Strom« stammt auch aus Kohlekraftwerken. Wird mehr Strom verbraucht, dann müssen die ältesten bahneigenen Kohlekraftwerke länger am Netz bleiben.

V. SCHIENE

Die Geschichte der guten alten Beamtenbahn

»Alle reden vom Wetter – wir nicht.« Können Sie sich noch erinnern? Die gute alte Zeit: die Deutsche Bundesbahn ein Symbol der Zuverlässigkeit bei Wind und Wetter, geliebt und geachtet. Und mit jedem Jahr, das vergeht, verklärt sich die Erinnerung an »unsere Bahn«. Doch wie Auto und Flugzeug wird auch die Eisenbahn nicht rational gesehen, sondern jedes dieser Verkehrsmittel wird mit Mythen, Gefühlen, bis hin zu schieren Liebesbezeugungen verklärt. Das trübt den Blick auf die Realität.

Es gibt zwar eine Sendung im deutschen Fernsehen, die »Eisenbahnromantik« heißt, aber wie war es denn wirklich um die Deutsche Bundesbahn bestellt, als 1989 beschlossen wurde, sie einer gründlichen Reform zu unterziehen? Ihre Schuldenlast war auf 55 Milliarden DM angeschwollen. 230 000 Mitarbeiter, darunter etwa 60 Prozent Beamte, kosteten mehr als der Bahnbetrieb Umsatz machte. Das waren etwa 15 Milliarden DM pro Jahr. Alles Kennzahlen, bei denen ein Unternehmen sofort Insolvenz anmelden müsste. Die Defizite der Deutschen Bundesbahn aber wurden aus dem Steuertopf bezahlt, und das war schließlich so viel, dass selbst die gutwilligsten Bahnenthusiasten die Geduld verloren. Die Bahn redete zwar nicht vom Wetter, aber sie redete auch nicht über Geld.

Bevor wir weiter über die wirtschaftlichen und politischen Hintergründe der Beerdigung der Beamtenbahn und der maroden DDR-

Reichsbahn 1994 schreiben, wollen wir einen Versuch unternehmen, die innige Beziehung zwischen Eisenbahn und Bevölkerung zu verstehen.

Als 1835 der »Adler«, der erste deutsche Zug, von Nürnberg nach Fürth dampfte, brach auch in Deutschland das Zeitalter der Eisenbahn an. Andere Staaten waren da schon weiter. In Großbritannien und den USA hatten sich Dutzende von Gesellschaften gegründet, die mit immer neuen Projekten im Personen- und Gütertransport Gewinne erzielten. Selbst Frankreich, Belgien und Österreich waren schneller als die Deutschen. Die »stählernen Rosse« waren der Inbegriff des Fortschritts. Im *Pfennig Magazin* vom 7. März 1835, einer Zeitschrift der »Gesellschaft zur Verbreitung gemeinnütziger Kenntnisse«, wird das in einem Aufsatz deutlich. Da steht: »Alle, welche den Einfluss des schnellen und wohlfeilen Transports auf die Industrie, den Wohlstand und die höhere Bildung der Völker zu schätzen wissen, haben die Überzeugung gewonnen, dass diese Transportmaschine bestimmt sei, der Welt eine andere Gestalt zu geben.« Die Eisenbahn – das war der pure Fortschrittsglaube.

Und die Welt veränderte ihr Gesicht. Vor allem die Städte. Außerhalb der Stadtmauern entstanden die neuen Bahnhöfe und Gleisanlagen. Und hinter den stählernen Schneisen siedelten sich die Fabriken an. Hinter dem Bahnhof, das waren die Stadtteile der Arbeiterklasse, der Maloche, der Wohnblocks. Vor dem Bahnhof lebte das Bürgertum in den Altstädten. Eine Struktur, die sich bis in die Neuzeit hielt und erst jetzt endgültig verschwindet. Köln, Nürnberg und Dortmund sind klassische Beispiele dafür.

Je größer die Stadt, desto mehr Gleisanlagen wurden benötigt. Wer über Berlin fliegt, könnte glauben, die Hälfte der Stadt bestehe aus Schienen und Bahnanlagen. Berlin wuchs genau zur selben Zeit stark an, als das Eisenbahnzeitalter begann, und entwickelte sich zur größten Industriestadt Europas – ohne die massiven Investitionen der Eisenbahngesellschaften undenkbar.

Zu jener Zeit glich die politische Landkarte Deutschlands einem

Flickenteppich. Wer von den Regierenden etwas auf sich hielt und es sich auch noch leisten konnte, schenkte seinem Land eine Bahn – oder auch sich selbst, wie König Ludwig von Bayern, der sich einen prunkvollen Reisezug gönnte. Und so bauten sich Fürsten, Grafen, Herzöge und Könige Eisenbahnen, deren Linien sich an der bestehenden Kleinstaaterei und der Großmannssucht der Herrscher orientierten.

Das hat leider bis heute Konsequenzen – zum Beispiel, für jeden erkennbar, in Frankfurt am Main. Drei mächtige Hallen bilden einen Bahnhof. Früher waren sie sogar getrennt und erst 1888, nach der Gründung des Deutschen Reiches, durch einen Neubau zu einem Gebäude vereint. Hintergrund: Jeder der drei hessischen Herrscher baute sich im Westen der unabhängigen Reichsstadt seinen eigenen Bahnhof. Das Großherzogtum Darmstadt, das Herzogtum Nassau und das Kurfürstentum von Kassel pochten auf ihre Unabhängigkeit, und deshalb blieben die Gleisfelder vor dem Frankfurter Bahnhof streng voneinander getrennt – und das endete erst 2001. Dann endlich wurde das Gleisgewirr so modernisiert, das alle Aus- und Einfahrten miteinander verbunden waren.

Von Anfang an sind die Gleise die Lebensader der Nationen, lösen Wachstum aus. Aber auch damals gab es Bürger, die sich gegen die qualmende und zischende Maschine auflehnten, die vor der lebensgefährlichen Geschwindigkeit der Eisenbahnen warnten. Viele Städte und Regionen, die sich gegen eine Eisenbahnlinie wehrten, besiegelten für Jahrzehnte ihre Rückständigkeit, andere erlebten durch die neuen Gleise einen ungeahnten Aufschwung. In Westfalen zum Beispiel wehrten sich die historischen Städte Soest und Wiedenbrück gegen eine Bahnstation. Diese wurde deshalb bei einem kleinen Dorf namens Gütersloh errichtet. Bis zum heutigen Tag gibt es in Ostwestfalen den Begriff des »Versoesten«, womit Zurückbleiben wegen Engstirnigkeit gemeint ist. Gütersloh dagegen entwickelte sich zur Großstadt, einer der wohlhabendsten in der ganzen Republik.

Es war eine Zeit des Aufbruchs. Wer das Geld hatte und Europa kennenlernen wollte, reiste mit der Bahn nach Paris, Stockholm oder Rom. An den Bahnhöfen schlug der Puls der Zeit. Selbst die Alpen sind kein Hindernis mehr, sie werden untertunnelt: Lötschberg, St. Gotthard und Brenner heißen einige der Übergänge, die von genialen Baumeistern geschaffen wurden. Es ist diese Zeit, an der sich die Bahnnostalgiker orientieren, wenn sie mit Nachbauten des Orient-Express für viel Geld noch einmal erleben wollen, wie es um die Jahrhundertwende war, im Europa des Geldadels, der vom Seebad zum Kurbad oder Maskenball fuhr – bevor man sich dann im Ersten Weltkrieg mit unvorstellbarer Grausamkeit gegenseitig umbrachte. Danach hat sich am Streckennetz nicht mehr viel verändert, abgesehen von militärischen Aufrüstungsplänen im Zweiten Weltkrieg, die kaum verwirklicht wurden.

1945, als der Größenwahn Deutschland in Trümmer gelegt hatte, sah es so aus, als wären die Bahnen aus den Städten weggebombt – vor allem in Berlin. Einige der imperialen Prunkbauten sind ganz verschwunden, von anderen stehen nur noch ein paar Mauern zur Erinnerung, der Anhalter Bahnhof zum Beispiel: vor dem Krieg der größte im Reich, an den Passagierzahlen gemessen, jetzt eine Ruine in einem Park.

Doch dann, nach dem Krieg, blüht die Bahn noch einmal auf. Dringend werden Transportkapazitäten gebraucht. Die wenigen Pkw und Lkw sind dafür völlig überfordert, zudem die Straßenbrücken gesprengt, die Gleise aber schnell repariert. Es ist jedoch keine Zeit, jetzt neue Strecken, neue Bahnhöfe oder gar ein ganz neues Konzept für das Gleisnetz zu planen, das die Kleinstaatenstruktur überwindet. Die neue Deutsche Bundesbahn wird so wieder aufgebaut, wie sie vorher war. Und das endete, wie schon erwähnt, Ende der achtziger Jahre des letzten Jahrhunderts in der Insolvenz – beziehungsweise der nicht vollzogenen Insolvenz dank der Steuermilliarden.

Seit 1920 gab es das Unternehmen »Die Deutschen Reichseisenbahnen«. Es entstand aus den acht Bahnen, die den Ländern gehörten. Ab 1924 hießen sie »Deutsche Reichsbahn-Gesellschaft«. Das war der Beginn, an dem die politische Zentralmacht auch das wichtigste Transportmittel im Reich beherrschte. Adolf Hitler taufte sie dann in »Deutsche Reichsbahn« um. Und seitdem ist sie auch Spielball politischer Mächte. In der Sowjetischen Besatzungszone, der späteren DDR, blieb der politisch verfängliche Name »Deutsche Reichsbahn« erstaunlicherweise erhalten. In Westdeutschland dagegen wurde sie in »Deutsche Bundesbahn« umbenannt. Sie gehörte dem Staat. Aber wie das so ist: Wer ist in diesem Fall der Staat? Denn der Eigentümer ist ja wohl auch dafür verantwortlich, wenn ein Unternehmen an die Wand fährt.

Die Kontrolle des Vorstands wurde von einem Verwaltungsrat ausgeübt – und der war dazu verpflichtet, mit dem Eigentum des Bundes, also von uns allen, sorgsam umzugehen – so jedenfalls stellen sich dies die Bürger der Republik vor. Der Verwaltungsrat setzte sich zusammen aus vier Gruppen zu je fünf Mitgliedern, die von der Bundesregierung ernannt wurden. Vordergründig sah das alles sehr nach Transparenz und Pluralismus aus. In der Gruppe A saßen die Vertreter des Bundesrates – bei genauem Hinsehen waren sie auch genau nach Parteizugehörigkeit ausgesucht. Die Gruppe B vertrat die Gesamtwirtschaft, vorgeschlagen von den Spitzenverbänden der gewerblichen Wirtschaft, des Handels, der Landwirtschaft, des Handwerks und des Verkehrs. Die Gruppe C repräsentierte die Gewerkschaften auf Vorschlag der Gewerkschaften. In der Gruppe D schließlich befanden sich »sonstige Mitglieder«, die vom Bundesminister für Verkehr vorgeschlagen wurden. Da waren dann auch Bundestagsabgeordnete dabei.

Wenn Sie die Namen der Verwaltungsräte der Deutschen Bundesbahn lesen, dann finden Sie viele angestaubte Honoratioren, verdienstvolle Minister, erfolgreiche Unternehmer, hochgeschätzte Wissenschaftler und langjährige Bundestagsabgeordnete. Umso mehr ist die Frage erlaubt: Wie konnte es sein, dass ein solches Gremium jahrelang den Niedergang der Deutschen Bundesbahn in eine katastrophale Verschuldung hinnahm, ja sogar aktiv mit betrieb? Unsere Antwort: Keines der Mitglieder im Verwaltungsrat musste für seine Entscheidungen mit eigenem Geld haften. Jedes Mitglied fühlte sich der Gruppe verantwortlich, die ihn in den Rat gewählt hatte. Selbst ein ehrenwerter Kreis wirtschaftlicher und geistiger Elite ist nicht geeignet, ein Unternehmen zu führen, wenn er mit dem Geld anderer umgeht, in diesem Fall der Steuerzahler. Die Länderminister sorgten für Investitionen in ihren Ländern, die Wirtschaft für niedrige Frachttarife, die Gewerkschafter für üppig ausgestattete Stellenkegel und die Politiker für ihre Parteifreunde. Wir schreiben hier noch über die Zeit vor der großen Bahnreform. Sicher, der jeweilige Bundesverkehrsminister hatte die Verantwortung für die Bahn. Er hatte das Aufsichtsrecht, und ihm war im Bundesbahngesetz vorgegeben, dass er »den Grundsätzen der Politik in der Verkehrspolitik Geltung« zu verschaffen habe und die Interessen der Deutschen Bundesbahn und der übrigen Verkehrsträger miteinander in Einklang bringen muss (Bundesbahngesetz, 4. Abschnitt, § 14). Von Wettbewerb keine Spur! Im Gesetz war alles, was der Verwaltungsrat hätte verantwortlich übernehmen können, so formuliert, dass es am Ende doch wieder der Bundesverkehrsminister war, der entscheiden konnte.

Während die Bevölkerung ihre Bahn noch liebte, war den Politikern wenigstens klargeworden, dass es so nicht weitergehen konnte. Waren die aktuellen Zahlen schon schlimm genug, so hatte die »Regierungskommission Bahn«, die Vorschläge erarbeiten sollte, wie es weitergehen könnte, einen jährlichen Finanzbedarf von 18 Milliarden DM für das Jahr 1993 errechnet, der ungebremst weiter angestiegen wäre auf 41 Milliarden DM zur Jahrhundertwende.

Aber dann wurden die Karten neu gemischt, und es änderte sich alles. 1989 erlebte Deutschland das Wunder der Wende und erbte damit die verrottete Wirtschaft der DDR. Die westdeutschen Bahner durften sich vorübergehend noch einmal richtig gut fühlen. Denn mit der Wiedervereinigung gehörte auch die Reichsbahn der Bundesrepublik. Und was kaum für möglich gehalten wurde: Die war in einem noch trostloseren Zustand als die westdeutsche Beamtenbahn. Am Zustand der ostdeutschen Reichsbahn können die Anhänger von Monopolen studieren, wohin es führt, wenn der Wettbewerb ganz ausgeschaltet ist.

So war es in der DDR Pflicht, Güter mit der Bahn zu transportieren, wenn der Bestimmungsort mehr als 50 Kilometer entfernt war. Das hat dazu geführt, dass in der viel kleineren DDR fast genauso viel Fracht transportiert wurde wie in der größeren Bundesrepublik. In Tonnenkilometern, der Maßeinheit für Eisenbahnleistung, war das Verhältnis 61 (Reichsbahn) zu 59 (DB). Ein Einbruch des DDR-Güterverkehrs war unvermeidlich, denn mehr als die Hälfte des Transports bestand aus Braunkohle und der Asche aus Kraftwerken sowie Kalitransporten zu den Häfen, die zu Umweltschäden in einem breiten Korridor entlang der Strecken führten, weil Kali aus den Güterwagen rieselte.

Direkt nach der Wende hatten wir Gelegenheit, uns vom Zustand der Bahntrassen im Osten zu überzeugen. Bei Oebisfelde konnten wir Schrauben aus den Schwellen ziehen, bei Gotha mussten die Züge mit 10 Stundenkilometern auf der wichtigen Ost-West-Verbindung über eine Brücke schleichen. Jeder DDR-Bürger kannte die Ansage: »Ab hier Schienenersatzverkehr«, weil wieder einmal eine Strecke nicht befahrbar war. Mittlerweile ist das auch im ehemaligen Westen nicht mehr unbekannt. Der Zustand der Deutschen Reichsbahn beschleunigte die Gewissheit: Die gesamtdeutsche Eisenbahn muss in private Hände – wir brauchen eine Bahnreform. Da war es ein glücklicher Zufall, dass ein halbes Jahr vor der Wende die »Regierungskommission Bahn« berufen worden war, die sich um die Zukunft der Bundesbahn kümmern sollte. Jetzt wurde ihr Aufgabenfeld drastisch erweitert.

Auch für die Reichsbahn wurden die Defizite und der Kapitalbedarf aus dem Haushalt errechnet. Für 1993 waren das 12 Milliarden DM und für das Jahr 2000 dann 23 Milliarden DM. Wer immer noch von der guten alten Bahnzeit träumt, sollte wenigstens eine Zahl nicht vergessen: Die Regierungskommission hat sehr zurückhaltend für das Jahrzehnt von 1991 bis 2000 einen Kapitalbedarf aus öffentlichen Etats von 417 Milliarden DM (213 Milliarden Euro) festgestellt. Die Zahlen machen schwindlig. Kein Wunder, dass heute niemand mehr in Panik verfällt, wenn bei Stuttgart 21 zum Beispiel läppische 6 bis 7 Milliarden Euro verbaut werden.

Erst diese Zahlen erklären, warum es einen politischen Willen gab, eine Bahnreform durchzudrücken. Die beiden staatlich gelenkten und politisch geführten Bahnen sollten in eine private Aktiengesellschaft eingebracht werden. Sosehr sich die großen Parteien im Prinzip einig waren, so sehr unterschieden sie sich in einigen Grundsatzfragen. Konsens war bei allen Beteiligten, dass erst einmal die Bundesrepublik alleiniger Aktionär wird. Die Bahnreformgesetze eröffneten bisher ungeahnte Möglichkeiten. Zum Beispiel war geplant, dass später private Kapitalgeber nicht nur Aktien erwerben, sondern sogar das ganze Unternehmen kaufen können. Davon ausgenommen das Netz, also die Gleisanlagen, die Bahnhöfe und die dazugehörende Elektrizitätsversorgung. Zum ersten Vorstandsvorsitzenden wurde Heinz Dürr ernannt, ein Mann mit Visionen, darunter auch die Idee von Stuttgart 21.

Vorher waren jedoch Aufräumungsarbeiten notwendig, die im Zuge der Bahnreform zum 1. Januar 1994 umgesetzt wurden. Der Staat befreite die neue AG von allen Altschulden. Mittlerweile wechselten 66 Milliarden DM (34 Milliarden Euro) von der Bahn zum Bund. Das größte Problem aber waren die Beamtenpensionen der Bundesbahn. Von den 230 000 Beschäftigten hatten 60 Prozent den komfortablen Status der Unkündbarkeit mit satten Pensionsberechtigungen. Die Regierungskommission hatte ausgerechnet, dass allein die Ansprüche aus Pensionen, für die es keine Rückstellungen gab, 80,5 Milliarden DM (41 Milliarden Euro) betrugen.

Beide Bahnen, Ost wie West, hatten ein gutes Personalpolster, das im Osten größer war als im Westen. Noch 1990, also zur Wendezeit, beschäftigte die Deutsche Bundesbahn 230 000 und die Deutsche Reichsbahn 203 000 Mitarbeiter. Im Osten waren es also, gemessen an der Größe, deutlich mehr, sie konnten jedoch auch leichter entlassen werden. Bei der Gründung der Aktiengesellschaft waren es nur noch 160 000 im Osten, aber immer noch 210 000 im Westen.

Für die nicht kündbaren Beamten fand sich auch wieder eine Lösung, deren Kosten dem Steuerzahler aufgebrummt wurden. Es wurde eine Gesellschaft gegründet, in die die ursprünglich zirka 140 000 Beamten überführt wurden. Sie arbeiteten nicht mehr für die AG, sondern für das Bundeseisenbahnvermögen – und das Vermögen waren die Beamten. Der Name könnte auch von einem Satiriker erfunden sein. Schade nur, dass das, was wir jetzt beschreiben, keine Satire ist. Zum Bundeseisenbahnvermögen gehörten 1994 auch noch zirka 140 000 Pensionäre. Die Bundeseisenbahnvermögensbehörde verlieh jetzt die Beamten an die Deutsche Bahn. Aber da sie teurer waren als andere Beschäftigte, musste die Deutsche Bahn nur 75 Prozent dessen bezahlen, was die Beamten von ihrer Behörde bekamen. Die restlichen 25 Prozent zahlt bis heute – Sie ahnen es schon – wieder der Steuerzahler. Und es sind immer noch 70 000 Aktive, die für 75 Prozent ihrer Bezüge an die Aktiengesellschaft »zum Dienst überlassen« werden, und immer noch 104 000 beziehen Pensionen. Bis dieses Erbe abgetragen ist, wird die Deutsche Bahn noch viele Jubiläen feiern können und der Bundeshaushalt noch viele Milliarden für die untergegangene Beamtenbahn überweisen. So lebt nach fast zwanzig Jahren zumindest die Beamtenbahn beim Bundeseisenbahnvermögen noch weiter. Denn nur ganz langsam senkt sich der jährlich fällige Betrag. Im Jahr 2005 waren es zum Beispiel noch 5,472 Milliarden Euro und 2012 noch 5,105 Milliarden Euro. Hat hier immer noch jemand Sehnsucht nach der guten alten Bahn?

In der Bilanz der Deutschen Bundesbahn fanden sich zudem 50,2 Milliarden DM (26,6 Milliarden Euro) zu hoch bewertete Sachanlagen. Die Bilanzsünden der Vergangenheit bezifferte die Kommission auf 148,9 Milliarden DM (75,9 Milliarden Euro). Diese Last hätte die neue Aktiengesellschaft sofort ruiniert. Die Bahn, ein Milliardensumpf. Die Zahlen zeigen aber auch, was in unserer Republik möglich ist, ohne dass es die Steuerzahler sonderlich aufregt. Zugegeben: Die Politik versteht es meisterhaft, uns abzulenken. Wenn es um die Bahn geht, scheint unsere Geduld geradezu grenzenlos zu sein, wie die weitere Entwicklung zeigt.

Bahnreform – und alles soll anders werden

Mit der Wiedervereinigung sollte alles ganz anders werden. Die Vorschläge dazu machte die Regierungskommission, unterstützt vom ersten Verkehrsminister Günther Krause, der aus dem Osten kam und nicht in die vielfältigen Interessenkonflikte im Westen verstrickt war. Die Zielsetzung:

– Unternehmerische Unabhängigkeit der Eisenbahn von politischen Weisungen und Vorgaben.

– Finanzielle Sanierung der Eisenbahn und dadurch die Rückführung der wachsenden Belastungen des Bundeshaushalts.

– Stärkere Beteiligung der Eisenbahn am zu erwartenden nationalen und internationalen Verkehrswachstum im Personen- und Güterverkehr.

Zum Erreichen dieser Ziele waren fast revolutionär klingende Reformen geplant, zum Beispiel:

– Die strikte Trennung der staatlichen von den unternehmerischen Aufgaben zur Sicherung der unternehmerischen Unabhängigkeit. Daraus folgte die Gründung eines Eisenbahnbundesamtes (EBA), das die staatlichen Aufgaben übernahm, wie zum Beispiel die Zulassung von Fahrzeugen. Früher hatte die Bundesbahn, da sie Behörde war, ihre Fahrzeuge selbst zugelassen.

– Die Gliederung der Deutschen Bahn AG in mindestens vier am Verkehrsmarkt eigenverantwortlich handelnde Bereiche (Fahrweg, Personennahverkehr, Personenfernverkehr und Güterverkehr); das heißt, die sofortige organisatorische Trennung des Unternehmens in Netzbetrieb und Transportbereiche.

– Überführung der Deutschen Bahn AG in eine Holding-Gesellschaft durch Umwandlung der gebildeten Bereiche in selbstständige Aktiengesellschaften, frühestens in drei, spätestens in fünf Jahren.

– Auflösung der Holding und Bildung voneinander unabhängiger Aktiengesellschaften.

– Öffnung des Schienennetzes für Dritte.

Das alles zielte auf Markt und Wettbewerb als Antrieb für Wirtschaftlichkeit und Unabhängigkeit vom Staat.

Was überhaupt nicht funktioniert hat, ist eine Privatisierung, die den Namen verdient, denn eine Aktiengesellschaft, die zu 100 Prozent der Bundesregierung gehört, ist genauso politischen Zwängen unterworfen wie früher Reichs- und Bundesbahn. Die Reformer wurden schnell zu Außenseitern. Waren die großen Parteien am Anfang alle für die Bahnreform, so suchten immer mehr Interessengruppen, sich Vorteile zu Lasten der Allgemeinheit zu verschaffen. Besonders die Bundesländer blockten ab. Dabei spielte es keine Rolle, ob sie von Schwarzen oder Roten geführt wurden. Es ging ihnen ums Geld. Bisher war es üblich, dass der Personennahverkehr vom Bund subventioniert wurde. Die Länder hatten nun Angst, dass sie die 7,7 Milliarden DM, die zum Beispiel 1993 fällig waren, selbst tragen müssten. Also stimmten sie erst der Bahnreform zu, als sichergestellt war, dass sie als Ausgleich »Regionalisierungsmittel« erhalten würden. 1996 waren es 8,7 Milliarden DM, danach 12 Milliarden DM jährlich und ein Anteil an den steigenden Einnahmen aus der Mineralölsteuer.

Von den 575 abgegebenen Stimmen im Parlament votierten schließlich 558 für die Bahnreform. Ein überwältigender Sieg für die Privatisierung, für Wettbewerb und Markt? Schon im Vorfeld wurde deutlich, dass manche Differenzen übertüncht wurden. Ursprünglich war die CDU/CSU-Fraktion für die Trennung von Netz und Transport, der Vorsitzende der Bahngewerkschaft GdED, Rudi Schäfer, sprach sich vor den SPD-Abgeordneten zwar auch nachhaltig für die Bahnreform aus, lehnte aber eine Trennung von Netz und Transport kategorisch ab.

Die Empfehlung der Regierungskommission und deren Unterstützung durch den damaligen Bundesverkehrsminister Günther Krause, CDU, und seiner Mitstreiter, dass das Netz in eine Gesellschaft in Bundeseigentum übergehen solle, die die Trassen dann möglichst kostendeckend an Eisenbahngesellschaften vermarktet, wurde nicht nur von den Gewerkschaften heftig bekämpft. Zwanzig Jahre später kann festgestellt werden, dass das Netz immer noch in der Holding der Deutschen Bahn AG verharrt und sie dieses Monopol nutzt, ihre Mitbewerber auf der Schiene zu benachteiligen. In den entscheidenden Sitzungen, als Günther Krause schon von Matthias Wissmann, CDU, als Verkehrsminister abgelöst worden war, kippte auch die Unionsfraktion um. Zum Schluss waren nur noch Staatssekretär Wolfgang Gröbl und die Verkehrspolitikerin Renate Blank, beide CSU, für die Trennung von Netz und Transport. Den Preis für die Behinderung des Wettbewerbs zahlen die Kunden und der Steuerzahler.

Bei einer bundeseigenen Netzgesellschaft, die unabhängig handeln könnte, würde die Trasse gegen eine Maut der Bahngesellschaft überlassen, die am meisten zahlt. Dadurch würden die Einnahmen in den Hauptnutzungszeiten und den begehrtesten Strecken steigen, in den Randzeiten fallen – Markt statt Monopol. Die Monopolisten haben bisher gesiegt. Und sie kämpfen verbissen um ihre Macht. Legendär sind die Auseinandersetzungen zwischen dem ehemaligen Bahnchef Hartmut Mehdorn und dem Präsidenten der Berliner TU, Hans-Jürgen Ewers. Mehdorn:»Wettbewerber sind Trittbrettfahrer auf meinem Netz.« Ewers:»Sie müssten alle Wettbewerber einladen, denn sie sind Kunden des Netzes.« Für Ewers war das Netz in den Händen der Holding der Deutschen Bahn wie ein Fußballspiel, bei dem die Deutsche Bahn Spieler und Schiedsrichter in einer Person ist. Über die Folgen dieses Monopoly lesen Sie in den nächsten Kapiteln.

Im Nachhinein betrachtet, können wir uns des Gefühls nicht erwehren, dass der Schock einer drohenden Insolvenz der DB und DR sowie die Perspektive, Milliarden aus den Haushalten in ein Fass ohne Boden zu stecken, nicht lange angehalten hat. Auch die damals noch vorhandene Aufbruchstimmung nach der Wiedervereinigung, die eine umfassende Bahnreform in den Bereich des Machbaren rückte, war bald wieder im Alltagsdenken untergegangen. Immerhin ist die Aktiengesellschaft Deutsche Bahn entstanden, was auch schon ein Kraftakt war. Dafür mussten drei Paragraphen des Grundgesetzes – mit Zweidrittelmehrheit in Bundestag und Bundesrat – geändert, fünf neue Gesetze formuliert und mehrheitlich beschlossen werden, und schließlich enthält das Gesetz zur Neuordnung des Eisenbahnwesens noch 130 Änderungen und Ergänzungen anderer bestehender Gesetze und Verordnungen.

Aber: Weder von der für den Wettbewerb essenziellen Trennung von Netz und Transport ist etwas zu hören, noch wird über eine Privatisierung der einzelnen Transportgesellschaften nachgedacht. Zwar gibt es die in der zweiten Stufe geforderte Holding, die im Wesentlichen aus vier Aktiengesellschaften besteht: der DB Netz, der DB Cargo, heute DB Schenker Rail, der DB Fernverkehr und der DB Regio. Die gehören der Holding, und die Holding gehört zu 100 Prozent der Deutschen Bahn AG und damit zu 100 Prozent der Bundesrepublik Deutschland, womit die Bahn wieder zu 100 Prozent den politischen Akteuren dient – fast wie vor der Bahnreform.

Seit der »Privatisierung« der Staatsbahnen hat sich die Nachfolgegesellschaft in einen Zwitter verwandelt. Auf der einen Seite gibt es noch den Geschäftszweig, der aus den traditionellen Bahnbetrieben, dem Personen- und Güterverkehr, besteht, was die Mehrheit der deutschen Bevölkerung mit der Bahn identifiziert. Dazu gehören auch die Bahnhöfe und das Schienennetz. Die agieren heute innerhalb der Holding als DB Netz AG, DB Station & Service AG und DB Energie AG. Die DB Netz AG kommt aber weiterhin ohne Steuermittel nicht zurecht und wird bestimmt von politischer Einflussnahme. Diese beschreiben wir im nächsten Kapitel.

Daneben hat sich ein international agierendes Unternehmen des Konzerns entwickelt, das sich auf den Märkten der Welt behaupten muss. Den Kern seiner Aktivitäten bildet die DB Schenker. 2002 kaufte Hartmut Mehdorn das weltweit erfolgreiche Logistikunternehmen aus der Stinnes-Gruppe für 2,5 Milliarden Euro. Seither bietet diese Tochter alle Dienstleistungen an, die mit Fracht auf der Straße, dem Wasser und in der Luft zu tun haben. DB Schenker Logistics beschäftigt zirka 90 000 Mitarbeiter an rund 2000 Standorten in 130 Ländern und erwirtschaftete 2012 einen Gesamtumsatz von 15,4 Milliarden

Euro. Mit dem Zukauf von BAX Global, einem amerikanischen Logistiker, wuchs die Deutsche Bahn AG zu einem der bedeutenden Global Player heran. Gemessen am Frachtaufkommen im europäischen Straßen- und Schienenverkehr schaffte es die Deutsche Bahn AG auf den ersten Platz, bei der weltweiten Luftfracht ist sie schon auf dem zweiten und in der weltweiten Seefracht auf dem dritten Platz.

Genau diesen Erfolg nehmen die Bahnkritiker dem Konzern übel. Tenor: Statt sich um den Personenverkehr von Hintertupfingen nach Vordertupfingen zu kümmern, investieren sie in die große weite Welt. Das ist albern. Wir sollten froh sein, wenn es in Deutschland eine erfolgreiche Spedition gibt, die im internationalen Wettbewerb mithalten kann. Trotzdem ist die Bahn-Führung selbst daran schuld, wenn sie wegen ihrer Zwitterposition angegriffen wird. Auf der einen Seite wurden der Deutschen Bahn bei der Umwandlung in eine AG alle Schulden erlassen, auf der anderen Seite hat sie schon wieder 16,4 Milliarden Euro neue Schulden angehäuft. Einerseits ist sie erfolgreich, und andererseits bleibt sie ein politiknaher Konzern, der sich von Steuergeldern aushalten lässt.

So wird die Deutsche Bahn AG mit rund 18 Milliarden Euro pro Jahr aus dem Bundeshaushalt alimentiert. Das ist die Summe, die im Durchschnitt der Jahre 2005 bis 2012 geflossen ist. Darunter sind Altlasten aus der Zeit vor der Bahnreform von 9 Milliarden Euro und weitere gut 9 Milliarden Euro zur Aufrechterhaltung des Betriebs. Die Bedeutung dieser Zahlen wird erst deutlich, wenn man dagegen den Umsatz nur für den Schienenverkehr betrachtet. Der beträgt nämlich zirka 15 Milliarden Euro. So bleibt der Schienenverkehr ein teures Hobby der Deutschen.

Diese Beträge finden sich zwar zum größten Teil im Haushalt des Verkehrsministeriums, es fehlen aber die Teile, die längst in den Schulden des Bundesfinanzministers »verschwunden« sind. Dennoch erhält der Bahnvorstand Bonuszahlungen. Für Bahnchef Grube sind es 2013 etwa eine Million Euro. Voraussetzung, er erfüllt seine Vorgaben, darunter nervenaufreibende Pflichttreffen. Dazu gehören mindestens vier parlamentarische Runden mit EU-Parlamentariern, zehn Treffen mit Spitzenbeamten der Bundesländer, regelmäßige Treffen mit Ministerpräsident Kretschmann (wegen Stuttgart 21) etc. Also Bonus für Lobbyarbeit. Ein Viertel seines Bonus ist vom öffentlichen Ansehen der Deutschen Bahn abhängig. Für die anderen Vorstände schwanken die Boni zwischen 450 000 und 650 000 Euro. Für die Masse der Bevölkerung ist dies nicht nachvollziehbar, sät diese Mischung aus gewinnorientiertem Konzern und einem Unternehmen der »Daseinsvorsorge« mit hohen Zahlungen aus Steuermitteln berechtigtes Misstrauen.

Es ist schade, dass die Bahnvorstände bisher nicht das Bedürfnis entwickelt haben, ein Eisenbahnunternehmen unabhängig von politischen Vorgaben zu schaffen, das auf einem europaweiten Markt erfolgreich sein kann – so wie sie es mit der DB Schenker vormachen und so, wie es die Regierungskommission Bahn ursprünglich auch empfohlen hatte. Vielleicht liegt es aber auch daran, dass einige Manager nach Parteigesichtspunkten ausgesucht werden. Und was bringen uns die vielen Exminister, die die Deutsche Bahn AG bislang zur politischen Landschaftspflege beschäftigt hat? Was haben diese Herren denn der Bahn geraten: Wie sie ihren Fahrplan ausrichten muss? Wie Fahrkartenautomaten für den Kunden einfach und verständlich sein müssen? Wie sie Verspätungen vermeiden kann? Was freundliches Servicepersonal für den Umsatz bedeutet? Oder etwa, wie sie es schafft, Gesetze, die zu mehr Wettbewerb führen würden, zu verhindern? Tätigkeitsberichte der ehemaligen Ministerriege liegen nicht öffentlich einsehbar vor.

Ist schon die erste Stufe der Privatisierung, die Trennung von Netz und Transport, nicht gelungen, so ist an die zweite Stufe in absehbarer Zeit überhaupt nicht mehr zu denken, nämlich an die Beteiligung von privatem Kapital an den Aktiengesellschaften, die aus der Holding entlassen werden sollten. Vieles, was schiefgeht, wird der Privatisierung angelastet, eine Diskussion, die angeheizt wird von den Bahngewerkschaften und den Bahnliebhabern von grün bis links. Alle gemeinsam sehen in der Bahn eine vom Staat zu erbringende »Daseinsvorsorge«, die nicht von gewinnorientierten Aktionären ausgebeutet werden darf.

Die Gewerkschaften fürchten dabei um ihren Einfluss, der in kaum einem Unternehmen so gepflegt wird wie bei der Deutschen Bahn. Die EVG, die Eisenbahn- und Verkehrsgewerkschaft, stellt mit vielen Hunderten freigestellten Betriebsräten eine Macht dar, die durch ihre politischen Verbindungen massiv ihre Eigeninteressen durchsetzen kann. Für die Linken kommt eine Privatisierung nicht in Frage, weil die Bahn Kapitalisten zum Gewinnmaximieren verhelfen könnte, und die Grünen glauben fest daran, dass die Bahn per se das umweltfreundlichste Transportmittel ist, was nur der Staat garantieren kann. Der ehemalige Bahnvorstandschef Heinz Dürr fasste das so zusammen: »Die Bahn ist so etwas Kostbares, dass man damit kein Geld verdienen darf.«

Absurd wird es, wenn die Mängel, die jetzt auftreten, der Privatisierung angelastet werden, die gar nicht stattgefunden hat. Denn die Aktiengesellschaft gehört zu 100 Prozent dem Bund, und der beherrscht sie deshalb uneingeschränkt. Erinnern Sie sich, als in Berlin die S-Bahn-Wagen wegen unzuverlässiger Bremsen aus dem Verkehr gezogen wurden? Da hieß es gleich: Daran ist die geplante Privatisierung durch Börsengang schuld. Wenn im Winter die Heizung ausfiel und im Sommer die Air Condition, dann war es die geplante Privatisierung, und als 2013 das Stellwerk in Mainz mangels Personal seine Arbeit weitgehend einstellen musste, hatten auch dort die Privatisierer ihre Finger im Spiel.

Thema im Jahr 2014 ist die verspätete Auslieferung neuer Züge. Die Folgen haben die Reisenden ertragen müssen. Sie quetschten sich in eine statt in zwei gekoppelte ICE-Einheiten oder in einen langsameren, lokbespannten Zug, mit dem sie ihre Anschlüsse verpassten. Selbst für dieses Versagen muss die Privatisierung als Ursache herhalten.

Das Erstaunliche dabei ist vor allem, dass viele Medien diese Propaganda mitmachten und nicht auf die Idee kamen, zu recherchieren. Der Befund ist nämlich nicht die Privatisierung, die nicht stattgefunden hat, sondern ein schlechtes Management, das mehrere Bahnvorstände zu verantworten haben. Bleiben wir beim Beispiel Mainz. Hochmoderne Stellwerke brauchen weniger Personal als früher. Dieses muss aber entsprechend ausgebildet sein. Wenn nun ein Unternehmen die Zahl der Mitarbeiter herunterfährt, weil es demnächst neue Stellwerkstechnik einsetzen will, dies aber dann verzögert, dann ist das unverantwortlich oder dämlich, hat mit Privatisierung aber nichts zu tun. Eher ist zu vermuten, dass eine gewinnorientierte Firma Manager, die derart versagen, zur Rechenschaft zieht.

Zum Thema des Jahres 2014: Die Deutsche Bahn hatte bei der Firma Siemens 16 ICE im Wert von 500 Millionen Euro bestellt. Ende 2011 sollten die ersten geliefert werden, auf die Gleise kamen aber erst vier ICE im Dezember 2013. Vor der Bahnreform gab es ein solches Problem nicht. Die Deutsche Bahn entwickelte ihre Züge selbst, ließ ein paar Prototypen von ihren »Hoflieferanten« wie Siemens, Thyssen/Krupp und ABB bauen, testete sie viele Jahre lang und gab sie dann erst in Auftrag – schön nach einem Proporz an die Hoflieferanten. Die Zulassung erledigte sie dann selbst, weil sie als Behörde auch diese grundsätzlich staatliche Aufgabe wahrnehmen durfte. Wie lange das damals dauerte, interessierte niemanden, weil alles intern ablief.

Diese antiquierte Prozedur hätte ohnehin geändert werden müssen. Weder kann VW seinen Golf noch Boeing seinen Dreamliner selbst zulassen. Mit der Bahnreform wurde das Eisenbahnbundesamt (EBA) gegründet. Als »Eisenbahn-TÜV« muss das Amt seitdem alle Fahrzeuge zulassen, die auf deutschen Gleisen fahren wollen. Was die europäische Verkehrspolitik immer noch nicht geschafft hat: eine europäische Behörde zu organisieren, bei der Fahrzeuge für mehrere europäische Netze zugelassen werden können. So muss für einen ICE in jedem Land, das er durchquert, eine Zulassung der nationalen Aufsichtsbehörde beantragt werden. Kleinstaaterei behindert den Wettbewerb!

In aller Welt ist bei Flugzeugen und Kraftfahrzeugen die Zulassung kein Hindernis für Wettbewerb mehr. Die Zusammenarbeit zwischen den Akteuren »Besteller – Hersteller – Zulassungsbehörde« ist über die nationalen Grenzen hinweg eingeübt. Die Eisenbahnbranche hingegen hinkt Jahrzehnte hinterher.

Als sich die Auslieferung der genannten 16 ICE von Siemens an die Deutsche Bahn um zwei Jahre verzögerte, griff der 2013 noch amtierende Verkehrsminister Peter Ramsauer zu harscher Kritik: »Ich nehme es nicht weiter hin, dass sich das Eisenbahnbundesamt als Verhinderungsmaschinerie beweist.« Das war sachlich Unfug, denn die Ursachen lagen ganz offensichtlich beim Hersteller Siemens und dem Besteller Deutsche Bahn. Auch hatte Peter Ramsauer ein seltsames Verständnis, wie man als oberster Dienstherr einer Behörde agiert. Als er sie als »Verhinderungsmaschinerie« bezeichnete, hätte er diese Behörde sofort reformieren und möglicherweise die Führung auswechseln müssen; hat er aber nicht. Im Übrigen sollte ein Minister wissen, dass eine Zulassungsbehörde die Vorschriften und Normen durchsetzen muss, die die Verkehrspolitik vorgibt. Das Amt macht sie nicht selbst.

Just im Mai 2014 verschob auch der Hersteller Bombardier die Auslieferung von 70 Regionalzügen an die Deutsche Bahn wegen »erhöhtem Aufwand in der Entwicklung der Plattform« – angeblich wegen neuer Normen und Standards. Die aber werden vom Gesetzgeber erlassen. Der Hersteller Bombardier wird nun 9 von 17 bestellten ICE 3 erst in zwei Jahren ausliefern. DB-Konzern-Vorstand für den Personenverkehr Ulrich Homburg: »Die Züge sind schon physisch da.« Aber es fehlt die Zulassung für Belgien und Frankreich. Managementfehler und ein Versagen nationaler und europäischer Verkehrspolitik sind die Ursachen, dass die Züge so spät auf die Gleise kommen.

Die französische Eisenbahnschmiede Alstom führte im Jahr 2010 vor, wie die Zulassung auch missbraucht werden kann, um den Wettbewerb zu behindern. Die Firma stellt – neben dem TGV – den Eurostar her. Das ist der Hochgeschwindigkeitszug, der den Euro-Tunnel nach London durchfährt. Nun bestellte aber das Management der Euro-Tunnel-Gesellschaft – nach erfolgter Ausschreibung – zehn ICE beim Rivalen Siemens. Alstom, in der Ausschreibung unterlegen, reichte daraufhin Klage bei einem britischen Gerichtshof ein, um zu verhindern, dass Siemens das Geschäft an Land zieht. Die Begründung der Klage war bizarr. Sie lief darauf hinaus, dass der ICE für den Kanaltunnel nicht die erforderliche technische Spezifikation habe, also die Sicherheit gefährdet sei. Das war ein verzweifelter Versuch, ein Monopol im Euro-Tunnel für den Eurostar und damit für den Hersteller Alstom zu retten.

Im Oktober 2010 durfte Europa ein Schauspiel dieser Abschottung erleben: In London sollte gefeiert werden, dass künftig mit dem ICE von Deutschland direkt nach London gefahren werden kann. Dazu sollte der ICE im Londoner Bahnhof St. Pancras vom Publikum bewundert werden können. Bei der Jungfernfahrt durch den Euro-Tunnel wurde der ICE von einer französischen Eurostar-Lok gezogen – ohne Fahrgäste, versteht sich, »um der Sicherheit willen«. Bundesverkehrsminister Peter Ramsauer und Bahnchef Rüdiger Grube reisten per Flugzeug zur Jubelfeier an.

Bezeichnend ist auch, dass die Gegner der Beteiligung von privatem Kapital an der Deutschen Bahn das Beispiel Großbritannien anführen, wo die Privatisierung von British Rail erst einmal gründlich danebenging. Die konservative Regierung beschloss kurz vor einer Wahl den Verkauf des Netzes an eine an der Börse gehandelte Aktiengesellschaft. Doch dabei beging sie entscheidende Fehler: Der Investor konnte Geld verdienen, wenn er nicht in das Netz investierte. So verfielen die eh schon maroden Gleisanlagen weiter. Drei schwere Unfälle mit vielen Toten zwangen zum Umdenken. Heute gehört das Netz der staatlichen »Network Rail«, die keine Gewinne erzielen muss, sondern die Trassenmaut wieder reinvestiert. Auf dem staatlichen Netz fahren private Zuganbieter. Die Aufsicht über das Netz hat der Staat, der keinerlei Anreiz hat, eine Bahngesellschaft zu bevorteilen. Längst ist Großbritannien kein abschreckendes Beispiel mehr, sondern ein Vorbild. Der

Personenverkehr wurde um 40 Prozent, der Güterverkehr um 60 Prozent gesteigert.

Nicht ganz vergleichbar mit europäischen Verhältnissen, aber trotzdem bemerkenswert ist die Entwicklung der amerikanischen Eisenbahngesellschaften. Nach einem beispiellosen Niedergang der einst stolzen Bahnkonzerne, ohne die die Entwicklung des Westens undenkbar gewesen wäre, hat seit 1990 eine ebenso beispiellose Renaissance begonnen. Diese beschränkt sich aber auf den Güterverkehr. Der Marktanteil betrug 2007 41,7 Prozent. Die 554 Unternehmen und Subunternehmen beschäftigen rund 250 000 Menschen. Der Staat achtet nur darauf, dass sich keine Monopole bilden. Zur Erinnerung: In Deutschland liegt der Anteil des Güterfernverkehrs bei 17,4 Prozent (2012). Den spärlichen Personenfernverkehr in den USA betreibt die staatliche Amtrack, die auf Zuschüsse in Millionenhöhe angewiesen ist. Kein Vorbild also.

Vorbild ist eher die Bahnreform in Japan. Zwar gab es dort schon immer private Eisenbahngesellschaften, die auch ihre eigene Infrastruktur besaßen, aber der Stolz der Nation war die JNR – die Japanische Nationale Bahngesellschaft. Sie war gleichzeitig das Symbol der frühen Industrialisierung im vorletzten Jahrhundert. Ihre Hochgeschwindigkeitszüge waren seit 1964 wegweisend. Doch vor der Privatisierung befand sich die Bahngesellschaft in einem desaströsen Zustand: Pro Streckenkilometer, außer auf den Shinkansen-Linien, fuhr die JNR mehr Verluste ein als die alte Deutsche Bundesbahn. Und das war eine bemerkenswerte Leistung. Seit der Privatisierung 1987 verdienen die Nachfolgegesellschaften der JNR Geld. Statt vom Staat alimentiert zu werden, bezahlen sie jetzt Steuern an den Staat.

Ein Freund, ein guter Freund –
die Landschaftspflege der Bahn

»Schleswig-Holstein, meerumschlungen, handelt jetzt mit Ochsenzungen.« Das alte Volkslied spöttelt ein bisschen über unser nördlichstes Bundesland. Aber wir erzählen Geschichten, in denen es nicht um Kühe und Ochsen geht, sondern um den Einkauf von Eisenbahnverkehrsleistungen. Und vielleicht lässt sich daraus auch ein Volkslied machen – für spätere Generationen, Spott ist dabei erlaubt.

In Schleswig-Holstein gibt es mehrere regionale Schienennetze, für die 2005 jeweils der Nahverkehr ausgeschrieben wurde. Als Filetstück galt dabei das »Ostnetz«, das die Strecke von Hamburg nach Lübeck mit Abzweigungen nach Kiel über Eutin, nach Puttgarden, Travemünde, Rostock und Lüneburg über Büchen umfasst. Das Aufkommen zwischen Hamburg und Lübeck ist so groß, dass der Verkehr sogar ohne Zuschüsse profitabel sein könnte, selbst bei heutigen Fahrpreisen. Beim Ostnetz handelte es sich im Jahr 2005 um 30 Prozent des Nahverkehrs von Schleswig-Holstein. Dietrich Austermann war damals Landesminister für Verkehr, ein CDU-Mann, der früher sogar als mächtiger Abgeordneter im Haushaltsausschuss des Bundestags galt. Umso erstaunlicher war es, dass er keine Ausschreibung wollte, sondern direkt mit der Deutschen Bahn und dem einzigen Wettbewerber, der französischen Connex, verhandeln wollte. Das kam letztlich einer freihändigen Vergabe nach Gutsherrenart gleich – hatte so gar nichts mit den Prinzipien einer Marktwirtschaft à la Ludwig Erhard zu tun.

Den hoch profitablen Verkehrsvertrag, aufgefüllt aus Steuermitteln, bekam denn auch die Regionaltochter der Deutschen Bahn AG. Im Wirtschaftsausschuss begründete der Minister sein Herz für die Deutsche Bahn: Er wolle die Deutsche Bahn deshalb stärker berücksichtigen, weil sie zu 100 Prozent dem Bund gehöre und man auch die Werthaltigkeit dieser Beteiligung des Bundes im Auge behalten müsse. Solche nationalen Wirtschaftsrücksichtsnahmen sind eher in Nationen mit staatlich behüteten Unternehmen üblich. Eine mögliche Erklärung: Dieter Austermann hatte als frischgebackener Landesminister gerade seinen »Antrittsbesuch« beim damaligen Chef der Deutschen Bahn, Hartmut Mehdorn, gemacht. Jetzt haben wir zwei Möglichkeiten zu spekulieren: Hatte Mehdorn dem Minister aus Kiel vorgeheult, wie grausam der Wettbewerb sei? Oder hat Mehdorn dem Minister seine Folterwerkzeuge als mächtiger Bahnchef gezeigt? Im Wirtschaftsausschuss des Kieler Landtags verriet Austermann, was ihn zu einer »Verhandlungslösung« bewogen hatte. Sinngemäß, zitiert aus einer Presseverlautbarung der FDP-Landtagsfraktion: Den Wettbewerb im Schienenpersonennahverkehr weiter so zu fördern wie bisher, könne den Willen der Deutschen Bahn erlahmen lassen, in die Schieneninfrastruktur Schleswig-Holsteins zu investieren. Endlich war es raus. Die Deutsche Bahn erhält einen üppig dotierten Verkehrsvertrag, und im Gegenzug wird die Bahnstrecke zwischen Hamburg und Lübeck elektrifiziert.

Minister Austermann wusste, was er tat. Lange Jahre saß er ja im Haushaltsausschuss des Bundestags, und als Jurist war er fähig, Wettbewerbsgesetze nicht nur zu lesen, sondern sie auch zu begreifen. Daher war ihm bewusst, dass er mehr Mittel vom Bund aus dem Regionalisierungstopf einsetzte, als dies unter einer professionellen Ausschreibung nötig gewesen wäre. Aber sein Verhalten war für Schleswig-Holstein nicht neu. Wegen seltsamer Vergabepraktiken hatte es in Kiel schon früher einmal Ärger gegeben.

Ende der neunziger Jahre wurde das Nordnetz ausgeschrieben. Es verbindet Kiel – Flensburg, Kiel – Neumünster und Kiel – Rendsburg – Husum und St. Peter Ording. Diese Ausschreibung erregte bundesweit viel Beachtung, weil für damalige Verhältnisse mit einem Schlag sehr viele Zugverbindungen bestellt werden sollten. Das preiswerteste Angebot machte auch hier die französische Connex, wenn sie alle Strecken hätte bedienen dürfen. Sie hätte den Zuschlag erhalten müssen. Zum Verständnis: Es geht bei den Ausschreibungen immer nur darum, wer weniger Mittel aus dem Regionalisierungstopf benötigt – ob der Staat also mehr oder weniger Steuermittel abdrücken muss.

Schleswig-Holstein hat einen Anspruch auf 3,11 Prozent der Mittel, das wären 227 Millionen Euro pro Jahr. Die werden nach einem festgelegten Schlüssel berechnet. Wenn nun die Ministerien oder Landesverkehrsgesellschaften und Verkehrsverbünde je nach Bundesland eine Strecke ausschreiben, dann können sie hoffen, dass eine Bahngesellschaft ein Angebot macht, das günstiger ist im Vergleich zu dem, was vorher die Deutsche Bahn ohne Ausschreibung kassiert hat.

Aber Connex hat den Zuschlag für das Nordnetz nicht erhalten. Der damalige Vorstandsvorsitzende der Deutschen Bahn AG, Johannes Ludewig, hatte gedroht, Kiel vom ICE-Verkehr abzuhängen, sollte sein Unternehmen nicht den Auftrag erhalten. Außerdem würde er die Zahl der Arbeitsplätze im großen Ausbesserungswerk für Reisezüge im strukturschwachen Neumünster deutlich verringern. Die Androhung reichte, dass die damalige Ministerpräsidentin Heide Simonis einknickte. »Zum Wohl des Landes Schleswig-Holstein«, sagte sie. Aber das war wohl eher zum Wohl der Deutschen Bahn AG. Der Präsident des Landesrechnungshofs von Schleswig-Holstein Gernot Korthals hat diesen Markteingriff als nicht rechtsstaatliches Verhalten gebrandmarkt.

Der Clou bei den Regionalisierungsmitteln ist, dass das Geld, welches bei einer Beauftragung von Connex hätte gespart werden können, nicht etwa die Absenkung der Subventionen bedeuten würde, sondern dieses Geld muss von den Ländern für zusätzliche Nahverkehrsleistungen ausgegeben werden. Einen Anreiz, die Ausgaben zu senken, gibt es also nicht. Unverbrauchte Regionalisierungsmittel fallen nämlich eigentlich an den Bund zurück. Aber das passiert natürlich nie. Wer verzichtet schon auf Geschenke! Jobst de Jager, ehemaliger Verkehrsminister in Kiel, verriet im Mai 2010, wie viel Schleswig-Holstein durch Ausschreibungen eingespart hatte: Es waren 34 Millionen Euro pro Jahr, also 16 Prozent der 227 Millionen, die Schleswig-Holstein vom Bund erhalten hatte. Das klingt ja eigentlich ganz gut. Die

34 Millionen wurden jedoch dazu genutzt, mehr defizitären Schienen-verkehr einzukaufen, sodass die Subventionen in ihrer Höhe stabili-siert wurden.

Vielleicht müssen Sie diesen Absatz zweimal lesen, um das System zu verstehen. Er kann verkürzt so lauten: Egal, was gemacht wird, die Höhe der Subventionen bleibt immer gleich. Was für ein absurdes System! Die Deutsche Bahn AG befindet sich bei der Vergabe des Nahver-kehrs auf der Schiene auf der Poleposition. Wie im volkstümlichen Bild der kleine Junge mit einer Mohrrübe den Esel lockt, nutzt die Bahn ihre Mohrrübe aus Investitionszusagen, Verlagerung von Ar-beitsplätzen, ICE-Anbindungen etc., um die 16 Landesverkehrsminis-ter zu dirigieren. Zwar stammen die Mittel für Investitionen aus dem Bundeshaushalt, werden also vom Bund beschlossen, aber die Deut-sche Bahn ist Herr darüber, die Prioritätenliste zu beeinflussen. Fast im gleichen Wortlaut geißelt der Wissenschaftliche Beirat des Ver-kehrsministers diese Praxis – vergebens bisher.

Nun wäre es ungerecht, Schleswig-Holstein als besonders anfällig für die Lockungen und Drohungen der Deutschen Bahn zu bezeich-nen. Im Gegenteil: Das Land war sogar Vorreiter bei den Ausschrei-bungen, vor allem, wenn es um große Aufkommen ging. Das war aber auch einer der Gründe, warum die Deutsche Bahn besonders im Nor-den ihre Muskeln spielen ließ. Die meisten Länder schrieben lange Zeit überhaupt nicht aus oder boten nur »Armutsstrecken« mit dürf-tigem Verkehrsaufkommen an. Dort fanden die Deals, die in Schles-wig-Holstein öffentlich wurden, meistens verdeckt statt, aber in noch viel größerem Ausmaß.

Zum Beispiel in Baden-Württemberg. Noch im Jahr 2003 schloss das »Ländle« einen großen Verkehrsvertrag mit der Deutschen Bahn über 15 Jahre ab – ohne Ausschreibung, also eine freihändige Vergabe. Er umfasste fast zwei Drittel aller Zugkilometer des Landes. Es war Stefan Mappus, CDU, damals noch Verkehrsstaatssekretär in Stutt-gart, später dann abgesägter Ministerpräsident, der diesen Vertrag abschloss. Damit hat er sich und seinem Land einen Bärendienst erwiesen. Denn seither wird ein direkter Zusammenhang zwischen der Bevorzugung der Deutschen Bahn und dem Projekt Stuttgart 21 hergestellt. Und wir reden hier nicht von Peanuts.

Es gibt Berechnungen, die darlegen, dass Baden-Württemberg durch den Mappus-Vertrag 137 Millionen Euro pro Jahr zu viel bezahlt, und das 13 Jahre lang bis heute – macht 1,8 Milliarden Euro. Gegner des Stuttgart-21-Projektes sehen darin eine stolze Mitgift, dafür, dass die Bahn einen Bahnhof baut, der hauptsächlich der Stadtentwicklung Stuttgarts dient. Noch 1998/1999 hatte die DB AG selbst Stuttgart 21 als nicht wirtschaftlich eingestuft. Wir verzichten darauf, hier weiter auf die offenen und verdeckten Absprachen, auf die sich ständig ändernden Kosten, die immer noch niemand genau beziffern kann – die letzte Angabe der Deutschen Bahn lautet 6,8 Milliarden Euro –, und die politischen Konsequenzen weiter einzugehen. Eines ist aber sicher: Schuld an dem Debakel sind die gesetzlichen Rahmenbedingungen. Wäre, wie bei der Bahnreform 1994 von den Marktwirtschaftlern eigentlich vorgesehen, das Schienennetz vom Transportbereich rechtlich getrennt worden, dann hätte es all die Verwicklungen, schrägen Verträge, Ausplünderungen der Haushalte so nicht gegeben.

Von Baden-Württemberg nach Berlin und Brandenburg. Auch dort geht es wieder um eine freihändige Vergabe ohne Ausschreibung an die Deutsche Bahn, und wieder war es die Connex, der französische Wettbewerber, der übervorteilt wurde. Das Unternehmen klagte vor dem Brandenburgischen Oberlandesgericht. Wer sich auf diese Prozedur einlässt, muss Geld und Geduld haben. Denn es dauerte von 2003 bis 2011, bis der Beschwerde in zweiter Instanz vor dem Bundesgerichtshof stattgegeben wurde. Auch die EU-Kommission hat diesen Fall mittlerweile aufgegriffen und ihn als unerlaubte Beihilfe eingestuft, die von der Deutschen Bahn an die beiden Länder Berlin und Brandenburg zurückzuzahlen ist. Es handelt sich um einen dreistelligen Millionenbetrag, dessen Höhe nicht genau bekannt ist, weil der Fall immer noch nicht endgültig geregelt wurde.

Damit solche Skandale nicht irgendwann doch noch zu politischen Konsequenzen führen und die Trennung von Netz und Transport umgesetzt wird, hat sich die Deutsche Bahn AG ein effizientes politisches Netzwerk zugelegt. Um es gleich vorweg zu sagen: Das, was jetzt kommt, ist alles legal, wenn auch nicht schön. Und es ist auch nicht nur die Schuld der Bahn, wenn sich der Eindruck von Kumpanei und Versorgung politisch verdienter, aber ausrangierter Politiker verfestigt.

Die Parteien stören sich dabei überhaupt nicht an der öffentlichen Kritik. So wurde einer der großen Befürworter der Bahnreform, der verkehrspolitische Sprecher der SPD-Fraktion, Klaus Daubertshäuser, Vorstandsmitglied der neuen Aktiengesellschaft, wobei alle, die mit ihm zu tun hatten, sein Engagement und Fachwissen lobten. Nachdem Reinhard Klimmt als saarländischer Ministerpräsident abgewählt worden war, wurde er vorübergehend Verkehrsminister, ein Amt, in dem er kaum Spuren hinterließ. Aber er arbeitete eng mit dem damaligen Bahnchef Hartmut Mehdorn zusammen. Ab Sommer 2002 war Klimmt dann Beauftragter des Deutsche-Bahn-Vorstands für Kontakte nach Brüssel und zur französischen Regierung. Ein schöner Job.

Aufsehen erregte auch der Wechsel von Otto Wiesheu, CSU, nach zwölf Jahren als bayerischer Verkehrsminister 2006 in den Bahn-Vorstand, wo er sich um die Verbindungen zu Bundestag und Bundesregierung kümmerte. Obwohl er sich schon mit Bahn-Chef Hartmut Mehdorn über einen Vertrag geeinigt hatte, der mit über einer Million Euro pro Jahr dotiert war, saß er noch bei den Koalitionsverhandlungen am Tisch, wo es auch um die Verkehrspolitik ging. Er konnte dadurch seinem künftigen Arbeitgeber Gutes tun. Das ist der Job, der jetzt für Ronald Pofalla vorgesehen ist.

Der nächste Fall: Jürgen Heyer, der SPD-Verkehrsminister in Sachsen-Anhalt, versetzte selbst seine eigene Partei in helle Aufregung, weil er mit der Deutschen Bahn einen Vertrag über Zugverbindungen im Wert von 2 Milliarden Euro abschloss, ohne Angebote der Konkurrenz einzuholen. Der Vertrag wurde später rückgängig gemacht.

Heyer schaffte es dann in den Aufsichtsrat von Scandlines, einer Fähr-Reederei, an der die Deutsche Bahn AG beteiligt war.

Ähnliche Probleme produzierte der brandenburgische Verkehrsminister Hartmut Meyer, SPD. Er war verantwortlich für die Affäre, die wir über die freihändige Vergabe von Zugleistungen von Berlin-Brandenburg an die Deutsche Bahn beschrieben haben und gegen die der Wettbewerber Connex klagte. Nach seinem Rücktritt war er erst in Diensten, dann als Berater für die Deutsche Bahn unterwegs. Die Staatsanwaltschaft ermittelte gegen ihn und Bahn-Chef Mehdorn wegen Korruption.

Beraterverträge mit der Bahn hatten auch der ehemalige Finanzminister Bayerns, Georg von Waldenfels, CSU, der ehemalige Regierungschef von Bremen, Klaus Wedemeier, SPD, und Franz-Josef Kniola, SPD, ehemaliger Verkehrsminister von Nordrhein-Westfalen. Und jetzt Ronald Pofalla?

Der Güterverkehr – umweltfreundlich mit 110 Dezibel Lärm

Neben der Angst vor der unvermeidlichen Insolvenz und der Übernahme der Milliardenschulden durch den Bund war die Stärkung des Wettbewerbs im Güterverkehr der zweite große Antrieb, der zu der breiten Zustimmung zur Bahnreform 1993 führte. Der Anteil des Güterverkehrs auf der Schiene war sukzessiv gesunken und betrug 1994 nur noch 16,4 Prozent in Bezug auf die Verkehrsleistung. Der Bahn war ein mächtiger Konkurrent erwachsen: der Lkw-Verkehr – flexibel, kostengünstig und kundenorientiert. 1950, zu Beginn des Wirtschaftswunders, wurde noch mehr als die Hälfte aller Waren auf Gleisen transportiert. 1963, also dreißig Jahre vor der Bahnreform, waren es immerhin noch 33,2 Prozent. Der Bahn sind aber auch Kunden weggebrochen, einfach weil deren Produkte nicht mehr gefragt waren. Zum Beispiel musste immer weniger Kohle in süddeutsche Kraftwerke gefahren werden, wo die Kohlemeiler von Nuklearkraftwerken ersetzt wurden.

Aber die Beamtenbahn hatte auch nie gelernt, sich um Kunden zu kümmern. Es gibt dabei viele traurige Geschichten, wie Speditionen regelrecht darum kämpfen mussten, einen Waggon beladen zu können. (Eine erzählen wir ab S. 299.) Bis zur Bahnreform gab es nur eine nennenswerte Investition, die ausschließlich dem Güterverkehr galt: der Rangierbahnhof in Maschen, südlich von Hamburg, mit einer 7,7 Kilometer langen Verbindung an die Bahnlinie Hamburg–Bremen. Mit der Bahnreform gab es jetzt ein Profitcenter innerhalb der Deutschen Bahn AG, das 1999 in eine eigenständige Aktiengesellschaft, die »DB Cargo«, umgewandelt wurde. Mittlerweile heißt sie »DB Schenker Rail«. Nach der Wiedervereinigung sah es noch besonders trostlos aus. Plötzlich verfügte die Bahn über Massen von Güterwagen, die der DDR-Reichsbahn gehört hatten. Aber niemand wusste so recht, wo die sich befanden. Statistisch war ein Güterwaggon nur an einem von sieben Tagen unterwegs.

Die Realität des Güterverkehrs stand und steht im krassen Gegensatz zum Image und der politischen Forderung »Mehr Güter auf die Schiene«, die von allen Parteien erhoben wird, bei den Grünen sogar ein Teil ihres Selbstverständnisses ist. Zwanzig Jahre sind seit der Bahnreform vergangen, und in den knapp zwanzig Jahren (Stichdatum 2012) stieg die Verkehrsleistung, die auf der Straße transportiert wurde, von 273 auf 447 Milliarden Tonnenkilometer. Das ist die Maßeinheit für die Leistung – sie drückt die Menge der Fracht aus, multipliziert mit den gefahrenen Kilometern (s. Grafik S. 78).

Auf der Schiene dagegen lauten die Zahlen für denselben Zeitraum 70,7 beziehungsweise 110,1 Milliarden Tonnenkilometer. Allein der Zuwachs bei den Lkw ist fast das Anderthalbfache dessen, was die Bahn heute fährt. Der Zuwachs auf der Schiene hat zwei Schönheitsfehler. Der erste beruht auf einem Effekt, der auch als statistischer Windfallprofit beschrieben werden könnte. Vor 1999 wurde das Gewicht der Waren angegeben, die verladen wurde. Nach 1999 wurden auch die leeren Container als Fracht gezählt. Die Frachtleistung hatte sich daher, zum Beispiel auf das Jahr 2005 bezogen (für ein anderes Jahr gibt es keine Angaben), um 6,5 Prozent erhöht, ohne dass es auch nur einen Kunden mehr gab. Das heißt, der Marktanteil der Bahn ist nicht von 16,7 Prozent (1994) auf 17,4 Prozent (2012) gestiegen, sondern auf 16,4 Prozent leicht gesunken, wenn man das Leergewicht der Container – wie im Jahr 1994 – nicht als Fracht zählt.

Bei dieser Berechnung des Marktanteils ist der Güternahverkehr mit dem Lkw einbezogen. Der konkurriert aber fast überhaupt nicht mit der Bahn. Pakete und Päckchen verteilen, Supermärkte mit Lebensmitteln versorgen, Müll entsorgen, Baustellen beliefern und vieles andere mehr ist bis auf seltene Ausnahmen auf der Schiene nicht möglich. Wird der Bahnverkehr nur mit dem Fernverkehr des Lkw verglichen, sehen die Zahlen eher noch deprimierender aus: Demnach wäre der Anteil auf der Schiene von 18,0 Prozent (1994) auf 17,2 Prozent (2012) gesunken.

Der zweite Schönheitsfehler betrifft nur die DB Schenker Rail, die international tätig ist. Sie hat zwar ihre Verkehrsleistung in Deutschland auf der Schiene gehalten, der Zuwachs ging aber ausnahmslos an in- und ausländische Wettbewerber. In ihrer Unternehmensstatistik wird ein Zuwachs angegeben. Der beruht jedoch darauf, dass sie im Ausland wuchs, überwiegend dadurch, dass sie europäische Bahnen aufgekauft hat, so zum Beispiel in Polen, Großbritannien und Frankreich.

Es gibt überhaupt keinen Grund, anzunehmen, dass sich das Verhältnis Straße zu Schiene in einer überschaubaren Zeit für die Bahn verbessert. Eher muss vom Gegenteil ausgegangen werden. Denn die Kapazität des Schienenverkehrs ist weitgehend ausgeschöpft. Die Hauptstrecken sind jetzt schon überlastet, und an den zentralen Knotenpunkten stauen sich die Waggons. Der Stau sieht optisch nur anders aus, weil Züge nicht wie Lkw und Pkw lange Schlangen bilden. Die Wirkung ist jedoch die gleiche: Umleitungen, Verspätungen und hoher Energieverbrauch. Einen Güterzug mit Tempo 100 Stundenkilometer zum Stillstand und dann wieder in Fahrt zu bringen, frisst wegen der großen Masse viel Energie.

Die Vorstellung, diese Engpässe könnten in absehbarer Zeit durch Investitionen in die Schiene beseitigt werden, ist illusorisch. Die Investitionen wären exorbitant hoch und würden bei kostendeckenden Benutzergebühren den Schienenverkehr extrem verteuern. Bei den fälligen Neu- und Umbauten gelten für die Bahn dieselben Umweltbestimmungen wie für die Straße. Die Vorstellung, es wäre in Deutschland möglich, neue Güterverkehrstrassen zu bauen, ist naiv, es sei denn, wir kalkulieren mit dreißig Jahren Planungs- und Bauzeit. Das erleben wir ja gerade bei den Hochgeschwindigkeitstrassen für den ICE.

Trotzdem wird die Forderung nach mehr Gütern auf die Schiene gebetsmühlenartig wiederholt. Es ist einfach »in«, gegen den Lastwagen zu argumentieren. Das geht schon seit Jahren so. Güterverkehr auf der Schiene sei umweltschonend, ist dabei das Hauptargument. Das bezieht sich vor allem auf den Energieeinsatz. Und es stimmt nur, wenn wir unterstellen, dass die Strecke elektrifiziert ist und sehr viel erneuerbare Energie durch die Leitung fließt, was in den nächsten Jahrzehnten noch nicht der Fall sein wird. Und es stimmt auch nur, wenn der Lärm der Güterzüge einfach ignoriert wird. Dazu später mehr.

Die Bahn wird auch von ihrer Geschichte eingeholt. Während die Autobahnen in den dreißiger Jahren des letzten Jahrhunderts und in der Nachkriegszeit in gebührendem Abstand von den Städten geplant und gebaut wurden, stammt das Schienennetz aus dem vorletzten Jahrhundert. Bahnhöfe und Gleise wurden so nah wie möglich an die Stadtkerne herangeführt, die Haltestellen möglichst dicht an den Dorfmittelpunkt gebaut. Und da liegen sie heute noch. Nur dass darauf nicht mehr wenige und gemütliche, wenn auch dampfende Lokomotiven fahren. Heute rasen ICE- oder Güterzüge mit höllischem Lärm vorbei.

Vom Gesetzgeber ist die Bahn, was den Lärm angeht, noch privilegiert. Sie hat einen Schienenbonus je nach Lärmlästigkeitswirkung zwischen 3 und 10 Dezibel, der allerdings ab dem 1. Januar 2015 bei Neubauten entfällt. Den Anrainern am Bestandsnetz – und das sind weit über 90 Prozent – kann die Neuregelung egal sein. Sie haben nichts davon.

In Kamp-Bornhofen, einem malerischen Ort im Weltkulturerbe Mittelrheintal, hat Willi Pusch dem Bahnlärm den Krieg erklärt. Wurde er noch vor Jahren als Querulant von der Politik kaum wahrgenommen, so haben sich ihm mittlerweile so viele Mitkämpfer angeschlossen, dass es sich kein Minister oder Bundestagsabgeordneter mehr leisten kann, die »Bürgerinitiative Mittelrheintal e. V.« zu übersehen. Es vergeht kaum ein Monat, wo nicht zwischen Mainz, Wiesbaden und Koblenz eine größere Demonstration stattfindet, bei der die untragbaren Lärmbelastungen im Rheintal angeprangert werden.

Es gibt sicher viele Regionen in Deutschland, die unter dem Bahnlärm leiden, aber das Mittelrheintal hat sich für den Güterverkehr bereits zu einem Fiasko entwickelt, weil hier der Widerspruch zwischen der Propaganda »Bahn tut gut und ist umweltschonend« und der Realität allzu deutlich wird. Mit bis zu 110 Dezibel rattern die Züge zum Teil im Abstand von wenigen Metern an den Häusern vorbei durch die mittelalterlichen Städte. 110 Dezibel, das ist der ohrenbetäubende Lärm in unmittelbarer Nähe eines startenden Militärjets. Ein Niveau, bei dem jeder Verkehrsflughafen sofort seinen Betrieb einstellen müsste. Nur zum Vergleich: Außerhalb des eingezäunten Flughafengeländes werden an keiner Stelle rund um den Rhein-Main-Flughafen in Frankfurt mehr als 75 Dezibel gemessen. (Dazu mehr im Kapitel über die Luftfahrt.)

Das Problem im Rheintal hat sich seit der Inbetriebnahme der Hochgeschwindigkeitsstrecke Köln – Frankfurt wesentlich verschärft. Früher fuhren auf der Ostseite des Rheintals hauptsächlich Güterzüge und auf der Westseite die IC-Personenzüge. Seit die jedoch jetzt als ICE weitgehend auf die Neubaustrecke verlagert wurden, hat sich der Güterverkehr auf beiden Rheinseiten intensiviert. Über 400 Züge rattern hier 24 Stunden lang durchs Tal und transportieren alles, vom

Gefahrgut bis zu Containern, auf zum Teil uralten Waggons aus ganz Europa. Und es werden, wenn der Gotthardtunnel eröffnet ist, auf der Rheinschiene mehr und mehr.

Vor dem Jahr 2018 haben die Rheintalbewohner regelrecht Angst. Dann wird der 57 Kilometer lange St.-Gotthard-Basistunnel eingeweiht, der die Häfen Genua und Rotterdam (Amsterdam, Antwerpen) verbindet. Es ist die wichtigste Trasse in Europa, weil sie auch die Industrieschwerpunkte von Oberitalien, der Nordschweiz, dem Rhein-Neckar- und Rhein-Main-Gebiet mit dem Ruhrgebiet und den holländischen und belgischen Ballungszentren verknüpft. An dieser Achse siedelt die Hälfte der westeuropäischen Industrie. In einem Vertrag haben sich die betroffenen Staaten verpflichtet, bis zur Einweihung des Gotthardtunnels die Magistrale zu einer Hochleistungsstrecke auszubauen. Italien, die Schweiz und die Niederlande sind zwar auch nicht ganz im Plan, aber sie werden ihre Verpflichtungen in absehbarer Zeit erfüllen. Dazwischen aber liegt Deutschland mit seinem Bahnnetz. Und das wird der Engpass.

Im Weltkulturerbe-Tal sind die Auswirkungen des Lärmterrors unübersehbar. Der Tourismus geht zurück, die Einwohnerzahl sinkt. Im malerischen Städtchen Bacharach leben weniger als 800 Menschen. Im gegenüberliegenden Kaub, berühmt durch die Pfalz im Rhein, wo Feldmarschall Blücher im Winter 1813/1814 den Rhein überquerte, um Napoleon endgültig zu schlagen, verlieren sich gerade noch 847 Menschen, wo noch vor vierzig Jahren 2554 lebten. Neben dem Lärm fühlen sich die Talbewohner auch durch die Erschütterungen bedroht, die die immer schwereren Güterzüge verursachen. Felsabstürze auf die Gleise oder in den Ortschaften gehören zur Lebenserfahrung.

Dazu kommt, dass das Vertrauen in die Manager der Deutschen Bahn auf dem Nullpunkt angekommen ist. »Eine Vision wird wahr«, begann zum Beispiel 1998 Udo Grün seine Rede, Bürgermeister der vom Tourismus lebenden Weinstadt Rüdesheim. Er bedankte sich überschwänglich bei den Vertretern der Deutschen Bahn, dem Bundesverkehrsminister, dem hessischen Verkehrsminister, den Bundestags- und Landtagsabgeordneten und bat sie, sich ins Goldene Buch der Stadt einzutragen. Am 28. September dieses schon lange vergangenen Jahres war der Vertrag über die Finanzierung zum Bau eines Tunnels unterzeichnet worden, der die Stadt vom Bahnlärm befreien würde. »Es war einer der bedeutendsten Tage in der Geschichte der Stadt.« Wer einmal die weltberühmte Rüdesheimer Drosselgass besucht hat, kann die Freude des Bürgermeisters verstehen. Eine Unterhaltung auf den Terrassen der Weinstuben ist unmöglich. Doch Udo Grün konnte den Tunnelbau nicht mehr erleben – nicht weil er gestorben ist, sondern weil er altersbedingt 2008 das Amt abgab und der Tunnel immer noch nicht begonnen wurde. Ein neuer Termin steht auch noch nicht fest.

Es wäre jetzt mühsam, all die Versprechungen der Bundesregierungen und der DB-Vorstände zu dokumentieren, die Abhilfe bezüglich des Lärms versprochen haben. Im Endeffekt scheiterte es immer wieder am Geld, das weder die Regierung noch die Bahn ausgeben will, weil trotz des gesundheitsschädigenden Lärmpegels für die Schiene ein Bestandsschutz gilt, der sie vor massiven Beschränkungen ihres Betriebs schützt. 90 Dezibel Dauerkrach und bis zu 110 Dezibel Spitzenbelastung sind einmalig in Deutschland.

Was bisher an Doppelfenstern und Schallschutzwänden angebracht werden konnte, hilft nur ein bisschen. Das ganze Dilemma der Bahninfrastruktur wird hier zwischen Mainz und Koblenz deutlich. Die berechtigte Forderung der Anwohner lautet: Die Strecke wird so lärmsaniert, dass sie den heutigen Anforderungen und Erkenntnissen entspricht, die bei Neubauten von Schienen, Straßen und Flughäfen angewandt wird, oder die Strecke muss nachts gesperrt und tagsüber zur Langsamfahrzone umgewandelt werden. Die Alternative: Milliardeninvestitionen, die eine Untertunnelung weiter Bereiche rechts und links des Rheins möglich machen und dabei durch Abschneiden von gewundenen Schleifen des Rheintals die Strecke auch noch verkürzen. Das ist bei den geographischen Gegebenheiten jedoch so gut wie unmöglich. Fachleute, die etwas von der preiswerten Trassierung einer Bahnstrecke verstehen, empfehlen eine andere Lösung, die wir im nächsten Kapitel beschreiben.

Tunnel müssen heute vom Gesetz her zweiröhrig sein, weil Unfälle im Tunnel durch Gegenverkehr einen Supergau zur Folge haben können. Bei jeder Einfahrt in einen Tunnel würde das im Rheintal einen großen, teuren Abtrag des Berges bedeuten. Der laufende Bahnbetrieb, heute schon an der Kapazitätsgrenze, müsste auf Jahre hinaus schwer eingeschränkt werden. Und dann gibt es da noch das Problem, dass sich im Mittelrheintal Güterzugstrecken auf beiden Seiten befinden, die auch beide mehr oder weniger untertunnelt werden müssten. Die Kosten wären uferlos, der Zeithorizont unkalkulierbar wegen einer Fülle von Planfeststellungsverfahren und weil das Bauen unter laufendem Betrieb von 400 Güterzügen pro Tag kaum machbar ist. Damit scheint eine umfassende Lärmsanierung aussichtslos, weil es zu viele Argumente von Politik und Deutscher Bahn gegen diese Lösung gibt.

Aber mit der heutigen Situation kann auch die Deutsche Bahn nicht zufrieden sein. Die Gleise entlang den Felsabstürzen des Rheins sind durch die Güterzüge extrem stark belastet. Die sind gegenüber früher schwerer und länger geworden. Die Felsabbrüche häufen sich. Es ist absehbar, dass bald größere Sanierungen fällig werden. Dann wird das mittlere Rheintal jahrelang zu einem schwer zu kalkulierenden Engpass zwischen Genua und den Nordseehäfen.

Tunnel – die Schweiz macht's vor

Wir haben einen Experten gebeten, eine realistische Lösung für das Lärmproblem im Rheintal zu finden. Er schlägt einen rechtsrheinischen, fast durchgängig zweiröhrigen Tunnel vor, ausschließlich für den Güterverkehr. Ein entscheidender Vorteil: Die üblichen jahrelangen Auseinandersetzungen während des Planfeststellungsverfahrens, das heißt die Erlaubnis, überhaupt bauen zu dürfen, würden weitgehend entfallen. Die sind meistens noch hinderlicher als die Finanzierung.

Der Vorschlag: Ein 80 Kilometer langer Tunnel mit zwei getrennten Röhren aus der Region Frankfurt/Wiesbaden in den Raum zwischen Koblenz/Köln. Der Tunnel verläuft so, dass er in lärmunsensiblen Senken an die Oberfläche führt, um dort Zugang für Wartung, Instandhaltung, Abstellanlagen und Rettung bei Unfällen zu schaffen. Die Tunnelröhren bräuchten aus aerodynamischen Gründen nur einen geringen Querschnitt aufzuweisen, weil eine reine Güterverkehrsstrecke nur auf eine maximale Geschwindigkeit von 120 Stundenkilometern ausgelegt werden würde. Die Züge fahren in der Regel mit niedrigerer Geschwindigkeit.

Die Kosten für das Bohren dieses rechtsrheinischen Tunnels orientieren sich an den Preisen für den 9,4 Kilometer langen Katzenbergtunnel zwischen Freiburg und Basel, der im Dezember 2012 eingeweiht wurde. Der ist auf ICE-Züge mit 250 Kilometer pro Stunde ausgelegt. Da sind aus aerodynamischen Gründen erheblich größere Tunnelquerschnitte nötig. Im Güterverkehrstunnel sind die zu bohrenden Volumen pro Kilometer Tunnellänge deutlich kleiner, nämlich nur 60 bis 65 Prozent des Aushubs pro Kilometer beim neuen Katzenbergtunnel in Südbaden, durch den ICE und Güterzüge fahren. Er würde inklusive der wenigen Abschnitte an der Oberfläche 30 Millionen Euro pro Kilometer kosten, wenn der Marktpreis beim Katzenbergtunnel und der gleiche Schwierigkeitsgrad unterstellt werden. Bei einer Länge von 80 Kilometern sind das 2,4 Milliarden Euro. Hinzu kommen die Ausrüstung der Strecke und die Gestaltung der Zufahrten zu den Tunneln auf beiden Seiten – macht maximal 3,2 Milliarden Euro bei heutigem Kostenstand. Peanuts im Vergleich zu Stuttgart 21 inklusive der Neubaustrecke von Stuttgart nach Ulm.

Die Leistungsfähigkeit der doppelröhrigen Tunnelstrecke für Güterverkehr wäre zudem höher als die beiden rechts- und linksrheinischen Strecken zusammen, weil dort zusätzlich Regional- und IC-Verkehr stattfindet. Geschwindigkeitsdifferenzen zwischen den Zügen schlagen erheblich auf die Leistungsfähigkeit einer Strecke durch, denn Güterzüge können nur überholt werden, wenn mindestens 750 Meter lange Ausweichgleise zur Verfügung stehen. Das reduziert die Leistungsfähigkeit der Gleise am Rhein.

Die Zufahrten zum Tunnel werden so gestaltet, dass alle Güterzüge mit gleicher Geschwindigkeit, zum Beispiel 80 Stundenkilometer, einfahren. Dies würde bedeuten, dass die Güterzüge allemal im Drei-Minuten-Abstand in den Tunnel fahren könnten, also 20 Züge pro Stunde, 40 Züge in beiden Richtungen. Bei 20 Stunden Betriebszeit – auch die Wartung und Unterhaltung benötigen ein paar Stunden – wären das 800 Züge in beiden Richtungen, etwa das Doppelte von dem, was heute fährt.

Die bald anfallende Sanierung auf den linken und rechten Rheinstrecken könnte erheblich entspannter ablaufen. Selbst wenn der Deutschen Bahn und den Politikern das Lärm-Leid der Anrainer des Mittelrheintals egal wäre, könnte die Tunnellösung auch aus wirtschaftlicher Sicht die vernünftigste Lösung sein.

Auf den ersten Blick mag ein 80 Kilometer langer Tunnel für 3,2 Milliarden Euro eine gewaltige Investition darstellen. Aber die Summe auf den einzelnen Zug, dann den einzelnen Waggon und den einzelnen Container auf dem Waggon heruntergebrochen, macht deutlich, dass dies kein unbezahlbares Luxusprojekt ist. Experten haben berechnet, dass sich der Tunnel rechnen würde. Sie haben die Verzinsung, die Lebensdauer des Tunnels und der Ausrüstung, die Betriebskosten und den Unterhalt der Strecke nach den üblichen kaufmännischen Vorgaben berücksichtigt. Herausgekommen ist eine Erhöhung der Trassengebühr um 602 Euro pro Zug über 600 Kilometer, der einen Teil seiner Strecke im neuen Güterverkehrstunnel fährt. Heute wird für die 600 Kilometer eines Güterzugs ein Trassenpreis zwischen 1300 und 1800 Euro fällig. Der Preis hängt davon ab, wie hochwertig die Strecken über die gesamten 600 Kilometer sind.

Einfach sind diese Berechnungen nicht. Denn um auf einen Preis zu kommen, der für den Transport anfällt, muss auch noch berücksichtigt werden, dass der Tunnel eine viel höhere Zugfrequenz ermöglicht, der Zug schneller fahren kann und die Strecke kürzer ist.

Gehen wir davon aus, dass der Zug insgesamt 600 Kilometer unterwegs ist und der Tunnel davon 80 Kilometer ausmacht, so erhöhen sich die Gesamtkosten des Güterzugs durch die erhöhte Trassengebühr für den Tunnel um maximal 2,4 Prozent, im Mittel über alle Züge 1 bis 1,5 Prozent. Die weiteren Detailangaben, wie diese Zahlen zustande kommen, würden hier aber zu weit führen, denn die Kernfrage lautet: Ist eine Erhöhung der Fahrtkosten für einen Zug um 602 Euro, die auf einer Gesamtstrecke von 600 Kilometern eine Erhöhung um maximal 2,4 Prozent bedeuten, zumutbar, wenn dadurch ein ganzes Tal wieder bewohnbar wird? Wenn dadurch Menschen von ohrenbetäubendem Lärm befreit werden? Wenn dadurch die Erschütterungen von Häusern aufhören? Wenn dadurch die Wertverluste der Immobilien aufhören, die sich faktisch wie Enteignungen auswirken? Diese Fragen muss die Politik beantworten.

Die Lärmsanierung der Bahntrassen wird auch nicht zu einer Wettbewerbsverzerrung zugunsten der Straße führen. Ein Standardcontainer von Güterbahnhof zu Güterbahnhof über 600 Kilometer kostet heute im Schnitt rund 500 Euro auf der Schiene und zirka 850 Euro auf der Straße. Bei maximal 2,4 Prozent mehr Gesamtkosten wegen des Güterverkehrstunnels für die Rheinschiene werden keine Geschäftsfelder wegbrechen. Dazu kommt noch, dass bei 95 Prozent aller Produkte sowieso feststeht, ob sie mit der Bahn oder auf dem Lkw transportiert werden – zum Beispiel große Mengen mit demselben Ziel, Schwertransporte, chemische Flüssigkeiten und Gefahrenguttransporte, die vom Gesetz her der Schiene zugeordnet sind. Durch erhöhte Trassenpreise der Bahn werden kaum Kunden an den Lkw verloren gehen.

Auch das immer wieder gebrauchte Argument, dass für einen Güterverkehrstunnel parallel zum Rheintal kein Geld vorhanden sei, kann leicht entkräftet werden. Wir verzichten darauf, auf so unrentable Verkehrsprojekte wie die ICE-Strecken in Bayern und Stuttgart 21 zu verweisen. Um Fehlplanungen und Kostensteigerungen, wie bei Großprojekten in Deutschland üblich, zu vermeiden, wäre es angebracht, das Tunnelprojekt einem Konsortium privater Unternehmen zu übergeben, das den Tunnel dann baut und unterhält und durch die Trasseneinnahmen refinanziert. In zehn Jahren könnte er fertig sein. In diesem Zusammenhang fällt noch eine eigenartige Preisgestaltung der DB Netz bei den Trassenpreisen für unterschiedliche Zugkategorien auf. Bisher kassiert sie von den schweren und lauten Güterzügen auf der linken Rheinseite 3,03 Euro pro Zugkilometer. Die leisen Züge, über die sich kaum jemand beschwert, nämlich die IC- und Regionalzüge, müssen dagegen 5 Euro pro Zugkilometer entrichten. Auf der rechten Rheinseite, wo fast nur laute Güterzüge fahren, wird weniger verlangt: nämlich für den Güterzug 2,15 Euro und für die Regionalzüge 4,38 Euro. Das heißt: Der Lärm hat keinen Preis, und das bedeutet: Der subventionierte Personennahverkehr muss einen Teil seiner öffentlichen Zuwendungen über die Benutzung der Gleise bei der Deutschen Bahn abliefern und subventioniert so den Schienengüterverkehr. Das kommt davon, wenn das Netz nicht vom Transport getrennt wird.

Im Sommer 2014 dreht sich die Auseinandersetzung zwischen den von lauten Güterzügen betroffenen Anliegern und der Bahn vor allem um neue Bremsen, einer Forderung, der die Bahn seit Jahren nicht nachgekommen ist. Sie sollen den Geräuschpegel um bis zu 10 Dezibel senken. In ihrem Magazin *Mobil* kündigt die Deutsche Bahn an, dass bis zum Ende des Jahrzehnts alle in Frage kommenden Bestandsgüterwagen mit Flüsterbremsen ausgerüstet sind. Zurzeit bestehen die Bremssohlen aus Grauguss, die die Laufflächen der Räder aufrauen und dadurch ein größeres Rollgeräusch verursachen. Dagegen gibt es die Komposit-Bremssohle, kurz »K-Sohle« genannt, die seit 2001 bei Neuwagen Pflicht ist. So lange hat schon umgerüstet werden können, was die Schweiz auch getan hat.

Die Deutsche Bahn suchte eine billigere Lösung. Die glaubt sie in der sogenannten LL-Sohle gefunden zu haben. Und diese vordergründig billigere Bremse soll die Gemüter im Rheintal und der anderen lärmgeplagten Anlieger in ganz Deutschland beruhigen. Aber billiger ist noch lange nicht besser. Die LL-Sohle neigt dazu, die Radflächen in einer Weise abzuschleifen, dass Entgleisungsgefahr entsteht. Deshalb müssen die LL-Sohlen-Güterwagen viel häufiger zur Untersuchung in den Werkstätten aus dem Verkehr gezogen werden, um zu prüfen, ob und inwieweit sich die Laufflächen der Räder verändert haben.

Und das ist nicht billig. Im Gegenteil: Die Waggons aus dem laufenden Betrieb herauszuziehen, ist teurer als die Untersuchung selbst. Der Verband Deutscher Verkehrsunternehmen klagt jetzt darüber, dass allein in der Umrüstphase bis 2020 Betriebsmehrkosten von 700 bis 800 Millionen Euro anfallen werden, mehr als doppelt so viel, wie die Umrüstung auf die LL-Sohle insgesamt mit rund 300 Millionen Euro kosten wird. Zusammen sind das 1 bis 1,1 Milliarden Euro. Dafür hätten fast alle Bestandswagen längst auf die K-Sohle umgerüstet werden können. Damit hinkt Deutschland fünf Jahre hinter der Schweiz her und fördert die Umrüstung auf eine Bremssohle, die über die Lebensdauer eines Güterwagens hinweg auch noch sehr viel teurer ist. Ein Flop!

Aber die Bremssohle ist nur ein Trostpflaster. Die Züge werden nur leiser, sind aber dann immer noch zu laut. Der Geräuschpegel vorbeifahrender Züge senkt sich nur um bis zu 10 Dezibel. Was übrig bleibt, würde bei Flughäfen von einem partiellen Startverbot bis zum totalen Nachtflugverbot führen.

Doch nicht nur der Mittelrhein von Frankfurt bis Koblenz ist von der Achse Genua – Nordseehäfen betroffen, sondern auch die Abschnitte von Basel bis Karlsruhe und Oberhausen bis Emmerich müssen ausgebaut werden. Und dort sind zusätzliche Neubaustrecken unvermeidlich. Sie müssen von zwei auf drei und vier Gleise erweitert werden. Abschnitt für Abschnitt erlebt die Deutsche Bahn, dass sich die Bevölkerung gegen die Ausbaupläne wehrt. Sie wollen mitreden und verlangen Trassen ohne Lärmbelästigung für die Anlieger.

Von der ursprünglichen Planung, die schon Anfang 1980 begann und die der Verwaltungsrat der alten Deutschen Bundesbahn 1986 genehmigte, ist nicht mehr viel übrig. Danach sollte das Projekt bis 1994 fertig sein und 2,3 Milliarden DM kosten. Was dann alles beschlossen, geändert und wieder verworfen wurde, ist Stoff für ein eigenes Buch. Stand Juni 2012 betrug die »Endschätzung« der Kosten 5,7 Milliarden Euro. Aber ganze Abschnitte sind noch nicht einmal angefangen. Bürgerinitiativen haben 172 000 Unterschriften gesammelt, und immer ging es dabei um Lärm. Neue Trassen für Züge, vor allem für Güterzüge, sind in Deutschland nicht mehr in Korridoren durch Städte möglich. Das hat im Jahr 2013 auch der Projektbeirat der Deutschen Bahn AG eingesehen und riet, die Arbeit an den zunächst oberirdisch vorgesehenen Trassen einzustellen und die »Bürgertrassen« weiterzuverfolgen. Das bedeutet mehr Tunnel. Bemerkenswert, der Schienenbonus, also der gesetzlich noch erlaubte höhere Lärmpegel für die Eisenbahn, wird nicht mehr berücksichtigt.

Das alles sind Schritte hin zu mehr Realität für den Schienenverkehr. Die Losung »Bahn tut gut« darf nicht dazu führen, dass das Umweltproblem Lärm heruntergespielt oder gar wegideologisiert wird. Da wird die Grenze zwischen Peinlichkeit und Satirenummer fließend. In einer sozialwissenschaftlichen Studie über den Lärmbonus für die Bahn vom Bundesumweltamt haben wir folgende Ausführung gefunden: »Untersuchungen zu außerakustischen Einflussfaktoren bzgl. der Wirkung von Schienenverkehrslärm werden aufgrund geänderter Rahmenbedingungen in Zweifel gezogen. Dabei spielen insbesondere die Privatisierung und die Forderung, das Unternehmen wie andere private Untersuchungen zu ›bewerten‹, eine wesentliche Rolle.«

Das mussten wir zweimal lesen, um sicher zu sein, dass wir uns nicht geirrt haben. Das heißt nichts anderes, als dass der Lärm einer staatlichen Bahn als nicht so schlimm empfunden wird wie der Lärm einer Bahn, die von einer privaten Aktiengesellschaft betrieben wird. Das klingt nach einem Arbeitsbeschaffungsprogramm für Psychiater, für einen klar denkenden Menschen ist es nicht nachvollziehbar. Es zeigt aber auch, dass eine ideologisch betriebene Mobilitätspolitik nicht nur verheerende Folgen für die Finanzen hat, sondern auch den Verstand verwirrt.

Das erklärte Ziel der Bahnreform war die Stärkung der Wettbewerbsfähigkeit, damit der Schienenverkehr mehr Anteile am Personen- und Gütertransport erreichen kann. Wie wir beschrieben haben, ist dies nur bedingt gelungen. Der hundertprozentige Anteilseigner Bundesrepublik macht immer noch regelmäßig deutlich, dass die politischen Interessen Einzelner oder auch von Parteien Investitionsentscheidungen beeinflussen. Manchmal entstehen dabei Zusammenhänge, die zu seltsamen Zufällen führen.

Am Niederrhein zwischen Oberhausen und Emmerich an der niederländischen Grenze befindet sich der nördliche Teil der Genua-Antwerpen/Rotterdam-Linie, zu deren Ausbau sich Deutschland verpflichtet hat. Auch dort das Übliche: Widerstand gegen einen Ausbau durch die Städte, Bürgerinitiativen und Planungsrückstände. Die Niederlande sind trotz ihrer Siedlungsdichte mit dem Ausbau fertig. Nun ist Ronald Pofalla der direkt gewählte Abgeordnete dieses Wahlkreises. Seine SPD-Gegenkandidatin: die frühere SPD-Staatssekretärin im Bundesfinanzministerium und jetzige Umweltministerin Barbara Hendriks. Die eine musste erst aufs Geld achten und jetzt auf den Umweltschutz. Der andere wollte mit dem Bahn-Thema beim Wähler Stimmen fangen. Also erklärte er schon 2011:»Ich möchte, dass das Gelaber rund um die Betuwe-Linie aufhört.«»Betuwe« heißt die Ausbaustrecke Oberhausen – Rotterdam.

Pofalla hat noch als Kanzleramtsminister erreicht, das die Strecke Oberhausen – Emmerich eine Teststrecke des Lärmschutzes sein wird, für Züge mit besonders leisen Rädern, besonderen Schienen und speziellem Schotter. Der Ausbau der Strecke koste 1,5 Milliarden Euro und er, Pofalla, werde dafür sorgen, dass dieses Geld bereitgestellt werde. Ja, wenn er dann als Manager bei der Bahn arbeitet, hat er den direkten Kontakt von der Deutschen Bahn zur Politik.

Es ist nicht einzusehen, warum das Netz bei der Deutschen Bahn AG bleibt, wenn der Ausbau und der Unterhalt im Wesentlichen von der Politik bestimmt und aus dem Bundeshaushalt bezahlt wird. Wäre das Netz eine unabhängige Gesellschaft, dann würde diese die Trassenpreise – hoffentlich – so festlegen, dass sie möglichst kostendeckend wären und damit den Steuerzahler entlasten. Aber da das Netz jetzt der Holding gehört, setzt diese die Schienenmaut fest, und dabei richtet sie sich nach ihren Interessen, und die sind natürlich nicht identisch mit den Interessen ihrer Wettbewerber.

Jährlich fließen im Mittel 2,5 Milliarden Euro für den Erhalt und 1,5 Milliarden für den Aus- und Neubau vom Staat an die Deutsche Bahn AG für das Netz, gelegentlich aufgepeppt durch Konjunkturprogramme. Weitere 4 Milliarden Euro kommen aus der Schienenmaut. Insgesamt also stehen für die Gleisanlagen und die Aufrechterhaltung des Eisenbahnbetriebs pro Jahr mindestens 8 Milliarden Euro zur Verfügung, von denen, wie beschrieben, die Hälfte direkt aus Haushaltsmitteln fließen. Die Kommission unter dem früheren Verkehrsminister Kurt Bodewig hat festgestellt, dass weitere 500 Millionen Euro aus dem Haushalt benötigt werden, um das Netz zu sanieren und instand zu halten. Das heißt: Die Deutsche Bahn AG wird noch mehr Kostgänger des Steuerzahlers. Es gibt deshalb keinen Grund, das Netz weiterhin unter dem Dach der DB-Holding zu lassen. Damit könnten in Zukunft die Verschiebungen von Steuermitteln in rechte Tasche/linke Tasche durch Transparenz unterbunden werden.

Teuer und Langsam: Hochgeschwindigkeit in Deutschland

In der Endphase der Beamtenbahn war schon der Beschluss gefasst worden, auch in Deutschland mit dem Zeitalter der Hochgeschwindigkeitszüge zu beginnen. Seit Kriegsende waren weder eine neue Strecke noch ein neuer Bahnhof gebaut worden – natürlich abgesehen von dem Wiederaufbau, der viele hässliche Betonkästen hinterließ. 1973 tauchten im Bundesverkehrswegeplan die ersten Hochgeschwindigkeitslinien auf: Würzburg – Hannover und Mannheim – Stuttgart waren ausgesucht worden. Noch im selben Jahr folgte der Spatenstich für die Nord-Süd-Achse, und drei Jahre später war Baubeginn für Mannheim – Stuttgart.

Aber wie das in Deutschland so ist: Es regte sich heftiger Widerstand. »So schnelle Züge – braucht die denn jemand?« Ausgerechnet im vom Bahnverkehr ziemlich abgehängten Kassel gründeten sich 25 Bürgerinitiativen, die die ICE-Trasse (»Intercity-Express«, so wurden die Hochgeschwindigkeitszüge getauft) verhindern wollten. Hauptgrund: In Kassel gab es einen Kopfbahnhof, der wie eine Bremse im Durchgangsverkehr wirkt. Ein neuer Bahnhof in Kassel-Wilhelmshöhe sollte dieses Hindernis umgehen. Aber in Wilhelmshöhe wohnten auch die Besserverdienenden, die sich gut artikulieren können und gegen jede Störung ihres Villenfriedens angingen. Der damalige Oberbürgermeister Hans Eichel: »Akademiker, Lehrer, Rechtsanwälte, alle die, die Zeit und Geld haben, wollten den ICE verhindern. Es sind immer dieselben.«

Die einen forderten einen kilometerlangen Tunnel unter der Stadt und durch den Kopfbahnhof, was die Kosten um viele Millionen in die Höhe getrieben hätte, die anderen wollten, dass die Trasse gleich in einem weiten Bogen aus dem ganzen Stadtgebiet herausgehalten würde. Auf die Problematik dieser ICE-Strecke kommen wir gleich noch zu sprechen. Wenn aber eine Stadt von ihr profitiert hat, dann ist es Kassel, das sein ganzes Hinterland an die DDR verloren hatte, nach Berlin die höchste Überalterung in der Republik aufwies und schon seit Jahren von Abwanderung betroffen war.

Würzburg – Hannover war eine Strecke, die am östlichen Rand der Bundesrepublik entlangführte. Von einer baldigen Wiedervereinigung träumte damals niemand mehr. Die Trasse wurde vor allem mit der Notwendigkeit des schnellen Abtransports der Container aus den Seehäfen nach Süden begründet. Die Schiffe landeten 24 Stunden ihre Fracht in den Häfen an, und dann stauten sich die Container oft tagelang, bis sie weitertransportiert werden konnten.

Aber dann setzte die Deutsche Bundesbahn durch, dass die Neubaustrecke auch dem schnellen Personenverkehr dienen sollte. Schließlich hinkte Deutschland da anderen Staaten deutlich hinterher. Doch nun kamen sich zwei Gesetze aus den Naturwissenschaften ins Gehege: Güterzüge vertragen keine Steigungen, aber enge Kurven. Hochgeschwindigkeitszüge können zwar beachtliche Steigungen überwinden, aber lassen keine engen Kurven zu. Zwischen Würzburg und Hannover prägen malerische Täler und waldreiches Mittelgebirge die Landschaft. Um ICE- und Güterzüge auf demselben Gleis durch diese Region zu ermöglichen, musste eine Trasse gefunden werden, die wie ein Laserstrahl geradlinig unter Bergen und über Täler hinwegführt. Zusätzlich wurden für diesen Mischverkehr viele Ausweichgleise zum Überholen notwendig. Lange Tunnel bis knapp elf Kilometer und hohe Brücken kennzeichnen heute diese erste Hochgeschwindigkeitstrasse Deutschlands. Teurer ging's nicht: 25 Millionen DM pro Kilometer wurden 1977 kalkuliert, 50 Millionen DM sind es geworden. Von diesem Geld hätten zwischen Würzburg und Hannover im Abstand von 20 Metern Villen im Wert von je einer Million DM gebaut werden können. Bei ihrer Einweihung 1991 war sie wohl die teuerste je in der Welt gebaute Bahnlinie, einschließlich der Strecken durch und über die Alpen, durch Sibirien und die Weiten der USA.

Doch die eigentliche Pleite kam erst noch. Kaum war die Strecke fertiggestellt, stellten die Ingenieure der Deutschen Bundesbahn fest, dass sich ein Güterzug und ein ICE nicht in einem Tunnel begegnen durften. Durch die Luftdruckwelle hätte die Ladung der Güterzüge arg in Mitleidenschaft gezogen werden können. Deshalb konnten Güterzüge fortan nur noch in einem kleinen Nachtfenster die Neubaustrecke befahren. 18 Stunden ist die Strecke für den ICE reserviert, 6 Stunden sind nur Güterzüge erlaubt. Das ist eine Krücke, mit der der Flop kompensiert werden soll, der auf Fehleinschätzungen des aerodynamischen Widerstands bei Begegnungen in den Tunneln beruhte. »Es gibt wohl kaum einen Verkehrsbereich, in dem Weiterentwicklungen so wenig auf der Basis wissenschaftlicher Untersuchungen vollzogen werden wie bei der Bahn«, stellte ein Wissenschaftler der TU Berlin resigniert fest.

Im Laufe der Jahre stellten sich noch weitere Köpenickaden bei Planung und Betrieb dieser Route ein. Nach dem tragischen Unfall eines ICE bei Eschede, bei dem 101 Menschen wegen eines Radkranzbruchs starben, wurden alle ICE-Züge aus dem Verkehr gezogen und überprüft. In der Zwischenzeit bedienten herkömmliche Lok-bespannte IC-Garnituren die Strecke. Und siehe da: Die Fahrzeiten auf der Strecke Hannover – Würzburg änderten sich kaum, obwohl deren Höchstgeschwindigkeit auf 200 Stundenkilometer begrenzt war. Die Ursache: Die alten IC-Loks beschleunigen schneller, bei Steigungen haben sie einen geringeren Leistungsabfall, und dank ihrer Funktionsweise schließen die Türen schneller, was einen kürzeren Aufenthalt in den Bahnhöfen ermöglicht. Die schönen weißroten ICE-1-Züge, die bis 280 fahren können, waren also eher eine Marketingshow als eine Beschleunigung des Bahnverkehrs.

Auf dem Abschnitt zwischen Fulda und Würzburg rauscht jetzt stündlich ein einsamer Zug in jede Richtung, ergänzt durch zwei IC-Züge pro Tag. Das Nutzen-Kosten-Verhältnis bei der wohl immer noch teuersten Bahnstrecke der Welt ist sicher auch weltrekordverdächtig. Aber Geld spielte bei Bahnprojekten immer nur eine untergeordnete Rolle.

Als 1991 die beiden ICE-Strecken Hannover – Würzburg und Mannheim – Stuttgart von Bundespräsident Richard von Weizsäcker feierlich eingeweiht wurden, war Deutschland erst der vierte Staat, der sich diesem neuen Bahnzeitalter anschloss. Eine kleine peinliche Panne: Die Bahn hatte vergessen, in dem neuen ICE-Bahnhof Kassel-Wilhelmshöhe Toiletten einzuplanen. So standen zur Feier ein paar Toi-Häuschen herum. Das passierte dann zehn Jahre später noch einmal. Bei der Eröffnung der Strecke Köln – Frankfurt war im nagelneuen Limburger Bahnhof auch vergessen worden, dass es menschliche Bedürfnisse gibt. Jahrelang standen dann zwei tragbare Toiletten auf dem riesigen leeren Parkplatz als Wahrzeichen planerischer Unfähigkeit.

Japan hatte mit dem Hochgeschwindigkeitsverkehr schon 1964 begonnen und seinen legendären Shinkansen anlässlich der Olympischen Spiele vorgestellt, der wie ein Weltwunder bestaunt wurde, wenn er die 515 Kilometer zwischen Tokio und Osaka mit 270 Stundenkilometern in zweieinhalb Stunden zurücklegte. 1978 folgte Italien mit der Strecke von Rom nach Florenz. Mittlerweile ist diese Route bis Mailand verlängert worden und wird viermal pro Stunde in jeder Richtung befahren. 1981 schließlich setzte Frankreich mit der Strecke Paris – Lyon europäische Maßstäbe. In einer Stunde und 55 Minuten verbindet sie die 409 Kilometer entfernten Städte. Und nur ein Jahr nach Deutschland eröffnete Spanien die Hochgeschwindigkeitsstrecke Madrid – Sevilla, die sogar mit 300 Stundenkilometern befahren wird. Das Fazit: Anfang der neunziger Jahre betrieb Deutschland die teuersten und langsamsten Hochgeschwindigkeitszüge der Welt. Auch ein Rekord.

Eigentlich hatte sich schon bei den ersten Überlegungen zu Hochgeschwindigkeitstrassen ergeben, dass die größte Nachfrage nach Bahnverkehr auf der Strecke zwischen Köln und Frankfurt besteht. Aber diese Trasse wurde immer wieder ausgebremst – mal weil sich regionale »Aktionsgemeinschaften« gegen den Neubau bildeten, mal weil sich die Politik nicht einigen konnte, wie die Strecke zu führen sei. Darf Bonn, die Bundeshauptstadt, abgehängt und muss Koblenz nicht als Drehkreuz nach Luxemburg angeschlossen werden? Im Vordergrund standen regionale Interessen mächtiger Ministerpräsidenten und nicht nackte Zahlen für eine sich rechnende Bahnlinie. Köln – Frankfurt wurde totgerechnet und totdebattiert, obwohl 1985 festgestellt wurde, dass zwischen den Regionen Rhein-Ruhr und Rhein-Main die stärksten Verkehrsströme Europas verliefen. Nach der Wiedervereinigung wurde das Projekt schließlich in jedem Bundesverkehrswegeplan als »vordringliche Maßnahme« bezeichnet. Und 1995 endlich war nach sechs Raumordnungsverfahren Baubeginn.

Geeinigt hatten sich die Politiker auf eine typisch deutsche Hochgeschwindigkeitstrasse: Jedes Bundesland wurde berücksichtigt.

Nordrhein-Westfalen erhielt einen Bahnhof in Siegburg, Rheinland-Pfalz einen in Montabaur und Hessen einen in Limburg. In allen anderen Staaten geht es um schnelle Verbindungen, in Deutschland um die Befriedigung von Landesfürsten. Heraus kommt dann eine Hochgeschwindigkeitsstrecke, die wie eine S-Bahn genutzt wird. Und da Hessen einen ganz besonders durchsetzungsfähigen Ministerpräsidenten namens Roland Koch hatte, wurde seine Hauptstadt Wiesbaden mit einem extra Abzweig beglückt. Der hat zirka 350 Millionen Euro gekostet und wird noch genau zweimal am Tag benutzt und am Wochenende gar nicht mehr. Das müssen Sie auch zweimal lesen: 350 Millionen Euro für jeweils zwei Züge an fünf Tagen in der Woche. Dagegen ist selbst der Kasseler Flughafen Calden noch preiswert mit seinen 271 Millionen Baukosten für vorerst einen Flieger pro Tag (s. Kapitel über den Flugverkehr, ab S. 330). Uns ist kein anderes Infrastrukturprojekt in Deutschland bekannt, das in einem ähnlichen Missverhältnis von Aufwand und Wirkung steht, selbst nicht der Berliner Flughafen.

Anders als die Linie Hannover – Würzburg wurde Köln – Frankfurt von Anfang an nur für den Personenverkehr geplant, was Steigerungen bis zu 4 Prozent möglich machte. Der damalige Präsident der Deutschen Bahn AG, Heinz Dürr, wollte alles ganz anders machen. Da sollten sich keine Beamten mehr bis zu ihrer Pensionierung an einer Neubaustrecke festhalten können. Er hatte einen Festpreis ausgehandelt und Strafzahlungen bei Überschreitung der Fertigstellungstermine. Und trotzdem: Jahr für Jahr wurde die Freigabe verschoben, und die Baukosten verdoppelten sich von knapp 3 auf rund 6 Milliarden Euro. Das Baukonsortium begründete die Zeit- und Kapitalüberschreitungen mit sich ständig ändernden Anforderungen und nicht vorhersehbaren Überraschungen beim Tunnelbau. Doch es gibt auch Beurteilungen, die weniger unkalkulierbare Mächte verantwortlich machen. Heinz Dürr meinte noch eher launig: Die Bahn beschäftige zu viele Bauingenieure, die gern Brücken und Tunnel bauen wollen. Das Eisenbahnbundesamt urteilte, die Ursache seien »nicht zielführende funktionale Leistungsausschreibungen und unrealistische Vergabetermine«. Einfacher ausgedrückt: Die Deutsche Bahn schrieb die Strecken aus und unterschrieb schon Verträge, bevor die Planfeststellung abgeschlossen war. Damit wurden Umplanungen erforderlich, und die Baufirmen hatten die einmalige Gelegenheit, sich den Aufwand für diese Änderungen zu sehr auskömmlichen Preisen bezahlen zu lassen.

Das scheint eine deutsche Krankheit zu sein. Das Ergebnis jedenfalls ist niederschmetternd: Die Achse Rhein-Main nach Rhein-Ruhr mit den stärksten Verkehrsströmen in Europa, einem Potenzial von 25 Millionen Reisenden, ist zu einer Kapitalvernichtungsstrecke der Bahn mutiert. 2013 betrug die Auslastung immerhin rund 50 Prozent. Das sieht relativ gut aus, aber weil die Züge im Takt fahren, sind sie deshalb in den Schwachlastzeiten schlecht ausgelastet. Im gesamten IC-/ICE-Verkehr gibt die Deutsche Bahn eine Durchschnittsauslastung von 43 Prozent an.

Als am 1. August 2002 mit einem großen Fest Köln – Frankfurt eröffnet wurde, war die damalige politische Elite dabei und übersah das finanzielle Desaster, dass sie mit angerichtet hatte: Kanzler Gerhard Schröder, Wirtschaftsminister Wolfgang Clement, Verkehrsminister Kurt Bodewig, der hessische Ministerpräsident Roland Koch, der amtierende Bahnchef und alles, was sonst noch rund um die Deutsche Bahn AG Verantwortung trägt. Damals haben die 3 Milliarden Euro Mehrkosten kaum jemanden interessiert. Wenigstens das hat sich geändert, denn diese Summe erinnert fatal an die Baukostenüberschreitungen beim Berliner Flughafen, und über die redet die ganze Republik. Wir können nur spekulieren, warum das so war: Entweder war das öffentliche Bewusstsein noch nicht so geschärft, wenn Milliarden an Steuergeldern unkommentiert in Großprojekten versickerten, oder die Öffentlichkeit verzeiht der Bahn mehr als einem Flughafen.

Dass die DDR-Reichsbahn vom Staat beherrscht wurde, ist allen klar, dass die Deutsche Bundesbahn von den Parteien benutzt wurde, haben wir ja schon beschrieben, aber daran hat sich trotz der Privatisierung nichts geändert. Die Deutsche Bahn AG gehört zu 100 Prozent der Bundesregierung, und es sind die Politiker, die bestimmen, was gemacht wird, nicht das Management und nicht die wirtschaftliche Vernunft. Die Initiative Netz 21 ist dafür ein deutlicher Beleg. Die Deutsche Bahn hatte 1995 ein Konzept für ein Hochgeschwindigkeitsnetz erarbeitet, das die schon gebauten Strecken besser auslasten und zu einem Netz zusammenfügen sollte (s. Karte S. 288). Sie hatte – mindestens ebenso wichtig – auch ein Konzept für die künftigen Hauptstrecken für den Güterverkehr entwickelt. Ziel war es, die schnellen ICE/IC und langsamen Güterzüge zu entmischen. Fahren sie auf denselben Gleisen, behindern sie sich gegenseitig, die Leistungsfähigkeit der Strecke fällt steil ab. Wir kommentieren hier nur einige Projekte für den Hochgeschwindigkeitsverkehr.

In der Mitte Deutschlands sollte die geplante ICE-Strecke von Frankfurt nach Erfurt durch eine Spange von Gelnhausen nach Mottgers gebaut werden, wodurch die völlig unausgelastete Bahnlinie Fulda – Würzburg von weiteren Linien genutzt werden könnte, was vor allem eine ICE-Route von Frankfurt nach Würzburg und weiter nach Nürnberg und München bedeuten würde. Dieses Projekt ist mit »Wiedervorlage 2020« erst einmal ad acta gelegt. Die neuste Entwicklung 2014: Die bayerische Lobby hat durchgesetzt, dass die Mottgers-Spange nicht gebaut wird, sondern, um Aschaffenburg – wieder so eine Mittelstadt – besser mit München zu verbinden, im Spessart durch Tunnel die bestehende alte D-Zug-Trasse aufgerüstet wird. Damit wird auf unabsehbare Zeit ein finanziell einigermaßen vernünftiges ICE-Netz in der Mitte Deutschlands zunichtegemacht.

Das ICE-Netz für Süddeutschland sah vor, dass eine Route von Stuttgart nach Donauwörth gebaut würde, wo sie auf die Trasse von Nürnberg nach München stoßen würde. Die drei süddeutschen Wirtschaftsregionen Nürnberg, Stuttgart und München wären im Takt mit je gut einer Stunde Fahrzeit miteinander verbunden worden. Für Stuttgart wäre dazu der große Umweg über Frankfurt nach Berlin entfallen und die Schwabenmetropole viel näher an Berlin und die sächsischen

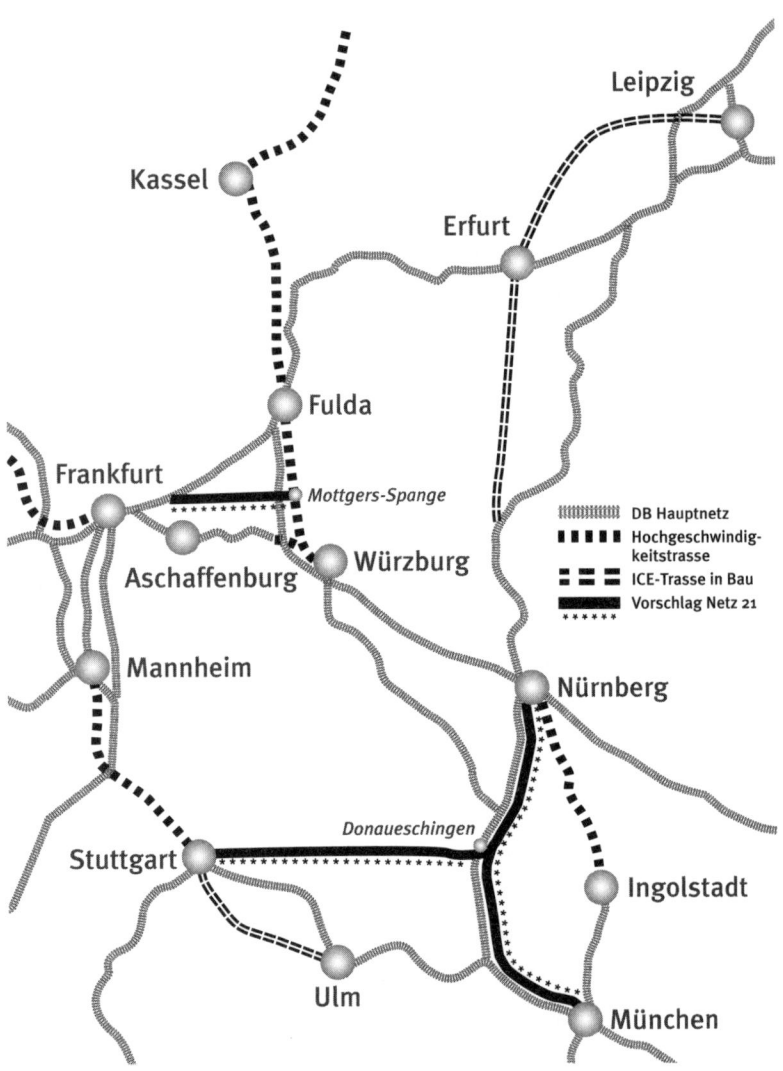

ICE-Netz und Planung in Süddeutschland

Leipzig

Kassel

Erfurt

Fulda

Frankfurt
Mottgers-Spange

Aschaffenburg   Würzburg

Mannheim

Nürnberg

Donaueschingen

Stuttgart

Ingolstadt

Ulm

München

‖‖‖‖‖‖‖ DB Hauptnetz
▮▮▮▮▮ Hochgeschwindig-
keitstrasse
═ ═ ═ ICE-Trasse in Bau
✶✶✶✶✶ Vorschlag Netz 21

288

Industriegebiete gerückt. Alles sehr logisch, aber dieser Vorschlag kollidierte mit den real gegebenen politischen Machtverhältnissen.

Noch bevor über diese Vorlage im Vorstand der Deutschen Bahn abgestimmt werden konnte, zeigten die Machtpolitiker, wem die Aktiengesellschaft gehört. Wir haben einige Versionen von Beteiligten gehört, die etwas unterschiedlich sind, aber im Endeffekt auf das Gleiche hinauslaufen. Damals, 1995, war Theo Waigel ein mächtiger Mann. Er war Bundesfinanzminister, CSU-Vorsitzender und direkt gewählter Abgeordneter des Wahlkreises Neu-Ulm. Vor allem diese Funktion kollidierte mit dem Netz-21-Plan, denn Ulm, und damit auch Neu-Ulm, wären nicht an das ICE-Netz angeschlossen worden. Das brachte sowohl ihn als auch seine Parteifreunde auf der baden-württembergischen Ulmer Seite in Rage. Und da er auf dem Geldsack des Bundes saß, wusste der Bahnvorstand, dass das Netz 21 keine gute Idee wäre. Heinz Dürr, der selbst das Projekt Netz 21 in Auftrag gegeben hatte, »wurde umgefallen« – wie der Druck ausgeübt wurde, wissen wir nicht.

Der Streit, ob die Verbindung Nürnberg – München über Donauwörth – Augsburg oder über Ingolstadt geführt werden soll, war schon lange bevor der Plan Netz 21 aufgestellt wurde, innerhalb Bayerns zugunsten der Ingolstadt-Route entschieden worden. In München regierte von 1988 bis 1993 der Oberbayer Max Streibl als Ministerpräsident. Und als Oberbayer favorisierte Streibl das oberbayerische Ingolstadt, den Firmensitz von Audi. Das Unternehmen war sehr an einem ICE-Anschluss interessiert. Und so wurde beschlossen: Es wird eine neue ICE-Strecke von Stuttgart nach Ulm und von Nürnberg nach Ingolstadt gebaut – also wieder zwei Fragmente und kein Netz. Aber kaum eine Entscheidung kommt den deutschen Steuerzahler so teuer zu stehen wie diese Ablehnung von Netz 21.

Für die Trasse Nürnberg – Ingolstadt haben die Steuerzahler schon die Rechnung erhalten. Sie sollte 1,92 Milliarden Euro kosten. Als sie mit drei Jahren Verspätung im Dezember 2006 endgültig in Betrieb genommen wurde, stimmte nichts mehr von dem, was ursprünglich erzählt worden war. Beim ersten Spatenstich, an dem der damalige

Staatssekretär in der bayerischen Staatskanzlei Edmund Stoiber, der Staatssekretär im Bundesverkehrsministerium Wilhelm Knittel und Bahnchef Heinz Dürr zugegen waren, gab es noch keine endgültige Planung und keine Finanzierung. Aber es wurden Fakten geschaffen. Später, als die bereitgestellten Gelder nicht ausreichten, finanzierte der Bund die Mehrkosten mit Krediten. Der Bundesrechnungshof kritisierte das Projekt mehrfach. Zur Entscheidung, ob ein Ausbau über Donauwörth und Augsburg oder ein Neubau über Ingolstadt besser wäre, schrieb der Bundesrechnungshof in sein Gutachten, dass die Trasse über Augsburg künstlich teuer gerechnet, die Trasse über Ingolstadt dagegen zu günstig dargestellt würde. Zumindest das ist mittlerweile bewiesen. Mit rund 1,9 Milliarden Euro wurde die Ingolstädter Route berechnet, gekostet hat sie 3,2 Milliarden Euro – mindestens. Es ist auch dokumentiert, wie solche Kostensteigerungen durchgedrückt werden. Zwei Beispiele:

1. 1999 wurden 80 Güterzüge pro Tag auf der Strecke eingerechnet. Aber Güterzüge dürften nur nachts fahren, wenn der Personenzugverkehr eingestellt ist. Doch auf der Strecke fährt überhaupt kein Güterzug, auch nicht nachts. Die geplanten Güterzüge waren nur dazu da, die Strecke wirtschaftlicher darzustellen, als sie wirklich ist.

2. Dem Aufsichtsrat legte der Bahnvorstand geologisch bedingte Mehrkosten von 799 Millionen Euro vor. Unabhängige Wirtschaftsprüfer kamen kurz danach auf 1,6 Milliarden Euro, die nicht unbedingt der Geologie zuzurechnen sind, sondern auf bewusst zu niedrige Fehlkalkulationen und Fehlplanungen. Der Bund der Steuerzahler hat noch ausgerechnet, dass jede Minute, die die Reisezeit über Ingolstadt kürzer ist als über Augsburg, 65,2 Millionen Euro kostet.

Haben Sie bei der Einweihung der Strecke von Protesten gegen diese Milliardenverschwendung gehört? Es gab keine – protestiert wird wegen Eingriffen in die Natur. Und wieder fragen wir uns: Wann und warum engagieren sich Bürger gegen die Versenkung ihrer Steuern bei Großprojekten, und wann werden sie einfach übersehen? Dabei stehen ihre Brücken, zum Beispiel, oft jahrelang sichtbar sinnlos in der Landschaft herum.

Das ICE-Netz: Die Provinz lässt grüßen

Seit 1996 stehen Betonpfeiler im neuen Autobahnkreuz Erfurt, die sich langsam in eine geschwungene Brücke verwandelten. Jahrelang konnten die Autofahrer rätseln, was es mit dieser herumstehenden Brücke auf sich hatte. Wer 2014 vorbeifährt, erkennt, dass es eine Eisenbahnbrücke ist, denn sie wurde um Masten und Fahrdrähte ergänzt, und wer nach 2017 kommen wird, hat vielleicht das Glück, einen ICE darüberfahren zu sehen. Dieses Ereignis soll es viermal pro Stunde geben, zweimal in jeder Richtung.

Das Bauwerk gehört zum Verkehrsprojekt Deutsche Einheit Nr. 8, einer Neu- und Ausbaustrecke von Nürnberg nach Erfurt, wovon 107 Kilometer, davon viele Abschnitte unter dem Thüringer Wald hindurch, die wohl aufwendigste Bahntrasse in Deutschland sein wird. Mehr als die Hälfte der Strecke verläuft über Brücken oder durch Tunnel. Es geht uns hier nicht darum, zu kritisieren, dass eine Hochgeschwindigkeitstrasse zwischen München und Berlin in der wiedervereinigten Bundesrepublik beschlossen und gebaut wird. Aber auch an diesem Projekt wird wieder deutlich, dass die Politik ungeheuer großzügig ist, wenn sie mit unserem Steuergeld bezahlt.

Zugegeben: Die beiden deutschen Metropolen Berlin und München sind nur unzureichend per Schiene miteinander verbunden. Zwischen Bayern und Preußen fand nie eine gemeinsame Planung statt. Die bestehenden Verbindungen waren eher zufällige Verknüpfungen von Eisenbahnlinien der unabhängigen Kleinstaaten. Die wichtigste D-Zug-Linie aus dem Deutschen Reich, die dann auch als Interzonenzug-Verbindung weiter bestand, führt von München über Nürnberg, Jena und Leipzig nach Berlin. Sie quält sich durch enge gewundene Täler und ist dem heutigen Verkehr nicht mehr gewachsen. Nun gab es verschiedene Vorschläge, wie bestehende Strecken durch Ausbau für ICE-Züge fit gemacht werden könnten. Die Politik aber entschied: Wir bauen eine völlig neue Trasse nach Erfurt. Das war zwar ein Umweg, aber wertete die Landeshauptstadt Thüringens auf, was Ministerpräsident Bernhard Vogel von seinem Freund Bundeskanzler Helmut Kohl erbeten hatte. Abgehängt wurde dadurch Jena. Die Deutsche Bahn AG wurde nicht gefragt. Selbst Bahnchef Heinz Dürr kommentierte:»Die Trasse rechnet sich nicht«, und sein Vorstand für den Nahverkehr, Klaus Daubertshäuser, konstatierte:»Das macht keinen unternehmerischen Sinn.« Sind solche politisch motivierten Entscheidungen schon bedenklich, dann sollten sie aber wenigstens zu Ende gedacht sein. Die ICE-Strecke Nürnberg – Erfurt zeigt exemplarisch, wie verlogen, verbogen und im Endeffekt unfähig die Politik ist. Das geht mit den Berechnungen für die Trasse los. Ehrlich wäre gewesen, zuzugeben, dass es nur um eines ging: Wir wollen eine schnelle Zugverbindung von München über Erfurt nach Berlin, koste es, was es wolle. Damit könnte der Steuerzahler vielleicht noch leben. Aber es wird gesagt: Innerhalb von 24 Stunden fahren auf der neuen Trasse 108 Züge, davon 24 Personenzüge und 84 Güterzüge. Und das ist gelogen von Anfang an.

Da wiederholt sich, was schon zwischen Würzburg und Hannover nicht funktionierte, denn Güterzüge und Personenzüge können nicht gleichzeitig die Strecke benutzen. Es bleibt wieder nur ein Nachtfenster. Zusätzlich entstehen dadurch extrem hohe Unterhaltungskosten, denn im internationalen Güterverkehr befinden sich Waggons mit ausgeschlagenen Rädern, die die Schienen malträtieren. Ein ICE mit 300 Stundenkilometern aber braucht glatt geschliffene Gleise aus Sicherheits- und Komfortgründen.

Um auf eine akzeptable Ausnutzung zu kommen, wurden die Passagierzahlen hochgerechnet. Angefangen hat das 1993 mit der Vorstellung, tagsüber würden 80 Personen- und nachts 200 Güterzüge die Strecke befahren. Diese Zahlen wurden ständig korrigiert, meistens nach unten.

Noch eine mutige Aussage: 1,8 Millionen Passagiere würden zusätzlich die Bahn nutzen, wenn die ICE in vier Stunden von München nach Berlin fahren; eine Million davon verzichten auf ihr Auto, 700 000 steigen vom Flugzeug auf die Bahn um. Wolkenkuckucksheime.

1996 war Spatenstich, und 1999 war erst einmal Schluss. Die Regierung in Bonn hatte gewechselt. Der neue Verkehrsminister hieß Franz Müntefering, und der hatte keine persönlichen Freunde in Thüringen, die ein Bahnprojekt brauchten. Er stellte fest: Wir haben kein Geld, und für dieses Projekt gibt es keine durchgerechnete Finanzierung. Aber weit über 100 Millionen DM waren schon verbaut. Es gab Brücken und Tunnel bis in die Gegend von Arnstadt, und dort endete alles im Nirgendwo. Krach gab es im Thüringer Kabinett. Die regierende Koalition von CDU und SPD konnte sich nicht einigen, ob das Projekt weitergebaut oder eingestellt werden soll.

Franz Müntefering machte Karriere, und sein Nachnachfolger hieß Kurt Bodewig. Im Dezember 2002 erklärte überraschenderweise Kanzler Gerhard Schröder: »Wir machen weiter« – langsam zwar, aber weiter. 150 Millionen Euro sollten jetzt jährlich in die Thüringer-Wald-Bahn fließen, was bei einem Kapitalbedarf von 5,36 Milliarden Euro eine Fertigstellung der Trasse im Jahr 2041 bedeutet hätte. Das hatte die *Süddeutsche Zeitung* ausgerechnet.

Aber es gab weitere Regierungswechsel, die wieder mehr Sympathien für die Halbruine hatten, und nun wurde schneller gebaut. Und tatsächlich: Der neue Einweihungstermin wird jetzt für Dezember 2017 geplant, und es sieht so aus, als klappte das auch. Bis dahin sind die ersten Brücken bei Erfurt schon wieder inspektionsbedürftig. Und sie haben viel Kapital verschlungen.

Für die 1,121 Kilometer lange Geratalbrücke, die über das Erfurter Autobahnkreuz führt, haben wir einmal ausgerechnet, was so herumstehenden Brücken – die »Sodabrücken« – die Volkswirtschaft kosten.

Die Bauzeit währte von 1998 bis 2001, und sie hat 25 Millionen Euro gekostet. Wir haben den Berechnungszeitpunkt auf den 1. Januar 2000 gelegt. Nach allgemeingültigen Regeln beginnt die Abschreibung also am 1. Januar 2002. Wenn die Strecke 2018 endlich in Betrieb genommen wird, ist die Geratalbrücke schon 16 Jahre alt. Ihre wirtschaftliche Lebensdauer wird, so in Deutschland üblich, mit 60 Jahren angesetzt. Für die Abschreibung bedeutet das: Die Brücke ist bei der Inbetriebnahme 6,7 Millionen Euro weniger wert.

Nun wissen wir alle, dass die Bundesrepublik Deutschland Schulden hat und ihre Investitionen weitgehend mit Schulden bezahlt. Wir haben das Jahr 2001 in der Mitte von Baubeginn bis Bauende als Zahlungstermin genommen. Damals betrug der langfristige Zins für Bundesanleihen 5,5 Prozent. Hätte der Bund die Brücke nicht gebaut, hätte er sich stattdessen eine Anleihe in Höhe der Baukosten ersparen können. So muss der Zinssatz für die Kapitalkosten der Geratalbrücke mit 5,5 Prozent angesetzt werden. Und dabei kommen 40,5 Millionen Euro für die Bauzinsen bis zur Inbetriebnahme heraus. Abschreibungen in Höhe von 6,7 Millionen Euro plus Zinsen in Höhe von 40,5 Millionen Euro macht die stolze Summe von 47,2 Millionen Euro. Die tauchen in keiner Berechnung für die Kosten der ICE-Strecke Nürnberg – Erfurt auf – und darüber regt sich auch niemand auf.

47,2 Millionen Euro betriebswirtschaftlicher, aber nicht in den Bilanzen registrierter Verlust sind fast das Doppelte der Baukosten der Brücke. In der Bilanz der Bundesrepublik Deutschland sind sie sichtbar – abzulesen an der Staatsverschuldung. Diese Verschwendung öffentlicher Mittel ist symptomatisch und systemimmanent in der Planwirtschaft. Kein privates Unternehmen würde so arbeiten. Die Insolvenz würde es bestrafen. Fazit: Wenn schon politisch motivierte Milliardenprojekte realisiert werden, dann sollten sie möglichst schnell zu Ende gebracht werden, sonst wird aus Unfug auch noch Idiotie.

Arthur-Irin Martini, Geschäftsführer der Vereinigung Europäischer Eisenbahnverkehrsunternehmen e. V., gab 2008 eine Studie über die

Netzstrategie der Deutschen Bahn AG in Auftrag. Darin steht:»Es ist schwer zu beurteilen, inwieweit die Deutsche Bahn Opfer oder Täter der desolaten Investitionsplanung ist. Wahrscheinlich ist sie Opfer und Täter zugleich.« Die Vorstandsvorsitzenden von Dürr über Ludewig, Mehdorn und jetzt Rüdiger Grube werden vom Eigentümer bestellt, und das ist die Bundesrepublik Deutschland, und in der hat der Kanzler oder die Kanzlerin das Sagen. Wann der politische Druck die wirtschaftliche Vernunft ablöst, ist dann nicht mehr genau auszumachen. Dürr hätte die Thüringer-Wald-Neubaustrecke nie angefasst, wenn er nur nach finanziellen Überlegungen die Entscheidung selbst hätte treffen dürfen. Da aber die Politik mitredet oder sogar entscheidet, ist sie auch im Obligo zu zahlen.

Täter und/oder Opfer: Bei keinem Projekt wird das so deutlich wie bei Stuttgart 21. Während sich die Bevölkerung bei allen anderen großen Investitionen höchstens einmischte, um ihre Ruhe zu haben, um eine neue Trasse zu verhindern, sich aber im Übrigen kaum um die Milliardenverschwendung kümmerte, wurde der Kampf um Stuttgart 21 zu einem Schlachtfeld, auf dem deutlich wurde, dass die Strukturen in unserem Staat nicht gewährleisten, Großprojekte so umzusetzen, dass dies einvernehmlich mit der Mehrheit der Bevölkerung und zu kostendeckenden Preisen möglich ist.

Als Heinz Dürr die Idee entwickelte, die drei Kopfbahnhöfe München, Stuttgart und Frankfurt durch Durchgangsbahnhöfe zu ersetzen, waren seine Überlegungen durchaus nachdenkenswert. Die riesigen Gleisflächen, die früher nötig waren, um die Züge ein- und ausfahren zu lassen, wollte er den Städten zurückgeben. Diese hätten Raum für völlig neue Lebens- und Entwicklungsräume bedeutet. Gleichzeitig sind die Kopfbahnhöfe Zeitbremsen, die jene Minuten wieder vergeuden, die durch die teuren Hochgeschwindigkeitstrassen erzielt wurden.

Das rotgrün regierte München biss gar nicht erst an. Damals räumte die Deutsche Bahn viele Grundstücke entlang der breiten Einfahrtschneise von Pasing bis zum Hauptbahnhof, was den Münchnern viele Entwicklungschancen eröffnete. Außerdem ist München sowieso mehr Ziel im Süden der Republik als Durchgangsstation für Züge nach Österreich, sodass eine Untertunnelung der Innenstadt für den Fernverkehr wenig gebracht hätte.

In Frankfurt scheuten sich sowohl Ministerpräsident Roland Koch als auch Oberbürgermeisterin Petra Roth vor den zu erwartenden Auseinandersetzungen. Damals räumte die Bahn die riesigen Flächen des ehemaligen Güterbahnhofs, auf denen ein völlig neuer Stadtteil, das Europaviertel, entstand. So schied auch die hessische Metropole aus.

Blieb noch Stuttgart 21. Dort traf der Schwabe Heinz Dürr mit seiner Idee auf viel Verständnis. Ministerpräsident war der beliebte Erwin Teufel, der die Idee toll fand, im Rathaus von Stuttgart regierte der noch beliebtere Erwin Rommel, der feststellte: »Du, Heinz, das ist aber etwas Großes.« Und etwas Großes war gerade recht für die etwas biedere, aber wohlhabende Landeshauptstadt. Und zufällig war auch Bundesverkehrsminister Matthias Wissmann ein Schwabe.

Die geographische Lage Stuttgarts in einem Talkessel, die komplizierten geologischen Untergrundverhältnisse und die Dimension des Projektes machten eine schnelle Realisierung unmöglich. Nach einer Machbarkeitsstudie 1994 begann 1996 das Raumordnungsverfahren. Das wäre vielleicht die erste Chance gewesen, die Bevölkerung durch eine Volksabstimmung an dem Projekt zu beteiligen. Aber wer sich an die Diskussionen aus dieser Zeit erinnern kann, in der CDU, SPD und FDP das Projekt befürworteten, als so populäre Politiker wie Rommel, Teufel und sein Vorgänger Lothar Späth dafür waren, wird zugeben müssen, dass sich sowohl in der Stadt Stuttgart als auch im Umland eine große Mehrheit dafür ausgesprochen hätte. Die einzigen Gegner, die Grünen, hatten noch lange nicht den Einfluss und die Anhängerschaft, die sie später in Baden-Württemberg erreichten.

Über was hätte die Bevölkerung auch abstimmen sollen? Der Finanzrahmen war 1995 mit 2,46 Milliarden Euro angesetzt, was wohl eher eine Schätzung als eine realistische Summe gewesen war. Vor dem Raumordnungsverfahren und den geologischen Untersuchungen konnten auch noch keine detaillierten Aussagen gemacht werden. Als 2010 Baubeginn war, wurden schon 4,088 Milliarden Euro genannt.

Im Jahr 2014 reden wir über 6,8 Milliarden, und wenn wir diese Zahlen mit den anderen, in diesem Kapitel schon beschriebenen, vollendeten Bahninvestitionen vergleichen, ist sicher, dass dies noch nicht das letzte Preisschild und 2021 noch nicht das letzte Eröffnungsdatum ist. Nichts ist beim Ablauf des Projektes Stuttgart 21 anders als bei allen anderen Bahnprojekten auch. Der Unterschied ist nur, dass die Fehlleistungen dieses Mal mit Argusaugen von der Öffentlichkeit beobachtet und kommentiert werden. Schade, dass dies bei der Wiesbadener Spange oder der unausgelasteten ICE-Strecke zwischen Würzburg und Fulda nicht auch der Fall war.

Wie Müntefering bei der Trasse Nürnberg – Erfurt, die er stoppen ließ, hat der damalige Bahn-Chef Johannes Ludewig 1998 auch Stuttgart 21 eingefroren. Als es drei Jahre später weiterging, hatte er unfreiwillig dafür gesorgt, die Kosten zu erhöhen. 2011, schon lange aus dem Amt, begründete er seinen Bremsversuch:»Das war zu groß und für die Bahn zu teuer.« Wahrscheinlich hatte er recht, so wie Müntefering auch. Aber was überhaupt nicht geht, ist, dass Minister oder Bahn-Chefs mal eine Investition anschieben und der nächste sie wieder stoppt und dass Länder- und Parteiinteressen entscheiden, wo ein Zug fährt und wie schnell er fahren soll, ob ein Bahnhof umgebaut wird oder nicht.

In Stuttgart wird vor allem das Misstrauen deutlich, das die Bevölkerung mittlerweile der Deutschen Bahn und den für sie zuständigen Politikern entgegenbringt. Kostenüberschreitungen, Terminverschiebungen, Steuergeldverschwendung und eine weitgehende Intransparenz haben das Verhältnis zwischen Bürger und Staat zerrüttet. Vieles, was die Stuttgart-21-Gegner vorbringen, ist pure Kapitalismuskritik und hat mit einem unterirdischen Durchgangsbahnhof nichts zu tun. Auch jene wohlhabenden Killesberg-Bewohner – für Ortsunkundige: ein Stadtteil teurer Villen in der Nähe des Hauptbahnhofs, dessen Bewohner sich in ihrer Ruhe gestört fühlen und viele von ihnen zum ersten Mal in ihrem Leben demonstrieren – hätten es nicht so leicht, ernst genommen zu werden, wenn sie nicht auf eine lange Liste falscher Behauptungen und Versprechungen verweisen könnten.

Die Deutsche Bahn und ihr Chef Rüdiger Grube werden zu Unrecht bezichtigt, sie hätten ein Interesse an dem Projekt. Was hat denn die Deutsche Bahn davon? Sie baut einen Bahnhof und eine ICE-Strecke, weil die Politik ihr das vorgegeben hat. Grube weiß sicher, dass die in Stuttgart vergrabenen Milliarden nie erwirtschaftet werden können und dass seine Nachfolger auf hohen Verlusten sitzen bleiben. Noch zieren sich das Land Baden-Württemberg und die Stadt, sich an den zu erwartenden Defiziten zu beteiligen. Doch gerade sie sind die größten Nutznießer. Vielleicht auch noch ein bisschen die Fernreisenden, die von Mannheim nach München wollen.

Gelte das Prinzip »Wer bestellt, der bezahlt«, gäbe es die Schlachten rund um den Bahnhof nicht, hätte so mancher Berufsdemonstrant seine linksradikalen Parolen nicht mitten zwischen dem schwäbischen Bürgertum ausleben können. Im Oktober 2006 hatte der Landtag mit 115 zu 15 Stimmen für Stuttgart 21 gestimmt. Das muss in einer Demokratie bindend sein – aber: Wie hätte der Landtag abgestimmt, wenn ihm bewusst gewesen wäre, wie die endgültige Rechnung ausfallen würde?

Nachdem schon Hunderte von Millionen Euro für die Bürokratie und Vorbereitungen des Projektes ausgegeben waren, durfte auch das Volk darüber abstimmen, ob es dafür ist, die Kündigungsrechte aus dem Finanzierungsvertrag zu nutzen. Das hieß: Wer für Stuttgart 21 war, musste dagegen stimmen, was 58,9 Prozent der Baden-Württemberger taten, auch in Stuttgart. Aber auch diese Volksbefragung war nur eine Momentaufnahme. Wie wir an mehreren Beispielen nachgewiesen haben: Bahnprojekte werden traditionell sehr viel teurer und irgendwann fertig, nur nicht an dem dafür vorgesehenen Termin. Bei Abstimmungen in der Schweiz weiß die Bevölkerung genau, dass sie für die Gesamtkosten aufkommen muss und nicht nur für einen Betrag, der mehr oder weniger gut geraten ist.

Unsere größte Kritik an Stuttgart 21 ist im Jahr 2014 nicht mehr, dass weitergebaut wird, sondern dass die Deutsche Bahn dieses Zwangsengagement dazu benutzt, ihr Monopol zu verfestigen: Die Strecken für den Nahverkehr rund um Stuttgart wurden ihr für zehn Jahre ohne Ausschreibung zugeteilt. Da kann sie sich jetzt schadlos halten. Und somit zahlt am Ende der Steuerzahler alles.

Aus einer Studie für die Deutsche Bahn aus den neunziger Jahren wissen wir, dass sich bei den Baukosten für Hochgeschwindigkeitstrassen Strecken nur rentieren, wenn über den Tag gerechnet an 16 Stunden jeweils zehn Züge pro Stunde in jeder Richtung verkehren und Güterzüge nicht in den Reststunden die Gleise und den Fahrweg malträtieren. Das wird zwischen Ulm und Stuttgart garantiert nicht der Fall sein. Dies hätte aber die Umsetzung von »Netz 21« schaffen können. Das haben die Bayern vermasselt. Jetzt schafft Stuttgart 21 die unumkehrbaren Fakten, die den Betrieb von ICE-Zügen in Süddeutschland ein für alle Mal unrentabel machen.

Wo der Kunde kein König ist

»Es war einmal ...« – so fangen alle Märchen an. Aber was wir hier erzählen, ist kein Märchen, sondern eine wahre Geschichte, die allerdings märchenhaft klingt. Sie trug sich in Deutschland zu, in diesem Jahrhundert. Warum wir sie erzählen? Nun, sie ist typisch für viele Unternehmen, die ihre Waren nicht mehr mit der Bahn, sondern mit dem Lkw verschicken.

Also: Es war einmal ein Waldbesitzer in Oberbayern, und der hatte bestes Buchenholz an einen italienischen Kunden verkauft. Umweltbewusst, wie er war, wollte er damit drei Güterwaggons beladen. Das erste Problem war, einen Bahnhof zu finden, wo er die Stämme vom Lkw auf den Zug umladen konnte. Die nächstgelegene Stadt war Ingolstadt. Gerhold Kastlhuber (Name geändert) rief also bei der DB Cargo in Ingolstadt an und erfuhr, dass für Holzverladungen eine Abteilung in Duisburg zuständig sei. Da könne man ihm leider nicht helfen.

Gerhold K. entschied sich für die Bahnhöfe in Neuburg an der Donau bei Ingolstadt und Petershausen an der Strecke Ingolstadt – München. Das wären je nach Wald die kürzesten Straßenverbindungen gewesen. Da diese Bahnhöfe an unterschiedlichen Strecken lagen, waren in Duisburg zwei verschiedene Abteilungen zuständig. Nach ein paar Stunden kam dann ein Anruf aus Duisburg: In Petershausen sei keine Verladung mehr möglich, und da sich die Abteilung in Duisburg in Bayern nicht auskenne, solle er ihnen einen anderen Bahnhof benennen, und man könnte dann überprüfen, ob es dort ein Möglichkeit gebe, Holz zu verladen.

Da sich Gerhold K. gerade in der Nähe von Petershausen befand, fuhr er direkt zum Bahnhof, um sich vor Ort zu erkunden, wo es eine Alternative in der Nähe gebe. Zu seiner Überraschung aber erklärte ihm der Fahrdienstleiter, dass es überhaupt kein Problem sei, in Petershausen zu verladen. Also rief Gerhold K. wieder in Duisburg an und versicherte, dass der Fahrdienstleiter bereit sei, am Telefon die Verlademöglichkeit zu bestätigen. Das war dann nicht nötig: »Wenn die dort verladen, dann können wir Ihnen auch einen Waggon nach Petershausen schicken.« Gerhold K. bestellte Snp.S-Waggons, das sind große, für Holztransporte aufgebaute Waggons mit 65 Tonnen Nutzlast.

Dann passierte erst einmal nichts, bis ein weiterer Anruf aus Duisburg kam. Gerhard K. sei kein Kunde der DB Cargo in Duisburg, deshalb könne von ihm keine Waggonbestellung angenommen werden. Zwar arbeitete er seit über dreißig Jahren mit der Bahn zusammen, aber eben nicht in Duisburg. So musste er ein Fax mit seinen Firmendaten ins Rheinland schicken. Sein Ärgernis-Pegel stieg.

Der Neukunde Gerhard K. bestellte nun die zwei Snp.S-Waggons. Das war an einem Dienstagmorgen. Am Dienstagnachmittag dann der

Rückruf aus Duisburg: Snp.S-Waggons können für einen Transport nach Italien nicht bereitgestellt werden, da die Italiener diese Waggons nicht wollen. Das fand Gerhard K. merkwürdig. Zwei Monate vorher hatte er nämlich belgische Snp.S-Waggons in München-Nord teilweise abgeladen, weil sie zu schwer waren, und diese dann nach Italien weitergeschickt. Dort hatten weder seine Kunden noch die italienischen Bahnen irgendein Problem. Das erzählte er einem anderen Sachbearbeiter in Duisburg, der dann kleinlaut zugab, dass es nicht die Italiener seien, die diese Waggons nicht haben wollen, sondern die Deutsche Bahn AG beschlossen habe, diese nicht mehr über die Alpen zu schicken, weil es zu lange dauere, bis sie wieder zurückkämen.

Nun lag das Holz immer noch im Wald, und die Zeit drängte. Die DB Cargo versprach, ähnliche Waggons bereitzustellen, vom Typ Rns-Z, die nur noch eine Nutzlast von 57 Tonnen haben. Der nächste Anruf aus Duisburg: An den beiden Bahnhöfen Neuburg a. d. Donau und Petershagen stehe am nächsten Tag je ein Waggon zur Verfügung, und zwar aus Österreich. Über die Abmessungen, die Nutzlast und die Ausstattung mit Gurten könne die Abteilung in Duisburg leider nichts sagen, da es sich ja um österreichische Waggons handele. Später dann wurde ihm doch noch die Nutzlast (57 Tonnen) mitgeteilt und versichert, es seien genug Gurte dabei.

Vorsichtig fragte Gerold K. noch nach, was denn passiere, wenn es keine Gurte gäbe. Dann, so wurde er vertröstet, müsse der Rangierer, also der Lokomotivführer der Bahngesellschaft, die den Transportauftrag übernommen hat, einen neuen Waggon mit Gurten besorgen.

Sie ahnen es: An dem besagten Tag standen um 7 Uhr keine Waggons an den jeweiligen Bahnhöfen. Das war jetzt ein richtiges Problem. Denn Gerhold K. hatte sich auf die Versprechungen eingelassen und seine Lastwagen im Wald beladen, und die standen jetzt an den Bahnhöfen rum.

Gerhold K. ist wirklich ein Gemütsmensch. Er schildert, dass der Fahrdienstleiter sehr freundlich und hilfsbereit war. Der hatte wohl schon den Anti-Aggressionskurs bei der Beschwerdeabteilung mitgemacht. Er telefonierte überall herum und suchte den Rangierer. In München-Nord wurde er fündig. Er hatte es sogar geschafft, dessen neue Handynummer ausfindig zu machen. Der Rangierer bejahte, er habe einen Holzwaggon dabei, aber nicht für die Firma von Gerhard K. Zur Bestätigung gab er die Waggonnummer an. Wieder Telefonate mit Duisburg. Doch die Rheinländer beharrten: Diese Waggonnummern seien die ihren. Die Erleichterung währte nur Minuten. Jetzt hatte der Rangierer wiederum ein Problem: Er könne unmöglich kommen, weil er vorher noch nach Dachau fahren müsse, vor 10 Uhr werde das nichts.

Die Lkw mussten abgeladen und das Holz neben den Gleisen gestapelt werden. Die Wartezeit pro Stunde und Lkw kostete Gerhold K. je 80 Euro. Mit den leeren Lastwagen fuhr er in den Wald zurück, um die nächste Ladung Holz zu holen. Um 12 Uhr, als er an den Bahnhof zurückkam, war, oh Wunder, der Waggon da: zwar ohne Gurte, dafür erfreulicherweise für 65 Tonnen zugelassen, was den Transport ja viel billiger gemacht hätte, hätte er das vorher gewusst: Denn jetzt hatte er nur 57 Tonnen Holz angefahren. Der Unterschied waren 4 Euro mehr pro Tonne. Doch die fehlenden Gurte konnten ihm auch nicht die weit entfernten Duisburger besorgen. Die hatten immerhin den Rat parat: Für die Sicherheit des Transports sei der Verlader verantwortlich. Er müsse nur Sorge tragen, dass die Ladung ordnungsgemäß angebunden sei.

Das Unternehmen, das die Lastwagen vermietete, schaffte es, für den nächsten Tag Gurte für 100 Euro von der Österreichischen Bahn zu besorgen. Als Gerhold K. dann endlich in Petershagen sein Holz festgegurtet auf dem Waggon hatte, waren seit dem ersten Kontakt zehn Tage vergangen. Jetzt mussten nur noch die Waggons in Neuburg a. d. Donau beladen und zugegurtet werden. Ein Irrtum, wie sich herausstellte. Kurz vor Neuburg kam ein Anruf aus Duisburg: Der Lademeister in München-Nord habe die Ladung aus Petershagen beanstandet, und deshalb sei der Waggon wieder zurückverbracht worden. Eine Strebe hatte etwas weiter aus dem Waggon geragt, was vorher nicht beanstandet worden war. In zweistündiger Arbeit mit viel Unterstützung des Wagenmeisters konnte das Problem behoben werden. Am nächsten Tag war dann auch der Waggon in Neuburg fertig. Aber die Geschichte geht noch weiter. Ein nächster Tag – es war ein Freitag – neigte sich zu Ende. Doch die Wochenendruhe wurde jäh von einem Anruf des Wagenmeisters aus Ingolstadt beendet. An dem Waggon aus Neuburg fehle ein Gurt und er könne den Transport nach Italien deshalb nicht freigeben. So begann die nächste Woche, wie die vorangehende geendet hatte: Ein Fuhrunternehmen beseitigte die Beanstandungen für 90 Euro. Auch der Wagenmeister in Ingolstadt war ein sehr freundlicher Herr, der einen genauen Verladeplan für diese Waggonart überreichte, der den Kunden, so seine Verwunderung, normalerweise vorab aus Duisburg zugefaxt würde.

Für den eigentlichen Transport ist üblicherweise eine Spedition verantwortlich. Die handelt dann auch den Preis aus. Gerhold K. arbeitet dabei immer mit demselben Unternehmen zusammen. »Aber«, so teilte ihm der hocherstaunte Sachbearbeiter dort mit, er könne ihm keinen Preis nennen, weil die Deutsche Bahn AG seiner Information nach auch den Waggontyp Rns-Z nicht nach Italien fahren lasse. Und wenn es keine Zulassung gebe, gebe es auch keinen Preis. Der Sachbearbeiter klagte darüber, dass durch die Entscheidung der DB Cargo, keine Großwaggons mehr nach Italien zuzulassen, gut ein Drittel der Kunden verloren würden, weil diese das Holz nun per Lkw nach Italien brächten. Außerdem habe die DB Cargo viele Bahnhöfe für Verladungen geschlossen, sodass sich die Zufahrtskosten vom Wald zum Zug fast verdoppelt hätten. Aber irgendwie gelang es der Spedition dann doch noch, einen Tarif für die schon mit Holz beladenen Waggons auszuhandeln, und endlich fuhr der Transport ab.

14 Tage später rief der italienische Kunde an und fragte, wo denn das Holz bleibe. Er brauche es dringend für seine Möbelproduktion und müsse mit Konventionalstrafen rechnen. Da konnte Gerhold K. jedoch nichts mehr unternehmen. Die Waggons waren unterwegs, irgendwo. Nach einer weiteren Woche kamen zwei Waggons beim Kunden an,

nach vier Wochen dann auch der dritte. Nur durch einen Rabatt von 1500 Euro konnte Gerhard K. den italienischen Kunden dazu bewegen, noch einmal Holz von ihm zu kaufen – allerdings unter zwei Bedingungen: Er musste seine Preise senken und versprechen, die Ware per Lkw anzuliefern.

Und so endet diese märchenhafte Erzählung. Und Gerhold K. steigt der Ärger auf, wann immer er die politischen Debatten hört, dass mehr Güter von der Straße auf die Schiene gebracht werden müssten ...

VI. WASSER

Ein Schiff wird kommen

Rathenow im Havelland ist eine stolze Stadt. Hier wurde die industrielle Brillenfertigung erfunden, und deshalb nennt sie sich die Wiege der Optik. 2015 wird sie zusammen mit der ganzen Havellandschaft die Bundesgartenschau ausrichten, in deren Mittelpunkt der Fluss steht. Das wird dem Tourismus in der Region zu neuen Rekorden verhelfen. Schon in den letzten Jahren musste sich der Besucher früh entscheiden, wenn er ein Hausboot chartern oder eines der vielen Hotelschiffe buchen wollte.

Die Schleusenkammer in Rathenow sieht ziemlich neu aus, zumindest sehr gepflegt. Nur das Seegras und die einige Meter aufgestauten Pflanzenreste in der gefüllten Schleusenkammer wollen nicht so recht ins Bild passen. Ein Arbeiter, der beim Bau der Straßenbrücke über die Havel und die Schleusenanlagen beschäftigt ist, die gerade erneuert wird, klärt mich auf.»Ja, ich bin jetzt schon zehn Tage hier, ein Schiff ist da noch nicht gekommen.« Was ich noch nicht wusste: Zwischen Rathenow und Havelberg, kurz vor der Mündung der Havel in die Elbe, ist diese Bundeswasserstraße für den Frachtverkehr gesperrt. Nur in Ausnahmefällen und mit Vorankündigung wird die ehemalige wichtige Wasserstraße noch bedient.

Mit dieser Entscheidung zog das Bundesverkehrsministerium die richtige Konsequenz: Da kaum noch Frachtschiffe auf der Havel verkehrten, wurde sie nicht zuletzt auf Drängen der Umweltschützer im

je breiter der Balken desto höher die Transportleistung in Tonnen

→ Bundeswasserstraßen mit Güterverkehr

Bundeswasserstraßen ohne Güterverkehr

20 0 20 40 60 80 km

Bundeswasserstraßennetz in ihrer Bedeutung herabgestuft. Sie hat keine überregionale Bedeutung mehr. Warum also soll sie dann nicht, so gut es geht, wieder der Natur zurückgegeben werden? Bis dahin ist das eine schöne Geschichte. Aber sie hat auch ein trübes Kapitel. In dem Maße, in dem der Verkehr der Frachtschiffe zurückgegangen ist, nahm die Hotel- und Tourismusschifffahrt zu. Segel- und Motorboote nutzen die ausgedehnte Fluss- und Seenlandschaft in Brandenburg und Mecklenburg-Vorpommern. Ein Blick auf die Landkarte zeigt, dass es dort noch sehr viele Kanäle, Flüsse und Seen gibt, die zu den Bundeswasserstraßen zählen, auf denen sich aber nur noch Freizeitkapitäne und gewerbliche Touristendampfer tummeln. Nun ist es in unserer föderalen Republik so geregelt, dass für den Tourismus die Länder zuständig sind. Sie würden sich hier auch jede Einmischung des Bundes verbitten. Konsequenterweise müssten also die Wasserstraßen in den Besitz der Länder übergehen. Dagegen aber wehren die sich mit allen nur verfügbaren Drohungen.

Und so zahlt der Bund für Schleusen ohne Frachtschiffe und unterhält Wasser- und Schifffahrtsdirektionen, die hauptsächlich für das Wohlbefinden der Freizeitkapitäne arbeiten. Dabei geht es um richtig viel Geld, denn die Wasser- und Schifffahrtsbehörde ist nicht nur groß, sie ist auch teuer. Mit rund 14 000 Beamten, Angestellten und Arbeitern ist sie die größte Verwaltung des Bundesverkehrsministeriums (Stand 2010 laut Bundesrechnungshof). Der Haushalt beträgt im Jahr 1,9 Milliarden Euro, davon gehen rund 700 Millionen für das Personal ab. Um Letzteres soll es im nächsten Kapitel gehen. Hier wollen wir uns mit den über 900 Millionen Euro beschäftigen, die für Investitionen eingeplant werden. Damit klar wird, worum es geht, verweisen wir hier auf noch eine Zahl: Die Einnahmen aus den Binnenwasserstraßen erbringen nur knapp 50 Millionen Euro. Es gibt wahrscheinlich keinen Wirtschaftszweig, in dem das Missverhältnis zwischen Ausgaben und Einnahmen so krass ist wie in der Binnenschifffahrt.

Wie immer, wenn etwas besonders absurd scheint, muss die Umwelt herhalten. In jedem Bundesverkehrswegeplan steht, dass ein Ziel der Investitionen ist, den Verkehr von der Straße auf die Schiene und die Binnenschifffahrt zu verlagern. Unter dieser Überschrift dürfen sich dann die abenteuerlichsten Projekte verstecken. Noch 1992 ist unter »weiterem Bedarf« ein Stichkanal von der Saale über Halle nach Leipzig für 700 Millionen DM vermerkt. Der ist nun Gott sei Dank begraben. Umweltschutz und Binnenschifffahrt sind eben keine natürlichen Verbündeten – meist stehen sie sich unversöhnlich gegenüber. Das wäre sicher anders, wenn die Flüsse überall so für die Schifffahrt geeignet wären wie auf dem Rhein. Ganz selten ist er wegen Hoch- oder Niedrigwasser nur eingeschränkt befahrbar. Seine Brücken sind so hoch, dass die neuen Schubkähne mit bis zu vierfach gestapelten Containern bis nach Karlsruhe und noch dreifach bis Basel fahren können. Kein Transport braucht weniger Energie pro Tonne als das Binnenschiff. Da stimmt die Gleichung: Binnenschiff ist Umweltschutz. Aber ausgerechnet auf dem Rhein dürfen keine Gebühren erhoben werden. 1868 haben sich in der »Mannheimer Akte« alle Anrainerstaaten verpflichtet, den Strom für die Schifffahrt betriebssicher zu unterhalten und zu verwalten. Und keiner unserer Nachbarstaaten denkt daran, dies zu ändern.

Warum das so ist, macht ein Blick auf die Verkehrsleistung der Binnenschifffahrt deutlich: Die 141 Milliarden Tonnen Fracht, die 2011 in Europa transportiert wurden, verteilen sich zu 33 Prozent auf die deutsche Rheinschiene, zu 33 Prozent auf die niederländischen Rheinarme und zu 7 Prozent auf die belgische Rheinschiene. In Frankreich werden 6 Prozent auf Flüssen und Kanälen transportiert, wobei wieder ein Anteil auf den Rhein entfällt. 8 Prozent sind Donauschifffahrt, im Wesentlichen in Rumänien, 6 Prozent der Binnenschifffahrtsfracht wird über das restliche Fluss- und Kanalsystem in Deutschland transportiert, und den kläglichen Rest von 7 Prozent teilen sich die übrigen 22 der insgesamt 28 EU-Staaten. Die Flüsse haben – bis auf den Rhein – überall ihre Bedeutung verloren, und in den Staaten, wo sich der Staat dies nicht Milliarden kosten lässt, wie wir uns in Deutschland das leisten, ist die Binnenschifffahrt tot.

Schon bei der Kanalisierung der Nebenflüsse haben Umweltschützer und Schifffahrt unterschiedliche Vorstellungen. Neckar, Main und Mosel sind als Fließgewässer gestorben. Durch Schleusen und Ausbaggerung sind sie den Bedürfnissen der Schiffe unterworfen. Aber obwohl das Frachtvolumen stagniert, wird vor allem die Mosel weiter ausgebaut. Gerade erst im Mai 2014 hat Bundesverkehrsminister Dobrindt in Luxemburg anlässlich der Fünfzigjahrfeier zur Eröffnung der Großschifffahrtsstraße Mosel-Saar versprochen, die jeweils zweiten Schleusen an den Moselstaustufen schneller als bisher geplant zu finanzieren. Von einer kostendeckenden Schleusengebühr hat er nicht gesprochen. Doch wer subventioniert hier wen? Früher gab es einmal die »als ob«-Tarife. Auf diesen Trassen verlangte die Bahn niedrigere Frachtraten, um mit der Binnenschifffahrt mitzuhalten. Eine hochsubventionierte Binnenschifffahrt nimmt vor allem der Bahn Kunden weg. Doch wie wir ja schon beschrieben haben, wird auch die Bahn subventioniert. Da sind wieder Gutachten fällig, die herausfinden, wer hier wen mit Steuermitteln über den Tisch zieht. Deutsche Binnenschiffer sind jedenfalls nicht die Nutznießer, denn die sind schon weitgehend verdrängt. Wer am Rhein steht und die Flaggen der Herkunftsländer der Schiffe wehen sieht, wird selten noch eine schwarz-rot-goldene Fahne sehen. Die Niederländer dominieren die Flüsse. Dazu hin und wieder ein Belgier und ein Schweizer. Weiter nach Osten und zunehmend auch auf den norddeutschen Kanälen sind die Polen erfolgreich. Die Deutschen erbringen nur noch rund 30 Prozent der Tonnenkilometer, Tendenz fallend.

Das ist kein Zufall. Die Binnenschiffer hatten im Vergleich zu ihren niederländischen Konkurrenten nie eine schlagkräftige Lobby im Bundestag, auch nicht, als die Abgeordneten noch auf den Rhein schauten und dort die Schiffe sehen konnten. In der Legislaturperiode 1994/1998 gründete sich eine parlamentarische Gruppe, die interessanterweise nur aus Frauen unter der Führung der CSU-Politikerin

Renate Blank aus Nürnberg agierte. Sie kümmerten sich um die Ausbildungsmöglichkeit zum Binnenschiffer, indem sie ein Schulschiff in Duisburg auftrieben, und sorgten sich um die Unterbringung der Lehrlinge in einem Lehrlingsheim. All dies tun die Niederländer mit System und staatlicher Förderung. Auf Initiative der besagten Frauen wurde das Einkommenssteuergesetz geändert, sodass bei der Abwrackung alter Schiffe die Erlöse steuerfrei in neue reinvestiert werden konnten. Dieser Paragraph wurde später unter Rotgrün wieder abgeschafft und dann in der ersten Großen Koalition wieder eingeführt. Das sei »Management by potatoes«, spotteten die Binnenschiffer: »Rin in die Kartoffeln, raus aus den Kartoffeln.« Eine Bilanz der Binnenschifffahrt lässt sich schon ziehen: Der Ausbau der Flüsse und Kanäle mit Milliardensummen ohne eine Kostendeckung bei den Benutzern zu erheben, führt zu einer Subventionierung der ausländischen Binnenschiffer und der Freizeitindustrie.

Auch für die Bundeswasserstraßen hat die »Regierungskommission Verkehrsinfrastrukturfinanzierung 2000« unter Dr. Wilhelm Pällmann einen Vorschlag unterbreitet, der die aberwitzige Kluft zwischen Aufwendung und Einnahmen wenn schon nicht ganz schließen, so doch wesentlich verringern könnte. Er forderte die Gründung einer Bundeswasserstraßenfinanzierungsgesellschaft analog zu der ähnlichen Einrichtung für die Bahn und den Fernstraßenbau. Diese würde finanziert durch die Einführung von Schifffahrtsabgaben auf allen Bundeswasserstraßen unter Berücksichtigung des speziellen Funktionsspektrums. Im nächsten Kapitel werden Sie verstehen, warum er damit keinen Erfolg hatte.

Im Moment ist es wirklich schwierig, sich einen Überblick darüber zu verschaffen, welche Wasserstraßen sinnvoll wären, selbst bei einer Gebührenfinanzierung. Die Elbe, auf der kaum Verkehr herrscht, muss zum Beispiel schiffbar gehalten werden, weil die Tschechische Republik einen Anspruch darauf erhebt, den Deutschland nicht einseitig aufkündigen kann. Traditionell übernimmt Hamburg die Funktion des Hafens für das böhmische Becken. Zwar ist längst die Autobahn das wichtigere Bindeglied, was an den vielen tschechischen Lastwagen auf der A 14 leicht zu erkennen ist, aber die Elbe stellt eine emotionale Bindung Tschechiens zu Hamburg dar. Würde diese unterbrochen, drohte der Güterverkehrt an die Adria abzuwandern, wohin gerade eine leistungsfähige Achse gebaut wird.

Bedeutet dies jedoch auch, dass die Schiffe ab Magdeburg, wo nach der Wiedervereinigung eine imposante Wasserstraßenkreuzung von Mittellandkanal und Elbe gebaut wurde, weiter auf der Elbe fahren müssen? Bis zur Schleuse bei Geesthacht, die den Fluss vom Gezeiteneinfluss des Meeres trennt, gibt es keinen nennenswerten Hafen, keine Industrie, die einen Binnenschiffsverkehr rechtfertigen würde. Über den Mittellandkanal gibt es aber eine Verbindung zum Elbe-Seitenkanal bis zur Geesthachter Schleuse. Sichere Wasserstände, ausreichend Tiefgang, alles wäre perfekt, wenn da nicht die Schleuse Lüneburg-Scharnebeck wäre.

In der Region sind sich alle einig: Der Bund muss eine neue Schleuse bezahlen. Es ist wirklich ein Jammer. 1974 wurde das damals weltgrößte Doppelsenkrecht-Schiffshebewerk gebaut. Ein eindrucksvolles Bauwerk im platten Lüneburger Land. Nach acht Jahren Bauzeit konnte es übergeben werden und Schiffe von Braunschweig und Wolfsburg direkt in den Hamburger Hafen fahren. Damals, im Kalten Krieg, diente der Elbe-Seitenkanal auch noch als Panzersperre, was seine Realisierung leichter machte.

Mittlerweile ist da nicht mehr viel los. 800 000 Tonnen werden auf ihm noch transportiert. Die Crux: Die heute üblichen 135 Meter langen Schiffe der Euro-Klasse passen nicht mehr in die Schleuse, die nur 105 Meter lang ist. Die örtliche Industrie- und Handelskammer schwärmt, dass mit einem Ausbau der Schleuse die Fracht auf 3 Millionen Tonnen ansteigen könne. Ideal wäre, wenn dann Schiffe mit drei übereinandergestapelten Containern direkt bis nach Tschechien fahren könnten – eine echte Alternative zu lauten Güterzügen und überlasteten Autobahnen. Aber: In den siebziger Jahren waren Container noch kein Thema, und so sind heute 55 Brücken über dem Elbe-

Seitenkanal zu niedrig. Und zu allem Überfluss ist die Elbe zwischen Magdeburg und der tschechischen Grenze auch ziemlich unberechenbar und müsste ausgebaggert werden. Auf der anderen Seite könnte die Elbe zwischen Magdeburg und Hamburg als natürlicher Fluss renaturiert werden – ein, wie wir denken, lohnenswertes Ziel, nicht zuletzt, wenn man an die verheerenden Überschwemmungen denkt, die es in diesem Abschnitt gab.

Die Entscheidung, was besser und richtiger wäre, ist relativ einfach: Ist der Ausbau des Elbe-Seitenkanals immer noch wünschenswert, wenn die Benutzer für die Kosten aufkommen müssen, oder ist er nur interessant, wenn er aus Steuermitteln bezahlt wird, die vor allem ausländischen Binnenschiffern nützen? In einem Staat, der sich nicht anmaßt, alles besser zu wissen und selbst zu entscheiden, wem er was zukommen lässt, könnte sich unter der Führung der IHK Lüneburg ein Konsortium finden, das den Ausbau und Betrieb des Elbe-Seitenkanals übernimmt, und gleichzeitig wäre damit ein zirka 220 Kilometer langer Flussabschnitt der Natur zurückgegeben.

230 Millionen Euro soll allein das Schiffshebewerk in Lüneburg-Scharnebeck kosten. Sie erinnern sich: Rund 50 Millionen Euro sind die Einnahmen des Staates aus der Binnenschifffahrt. Und Lüneburg ist nicht das einzige Bauwerk, das derartige Dimensionen aufweist. Für knapp 300 Millionen Euro wird gerade das Schiffshebewerk Niederfinow am Oder-Havel-Kanal fertiggestellt, das auch ein weltberühmtes Bauwerk deutscher Ingenieurskunst ersetzt. 500 000 Besucher bestaunen jährlich die Eisenkonstruktion aus dem Jahre 1934. Im Deutschen Reich war dies eine wichtige Wasserstraße, die Berlin mit seinem Hafen Stettin verband. Jetzt ersetzt die Bundesrepublik dieses in die Jahre gekommene Bauwerk aus emotionaler Verbundenheit mit dem Oderraum; denn Polen hegt den Wunsch, einen leistungsfähigen Wasserweg nach Berlin und Westdeutschland zu erhalten.

In diesem Zusammenhang greifen wir ein Projekt auf, dessen Problematik typisch ist für die Konflikte und Finanzierung der Binnenschifffahrt. Nach der Wende wurde in Schwedt an der Oder für 27

Millionen Euro ein Hafen gebaut, der jahrelang als Musterbeispiel für Planlosigkeit vorgeführt wurde. Schiffe hatten Seltenheitswert. Das hat sich jetzt geändert. 2013 legten 498 Schiffe an, und der Verlust des Hafenbetriebs verringerte sich auf 200 000 Euro. Und schon gibt es neue Forderungen. Um endgültig in die Gewinnzone zu gelangen, sollte die Hohensaaten-Friedrichsthaler Wasserstraße ausgebaggert werden, damit Küstenmotorschiffe von der Ostsee bis nach Schwedt kommen können. Brandenburg hätte damit einen Ostseehafen. Aber da müssen die Polen mitmachen und mehrere Brücken neu bauen. Die rühren sich aber nicht. Auch das Angebot der Bundes im Bundesverkehrswegeplan: »Es ist auch zu klären, wie auf die Erhebung von Kanalgebühren, vergleichbar auf internationalen Wasserstraßen, verzichtet werden kann.« Das heißt, die Bundesregierung wäre bereit, eine weitere internationale Wasserstraße zu finanzieren, die den Benutzern kostenlos zur Verfügung stände. Wieso eigentlich? Wenn der Hafen in Schwedt eine Zukunft hat, dann doch nur, wenn es wirtschaftlich Sinn ergibt, ihn ohne Subventionen zu betreiben. Deutschland überlegt zwar, wie es ausländische Autofahrer an den Straßenkosten beteiligen will, stellt aber für insgesamt mehrere Milliarden Euro seine Wasserstraßen weitgehend kostenlos zur Verfügung.

Dasselbe gilt auch für die Schleusen an der Mosel, die Schleusen am Dortmund-Ems- und Mittellandkanal und den Ausbau der Wasserstraße, die als Verkehrsprojekt Deutsche Einheit Nr. 17 beschlossen wurde: den Ausbau vom Mittellandkanal über Magdeburg, den Elbe-Havel-Kanal, den Sacrow-Paretzer Kanal, den Havelkanal und schließlich den Havel-Oder-Kanal. Die Wasserbauer planten auf diesen Kanälen und Flüssen eine Schiffsautobahn, auf der sich doppelte Schubkähne hätten begegnen können. Weltkulturdenkmäler in Potsdam wie zum Beispiel die Heilandskirche in Sacrow waren gefährdet. Doch da die Schiffe ausblieben und alle Prognosen eher von einem weiteren Rückgang des Frachtaufkommens in dieser Region ausgehen, ist der Albtraum an den Naturschützern vorübergegangen.

Ausbau um des Ausbaus willen. Die Bedeutung der Wasserstraßen außerhalb des Rheinstroms nimmt ja nicht ab, weil die Fracht auf die Straße und die Schiene wandert, sondern die Fracht für Binnenschiffe nimmt rapide ab. Kohle, Sand, Bauschutt, Getreide, Holz und Erze, in der DDR noch die Schlacke und der Staub der Braunkohlekraftwerke, sie werden nicht mehr in den Mengen gebraucht oder entsorgt, die den Einsatz von Schiffen rentabel machten. Die ökonomische Vernunft sollte die Entscheidungen leiten, nicht eine beliebige Umwelttheorie.

Die Naturschützer sagen: Die Schiffe sollten sich den natürlichen Gegebenheiten anpassen und nicht die Natur den Schiffen. Das ist nur die halbe Wahrheit. Dort, wo die Binnenschifffahrt kostendeckend fahren kann, wo sie ihre Vorteile gegenüber der Straße und der Schiene umsetzen kann, dort sind auch Eingriffe in die Natur erlaubt. Aber dort, wo es sich nicht rechnet, wo Flüsse gestaut und begradigt werden, weil sich dann vielleicht auch ein Schiff blicken lässt, dort gibt es keinen Grund, in die Natur einzugreifen – und das betrifft fast alle Wasserstraßen in Deutschland außer dem Rheinsystem. Das heißt auch, dass viele Flüsse, kleine Kanäle und Seen aus dem System der Bundeswasserstraßen entlassen werden müssen. Wo es keine Frachtschiffe mehr gibt, hat der Bund auch nichts mehr zu suchen.

Kanalgeschichten

Der Besuch im Industriemuseum Brunsbüttelkoog lohnt sich. Hier können wir an historischen Baudenkmälern eine herausragende Leistung deutscher Ingenieurskunst aus dem vorletzten Jahrhundert bewundern: die Seeschleusen des Nord-Ostsee-Kanals. Aber auch die Umstände des Baus muten heute märchenhaft an. Als er 1895 nach nur achtjähriger Bauzeit genau an dem dafür vorgesehenen Tag eingeweiht wurde, hat er keinen Reichspfennig mehr gekostet als die vorher kalkulierten 156 Millionen Goldmark. Wenn Sie die Schleusenkammern aus der Kaiserzeit sehen wollen, brauchen Sie nicht ins Museum zu gehen, sondern können sie direkt am Nord-Ostsee-Kanal in Augenschein nehmen, denn sie sind noch immer in Dienst. Da ist es kein Wunder, wenn sie wegen dringender Reparaturen zunehmend häufig ausfallen, was auch schon mal Vollsperrungen nach sich zieht, wenn die beiden großen Kammern gesperrt werden müssen. Dann fahren die Schiffe wieder um Dänemark herum. Um die bestehenden Museumsstücke erneuern zu können, muss eine weitere große Schleuse gebaut werden. 2007 wurden dafür 220 Millionen Euro errechnet, aber nicht mit dem Bau angefangen. 2012 dann die Meldung: Es gibt grünes Licht für den Bau der Schleusenkammer. Dies verkündete der CDU-Abgeordnete im Haushaltsausschuss Norbert Brackmann, der dem Fraktionschef Volker Kauder dankte, weil er seine Hilfe zugesichert hatte. Also: Nicht die wirtschaftliche Notwendigkeit war der Anlass, den Kanal zu sanieren, sondern das Beziehungsgeflecht der CDU. Mittlerweile hatten sich die Kosten auf 300 Millionen Euro erhöht. Aber nichts geschah.

April 2014: Der Bundesrechnungshof stoppt die Genehmigung für den Bau einer weiteren Großschleuse. Zu teuer, zu unwirtschaftlich, sagen die Prüfer, denn mittlerweile werden 540 Millionen Euro angesetzt. Darüber hinaus fühlte sich der Rechnungshof hintergangen: Das Verkehrsressort habe den Nutzen des Bauvorhabens überschätzt, weil das Ministerium davon ausgeht, der Kanal sei bis Kiel schon ausgebaut und würde deshalb mehr Schiffe anziehen. Doch der Ausbau habe noch nicht einmal begonnen und würde frühestens 2024 fertig sein.

Wir reiben uns ungläubig die Augen. Ist es denn nicht mehr möglich, in Deutschland ein Verkehrsprojekt von überragender internationaler Bedeutung so zu planen und zu kalkulieren, dass es in einem überschaubaren Zeitraum zu realistischen Kosten auch umgesetzt werden kann? Die Unfähigkeit, den am meisten befahrenen Kanal der Welt funktionstüchtig zu halten, dauert nun schon länger als die Bauzeit.

Der Streit, wer daran schuld ist, dass die Schleuse jahrelang nicht gebaut wurde, überdeckt einen Vorwurf des Bundesrechnungshofs, der schreibt:»Wir halten den Wirtschaftlichkeitsnachweis nicht für geeignet, die Fortsetzung der baulichen Maßnahme zu rechtfertigen.« Wie kann das sein? Keine Schifffahrtsstraße der Welt wird mehr befahren, und so neigt die Öffentlichkeit dazu, Verkehrsminister Dobrindt recht zu geben:»Wir haben immer argumentiert, dass es sich hier um ein Projekt von nationaler Bedeutung handelt.« Und der schleswig-holsteinische Ministerpräsident Torsten Albig ergänzt: Auch der Rechnungshof könne keine Zweifel daran haben, dass der Nord-Ostsee-Kanal wirtschaftlich ist.

Aber alle, die sich für den Kanal so starkgemacht haben, schweigen über die Einnahmen, die mit den Durchfahrtsgebühren erzielt werden. Zum Vergleich: Die beiden nächstwichtigen internationalen Schifffahrtsstraßen, der Panamakanal und der Suezkanal, sind für die Staaten, die sie betreiben – Panama und Ägypten –, sehr lukrativ. Davon ist der Nord-Ostsee-Kanal aber weit entfernt. Ganze 26 Millionen Euro an Gebühren pro Jahr kommen da zusammen. Zur Erinnerung: Die neue Schleuse von Brunsbüttelkoog verschlingt mit ihren 540 Millionen Euro Baukosten allein mehr als das Zwanzigfache der Jahreseinnahmen.

Zwar fahren mehr Schiffe durch den Nord-Ostsee-Kanal als durch den Suez- und Panamakanal zusammen, aber er befindet sich auch nicht in einer geographisch so privilegierten Lage. 93 500 Euro zahlt ein Schiff, das den Suezkanal passiert, und spart sich die Reise um Afrika. 80 500 Euro kostet die Passage durch den Panamakanal, und die Schiffe müssen nicht Südamerika umkreisen. Aber nur 5437 Euro verlangt der Nord-Ostsee-Kanal, denn je nach Route beträgt die Ersparnis nur 450 Kilometer. (Alle genannten Zahlen wurden 2014 für das Jahr 2009 veröffentlicht.) Ist der Kanal durch Schleswig-Holstein für die internationale Schifffahrt nur dann interessant, wenn Deutschland die Kosten trägt, sie aber dadurch Kosten spart? Und was ist uns der Kanal dann wert? Die Relation zwischen Kosten und Einnahmen ist auch beim Nord-Ostsee-Kanal so nicht akzeptabel.

Das ist noch nicht alles: Längst müsste die Vertiefung des Kanals abgeschlossen sein, was aber noch nicht einmal zur Hälfte der Fall ist. Es fehlt die Planungskapazität, und selbst wenn die gegeben wäre, fehlen wiederum die Mittel. Und wenn der Kanal dann wirklich den neuen Maßen von 70 Metern Breite und um 1,5 Meter mehr Tiefe durchgängig angepasst ist, wird er dann seine Kosten durch Gebühren finanzieren können? Darüber wird vorsichtshalber gar nicht erst diskutiert. Im Kieler Institut für Weltwirtschaft haben die Wissenschaftler 2010 vorgerechnet, dass der Kanal von 2005 bis 2010 gerade mal zwischen 14 und 30 Prozent seiner Kosten aufgebracht hat. Das Institut macht auch Vorschläge, wie das Gebührenaufkommen erhöht werden könnte. Doch bisher liefert der Kanal nur Schlagzeilen wegen seines technischen Zustands; dass er so defizitär betrieben wird, ist bisher kein Thema.

Es gibt ein Projekt, bei dem alle Konflikte aufeinandertrafen, die beim Thema Binnenschifffahrt und dem Bau eines Kanals nur denkbar sind. Jahrelang dominierte der Kampf um den Rhein-Main-Donau-Kanal die Diskussionen um den Sinn oder Unsinn einer neuen europäischen Großwasserstraße. Schon Karl der Große träumte von einem Kanal zwischen Rhein und Donau, und nach ihm versuchten sich viele Herrscher, die beiden Europa prägenden Ströme miteinander zu verbinden. Es war mehr als nur eine Wasserstraße, es war immer auch eine emotionale, ja fast mystische Vorstellung, die europäische Wasserscheide zu überwinden. Vollendet hat dies zum ersten Mal König Ludwig I. von Bayern. Aber er hatte Pech: Kaum war er fertig, explodierte der Bau der Eisenbahnverbindungen, und die zerstörten die wirtschaftliche Basis des Kanals. Er verfiel ziemlich schnell, und seine Reste sind heute unter Denkmalschutz zu besichtigen.

Seit der Reichsgründung 1871 gab es viele Ansätze, diese »Europawasserstraße« zu vollenden. Sie mündeten 1921 in der Gründung der Rhein-Main-Donau AG mit Sitz in München. Zur Finanzierung des Baus erhielt die AG die Konzession, die Wasserkraftwerke an Main, Donau, Lech, Altmühl und Regnitz zu nutzen. Dieses Privileg ist heute im Zeitalter der »alternativen Energien« eine prächtige Mitgift für die derzeitigen Eigentümer – der RMD AG, den Konzernen E.on, RWE und EnBW. Doch zwischendrin änderten sich die Besitzverhältnisse häufig. Nach dem Krieg übernahm die Bundesrepublik schon 1949 die Rechte der Gesellschaft. Die Planung des Kanals wurde bereits 1950 begonnen, der Bau folgte 1960. Der Freistaat Bayern übernahm ein Drittel der Aktien. Das war eine Entscheidung, die maßgeblich dafür verantwortlich ist, dass der Kanal zu Ende gebaut wurde. Die bayerische Landesregierung und die CSU zogen das Projekt mit eisernem Willen durch. Und der war nötig.

Im Nachhinein kann festgestellt werden: Beide Seiten, Gegner und Befürworter, haben mit ihren Prognosen und Begründungen für und wider den Kanal falschgelegen. Es ist alles ganz anders gekommen. Die CSU-Regierung, angeführt von Franz-Josef Strauß, sah in dem Kanal eine wirtschaftliche Chance, die ostbayerische Region aufzuwerten. Vom Schwarzen Meer würden die Schiffe Rohstoffe bis ins Ruhrgebiet bringen, von den Nordseehäfen bis nach Ostbayern. Für 5,5 Millionen Tonnen Fracht pro Jahr wurden die Berechnungen ausgelegt. Selbst die Binnenschiffer waren skeptisch. Sie fürchteten, dass der Kanal ein Einfallstor osteuropäischer Konkurrenten werden könnte, die sie mit Dumpingpreisen ausbooten könnten.

Gegner waren die Naturschützer, die eine mutwillige Zerstörung einer einmaligen ökologischen Landschaft beklagten. 700 000 Unterschriften sammelten sie gegen das Projekt, so viele, wie es bei ähnlichen Projekten nie zuvor und nie danach gab. Gegen den Bahnlärm im Oberrheintal waren es zum Beispiel nur 170 000. Während der Bauzeit sah es in der Tat grauslich aus. Das romantische Altmühltal aufgerissen, das zukünftige Kanalbett eine hässliche Narbe. Die lauten Moralwächter in der Sendung »Scheibenwischer«, die Kabarettisten Dieter Hildebrandt und Gerhard Polt, ätzten: Bayern würde Kanalratten neuen Lebensraum und Tierpräparatoren sichere Arbeitsplätze schaffen, was zu einer heftigen Kontroverse auch innerhalb der ARD führte.

Neben den Naturschützern engagierte sich die Eisenbahnergewerkschaft gegen den Bau des Kanals, und der damalige Bundesverkehrsminister Volker Hauff, SPD, stellte fest: »Das ist das dümmste Projekt seit dem Turmbau zu Babel.« In einem von ihm in Auftrag gegebenen Gutachten wurde das Nutzen-Kosten-Verhältnis so berechnet, dass es negativ ausfiel, und das Frachtaufkommen auf höchstens 2,7 Millionen Tonnen geschätzt.

1992 wurde der Kanal eingeweiht. Er hatte insgesamt 2,3 Milliarden D-Mark gekostet, dafür gibt es heute keinen Flughafen mehr und schon gar keinen neuen Bahnhof. Das Frachtaufkommen lag zwischen 1993 und 2012 durchschnittlich bei 6,38 Millionen Tonnen, also noch über dem von der bayerischen Regierung berechneten Volumen. Was aber niemand voraussehen konnte, ist die boomende Flusskreuzschifffahrt, die es sogar nötig macht, in Nürnberg neue Kaianlagen zu bauen. Im früher verschlafenen armen Beilgries halten heute Kreuzfahrtschiffe, und die meist amerikanischen Rentner können einen »original Bavarian cake in a family« essen.

Das Altmühltal ist wieder zugewachsen und hat jetzt außer einem Fahrrad- und Wanderboom ein nicht planbares Problem: Biber nagen mehr Bäume ab, als dem Tal guttut. Doch verjagen darf die putzigen Gesellen auch niemand. Die Naturkatastrophe ist ausgeblieben. Im Gegenteil: Teil des Kanalprojektes war ein massiver Eingriff in die Wasserverteilung entlang der europäischen Wasserscheide. Während das mittelfränkische Becken in unregelmäßigen Abständen unter Wassernot litt, standen im Altmühl- und Donautal Felder und Städte unter Wasser. Die Zuflüsse südlich der Wasserscheide haben dreimal so viel Wasser wie die nördlichen. So wurde der Rhein-Main-Donau-Kanal gleichzeitig zur Regulierung der Wassermengen in ganz Mittelbayern ausgebaut.

Südlich der Linie Ansbach – Nürnberg ist auf jüngeren Landkarten das »Fränkische Seenland« zu finden, eine Kette von sieben Seen, wovon der größte, der Große Brombachsee, 8,7 Quadratkilometer aufweist. Die früher eher unbekannte Region wird heute von Hunderttausenden Touristen besucht. Das Wasser hat aber auch die Fauna und Flora bereichert. Vogelschutzgebiete mit Störchen und Tausenden von Wasservögeln haben sich angesiedelt. Ein Vogelschutz- und ein Naturschutzgebiet wurden eingerichtet. Die Wildgänse entwickeln sich ähnlich wie die Biber schon zur Plage. In den Seen tummeln sich zur Freude der Angler Karpfen, Schleien, Aale, Zander, Hechte, Welse, Seeforellen und viele andere Fische mehr.

Der BUND kann sich trotzdem nicht dazu durchringen, zuzugeben, dass die Natur durch den Bau des Großkanals nicht untergegangen ist. Sie ist anders, hat sich durch den menschlichen Eingriff verändert. Der Eingriff hat den Status quo verändert, der vorher von Menschen beeinflusst und gestaltet war. Die Reaktion des BUND auf den jetzigen Stand der Natur in der Kanalregion verrät ein tief reaktionäres Menschen- und Gesellschaftsbild.

Es gibt noch einen Aspekt, der den Eingriff in die bestehende Natur und die aktuelle Klimarettungsdiskussion betrifft. Das Fränkische Seenland hat als weitere Funktion die Wirkung eines gigantischen Speichers, wie wir sie für die volatilen Stromquellen Wasser und Sonne eigentlich benötigen. Neben den Flusswasserkraftwerken beträgt die mittlere jährliche Stromerzeugung durch Wasserkraft 2,7 Milliarden Kilowattstunden, was den Bedarf von 463 000 Einwohnern deckt. Dies macht auch deutlich, wie wir Deutschland verändern müssten, um all die Stromspeicher zu bauen, die nötig wären, den Wind- und Sonnenstrom zu nutzen, der gerade nicht gebraucht wird.

Wachstumshemmnis für diese Großschifffahrtsstraße waren noch die Balkankriege, weil die Donau in Serbien von zerbombten Brücken blockiert war, sowie ein nicht ausgebauter Donauabschnitt zwischen Straubing und Vilshofen, der übersehen worden war und an dem sich ein erbitterter Streit entzündete, ob es wirklich nötig sei, den Fluss mit einer weiteren Betonsperre zu verriegeln. Und schließlich sind da die zu niedrigen Brücken, die die Containerschifffahrt behindern.

Wie schon erwähnt, gehört der Kanal heute den großen Energieversorgern. 1995 haben Bayernwerk, die Lech Elektrowerke und die Energieversorgung Schwaben, die mittlerweile alle in den großen Stromkonzernen aufgegangen sind, die Bundesanteile für 800 Millionen DM gekauft. Warum ist dann die Behörde der Wasser- und Schifffahrtsdirektion für den Kanal verantwortlich? Die Betriebskosten belaufen sich auf 26 Millionen Euro pro Jahr, 20 Prozent davon werden durch Einnahmen abgedeckt, den Rest zahlt der Steuerzahler, also der Bund. Warum eigentlich?

Die ganzen Debatten, ob sich der Rhein-Main-Donau-Kanal ökologisch oder ökonomisch als Katastrophe oder Wohltat erweist, sind müßig. Wenn er nur mit Subventionen zu betreiben ist, stimmt etwas nicht. Die Besitzer haben Einnahmen aus der Stromerzeugung, Einnahmen aus den wahrscheinlich zu günstigen Schleusengebühren und müssen selbst entscheiden, ob sie die Brücken anheben für die Containerschifffahrt oder nicht. Das kann nicht die Aufgabe einer Behörde sein.

Wer ist da wohl für wen da?

Um zu verstehen, wie es möglich ist, dass wir uns beim jährlichen Haushalt für die Wasser- und Schifffahrtsverwaltung von rund 1,9 Milliarden Euro mit knapp 50 Millionen Euro Einnahmen aus der Binnenschifffahrt zufrieden geben und dass wir einen internationalen Kanal unterhalten, der bei einer einzigen Investition von 540 Millionen Euro gerade einmal Gebühren von 29 Millionen Euro erbringt, müssen wir etwas weiter ausholen.

Im Juli 1995 wurde der Sachverständigenrat »Schlanker Staat« eingesetzt, ein Gremium von »verwaltungsfernen Experten«. Die Experten sollten nicht durch Verwaltungskenntnisse vorbelastet sein und Vorschläge machen, auf welche Behörden und Vorgänge verzichtet werden könne. Unter so bahnbrechenden Verbesserungsvorschlägen wie der »Privatisierung des Reinigungsdienstes beim Bundesverwaltungsgericht« fand sich auch eine Einsparung für die Wasser- und Schifffahrtsverwaltung. Es handelte sich um den »Übergang jeweils einer Teilstrecke der Bundeswasserstraße Schwinge auf die Stadt Stade und des Hildesheimer Zweigkanals auf die Stadt Hildesheim«. Das war es erst einmal.

Am 1. Dezember 1999 verabschiedete die Bundesregierung ein weiteres Programm mit dem Slogan »Moderner Staat – Moderne Verwaltung« als Grundlage für eine umfassende Modernisierung der Bundesverwaltung. Die Reform der Wasser- und Schifffahrtsverwaltung (WSV) sollte dabei eine Art Pioniertat für einen schlanken Staat werden. Die Behörde mit heute rund 14 000 Mitarbeitern aus Beamten, Angestellten und Arbeitern ist die größte Verwaltung innerhalb des Bundesverkehrsministeriums. Die Zahlen stammen vom Bundesrechnungshof aus dem Jahr 2010. Alle anderen zwölf Behörden des Ministeriums, wie zum Beispiel der Deutsche Wetterdienst (DWD), die Bundesanstalt für den Güterverkehr (BAG) oder das Kraftfahrtbundesamt in Flensburg (KBA), um nur die drei größten zu nennen, sind im Vergleich dazu Zwerge.

Das Ministerium selbst und die zwölf weiteren dazugehörigen Behörden haben zusammen eine Personalstärke von rund 11 500 Mitarbeitern. Dazu kommen dann die 14 000 der Wasser- und Schifffahrtsverwaltung, was bedeutet, dass sie rund 55 Prozent aller Mitarbeiter im Bereich des Verkehrsministers ausmachen – eine Domäne der Gewerkschaft Verdi. Diese Arithmetik hatte Auswirkungen auf den Hauptpersonalrat des Bundesverkehrsministeriums, in dem alle Behörden entsprechend ihrer Personalstärke vertreten sind. Entsprechend hoch ist der Anteil der WSV-Vertreter, die über eine absolute Mehrheit verfügen. Da gerade die Bediensteten der Wasser- und Schifffahrtsverwaltung besonders hoch in der Dienstleistungsgewerkschaft Verdi organisiert sind, verfügt Verdi im Hauptpersonalrat über eine komfortable Mehrheit mit entsprechendem Einfluss.

Jeder Reformvorschlag, die Verwaltung der Riesenbehörde WSV zu verschlanken, war deshalb für Verdi ein Angriff auf ihre Machtbasis im Hauptpersonalrat. Veränderungen in der Neuordnung der Arbeitsabläufe und im Aufbau der Behörde, die Personal hätten einsparen können, waren deshalb von vornherein zum Scheitern verurteilt.

So blieb jahrelang alles beim Alten. Von Matthias Wissmann, CDU, der 1993 sein Amt antrat, hielten fünf weitere Verkehrsminister sowie zuletzt bis 2013 Peter Ramsauer, CSU, mehr oder weniger still. Für die Öffentlichkeit wurde immer mal wieder ein Schaulaufen veranstaltet. Im Juli 1995 setzte der damalige Verkehrsminister Matthias Wissmann die Arbeitsgruppe WSV/ORG 1995 ein. Das Kürzel stand für »Organisationsuntersuchung der Wasser- und Schifffahrtsverwaltung«. Es wurden sechs Arbeitsgruppen eingerichtet, geführt von einer Lenkungsgruppe aus der Zentralabteilung des Bundesverkehrsministeriums. Sie gab nach europaweiter Ausschreibung eine Untersuchung an die Firma Kienbaum in Auftrag. Zielobjekte waren die zuständigen Referate im Verkehrsministerium, drei Bundesanstalten (für Wasserbau, Gewässerkunde sowie Seeschifffahrt und Hydrographie), die sieben Direktionen der Wasser- und Schifffahrtsverwaltung und ihre 39 nachgeordneten Ämter. Aber alle Außenstellen, wie zum Beispiel die Ämter für den Schleusenbetrieb, den Wasserbau oder die Instandhaltung der Fahrwassertonnen, wurden ausgelassen. Dadurch waren schon einmal 60 Prozent der WSV von etwaigen Einsparungsmöglichkeiten verschont.

Das Untersuchungsergebnis der Berater fiel, wie von den Vorgaben des Auftrags gewünscht, so aus, dass die ÖTV, die Vorgängergewerkschaft von Verdi, damit leben konnte: Es sollte zunächst erst einmal eine »innere Reform« stattfinden. Das bedeutete Korrekturen an organisatorischen Abläufen, Korrekturen am Aufbau der Behörden sowie die Einführung von Selbstverständlichkeiten wie die Einrichtung eines Controllingsystems, um die vielen Behörden überhaupt steuern zu können. Damit war die Gefahr gebannt, dass eine personelle Verschlankung beschlossen würde. Erst zwei Jahre später, wenn die innere Reform erfolgreich abgeschlossen gewesen wäre, sollte dann die »äußere Reform« in Angriff genommen werden. Dazu gehörte die Vergabe von Aufgaben an Dritte.

Jeder Unternehmensberater weiß, dass ein solches Vorgehen eine Alibifunktion erfüllt. Denn erst wird über Jahre ein Status quo »optimiert« und erst dann die Frage gestellt, welche Aufgaben die Behörde selbst wahrnehmen und welche sie besser und billiger am Markt einkaufen sollte. Das ist im Falle der WSV nicht mit einer Privatisierung zu verwechseln, denn die Verantwortung für das Ergebnis bleibt allein bei der Behörde, die die Leistung einkauft. Dieser erste Anlauf zu einer Reform der WSV aufgrund des Kienbaum-Gutachtens ist komplett gescheitert. Selbst das wenige, das die Unternehmensberater überhaupt untersuchen durften, wurde nur geringfügig umgesetzt.

Im Jahr 1999 kam Matthias Machnig, Staatssekretär unter Verkehrsminister Franz Müntefering, zur Sache und erteilte einen drastisch erweiterten Auftrag, der alle Bereiche der Wasser- und Schifffahrtsdirektion einbezog und auch die Vergabe von Arbeiten an Private einschloss. Wiederum wurde die Firma Kienbaum mit der Untersuchung betraut. Das Ergebnis lag im Juli 2001 vor. Titel: »Konzentration der WSV auf ihre Kernaufgaben«. Es sollte sofort mit der Vergabe eines ganzen Produktbündels begonnen werden, bestehend aus »Planmäßigem Instandsetzen des Gewässerbettes und der Anlagen einschließlich der Fahrzeuge«. Über 5728 Stellen sollten allein dadurch frei werden.

Als das Gutachten schließlich präsentiert wurde, hatte der Minister gewechselt. Kurt Bodewig, SPD, war jetzt Verkehrsminister. Vor seinem Amtsantritt war er noch Abteilungsleiter beim DGB, hatte also viel Verständnis für die Kollegen von Verdi. Am 5. Februar 2002 unterzeichnete er eine Vereinbarung mit der Gewerkschaft, dass die im Gutachten von Kienbaum vorgelegten Vorschläge – insbesondere zur Ausweitung von Vergaben an Private – durch eine Arbeitsgruppe »bewertet« werden sollten. Die Arbeitsgruppe wurde »paritätisch« besetzt. Zwei Vertreter von Verdi, zwei vom Hauptpersonalrat, der von Verdi dominiert wurde, zwei der WSV, zwei Beamte des Verkehrsministeriums. Zusätzlich entsandte der Deutsche Beamtenbund, der die gleichen Abwehrreaktionen gegen Fremdvergaben hegt wie Verdi, auch zwei »Beobachter«. Da hatte Bodewig die Frösche eingeladen, um zu beraten, wie ihr Sumpf trockengelegt werden könne.

Die Arbeitsgruppe tagte zum ersten Mal am 30. Mai 2002. Das Ergebnis war absehbar und in seiner Stoßrichtung das Gegenteil von dem, was eigentlich an Effizienzsteigerung geplant war: »Die Arbeitsgruppe soll auch Vorschläge erarbeiten, die gegenüber dem Parlament und dem Finanzminister als Argumentationshilfen verwendet werden können, damit künftig ... von den Haushaltskürzungen für den ... WSV abgesehen wird«, hieß es im Protokoll von Verdi. Einfach ausgedrückt: Der Bundesverkehrsminister sollte im Parlament und beim Finanzminister Sorge dafür tragen, dass alles beim Alten bleibt. Die Argumente dafür lieferte ihm seine von Verdi gelenkte Arbeitsgruppe. Die Reform der WSV war gestorben.

Im Dezember 2003 schlug dann der Bundesrechnungshof zu. Dessen Kritik an der Unfähigkeit des Bundesverkehrsministeriums war ätzend. Zusammengefasst: Nach acht Jahren Reform, die mehrere Millionen Euro kostete, hatte das Ministerium fast nichts umgesetzt – nicht einmal die Verwaltung im Ministerium selbst war effektiv organisiert.

Im Januar 2005 forderte der Haushaltsausschuss des Deutschen Bundestags den Verkehrsminister, mittlerweile Manfred Stolpe, auf, weitere Schritte bei der Reform der Wasser- und Schifffahrtsverwaltung zu unternehmen. Wieder passierte nichts. Fünf Jahre später, am 27. Oktober 2010, beschwerte sich der Haushaltsausschuss des Bundestags erneut, weil sich immer noch nichts tat. Er nahm einen geringfügigen Konflikt zum Anlass, über die gesamte Wasser- und Schifffahrtsverwaltung eine Beförderungssperre für den gehobenen und höheren Dienst zu verhängen sowie eine generelle Besetzungssperre. Keine Stelle, die frei wurde, durfte wieder besetzt werden. Die Sperre sollte erst aufgehoben werden, wenn der Verkehrsminister endlich in der Lage wäre, eine »aussagefähige Berichtsvorlage« zu präsentieren, also einen glaubhaften Plan zur Umsetzung. Unterstützt wurde der Haushaltsausschuss durch einen weiteren vernichtenden Bericht des Bundesrechnungshofs vom Dezember 2010, der kein gutes Haar am Ministerium ließ wegen seines Unvermögens, die WSV zu reformieren.

Im Januar 2011 legte der Verkehrsminister, diesmal Peter Ramsauer, einen neuen Bericht vor. Der Haushaltsausschuss hob die Sperre dennoch nicht auf, denn das Ministerium hatte wieder keine aussagefähige Berichtsvorlage zur Reform geliefert. Stattdessen hatte es zunächst nur das Wasserstraßennetz kategorisiert, nämlich nach der Bedeutung für die Güter-Binnenschifffahrt. Was für ein Aufbruch! Sechzehn Jahre nach den ersten Reformansätzen interessierte sich das Ministerium dafür, welche Flüsse und Kanäle als wichtig und unwichtig erachtet werden, will heißen, wo in welchem Umfang noch investiert werden sollte.

Aber es war nur ein Spielen auf Zeit. Haushaltsausschuss und Verkehrsministerium stritten sich noch weitere Monate wegen der Haushaltssperre. Im Mai 2011 folgte schließlich ein fast schon resignierender Bericht des Bundesrechnungshofs. Die Zusammenfassung schließt unter anderem mit dem traurigen Satz: »Der Bundesrechnungshof mahnt einen entschlossenen, ganzheitlichen und nachhaltigen Sanierungsprozess bei der WSV an.« Das tat er nun schon jahrelang vergebens.

Seit dem ersten Bericht gab es noch weitere Berichte des Verkehrsministers an den Deutschen Bundestag zur Reform der Wasser- und Schifffahrtsverwaltung. Der fünfte und letzte datiert vom 22. Juni 2012. Immerhin räumte das Verkehrsministerium zum ersten Mal Defizite seines Handelns ein. Doch das war für Verdi schon eine Kriegserklärung. Die Gewerkschaft rief vom 9. bis 16. September 2013 zum Schleusenstreik auf, um einen Tarifvertrag zur Beschäftigungssicherung durchzusetzen, in dem der Verkehrsminister betriebsbedingte Kündigungen und Versetzungen ausschloss. Mit der Fessel, Personal nicht einmal versetzen zu dürfen, wäre faktisch jeder Sanierungsprozess gestorben.

Diese Geschichte lässt einen tiefen Blick in das Bewusstsein der öffentlichen Bediensteten zu. So schrieb zum Beispiel der Bezirkspersonalrat der Direktion Nord im März 2011 an Verkehrsminister Ramsauer: »Mit Entsetzen nehmen wir täglich wahr, wie die Wasser- und Schifffahrtsverwaltung des Bundes Schritt für Schritt demontiert wird«, und fragte, »welchen Sinn es macht, die Beschäftigten in diesem hohen Maße in eine Angststarre zu treiben«. Er appellierte an den Minister, »zu einem respektvollen Umgang mit den Beschäftigten und ihren Interessenvertretungen zurückzukehren«. Das ist doch mal was Neues: die »Angststarre« im öffentlichen Dienst, wo Beamte nicht kündbar sind, ebenso wenig wie Angestellte nach 15 Jahren im Dienst. Da bekommt die »Daseinsvorsorge« eine weitere Bedeutung. Die Bediensteten haben sich nicht um die Schifffahrt auf Flüssen und Kanälen zu sorgen, sondern es werden Wasser- und Schifffahrtsstraßen erhalten, damit die Beschäftigten etwas zu tun haben.

Auch die Städte und Regionen, die von Einsparungen betroffen würden, kämpfen oft Seit' an Seit' mit Verdi. Sie wollen ihre Ansprechpartner vor Ort und die damit verbundenen Arbeitsplätze nicht verlieren.

Und die Wasser- und Schifffahrtsverwaltung dreht den Spieß um. Sie klagt, sie verfüge nicht über ausreichend Personal, das die beschlossenen Sanierungen und Neubauten planen könnte, um sie »baureif« zu machen. Deshalb müssten Mittel an den Bund zurückgegeben werden, allein im Haushaltsjahr 2013 rund 250 Millionen Euro. Aber genau da beißt sich die Katze in den Schwanz: Statt die Planungsprojekte an Private oder die DEGES zu vergeben, wie es im Straßenbau zum Teil schon geschieht, möchte die WSV die Kontrolle behalten. Doch auf dem leergefegten Ingenieursmarkt wird sie kaum noch qualifizierte Fachleute finden. Und vor allem müssten vorher die Gesamtausgaben und Einnahmen der Binnenschifffahrt in der Bundesrepublik neu geordnet werden.

Am 26. April 2013 gab es unerwartet ganz großes Kino. Verkehrsminister Peter Ramsauer gab im *Bundesanzeiger* die »Errichtung der

Generaldirektion Wasserstraßen und Schifffahrt« bekannt, Kürzel: GDWS. Ein Befreiungsschlag nach 18 Jahren Reformbemühungen?

Die Bekanntmachung im *Bundesanzeiger* verrät, dass es in Bonn, dem künftigen Sitz des Präsidenten, eine Generaldirektion geben wird. Die bisherigen sieben Direktionen werden zu Außenstellen der Generaldirektion und behalten, »soweit … keine anderen Regelungen getroffen werden«, ihre bisherigen Funktionen und Zuständigkeiten. Der Gründungspräsident ist schon ernannt: Hans-Heinrich Witte, zuvor Präsident der Direktion Nord in Kiel. Er sucht derzeit Personal für seinen Dienstsitz in Bonn. Die ehemaligen Präsidenten der sieben Direktionen sind jetzt eine Art Abteilungsleiter des Präsidenten der Generaldirektion. Nicht viel Neues also.

Ob eine marode Schleuse außer Betrieb genommen oder eingeschränkt noch weiter genutzt wird, entscheidet die WSV weiterhin. Eine wirkliche Bewusstseinsänderung würde nur eintreten, wenn die von Pällmann geforderte Bundeswasserstraßenfinanzierungsgesellschaft die Verantwortung übernehmen würde.

Gibt es nach dem großen Kino Anlass zum Optimismus? Die bisherige Unfähigkeit des Ministeriums und der Anspruch von Verdi, die Organisationsgewalt des Verkehrsministers auszuhebeln, stimmen wenig hoffnungsvoll. Zudem bestehen zwischen den beiden Akteuren offensichtlich lieb gewordene Gemeinsamkeiten. So bewilligte der Leiter der Zentralabteilung im Ministerium die Kostenübernahme für die Personalrätekonferenzen von Verdi in den Jahren 2007 und 2010, zu denen je 132 Teilnehmer aus der Republik nach Berlin reisten. Allein 25 000 Euro Teilnahmegebühren und 27 000 Euro für Übernachtung und Spesen fielen an. Hinzu kamen die Reisekosten nach Berlin sowie der Arbeitsausfall der Personalräte, die nicht freigestellt waren. Eine reine Gewerkschaftsveranstaltung, gesponsert aus Haushaltsmitteln! Nach dem Gesetz hätten entweder Verdi oder die Teilnehmer selbst zahlen müssen. Da der Leiter der Zentralabteilung im Verkehrsministerium vorsätzlich gegen den Rat seines zuständigen Referatsleiters Verdi Gutes tat, empfahl der Bundesrechnungshof in seinem Prüfbericht vom August 2011, »haftungsrechtliche Konsequenzen zu prüfen«. Trotz eindeutiger Rechtslage wurden keine Konsequenzen gezogen.

Diese Geschichte erklärt, warum es bisher niemandem gelungen ist, das Missverhältnis zwischen Ausgaben und Einnahmen in der Binnenschifffahrt wenigstens zu verringern. Es ist zu befürchten, dass sich im nächsten Bundesverkehrswegeplan 2015 bis 2030 daran auch nichts ändern wird.

VII. LUFT

Die Berliner Luftnummer

Seit zwanzig Minuten fliegen wir schon Richtung Osten über einen schier endlosen Wald. Dann sehen wir sie unter uns: zwei Landebahnen und eine Rollbahn von fast 4000 Metern Länge. Abgeschirmt nach Norden und Süden durch ausgedehnte Wälder. Eine verlassene Kleinstadt taucht am Ende der Betonbahnen auf und dann wieder eine halbe Stunde Wald. Ein Ausflug in Sibirien? Nein, wir sind hier zirka 30 Kilometer südlich von Berlin und überfliegen das einst wohl am strengsten bewachte Sperrgebiet der DDR. Diese riesigen Rollbahnen in der Nähe von Sperenberg gehörten zum Zentralflughafen der sowjetischen Streitkräfte, geeignet, die größten und schwersten Transportmaschinen der Welt abzufertigen.

Wir sind hier etwa 20 Kilometer Luftlinie vom südlichen Berliner Ring entfernt. Und wir fliegen über den Flughafen, der mit dem wohl größten verkehrspolitischen Skandal verbunden ist, den Deutschland je erlebt hat und über dessen Folgen noch immer fast täglich in der Öffentlichkeit diskutiert wird. Unter uns, das ist der Flughafen Sperenberg, der in allen Gutachten als bester Standort für den neuen Berliner Großflughafen identifiziert wurde. Dass es ihn gibt, ist den wenigsten Deutschen bekannt. Aber an jedem Stammtisch von Flensburg bis Berchtesgaden wird mit mehr oder weniger großer Häme oder Zorn über die Pannen beim neuen Berliner Flughafen BER in Schönefeld diskutiert.

Nein, wir werden uns hier nicht daran beteiligen, herauszufinden, ob all die bisher entlassenen Spitzenmanager Versager waren, die am Bau des Flughafens Berlin Brandenburg beteiligt waren, ob es die Architekten oder die Zulieferfirmen vermasselt haben, ob es nur der Brandschutz oder doch die Gesamtkonzeption ist, die da nicht stimmt. Die Verantwortung fällt immer auf die Eigentümer zurück, die das Sagen und das Personal eingestellt haben. Das sind die Bundesländer Berlin und Brandenburg mit je 37 Prozent und die Bundesrepublik Deutschland mit 26 Prozent. Denn wenn die Topmanager, die alle schon davongejagt wurden, wirklich unfähig waren, so bleibt doch wohl die Frage: Wer hat denn diese Versager alle eingesammelt und an einer Mammutbaustelle üben lassen?

Was sich jetzt in Berlin abspielt, resultiert ausnahmslos aus politischer Ignoranz und gnadenlosem Provinzialismus. Der eigentliche Skandal nämlich ist die Entscheidung, den neuen Berliner Flughafen nicht in Sperenberg zu bauen, sondern in Schönefeld, und der zweite Skandal ist, dass bis heute aus dieser Fehlentscheidung keine Konsequenzen gezogen wurden. Der dritte Skandal ist das Wegducken der Verantwortlichen, die meist von der Öffentlichkeit auch noch geschont werden. Es sind dies der damalige Regierende Bürgermeister von Berlin, Eberhard Diepgen, CDU, der damalige Ministerpräsident von Brandenburg, Manfred Stolpe, SPD, und der damalige Bundesverkehrsminister Matthias Wissmann, CDU. Bevor wir den Mechanismus analysieren, der die Fehlentscheidung Schönefeld erst möglich machte, kurz eine Beschreibung der Interessenlage der drei Politiker.

Eberhard Diepgen war gar nicht glücklich, dass die Berliner Flughäfen Tempelhof und Tegel geschlossen werden sollten. Er hatte sich an diese stadtnahen Flugfelder gewöhnt. Sperenberg war für ihn viel zu weit weg. Er ließ sich sogar ein Gutachten anfertigen, ob Tempelhof nicht doch zu retten sei. Da der Luftverkehr in Deutschland Ländersache ist, wäre Berlin ohne Tegel, Tempelhof oder Schönefeld das einzige Bundesland ohne Flughafen und damit ohne Luftverkehrsbehörde gewesen. So etwas kann ein Berliner Politiker doch nicht zulassen.

Ehemalige und aktive Großflughäfen in und um Berlin

Bundesverkehrsminister Matthias Wissmann vertrat die Interessen des Bundes. Der ist auch an den Flughäfen München und Frankfurt beteiligt. Ein Großflughafen Berlin-Sperenberg wäre zu einem ernsthaften Konkurrenten der beiden Knoten geworden. Vor allem die Frankfurter erinnerten den Bund daran, dass er sich selbst schädigen würde, wenn Frankfurt allmählich zu einem Regionalflughafen absteigen müsste.

Der Dritte im Bunde, der brandenburgische Regierungschef Manfred Stolpe, hatte sich eigentlich für Sperenberg entschieden. Aber die beiden anderen machten ihm klar, dass sein Bundesland allein für die Anbindung mit einer Autobahn und Schnellbahnen verantwortlich sei. Die Kosten waren auf 500 Millionen DM hochgerechnet worden. Davor schreckte Stolpe zurück.

Ein typisches Beispiel dafür, wie durch derartige Vorgaben Entscheidungen demokratisch herbeilegitimiert werden, ist der Bau des S- und Fernbahnhofs für den neuen Flughafen. In Sperenberg hätte er vergleichsweise preiswert oberirdisch errichtet werden können. Daran würde sich aber der Bund nicht beteiligen, wurde Stolpe klargemacht. In Schönefeld dagegen wurde ein sehr teurer unterirdischer Bahnhof gebaut, was allein schon wegen der Grundwasserabsenkung und der größeren Baumasse, für jeden Laien erkennbar, viel mehr Kosten verursachte, als dies in Sperenberg der Fall gewesen wäre. In Schönefeld bezahlt aber der Bund mit. Es ging also nicht ums Geld, es ging darum, Sperenberg zu verhindern. Dieser unterirdische Bahnhof ist jetzt einmalig in Europa. Er ist fertig und wird täglich von zehn Zugpaaren ohne Passagiere angefahren. Das ist nötig, damit die Luft zum Zirkulieren gebracht wird und der neue Bahnhof nicht verschimmelt.

Warum werden in Deutschland Raumordnungsverfahren eingeleitet und Gesetze festgelegt, wo und wie Großprojekte zu planen und umzusetzen sind, wenn sich dann drei Politiker über alles hinwegsetzen können? An den Beginn der Flughafenplanung direkt nach der Wende mag sich heute offensichtlich niemand mehr erinnern. Der ursprüngliche Auftrag an die Fachbehörden und Projektplaner lautete, für das Raumordnungsverfahren einen Standort zu finden, wo ein Flughafen gebaut werden kann mit sechs Pisten und 60 Millionen Passagieren, der uneingeschränkt betrieben werden und wachsen kann. Der Bedarf wurde dann auf drei Pisten reduziert, weil die auch für die angepeilte Größenordnung von 60 Millionen Passagieren ausreichen. Damit hätte der Großflughafen Berlin auf Anhieb mit Frankfurt gleichgezogen, mit einem Unterschied: In Berlin hätte die Kapazität problemlos erweitert werden können.

Sieben Standorte kamen in die engere Auswahl, darunter Schönefeld und Sperenberg. Da aber rund um Berlin ein halbes Dutzend abgelegener militärischer Großflughäfen liegen, war eigentlich von vornherein klar: Es gibt kein Problem, einen entsprechenden Standort zu finden. Der Auftrag ging an die Projektgruppe Berlin-Brandenburg Flughafen Holding GmbH, also diejenigen, die dann politisch die Verantwortung für den Flughafen Berlin Brandenburg tragen würden.

Einige Zitate aus dem offiziellen Gutachten, die in weiteren Untersuchungen immer wieder bestätigt werden:

»Am Standort Sperenberg würde durch den Betrieb eines Flughafens in der geplanten Form eine geringe Lärmbelastung zu erwarten sein. In der Lärmzone I wären zirka 190 Einwohner umzusiedeln. Auch die Anzahl der Betroffenen in den Lärmzonen II und III ist in Sperenberg im Vergleich zu anderen Standorten sehr gering«, und weiter: »Sperenberg zeichnet sich wegen des hohen Erlöspotenzials auf Passagier- und Frachtaufkommen besonders aus. Dazu tragen ein Hubeffekt (zentrale Umsteigfunktion), ein mögliches Absaugpotenzial von anderen Flughäfen sowie die Möglichkeit des 24-Stunden-Betriebs bei. Der Standort ist als relativ Berlin-nah einzustufen und damit wirtschaftlich begünstigt. Bei vergleichsweise geringen Grundstücks- und Bauvorbereitungskosten ist Sperenberg insgesamt aus betriebswirtschaftlicher Sicht ein sehr wirtschaftlicher Standort.«

Im Gegensatz zu Schönefeld, wo eine heftige Grundstücksspekulation im Gange war, gehörte das gesamte Gelände in Sperenberg der Bundesrepublik, hätte also keinen Cent zusätzlich gekostet. In allen Gutachten landete Sperenberg immer auf Platz 1 und Schönefeld immer auf dem letzten Platz, Nummer 7. Nur in einem der Bewertungspunkte schnitt Schönefeld besser ab: die Nähe zur Stadt, was eine kostengünstige Anbindung ermöglichte. Dagegen steht jedoch die Verlärmung für weit über 100 000 Menschen bei gleichzeitiger Behinderung der Entwicklung der Vororte und Kommunen am südlichen Stadtrand.

Und dann entscheiden sich die Politiker für die Verlärmung, für den Konflikt mit der Bevölkerung, gegen den objektiv besten Standort. Der damalige Bürgermeister von Dietersdorf, das besonders vom Fluglärm betroffen sein wird, wirft den Politikern vor, dass sachfremde Überlegungen zu dieser unglaublich ignoranten Entscheidung geführt haben – und benennt diese: Bedrohung, Bestechung, Korruption, Vorteilnahme, Unfähigkeit und dergleichen. Er wurde nie dafür belangt.

Längst ist der Flughafenbau in Berlin in einem Sumpf von Korruptionsverdächtigungen, Rechtsstreitigkeiten und Skandalen versackt. Der Flughafen ohne Flugzeuge ist zum Symbol staatlicher Misswirtschaft verkommen, an dem sich die Kritiker mit verbissener Häme weiden. Doch das lenkt nur von dem eigentlichen Skandal ab. Denn abgesehen von der offensichtlichen Unfähigkeit, diesen Flughafen überhaupt fertigzustellen, wird er wirtschaftlich nie rentabel zu betreiben sein.

Ursprünglich gab es ein reges Interesse von privaten Investoren an einem Großflughafen in Sperenberg. Neben dem ehemals größten deutschen Baukonzern Hochtief war auch die Lufthansa interessiert. Sie hätte ihre Hauptaktivitäten dann auf den eigenen Flughafen Berlin verlagert, keine schöne Perspektive für Frankfurt. Dieser Flughafen hätte Vorteile gehabt, die es sonst nirgendwo in Europa gibt: eine uneingeschränkte Nachtflugerlaubnis und eine Wachstumsperspektive auf über 100 Millionen Passagiere jährlich. Ein solcher internationaler Airport müsste auch keine Angst vor den Plänen in Istanbul und Dubai haben, wo Hubs mit Kapazitäten von über 150 Millionen Passagieren entstehen. Darüber hinaus hätte er, da privat finanziert, die klammen Kassen von Berlin und Brandenburg nicht belastet.

In Schönefeld war ein solcher Großflughafen nicht genehmigungsfähig. Also wurde er kleingerechnet. Schließlich einigten sich die Beteiligten auf einen gehobenen Regionalflughafen für zirka 22 Millionen Passagiere. 1200 Seiten und 532 Pläne stellte der Leiter der Planfeststellungsbehörde, Rainer Bretschneider, am 13. August 2004 im Beisein von Ministerpräsident Matthias Platzeck vor. Darin waren alle Wachstumshemmnisse genau festgelegt: eine sehr beschränkte Nachtflugerlaubnis, eine festgelegte Zahl von Starts und Landungen, eine begrenzte Flächenerweiterung etc. Für diesen mittelgroßen Flughafen wurden auch die Bahn- und Straßenzufahrten und die Ausmaße des Terminals geplant.

Eine Szene während der Pressekonferenz zur Planfeststellung werde ich nie vergessen, denn sie ist typisch für das, was dann folgte. Ein

Kollege fragte nach der Finanzierung des Flughafens. Daraufhin antwortete Platzeck sinngemäß, das sei eine Planfeststellung, und da rede er nicht über Geld. Damit hat er recht behalten: Über das Geld, das für diese Flughafenmissgeburt verbrannt wird, reden die Verantwortlichen nicht. Es ist ja nicht ihr Geld, es ist das Geld der anderen, der Steuerzahler. Mit dieser Auskunft verabschiedete sich Platzeck aus der Konferenz – eine solche Arroganz kann sich nur leisten, wer weiß, dass seine Hofberichterstattungspresse nicht nachhaken wird.

Während es, wie gesagt, private Interessenten für den Sperenberger Flughafen gab, machten sich die Bauunternehmen und etwaige Investoren nach der Entscheidung für Schönefeld mehr oder weniger unrühmlich davon. Die erste Privatisierungsvergabe stoppte noch das Oberlandesgericht Brandenburg, weil die Bietergruppe um Hochtief unzulässige Kontakte zum Ingenieurbüro WIB hatte. Die Ausschreibung musste wiederholt werden. Die Interessen der Baufirma Hochtief vertrat die Rechtsanwaltskanzlei Willmer, Cutler und Pickering. Für diese Kanzlei war mittlerweile auch der ehemalige Verkehrsminister Matthias Wissmann tätig. Nach Einleitung staatsanwaltlicher Ermittlungen gegen Hochtief hat die Kanzlei das Mandat niedergelegt. Begründung: Eine Anwältin dieser Kanzlei pflegte ein persönliches Verhältnis zu dem Hauptverdächtigen der Unregelmäßigkeiten.

Während die Gegner eines neuen Flughafens die schon geschrumpfte Version immer noch für zu groß und unnötig hielten, wobei sich der Verkehrsclub Deutschland (VCD) besonders hervortat, stellte sich schon bald heraus, dass die Passagierzahlen schneller stiegen als angenommen. Ein Problem während des Baus hängt auch damit zusammen, dass die ursprüngliche Planung ständig den Erweiterungswünschen angepasst werden muss. Zum Beispiel wurde die Gepäckabfertigung auf 22 Millionen Passagiere ausgelegt. Jetzt ist diese Zahl schon auf 27 Millionen angehoben worden, und in der nächsten Projektion beläuft sie sich auf 33 Millionen. Doch eine Erweiterung der Gepäckabfertigung ist technisch nicht machbar. Weil sich bei den Regierungsparteien keiner zum Wachstum der Luftfahrt bekennen will, wurde halt immer zu kleinkariert geplant, und so wird die Planung dann regelmäßig von der Realität überrollt.

Uns liegt ein einundzwanzigseitiges Dossier eines Spitzenmanagers beim Flughafenbau vor, in dem dieser an vielen Beispielen aufführt, dass Erweiterungen unmöglich sind, weil »unablässig massive Zielabweichungen« von der Planung und teilweise schon fertigen Gebäudeteilen verlangt werden. Vielleicht sind all die Manager gar nicht so unfähig gewesen, die mehr oder weniger massiv von der Baustelle entfernt wurden, vielleicht liegt es auch daran, dass es eben nicht möglich ist, einen zu klein geratenen Flughafen noch während der Bauphase aufzublasen – und vielleicht kann deshalb der Ex-Bahn-Chef, Ex-Air-Berlin-Chef und jetzige oberste Flughafenbau-Chef Hartmut Mehdorn weiterhin Führungspersonal hinauswerfen, weil er eine Fähigkeit besitzt, die in Deutschland offenbar entscheidend für den beruflichen Erfolg ist: Er kann gut mit Politikern.

Die ganze Wucht der Wut und des Spottes über die immer neuen Botschaften vom kapitalfressenden, aber ansonsten nutzlosen Flughafen treffen den Berliner Regierenden Bürgermeister Klaus Wowereit und teilweise, bevor er sich abgesetzt hat, den Exregierungschef von Brandenburg, Matthias Platzeck. Dabei könnten die beiden sich doch mit dem richtigen Hinweis entlasten, dass sie ja die Entscheidungen nicht getroffen haben. Aber dann müssten sie auch begründen, warum sie dem Murxflughafen immer noch Milliarden Euro nachwerfen. Weder ist abzusehen, wie viel er noch kosten wird, noch wann er endlich in Betrieb genommen werden kann. Und wenn die ersten Linienmaschinen endlich starten, wird dieser Flughafen schon zu klein sein. Eine Erweiterung ist, wie begründet, nicht möglich; weil zu klein, bleibt er unrentabel, weil unrentabel, steigt der Bedarf an Steuergeldern, eine Änderung ist aus Konstruktionsgründen nicht möglich, und so ist die Endlosschleife des Hohns und Ärgers auf Jahrzehnte gesichert.

Nun wäre es unfair, nur den Berlinern vorzuwerfen, sie könnten keinen Flughafen bauen. Als der Terminal 2 in Frankfurt eingeweiht wurde, kostete die Erweiterung um acht Gates 1,2 Milliarden Euro. Zur selben Zeit erweiterte der Amsterdamer Flughafen Schiphol seine Terminals um zehn Gates und zahlte dafür rund 40 Millionen Euro. Ähnliches wiederholt sich gerade. Die Betreibergesellschaft von Schiphol muss die Kapazität erweitern. Für die Ferienflüge nach Südeuropa soll deshalb im 40 Kilometer entfernten Lelystad eine 2400 Meter lange Start- und Landebahn gebaut werden. Kostenvoranschlag des Gesamtprojektes für knapp 7 Millionen Passagiere: 90 Millionen Euro. Eine Dienstreise von Wowereit, Mehdorn und Co. nach Amsterdam sollten wir Steuerzahler den Berlin-Verantwortlichen spendieren.

Aber nicht nur Platzeck und Wowereit schleichen katzbuckelnd um die Baustelle herum. Die Amtsträger aller Parteien, bis auf die kurzlebigen Piraten, machen da irgendwie mit. Der neue Regierungschef von Brandenburg, Dr. Dieter Woidke, wartet allerdings mit einer besonderen Volte auf. Er will das Nachtflugverbot noch verlängern. Das ist zwar im Sinne der betroffenen Menschen, macht aber den Flughafen noch unrentabler – das heißt, sein armes Bundesland muss noch mehr Haushaltsmittel für die Missgeburt aufbringen. Aber zu einem Neuanfang hat er nicht den Mut.

Als Saskia Ludwig, vorübergehend CDU-Landesvorsitzende und CDU-Fraktionschefin im Brandenburger Landtag, einen Weg aus dem Dilemma aufzuzeigen wagte, was sie auch bald die Ämter kostete, brach ein Sturm der Entrüstung sowohl aus ihrer eigenen Partei als auch bei allen politischen Gegnern mit Unterstützung der Hofpresse aus. Ludwig forderte dazu auf, einmal zu überlegen, ob es nicht richtiger sei, den neuen mittelgroßen Flughafen Schönefeld funktionsfähig zu machen und ihn dann zusammen mit Tegel weiterzubetreiben. Die Planung des Standorts Sperenberg sollte wieder aktiviert werden, damit dieser dann in zirka zwanzig Jahren als internationaler Großflughafen zur Verfügung stände.

Vorteil: Für Sperenberg würden sich wieder private Investoren finden und so der Steuerzahler nicht weiter belastet. Die Milliarden für Schönefeld wären dann futsch – aber das sind sie sowieso. Der Großflughafen Sperenberg würde Frankfurt entlasten, was die lokalen Größen dort nicht erfreuen würde, wohl aber die lärmgeplagten Menschen. Die dritte Start- und Landebahn in München könnte auch entfallen – was wahrscheinlich die CSU ärgern würde. Aber wenn sie ehrlich ist, weiß sie auch, dass sie in der Region Freising, wo die Erweiterung stattfinden würde, keine Kommunalwahl mehr gewinnen kann, seitdem eine dritte Landebahn im Gespräch ist.

Warum also diese Beschimpfungswelle gegen Saskia Ludwig? Ist der Gedanke, eine offensichtliche Fehlplanung aufzugeben, wirklich so abwegig? Oder steckt mehr dahinter? Nun sind wir keine Anhänger von Verschwörungstheorien, aber einiges liegt auf der Hand:

1. Die Fehlplanung würde aktenkundig, und die Schuldigen ständen als Milliardenverschwender am Pranger.

2. Jegliche Privatisierung wird in Deutschland aus Prinzip bekämpft. Alle diejenigen, die sich jetzt über den fluguntauglichen Flughafen aufregen, müssten einer Lösung zustimmen, die dem gewinnsüchtigen Kapitalismus Tür und Tor öffnet. Lieber Milliarden durch die öffentliche Hand verschwenden als mehr Markt erlauben.

3. Ministerpräsident Woidkes Forderung nach einem längeren Nachtflugverbot wäre obsolet, weil es überhaupt keinen Fluglärm mehr gäbe, weder bei Tag noch bei Nacht, der Bevölkerung wäre wirklich geholfen. Gibt es Gründe, die nicht veröffentlicht werden, warum die Brandenburger SPD an diesem ungeliebten Projekt festhalten will?

4. Die Grünen und mit ihnen die gegen jeden Flughafen opponierenden Umweltschützer müssten sich entscheiden, was für sie das wichtigere Umweltgut ist: Sind sie gegen Lärm und für die Menschen und akzeptieren daraufhin, dass auf dem mittlerweile zuwuchernden Flugplatzgelände Sperenberg einige neu angesiedelte Biotope wieder zurückgedrängt würden, um den Lebensraum der Menschen zu schützen?

5. Alle, die prinzipiell gegen Luftverkehr sind, haben natürlich kein Interesse an einem funktionierenden, von der Bevölkerung auch

noch akzeptierten Luftfahrtkonzept in Deutschland. Die Demonstrationen in Frankfurt, die Proteste in München und die Pleite in Berlin sind Wasser auf die Mühlen derjenigen, die uns alle auf das Fahrrad und in den Zug wünschen.

Nach der Erfahrung, die Saskia Ludwig mit den Medien und nicht zuletzt mit ihrer eigenen Partei gemacht hat, wird sich ein Politiker lange überlegen, ob er solche Vorstellungen unterstützt, die von den Bürgerinitiativen in Brandenburg in verschiedenen Varianten gefordert werden. Da ist es doch viel einfacher, weiter auf Wowereit und die anderen Funktionsträger einzuschlagen.

Im regionalen Kleinkrieg

Der Luftverkehr und der Bau von Flugplätzen sind in der föderalen Bundesrepublik Ländersache. Folgerichtig gibt es in Deutschland kein national abgestimmtes Luftverkehrskonzept. Im Gegenteil, eifersüchtig wachen die Länder über ihre Rechte, koste es, was es wolle. Das nimmt dann groteske Züge an. Saarbrücken besteht auf seinem Flugplatz in Ensheim. Knapp 500 000 Passagiere hoben dort im Jahr 2011 auf einer 1990 Meter langen Piste ab und bescherten dem Flughafen ein kumulatives Defizit von 10,1 Millionen Euro. Gerade mal 40 Kilometer entfernt gibt es eine Landebahn mit 2625 Meter Länge in Zweibrücken, ein Erbe der kanadischen Luftwaffe. Aber der liegt in Rheinland-Pfalz, vier Kilometer hinter der Grenze. Auch der addiert Millionenverluste.

Im thüringischen Altenburg-Nobitz, direkt an der Landesgrenze zu Sachsen, haben die sowjetischen Streitkräfte eine 2625 Kilometer lange Asphaltpiste zurückgelassen, die die strukturschwache Region gern mit einem blühenden Flughafen aufwerten möchte. Aber die Altenburger sind umzingelt von Feinden. Nur 40 Kilometer entfernt ist der

Großflughafen in Leipzig, und deshalb gibt es auf östlicher Seite nicht ein einziges Hinweisschild zum Flughafen Nobitz. Aber selbst die eigene thüringische Regierung hält die Altenburger kurz. Der irische Billigflieger Ryanair hatte zwei Routen nach London und Barcelona eröffnet, musste dann aber, von der Thüringer Regierung gezwungen, auf dem unausgelasteten Erfurter Flughafen landen. Begründung: In der Einflugschneise von Altenburg stünden Bäume, die den Flugbetrieb gefährdeten, leider schon auf sächsischer Seite, sodass sie nicht gefällt werden könnten.

Eine wütende Demonstration der Altenburger veranlasste die Erfurter Regierung, das Gelände noch einmal genau zu vermessen, und siehe da: Die Bäume standen doch auf Thüringer Seite und konnten abgeholzt werden. Mittlerweile ist Ryanair mangels Passagieren weitergezogen und fliegt nicht mehr nach Altenburg. Die Iren verlagerten die Abflüge nach Magdeburg-Cochstedt, wo das Passagieraufkommen aber auch nur 76 000 im Jahr betrug, und deshalb ist auch Magdeburg wieder aus dem Flugplan gestrichen.

Vor allem im Osten gibt es kaum eine mittelgroße Stadt, die keinen Flugplatz geerbt hat, der für Interkontinentalflüge tauglich ist. Im Nachhinein wird die ganze entsetzliche militärische und atomare Bedrohung Deutschlands durch diese teilweise versteckten riesigen Flugfelder sichtbar. Sie sind ein zweischneidiges Erbe. Auf der einen Seite gibt es Flugplätze ohne Ende, und wir sollten meinen, dass es damit auf Jahrzehnte unnötig ist, noch irgendwo in Deutschland eine Landebahn zu bauen. Auf der anderen Seite sind es einfach zu viele, als dass es für sie noch eine sinnvolle Verwendung geben könnte. Diese dicken Betonpisten und bombengeschützten Hangars werden unser Land deshalb wohl noch über Generationen an die reale Gefahr im Kalten Krieg erinnern.

Aber, wie das Beispiel Berlin zeigt, es gibt immer noch eine Möglichkeit, eine weitere Startbahn zu asphaltieren, und ist sie noch so sehr an den Haaren herbeigezogen. Der erste Preis für eine besonders gelungene Satire, die zur Realität geworden ist, geht aber an die hessische Landesregierung. Für 271 Millionen Euro hat sie in Calden, nordwestlich von Kassel, abseits aller Autobahnen, einen Geisterflughafen errichtet. Dort freuen sie sich jetzt, wenn im Winter einmal pro Woche eine Passagiermaschine abgefertigt wird. Im Sommer sollen es schon mal zwei am Tag werden.

Es gibt verschiedene Motive, die diesen Schildbürgerstreich erklären. Die bösartige Variante: Nachdem das südhessische Wiesbaden für 350 Millionen Euro einen kaum genutzten ICE-Anschluss erhalten hat, wurde dem nordhessischen Kassel ein fast ebenso teurer Flughafen geschenkt. Die nette Version: Nordhessen war immer eine Bastion der SPD. Das wollte Ministerpräsident Roland Koch, CDU, ändern und mit dem Flughafen zeigen, dass sich die CDU mehr um die Region kümmert als die politische Konkurrenz. Doch die SPD ist nicht in die Falle gegangen und hat mit aller Kraft den Flughafen mit unterstützt. Und alle hessischen Bürger dürfen jetzt die Schulden abbezahlen.

Kassel-Calden in Hessen liegt nur 58 Kilometer vom Flughafen Paderborn/Lippstadt entfernt. Jetzt kann gerätselt werden, wer hier wen kannibalisiert. Bislang wurden schon einmal Passagiere, die ab Kassel gebucht hatten, mit dem Bus nach Paderborn gekarrt und dort in ihre Chartermaschine gesetzt. Noch näher an Calden liegt die Grenze zu Niedersachsen. Aber die Göttinger haben gleich gesagt: Bevor wir nach Calden kommen, fahren wir lieber weiterhin nach Hannover. Dorthin fährt ein ICE, und die Autobahn wird gerade sechsspurig ausgebaut.

In der Verkehrspolitik erleben wir in Deutschland die Folgen von Planwirtschaft bei gleichzeitiger Planlosigkeit, was eigentlich ein Paradox ist. Der Bau der ICE-Strecken wurde nämlich auch damit begründet, nicht nur Autofahrer, sondern auch Fluggäste »auf die Schiene« zu locken. Das war der Slogan aller Bundesverkehrsminister. Kontraproduktiv dazu sponsern die Landesminister regionale Flughäfen in der Hoffnung, dass sich in deren Umfeld Industrie und Dienstleister ansiedeln. Wir subventionieren eben alles. Das ist Planlosigkeit.

Auch der Flughafen Paderborn/Lippstadt weist eine leicht skurrile Vergangenheit auf. In Paderborn hatte sich der Computerhersteller Nixdorf zu einem weltweit erfolgreichen Unternehmen entwickelt. Aber Paderborn war tief im Weserbergland vergraben: keine Autobahn, kaum ein D-Zug und schon gar kein Flughafen. Da drohte der Firmengründer: Entweder ich bekomme einen Flughafen, oder wir verlegen die Firmenzentrale nach München. Kurze Zwischenbemerkung: Nixdorfs Firmenzentrale, längst mit Siemens verschmolzen, ist mittlerweile in München. Die Drohung schreckte Westfalens Politiker auf, und in erstaunlich kurzer Zeit wurde der weitgehend nur von Nixdorf benutzte Flughafen gebaut. Nicht weit davon gab es den NATO-Flughafen in Gütersloh. Aber die Briten ließen nicht zu, dass hin und wieder einmal ein Firmenjet auf ihrem Militärflughafen landete. Der, mittlerweile auch nicht mehr nötig, liegt jetzt auch einfach so in der Gegend herum.

Die Fülle der ehemaligen Militärflugfelder und der Ehrgeiz der Bundesländer, auch einen möglichst interkontinentalen Flughafen zu besitzen, haben zu einem Boom an Genehmigungs- und Planfeststellungsverfahren für Flughäfen und Landebahnen geführt. Seit dem Jahr 2000 wurden 28 Verfahren erfolgreich abgeschlossen. Da muss sich selbst China strecken, um mithalten zu können. 28 Planfeststellungsverfahren, und das Ergebnis ist Zorn wegen des Lärms, leere Flughäfen wegen des Zuständigkeitsdurcheinanders und Geldverschwendung wegen der Willfährigkeit der Landespolitiker.

Da es vielen Verantwortlichen dämmerte, dass es so nicht weitergehen kann, wurde eine Kommission unter dem Vorsitz des ehemaligen hessischen Verkehrsministers Dieter Posch, FDP, gegründet, die die »Anforderungen an ein Luftverkehrskonzept für Deutschland« erstellen sollte. Das Konzept liegt vor und ist ein Spiegelbild der aktuellen Politikvorgaben. Es soll eine Bedarfseinschätzung durch Bund und Länder erfolgen, die Umweltauswirkungen sollen berücksichtigt, die Luftverkehrsunternehmen unterstützt werden, für umweltverträgliche Luftverkehrssysteme eine internationale Vorreiterrolle zu übernehmen und im Rahmen des Bundesverkehrswegeplans auch neueste Forschungserkenntnisse zur Bewertung des volkswirtschaftlichen Nutzens der Intermodalität auszuwerten.

Das ist eher eine Geheimsprache, die kaum einer versteht. So geht das über einige Seiten. Und so sieht der kleinste gemeinsame Nenner aus, wenn Minister aller Parteien mitschreiben. Alle Grundübel der deutschen Politik tauchen auf: Deutschland als Vorreiter für die Welt. Mehr Umweltschutz, ohne zu definieren, ob damit eine Verbesserung für die Menschen oder die Bechsteinfledermaus gemeint ist. Mehr Planwirtschaft in föderaler Vielfältigkeit. Ein Thema lautet: Wie kann der Lärmschutz auch länderübergreifend verbessert werden? Dazu ein Vorschlag: Sperenberg bauen, dafür ausgedehntes Nachtflugverbot in Frankfurt und keine dritte Landebahn in München. Aber dies würde ein Bekenntnis für die Wachstumschancen der Luftfahrtindustrie bedeuten – ein Horror für die Biotopentypenschützer und Klimaretter.

Ein anderer Vorschlag: Einbindung des Hunsrückflughafens Hahn in das Frachtflugaufkommen ab Frankfurt. Zusätzlich: Verlegung der Ferien- und Charterflüge auf den Hahn, für den es kein Nachtflugverbot gibt, weil dort nur ganz wenige Menschen leben. Denen könnte ein Umzug mit Goldbarren versprochen werden, was immer noch billiger käme als ein weiterer Ausbau in Frankfurt. Aber es ist nicht Aufgabe von Buchautoren, ein Luftfahrtkonzept zu erstellen. Wir beschränken uns auf die Ursachen des Wildwuchses und der Steuergeldverschwendung, die bisher die deutsche Luftfahrt kennzeichnen.

Die Begründung, der Flughafen Hahn sei zu weit weg, um den Rhein-Main-Airport als Luftfrachtzentrum zu entlasten, ist nicht stichhaltig. Jeden Tag werden 200 000 Tonnen »Luftfracht« in jede Richtung auf der Straße zwischen Frankfurt und dem Flughafen Leipzig gefahren. Und das ist nur ein kleiner Anteil dessen, was angeblich als »Luftfracht« unterwegs ist. Denn innerhalb Europas werden so gut wie keine Waren mit dem Flugzeug transportiert, und seien sie noch so schön und teuer als Luftfracht deklariert. Alles spielt sich auf der Straße ab. Die Lufthansa schickt ihre Waren, die nach Übersee gebucht wurden, ab Frankfurt in den Himmel, die niederländische KLM ab Amsterdam und die britische BA ab dem Airport Midlands mitten auf der Insel. Und bis dahin fahren nur Lkw. Was sind da 100 Kilometer von Hahn nach Frankfurt und, wenn die Moselbrücke einmal fertig ist, 200 Kilometer nach Brüssel oder 250 Kilometer nach Amsterdam. Das sollte Managern wie Politikern die Nachtruhe der Menschen wert sein.

Die größte Hoffnung, dass die kleinkarierten Schildbürgerstreiche gestoppt werden, ruht auf der Europäischen Union. Die Brüsseler wollen die Subventionen für Flughäfen verbieten. Wenn sie damit Erfolg haben, wird so manche Piste in Deutschland entweder stillgelegt, oder sie wird sich neu erfinden müssen. Die lächerlichen Zwistigkeiten – hier Saarland, dort Rheinland-Pfalz – brechen dann hoffentlich in sich zusammen. Für Billig- und Charterflieger reichen einfache Gebäude, leicht zu errichtende Container, da muss es keinen Architektenwettbewerb um den schönsten Terminal geben. Wir brauchen auch nicht im Abstand von 50 Kilometern Abflughäfen für den Urlaub. Ob die Anreise 50 oder 80 Kilometer weit ist, spielt da kaum eine Rolle. Und weltweit aktive Unternehmen können nicht verlangen, dass ihnen die Region einen Flughafen spendiert. Subventionen verzerren nur die wirtschaftliche Fairness zu Lasten des Steuerzahlers – das trifft auch auf den Luftverkehr zu.

Was fast alle Regionalflughäfen in die roten Zahlen treibt, ist der Mangel an Passagieren. Deren Zahl ist nur zu vergrößern, wenn neue Marktteilnehmer erschlossen werden können. Das geschah durch die Gründung der Billigflieger, und die waren wiederum nur erfolgreich, weil es plötzlich eine Vielzahl von Flughäfen gab, die nicht von den staatlichen Monopol-Airlines besetzt waren. Über Jahrzehnte hatte sich die Airline-Industrie die Weltmärkte aufgeteilt. Bilaterale Abkommen sicherten die Knappheit des Angebots und damit hohe Preise.

Ein Beispiel: Frankfurt – Madrid durfte nur von der Lufthansa und der spanischen Iberia beflogen werden. Auf dieser Route teilten sie weitgehend den Erlös. Lufthansa gehörte dem deutschen, Iberia dem spanischen Staat. So konnten die Airlines sicher sein, dass sie das Wohlwollen ihrer Regierung hatten. Das war bilateral weltweit so üblich mit der Ausnahme der USA. Die Amerikaner nutzten Sonderrechte aus der Nachkriegszeit oder schrieben als interessantester Markt einige für sich besonders günstige Bedingungen in die Verträge. Das hat ihren Airlines aber auch nicht geholfen. Alle Carrier mit großen Namen wie PanAm oder TWA mussten Insolvenz anmelden. Schutz vor Wettbewerb kann sich auch als Schutz gegen Innovation auswirken. Und das ist tödlich.

Der Siegeszug der Billigflieger

Zwei Begebenheiten zerstörten diese Hochpreiskungelei der Luftfahrtindustrie. 1978 deregulierte der damalige Präsident Jimmy Carter die US-Luftfahrt und löste damit ein rapides Wachstum der Branche aus. Später folgte die Europäische Union, indem sie gestattete, dass jede Airline eines EU-Staates jeden Flughafen innerhalb der Union als Abflug- und Zielort bedienen darf. Die bilateralen Verträge waren tot und damit die Selbstbedienung auf Kosten der Passagiere.

Das zweite Ereignis ereignete sich in Dallas, Texas. Dort übernahm Herb Kelleher, ein Anwalt, die von ihm mitbegründete Southwest Airlines als Vorstandsvorsitzender. Sein Konzept: Auf kleinen, weitgehend ungenutzten Flughäfen richtete er einen Liniendienst ein, der sich auf das Wesentliche beschränkte: Pünktlichkeit, Zuverlässigkeit und Freundlichkeit. Er hatte es satt, dass seine Koffer nicht mit ihm ankamen, dass er von Menschen in Uniformen wie auf dem Kasernenhof behandelt wurde und dass Verspätungen wie Naturereignisse hingenommen wurden.

Sein Southwest-Personal sollte nicht daran erinnern, dass die Fliegerei erst durch das Militär groß wurde. Seine Stewardessen kleideten sich in freundlichen orange bis gelben Farben, vorzugsweise in Hot Pants. Das Personal wurde nach Freundlichkeit und Pünktlichkeit bezahlt. Die Tickets kosteten 55 Dollar pro Flugstunde. Abgesehen davon, dass er auch sonst ein Marketinggenie war, hatte er mit diesen Konzepten einen solchen Erfolg, dass Southwest heute die fünftgrößte US-Fluglinie in Nordamerika ist und die einzige, die 25 Jahre hintereinander Gewinn gemacht hat. Die Southwest-Gründung in Texas war die Geburtsstunde der Billigairlines.

Nach einem Besuch in der Zentrale in Dallas 1991, die etwa so groß ist wie eine Unterabteilung der Lufthansa, konfrontierte ich für einen TV-Beitrag den Lufthansa-Vorstand mit dem Southwest-Konzept. Herablassender Hochmut ist noch gelinde ausgedrückt für den Spott, den die ehemalige deutsche Staatsairline für dieses Geschäftsmodell übrighatte. Das Lufthansa-Fazit: Das wird es weder in Europa und schon gar nicht in Deutschland je geben.

Wir schreiben das Jahr 2014, und die größte Airline Europas heißt Ryanair. Sie hat einen Börsenwert von fast 10 Milliarden Euro, die Lufthansa, die zweitgrößte in Europa, ungefähr 8 Milliarden Euro (Stand: Mitte Mai 2014). Ihr Chef ist der Ire Michael O' Leary, der bei Herb Kelleher in Texas gelernt hat. Entsprechend rau und für deutsche Verhältnisse ungehörig springt er mit den etablierten Airlines um. Die können froh sein, dass dem Iren einige Fehler unterlaufen sind, die er hätte vermeiden können, wenn er noch mehr bei Kelleher abgeschaut hätte. Während der Amerikaner seinem Personal einhämmerte: Freundlichkeit und Lächeln kosten nichts, hatte es bei Ryanair eher den Anschein, als hätten einige Angestellte den Crashkurs »Wie misshandele ich Passagiere« belegt. Und während Kelleher darauf bestand, mit einer Gewerkschaftsvertretung die Arbeitnehmerfragen als Partner zu lösen, handelte sich O' Leary im am Sozialkonsens orientierten Europa eine schlechte Presse ein, weil seine Arbeitsbedingungen grenzwertig waren. Beides will er ändern. Dann wird es noch gefährlicher für Lufthansa und Co.

Was sich da in der Luft abspielt, haben die Verkehrspolitiker offenbar immer noch nicht begriffen. Sie sind ja auch nicht betroffen. Mit der Lufthansa fliegen sie kostenlos, und den Spitzenleuten stehen die

Maschinen der Regierung zur Verfügung. Wenn es zeitlich ganz eng wird, kommt ein Helikopter. So für Cem Özdemir, als er vom Stuttgarter Flughafen zur Demo an den Bahnhof musste. Die Billigairlines verändern den Mobilitätsmarkt auf europaweiten Strecken grundlegend, und das wird auch bald interkontinental der Fall sein. Geld wird dann nur noch auf dem Markt oder durch Subventionen verdient, aber nicht mehr durch überteuerte Monopolpreise.

Regelmäßig muss ich von Rheinhessen nach Berlin. Einige Jahre bediente Ryanair die Route von Hahn nach Schönefeld. Das Hin- und Rückflugticket kostete je nach Jahres- oder Uhrzeit zwischen 45 und 115 Euro. Der Berufsverband, der die Reisekosten übernahm, freute sich nicht etwa, weil ich so billig anreiste, sondern machte mir Vorwürfe, wie ich solche Dumpingmethoden auch noch unterstützen könne. Da half es auch nichts, dass ich darauf hinwies, dass Ryanair Gewinn macht und ich nicht steuerliche Subventionen ausnutzte. Fliegen hat einfach teuer zu sein – so hatten es zwei Generationen gelernt. Fliegen war zudem etwas Besonderes. Da erwartete der Passagier Service: ein Frühstück im Ein-Stunden-Flug von Frankfurt nach Berlin; ein warmes Essen beim Anderthalb-Stunden-Flug nach London; und nach Übersee ein Drei-Gänge-Menü. Derart sozialisierte Passagiere empfinden Billigairlines als eine Zumutung. Aber diese Gattung stirbt aus oder hat sehr viel Geld.

Was die Billigairlines anbieten, ist nichts anderes als Busfahren in der Luft. Und wie die Fernbusse die Zahl der Zugreisenden auf dem Boden reduzieren, ist auch das günstige Flugticket ein Konkurrent für die Schiene. Wer in London-Stansted oder auch auf dem Hahn im Hunsrück die Passagiere beobachtet, die bei Ryanair, easyJet und den anderen neu auf dem Markt aufgetauchten Airlines gebucht haben, wird feststellen, dass sich da eine völlig andere Klientel einfindet als vor den Schaltern der Lufthansa, KLM oder Air France, um nur einige aufzuzählen, die sich im heftigen Abwehrkampf auf dem Europamarkt befinden. Es sind viele Jugendliche, die quer durch Europa reisen, und es sind nicht nur Briten auf dem Weg zum Saufen nach Berlin, sondern auch Studenten nach Pisa. Es sind lokale Vereine, die es sich nun leisten können, einmal nach Riga zu fliegen, eine katholische Pilgergruppe nach Santiago de Compostela, Rentner nach Barcelona und ein Stammtisch nach Porto. Früher kamen sie mit dem gleichen Geld bis in die Drosselgasse nach Rüdesheim. Sie alle eint eines: Sie lernen ihr Europa kennen, sie haben eine Chance, die Freizügigkeit des Kontinents ohne großen Aufwand zu genießen, sie können sich dank der Billigairlines Europa leisten. O'Leary und seinesgleichen helfen auf diese Weise mehr, den Europagedanken im Bewusstsein der Menschen zu verankern, als all die vielen Sonntagsredner zusammen.

Und was macht unser Staat, damit die subventionierten Regionalflughäfen entweder durch mehr Kunden Gewinn machen oder aber aufgeben müssen? Er erfindet eine neue Steuer, die die Passagiere bezahlen müssen. »Luftverkehrsabgabe« nennt er diese Strafsteuer für aktive Menschen, die entweder beruflich unterwegs sind oder die Welt kennenlernen wollen. Es gibt kaum etwas Dämlicheres, was sich eine Regierung einfallen lassen kann. O'Leary, der Ryanair-Chef, hat unmissverständlich verkündet: Wenn ihr diese Steuer einzieht, werde ich alle innerdeutschen Flüge streichen und mich auch sonst teilweise aus Deutschland zurückziehen. Die Regierung hat die Steuer eingeführt. O'Leary hat seine Drohung wahr gemacht. Vom Hahn fliegen jetzt nicht mehr knapp über 4 Millionen Passagiere ab, sondern nur noch 2,8 Millionen. Rheinland-Pfalz, das die Verluste vom Hahn bezahlen muss, klagt deshalb vor dem Bundesverfassungsgericht gegen die Luftverkehrsabgabe.

O'Leary schrieb am 18. Mai 2014 in der *Frankfurter Allgemeinen Zeitung*, dass er, wenn die Luftverkehrsabgabe fällt, wieder mehr Abflüge ab Hahn anbieten wird. Ja, er denkt sogar darüber nach, dann in wenigen Jahren ab Hahn nach Übersee zu fliegen, weil die Bedingungen dort hervorragend seien. Rheinland-Pfalz wäre einen Kostgänger seines defizitären Haushalts los.

Die Bundesregierung hat die Luftverkehrsabgabe 2011 beschlossen, als sie das Sparpaket verkündete. Der Finanzminister war Wolfgang

Schäuble, CDU, Wirtschaftsminister Philipp Rösler, FDP. Nur zur Klarstellung: Es war also keine rotgrüne Regierung. Diese Kombination macht aber vielleicht deutlich, warum sich die FDP abgeschafft hat. Auf eine Luftverkehrsabgabe sind sie auch verfallen, weil sich dies mit Umweltschutz begründen lässt, gilt Fliegen doch als »schmutzig«. Aber selten hat sich eine Ministerriege so verrechnet. Die Regierung berechnete die Einnahmen auf 959 Millionen Euro. Fällig wird die Steuer bei Inlands- und Europaflügen mit 8 Euro. Für Mittelstrecken, das ist der Nahe Osten, Arabien und Afrika bis zum Kongo, mit 25 Euro und für den Rest der Welt mit 45 Euro, wobei die Staatsgrenzen maßgeblich sind, nicht die Entfernung. Ein 12-Stunden-Flug nach Wladiwostok am Pazifik kostet nur 8 Euro, weil die Stadt in Russland liegt. Die knapp vier Stunden nach Kairo kosten 25 Euro.

Was alle Kritiker vorausgesagt haben, ist eingetreten: Viele Passagiere fliegen jetzt ab dem benachbarten Ausland und vermeiden so die Abgabe. Die Air Berlin, die besonders unter der Flugsteuer zu leiden hat, hat ausgerechnet, dass die Verluste durch die Flugsteuer etwa 600 Millionen Euro betragen und 13 500 Arbeitsplätze gekostet haben. Die gleiche Erfahrung hatten die Niederländer gemacht, die 2008 eine ähnliche Abgabe eingeführt hatten, aber nach der Abwanderung vieler Passagiere ins Ausland erkannten, dass dies ein Irrtum war, und ein Jahr später die Steuer wieder einkassierten. Diese Lernbereitschaft ist in Deutschland nicht zu erkennen.

Der BUND und der VCD, der Verkehrsclub Deutschland, frohlocken: Der innerdeutsche Flugverkehr habe dank der Luftverkehrsabgabe abgenommen. Das sind die Gruppierungen, die eine andere Republik wollen, in der die Menschen gelenkt, umgezogen und auf von ihnen definierte Werte festgelegt werden. Wenn der innerdeutsche Luftverkehr abnimmt, weil sich andere, nicht subventionierte Verkehrsträger anbieten, dann wäre das vernünftig. Wenn ich aber Zeit, Kosten und Bequemlichkeit als Maßstab nehme, ist für mich die günstigste Alternative jetzt wieder das Auto.

Es ist wie bei allen Verkehrsträgern in Deutschland: Ein Konzept ist nicht zu erkennen. Auf der einen Seite gibt es Subventionen, auf der anderen Seite kassiert sie der Staat durch Steuern wieder ein. Auf der einen Seite soll der internationale Flugverkehr nicht am Exportweltmeister Deutschland vorbeiführen, auf der anderen Seite behindern wir ihn durch Verkehrsbeschränkungen, weil die Standorte nicht richtig ausgewählt werden. Bei allen Fehlern, die die Lufthansa nicht zuletzt auch wegen der Verquickung zwischen Management und Politik gemacht hat, liegt es natürlich im Interesse Deutschlands, einen internationalen Carrier zu haben, der frei von Subventionen am Weltmarkt erfolgreich ist.

Der Angriff aus den arabischen Staaten, aber auch aus der Türkei und den USA sollte nicht unterschätzt werden. Die Abfertigung eines Airbus 380 kostet in Frankfurt 8000 Euro, in Dubai 2000 Euro. Wenn dazu Verkehrsbeschränkungen kommen, dann kann leicht wahr werden, was die Fundamentalisten gegen Luftverkehr fordern: Er wird in Deutschland schrumpfen – weltweit aber trotzdem rasant wachsen. Dem Weltklima sind die Abflugsorte ziemlich egal, das werden wir mit einer deutschen Luftverkehrsabgabe nicht beeinflussen. Darum kann die Lösung nur sein: Wir brauchen einen Standort, wo uneingeschränkte Flugbedingungen und uneingeschränktes Wachstum möglich sind. Und den hat Deutschland: in Sperenberg.

FAZIT

Deutschland im Stau. Was uns das Verkehrschaos wirklich kostet lautet der Titel des Buches. Einen genauen Betrag können wir nicht beziffern – er wurde noch nie berechnet. Aber die Größenordnung ist ungefähr zu ermessen: Der volkswirtschaftliche Schaden bewegt sich in einem unteren dreistelligen Milliardenbereich. Damit sind die Staus auf der Straße und der Schiene, die Umwege und Fehlinvestitionen bei allen Verkehrsträgern erfasst. Diese gewaltige Summe drückt das große Staatsversagen aus, das die Politik zu verantworten hat. Es fehlt ihr an Rationalität, sie hat keinen Kompass. Ändern an der Misere wird sich erst etwas, wenn nicht mehr partei- und regionalpolitische Egoismen den Umgang mit den vier Verkehrsträgern bestimmen, sondern Markt und Wirtschaftlichkeit.